谱系闽台

中国闽台缘博物馆 编

海峡出版发行集团
海峡文艺出版社

图书在版编目(CIP)数据

谱系闽台/中国闽台缘博物馆编. —福州:海峡文艺出版社,2024.8
ISBN 978-7-5550-2603-7

Ⅰ.①谱… Ⅱ.①中… Ⅲ.①谱牒－福建、台湾－文集 Ⅳ.①K820.9－53

中国国家版本馆 CIP 数据核字(2024)第 085726 号

谱系闽台

中国闽台缘博物馆　编

出 版 人	林　滨
责任编辑	刘徐霖
出版发行	海峡文艺出版社
经　　销	福建新华发行(集团)有限责任公司
社　　址	福州市东水路 76 号 14 层
发 行 部	0591－87536797
印　　刷	福州万达印刷有限公司
厂　　址	福州市闽侯县荆溪镇徐家村 166－1 号厂房第三层
开　　本	720 毫米×1010 毫米　1/16
字　　数	374 千字
印　　张	22.25
版　　次	2024 年 8 月第 1 版
印　　次	2024 年 8 月第 1 次印刷
书　　号	ISBN 978-7-5550-2603-7
定　　价	78.00 元

如发现印装质量问题,请寄承印厂调换

目 录

传承族谱文化　彰显两岸一家
　　——第四届海峡两岸民间谱牒文化论坛文章综述（代序）…… 沈文锋 1
两岸关系族谱资料研究评析 …………………………………… 谢必震 13
闽台族谱的文化与价值研究浅析 ……………………………… 蔡干豪 21
彰显海峡两岸血脉相连的台湾族谱
　　——台湾族谱修编、收藏、研究、交流概述 ……………… 朱定波 32
话说晋台同名村 ………………………………………………… 粘良图 50
考察族谱要素　印证两岸同胞
　　——以台湾艋舺陈姓对接泉州市泉港区下凉尾为例 ……… 郭民富 59
闽台云峰卓氏福庭系谱关系考 ………………………………… 卓威翰 65
宋代德化苏氏"迁居台湾"史实考证 ………………………… 朱定波 82
浅谈新时代家谱编修的创新
　　——以重修《弼佐刘氏家谱》为例 ……………………… 刘志家 88
晋江杏田珩墩王氏衍传脉络 …………………………………… 王　刚 94
泉州南外宗赵氏源流 …………………………………………… 黄　伟 115
姓氏的延续 ……………………………………………………… 王伯宗 133
苗栗苑里瓦磘郑氏祖源初探 …………………………………… 王桂明 143
浯江衍派"金门徙衍古同安内地的家族聚落"调查报告 …… 黄振良 152
闽粤宗祠与台湾各姓族谱 ……………………………………… 涂志伟 168
闽台池王爷信仰的发展初探 …………………………………… 林　庚 183

高雄红毛港的血缘聚落与宫庙信仰
　　——以李姓宗族及济天宫为中心的考察 ………… 谢贵文 192
利用谱牒探索草庵寺兴创时间之谜 ………… 陈剑峰 202
论族谱的文学价值
　　——以台湾传世族谱中明清之际的文学书写为例 ………… 于　婧 208
谱牒与紫云文化研究 ………… 黄嘉民 219
沈氏与台湾的关系及贡献 ………… 沈俊升 230
传承家族文化与践行社会主义核心价值观 ………… 陈煜斓　张　梅 235
高度重视家风建设在社会和谐中的积极作用 ………… 彭嘉庆 251
从堂号、族谱、宗祠楹联探讨林氏家风家规祖训 ………… 林瑞典 257
客家名贤杨时家训给予的修身启迪 ………… 肖胜龙 265
台湾陈硕仟家族姓氏源流及其家族文化研究 ………… 邱春美 274
家训家规及《吴原家范》文化意蕴 ………… 汤毓贤 288
台湾医圣——沈佺期 ………… 沈俊升 302
浅析台湾《轩坑柯氏族谱》的内涵及其他 ………… 柯连平 306
泉台两地魏氏的祖训家风传承 ………… 魏朝阳 314
浅谈族谱编修与寻根谒祖 ………… 曾贵乙 319
明理学家蔡清与《安平柯氏族谱》 ………… 柯朝硕 326
王梓后裔长泰寻根纪实 ………… 王进忠口述　林瑞典代笔 336
跨海寻根二三事 ………… 林桐平口述　林瑞典代笔 340
族谱与宗亲对接成功要领之浅谈 ………… 吕正钟 344
第四届海峡两岸民间谱牒文化论坛系列活动情况报告 ………… 黄旭茹 347

传承族谱文化　彰显两岸一家

——第四届海峡两岸民间谱牒文化论坛文章综述（代序）

● 沈文锋 ●

2019 年 11 月 28-30 日，第四届海峡两岸民间谱牒文化论坛系列活动在中国闽台缘博物馆顺利举行。论坛由福建省文化交流协会、福建省闽台交流协会、中国闽台缘博物馆（以下简称"闽台缘博物馆"）共同主办，闽南师范大学闽南文化研究院、福建师范大学闽台区域研究中心协办。从 8 月底至 10 月底短短两个月时间，共计收到 56 篇文章，大部分都能符合姓氏源流研究、谱牒与两岸关系研究、两岸民间谱牒家神家庙与家族文化研究、家训与家风的传承研究，以及谱牒数字化、网络化、智能化研究等方面的征文要求。经专家评审，选取入围论坛的学术论文、调查报告以及有关两岸寻根活动的纪实性文章共 34 篇。从参与地区看，大陆的有 21 篇，台湾的 13 篇；从体裁上看，论文 21 篇，调研报告 6 篇，纪实性文章 7 篇；从内容看，可以分为"族谱研究、姓氏源流、族谱文化（含宗庙文化）、家风文化和寻根谒祖"等五类范畴，综述如下：

一、族谱研究

归入"族谱研究"范畴的文章侧重围绕族谱编修、族谱研究历史、两岸谱牒对接等进行论述。族谱也称谱牒、家谱、宗谱、支谱等，是记载父系家族世系、人物传承的历史图籍，与正史、地方志构成了中华民族历史大厦的三大支柱。清人邵晋涵说："郑夹漈之为《通志》也，首叙氏族，又采诸家谱乘，见于著录，则家之有谱，固与国有史，州有志而并重也。"又云："家修谱牒，能使体例精核，未始不列于著作之林，而世家之谱，更有裨于掌故。"[①] 福建省姓氏源流研究会原副会长蔡干豪的《闽台族谱文化与价值浅析》，系统介绍了闽台族谱的基

---

① 《南江文钞》卷六，《余姚史氏宗谱序》；《沭水方氏家谱序》。

本特色和历史脉络，从而强调闽台族谱的历史文化价值，指出其可以"补正史和官方所掌握的资料之阙"，"是构建海峡两岸和平统一的重要历史文献资料"；中共泉州市委党史和地方志研究室刘志家的《浅谈新时代家谱编修的创新》，以自己主持续修《弼佐刘氏家谱》为例，阐述传统修谱思想在当下的创新和发展，如采用信息化手段、考证古今地名、把女性登入族谱等，这些做法对于中华传统文化的创造性转化和创新性发展具有借鉴意义。

经过考证，台湾大部分人的祖先来自福建，这是明清时期福建向台湾三次移民高潮形成的。福建移民台湾的历史在闽台两地谱牒中均有体现，如庄为玑和王连茂合编的《闽台关系族谱资料选编》中有涉台族谱70余本。[①] 改革开放以来，随着闽台两地民间文化交流的不断增多，围绕族谱对接、族谱研究而开展的两岸文化交流活动络绎不绝，编修族谱在海峡两岸逐渐形成热潮，福建成为对接台湾地区修谱和寻根的最重要的地区。福建师范大学闽台区域研究中心教授、博士生导师谢必震的论文《两岸关系族谱资料研究评析》，在对海内外族谱研究进行学术回顾和现状分析的基础上，就两岸关系族谱资料研究提出了建设《两岸关系族谱总目录》并围绕两岸族谱资料开展闽台社会史研究、促进两岸和平发展的思路，同时还提出利用大数据技术进行闽台关系族谱数据库建设的设想。闽台缘博物馆原副馆长、研究馆员朱定波的《彰显海峡两岸血脉相连的台湾族谱——台湾族谱修编、收藏、研究、交流概述》系统阐述了台湾地区族谱修编的基本情况，资料全面翔实，有很强的资料价值和参考意义。朱定波在另一篇文章《宋代德化苏氏"迁居台湾"史实考证》中，从调查和史实入手，对记载德化苏氏族人迁居台湾史实进行考证，认为宋代德化苏氏第五世迁居龙溪县台安开基，此处的"台安"并不是台湾，打破了泉州从宋代就有族人迁居台湾相关文献记载的原有认知。福建省姓氏源流研究会郭氏委员会秘书长郭民富的《考察族谱要素，印证两岸同胞——以台湾艋舺陈姓对接泉州市泉港区下凉尾为例》，以帮助台湾艋舺陈姓与泉州泉港区下凉尾族谱对接一事作为案例，说明地名、姓氏源流、字辈、民间信仰等族谱要素对解决历史资料缺失的作用，可操作性强，具备实践的参考意义。

---

① 庄为玑、王连茂：《闽台关系族谱资料选编》，福建人民出版社1984年版，第4-24页。

台湾地区族谱的主要来源有：一是先民渡台时随身携带的福建祖籍地的家谱。"有些渡台的先民会自福建携带该支祖先的谱牒资料前往台湾，并以此为基础撰写支谱；另有人群在动荡的时代，难以携带纸本资料前往台湾，但念祖的心思，使他们到台湾安定后，编撰以口述为基础的支谱。"① 其次是迁台后不忘福建祖籍地返回抄录的族谱，晋江博物馆的退休文博馆员粘良图在《话说晋台同名村》中谈道："民国十二年，鹿港粘芳模借着鹿港天后宫妈祖往福建湄洲进香的机会，转道往晋江衙口访求族谱，因年代久远，一时竟寻不到自己的支派源流。幸而路过厦门时遇见衙口族亲粘传仁，答应为他抄写一份族谱。十年之后，果然把一份手抄的《浔江粘氏敦业公派下家谱》寄到台湾。时当民国二十二年，衙口粘氏大宗祠重修，增续字行'谨遵遗训，以裕后昆，文章华国，希绍前贤'，粘传仁并抄送一份给台湾宗亲，以便日后承接。"台湾花莲东华大学历史系大三学生卓威翰的《闽台云峰卓氏福庭系谱关系考》，通过自身所属的台湾《云峰卓氏族谱》与福建南安云峰卓氏福庭系对接的亲缘关系中，以已对接的两岸家系为研究对象，探讨两岸南安云峰卓氏福庭系子弟的亲缘关系，介绍福庭村卓氏族人在台湾的发展状况，"希望借此串起不同地方但'同一个民族'的历史情感"。其所搜集、研究的资料非常充分细致，亦可为闽台关系研究提供史料。台湾谱牒专家廖庆六先生说："以族谱文献之内容为依据，我们可以看出闽台两地之间，在血缘与地缘方面之关系相当密切。在现有各姓氏家族所编修之族谱中，可以找到有关两地深厚关系之佐证资料，包括人口结构、血缘宗族组织、裔孙寻根谒祖，及住民移出与迁入之地域、堂号与墓碑之题名。"②

二、姓氏源流

归入"姓氏源流"范畴的文章着重开展本姓来源和本家族的历史渊源等有关的姓氏文化研究。泉州安溪珩墩胪传文化交流促进会秘书长王刚的《晋江杏田珩墩王氏衍传脉络》考据了晋江杏田珩墩王氏家族自北宋靖国元年至今长达千年的历史源流，对从泉州郡城迁居晋江横山并传衍至省内外、台湾地区、香港特别

---

① 陈支平：《福建族谱》，福建人民出版社2009年版，第337-356页。
② 廖庆六：《谱牒学研究》，台湾万卷楼图书股份有限公司2013年版，第217页。

行政区以及东南亚及世界各地的晋江杏田珩墩王氏族人进行深入考察，考据充分，其中提出待考证的地方多达14处，体现了作者严谨的治学态度，并且，有些待考证的地方，深入研究便是一个成果，比如笔者认为苏州府城隍庙供奉的五路财神与明王是另一种民间存在的明教变异形式、珩墩王氏与明教的关系等。此外，作者对于分散在世界各地的王氏家族世系存在于两部不同且年代造族不同的族谱中的现象给出了合理化的解释：不断合族的结果是一种顺应不同地域的生存方式。这个结论贴近了宗族社会的现实情况。《晋江杏田珩墩王氏衍传脉络》一文，有助于了解闽南宗族的传衍以及泉州各时代的不同历史背景，具有资料价值；泉州市博物馆文博馆员黄伟的《泉州南外宗赵氏源流》研究了南外宗室成员南迁定居泉州的这段历史，较为全面地展示了南外宗赵氏家族的兴衰过程以及宗室成员对泉州发展的贡献。

福建人的祖先大多来自中原，这是导致福建族谱大多声称自己来自河南固始的原因。据许明镇的《台湾百家姓固始探源》考证，台湾前十大姓来自福建，闽台百家姓祖先来自中原，其中66姓祖先来自固始。[①]从姓氏源流可以看出渡台先民从中原到福建、再由福建到台湾地区的迁徙轨迹，以及闽台族谱的传承传播路径。台湾台中市王姓宗亲会总干事王伯宗的《姓氏的延续》，介绍了我国姓氏的基本常识以及闽台地区过继、立嗣、族谱联宗、通过婚姻传宗接代等传统，具有资料价值；台湾台中市王姓宗亲会族谱顾问王桂明的《苗栗苑里瓦磘郑氏祖源初探》，以台湾地区各县市与各乡镇的郑姓人口数分布与其姓氏排名为出发点，探讨了台湾苗栗苑里瓦磘郑氏祖源来自王潮后裔问题，同时就该结论对《荥阳鹤浦郑氏族谱》提出需进一步研究的5个疑点："1. 郑祥炎之先祖，郑城是否又名郑梦甲？郑天犀是否又名郑天墀？2. 郑胸营（高浦10世/厦门4世）为独子或仍有亲兄弟？郑胸营就是郑想或郑典？3. 鹤浦昭穆字序二十字云，与新增二十字云，多处呈现大同小异！4. 昭穆辈序错用？王潮世系表，查无其长子王敦叙（字茂懿）、次子王敦美（字茂寰）？"闽台族谱经过多代传承，其中不免存在散失轶漏，甚至出现以讹传讹的现象，作者基于族谱的提问层层递进，逻辑清晰，对此深入研究将有助于更正谬误，还原历史真相，缕清家族脉络。据台湾省姓氏

---

① 何绵山：《从姓氏看闽台血缘关系》，蔡干豪主编：《闽台百家姓》，海风出版社2011年版，第4页。

研究学会《台湾源流》原主编许明镇研究,2010年台湾地区前十大姓"陈、林、黄、张、李、王、吴、刘、蔡、杨"与福建前十大姓"陈、林、黄、张、吴、王、李、郑、刘、杨"绝大部分相同,前四位排列完全一致①。台湾地区这前十大姓占其总人口一半以上,均为明清时期渡海迁台,他们的入台始祖大多数来自福建,即使部分来自广东,其祖籍也在福建。②

　　与传统的福建向台湾地区移民的迁徙轨迹不同,金门县采风文化发展协会荣誉理事长黄振良的《浯江衍派——金门徙衍古同安内地的家族聚落调查总结》,对古代金门人迁徙到内地同安进行细致充分的调研,是一份难得的调研报告。作者研究这个题目,是缘于开放两岸交流以来,寻根谒祖的人越来越多,发现以往的经验"只把注意力放在移民入居(金门)这方面,而把清末下南洋认为是金门向外移民的开始"。于是经过作者从2018年5月到2019年8月的实地调研,终于确认在厦门市四个行政村158个聚落(自然村里)中,有133个是由浯洲金门所分衍的,发现迁徙集中在元末明初、明代中叶和明末清初三个阶段,证明海峡两岸是同根同源的同族人,具有相当密切的血缘关系,资料翔实,有利于了解金门人口的变化历程。这是作者经过两年的实地查访后公开的第一手资料,其创新性不言而喻。

三、族谱文化

　　围绕"族谱文化"的文章主要指与族谱、宗庙和姓氏有关的文化传承和文化价值等有关的研究论文。闽南人几乎每个族姓都设立宗祠、修有族谱,用来记录家族的传衍,并借以联结宗亲情谊,使这种重视木本之源的中华传统不断得到传承传播。宗祠和族谱开始盛行于明清以后家族制度的成熟。明洪武年间还是"庶人无祠堂,惟以二代神主置于居室之中间,或以他室奉之。其主式与品官同

---

① 许明镇:《台湾姓氏与中国大陆之渊源》,蔡干豪主编:《闽台百家姓》,海风出版社2011年版,第9页。
② 林永安、许明镇:《姓氏探源——台湾地区百大姓源流》,大康出版社2009年版,第42-43页。

而棱。"① 直到明嘉靖十五年（1536年），礼部尚书夏言上书皇帝，建议让臣民祭始祖、立家庙，特别是允许庶民祭祀始祖，从而形成宗祠的普及，开启庶民建祠立庙，祭祀始祖的新时代。家谱也从"别选举、定婚姻、明贵贱"之社会政治功能，转化为"尊祖、敬宗、收族"之伦理道德教化功能。漳州市闽南文化研究会会长涂志伟的《闽粤宗祠与台湾各姓族谱》通过对大量的闽粤古村落祠堂的考察以及祖籍地标注为闽粤的台湾族谱的统计分析，追寻发现传统宗族文化一脉相承的轨迹，无可辩驳地证明两岸一家亲的史实；福建省开闽文化研究院常务副院长、研究员林庚的《池王爷信仰的发展历程》，讨论了盛行于闽台的民间信仰池王爷文化，并考证了池王爷原型是勤政清廉的明朝名臣池浴德及其父亲池杨，由此表达了人民对有功于国家、有益于民众的忠臣清官的敬仰之情；台湾高雄科技大学谢贵文教授的《高雄红毛港的血缘聚落与宫庙信仰——以李姓宗族及济天宫为中心的考察》，亦是一篇具有创新性的研究报告，作者通过对红毛港的实地调研，以李姓宗族及济天宫为中心，考察当地的血缘聚落和宫庙信仰，指出血缘性不仅不会阻碍地缘性宫庙的形成，且对宫庙信仰有一定的影响，不过也会影响宫庙的对外发展，修正了迄今为学者所忽略的"血缘聚落的宫庙信仰，及血缘组织影响地缘组织的现象"。对于我们了解台湾的聚落与宗教信仰有积极的意义。

　　族谱记载着家族的世系源流、人口迁播、家训家规、名人传记等，由此形成一种得以光宗耀祖、繁衍生息、整合家族力量的文化现象，修谱作为一项重要事务被各个宗族所重视。泉州《紫云黄氏五安总谱》编委会会长黄嘉民的《谱牒与紫云文化研究》，从编纂《泉州紫云黄氏大宗谱》切入，以紫云黄氏五安宗亲寻根问祖为例，在传承守恭长者家风家训、联结泉台同胞文化认识和根脉认知等方面深入挖掘紫云文化的新时代价值；台湾世界沈氏宗亲总会创会名誉主席、泰安宫管理委员会主任委员沈俊升的《沈姓与台湾的关系及贡献》，介绍了在台湾历史上有较大影响力的一系列沈姓名人，如驱赶倭寇的先锋沈有容、对台湾启蒙文化贡献功不可没的沈光文、"台湾医祖"沈佺期等，同时从宗族的内视角诠释了族谱在统一宗族、凝聚力量和传递价值观等方面发挥的作用，体现了族谱的史

---

① （明）徐一夔等：《大明集礼》卷六，洪武三年（1370年）九月，影印文渊阁四库全书本。

料价值和社会价值。

闽南师范大学闽南文化研究院博士研究生于婧的《论族谱的文学价值》,研究了现传世的台湾地区明清之际族谱的文学价值,指出族谱作为文学传播媒介具有特殊性、存在伪作、民间人士作品和启蒙教育等四个特点,其研究富有新意;福师大附属中学高级教师陈剑峰的《利用谱牒探索草庵寺兴创时间之谜》视角独特,他在《鳌里陈氏族谱》中发现新证:"陈元琇兴创草庵石佛庙宇",通过对"兴创"一词的解析,以及对该族谱陈元琇后代出生年月中几个有价值的记录,逐步推理出陈元琇出生年代,并结合陈元琇家族情况及当时摩尼教活动情况,得出摩尼教遗址——草庵寺应该是兴创于元代这一推断。尽管其真实性还有待于进一步考究,不过对于史学界关于晋江草庵寺的肇建年代仍存争议这一点来说,该研究独辟蹊径,具有参考价值。"人们颇费笔墨地把先祖之功烈、庆赏、声名、德善、勋劳写入族谱中,除了夸耀先祖外,还是为了取悦于先祖,以便在显扬先祖之后,向先祖祈福求佑时,先祖能够给予更多的庇佑。"① 正如风水,"风水的基本理论事实上就是从祖先可以荫庇后人出发的,而祖先又受祖先的荫庇,因此,表现在风水的地理形态上,自然也会呈现出宗法关系的图式。"② 闽南师范大学闽南文化研究院博士研究生张永钦《闽台族谱中祖先崇拜的二重性——以墓穴风水为中心》,通过研究族谱中的风水内容指出,闽台地区的墓穴风水体现着"报恩的孝道思想",同时又蕴含着"功利性的向祖先神祈福求佑的思想"的祖先崇拜二重性特点。

四、家风文化

家庭作为社会的细胞,是传承传统美德实践的基本场所和重要载体。归入"家风文化"范畴的是指基于族谱中的家规家风家训开展的中华优秀传统文化的传承研究文章。这些文章对于我们实现中华民族的伟大复兴具有重要的现实意义。天下之本在国,国之本在家,家之本在身。2015年2月习近平总书记在中共中央、国务院举行的春节团拜会上指出:"不论时代发生多大变化,不论生活格

---

① 刘晓明:《风水与中国社会》,江西高校出版社1995年版,第154页。
② 刘晓明:《风水与中国社会》,江西高校出版社1995年版,第154页。

局发生多大变化,我们都要重视家庭建设,注重家庭、注重家教、注重家风。"①闽南师范大学教授陈煜斓、讲师张梅的《传承家族文化与践行社会主义核心价值观》,通过对族谱、家规家训、祠堂等方面展开研究,从而对传统家族文化进行深入思考,指出家族文化是中华文化的重要组成部分,好的家规、家教,融入社会主义核心价值观,可以使家族文化传导爱国核心要素,凝聚民族力量;漳州职业技术学院讲师吴洁的《传统家训家风在新时代的存续和传承路径研究》从家庭、文人学者、地方行政和社会组织等几个方面讨论了家风家训的传承路径;福建省姓氏源流研究会彭氏委员会荣誉会长彭嘉庆的《高度重视家风建设在社会和谐中的积极作用》通过论述家训在循规守矩、奋发向上、潜移默化、敦亲睦族和榜样感召等诸多方面作用,提出重视家风建设促进社会主义核心价值观发展的命题。上述三篇文章从文化与社会的关系这一站位宏观讨论家风文化的作用。

俗语云:"国有国法,家有家规。"族谱是在一定意识形态支配下所编修的家族历史发展脉络的文化图籍。之所以强调其意识形态,是因为其包含的谱序、凡例、姓氏源流、人物传与科名录、家训族规等均是在尽力遵循当时社会的主流价值,或者说是满足统治阶级的意识形态。这一点在家训族规体现得非常充分。在中华优秀传统文化中,家训家族规贯穿于治国理政、社会文化、个人行为等,集中体现一个家庭,甚至一个家族的行为规范、道德准则和处事作风。闽台同宗同名村台湾交流中心副主任林瑞典的《从堂号、族谱、宗祠楹联探讨林氏家风族训家规》一文,分别从林氏堂号看家风、家训、祖训,和从族谱中的林姓家训、祖训、族范两个方面讨论其所具有的价值观、伦理观和道德观传承,以及优良的家风传承对于家族世代繁盛的重要作用,里面列举的堂号、祖训、族规等,内容详细完整,具有资料价值;贵名节,重家声,重名声,讲节操,倡导良好的家风,是古代家训的一个鲜明特点。颜子推的《颜氏家训》开篇中述及写作家训的目的时就谈到他家夙重家风的事,说"吾家风教,素为整密"。②福建省济阳柯蔡委员会咨询委员柯连平的《浅析台湾〈轩坑柯氏族谱〉的内涵及其他》,以台湾《广东省梅县罗衣乡轩坑保柯氏族谱》为研究对象,通过晋江塘市柯氏族裔在福建、台湾和广东的迁播,阐述该族谱"根""魂"两大主题,详细论述了

---

① 习近平:《在2015年春节团拜会上的讲话》,《人民日报》2015年2月18日。
② 颜之推:《颜氏家训》,中国华侨出版社2014年版,第6页。

家谱中祖训家规"礼让家风"的历史及其凝聚海峡两岸宗族的文化驱动力。

有人将家规族训概括为"五个提倡":提倡家庭和睦,同舟共济;提倡社会和谐,人人奋发有为;提倡重德修身,严于律己;提倡重教兴学,造福乡梓;提倡爱民如伤,公正廉洁。① 以此获得主流意识形态的认可,从而获取家族的社会地位和荣誉感,增强家族的凝聚力。台湾屏东大仁科技大学邱春美教授的《台湾陈硕仟家族姓氏源流及其家族文化研究》中提到,远自盛唐开始,江州义门陈就弘扬"公"字,家有三尺法,多能让子女时刻牢记,又能将《家法三十三条》系统化、条文化而为规矩和章程,更具有指导性、约束力。② 中共将乐县委党校高级讲师肖胜龙在《客家名贤杨时家训给予的修身启迪》中谈到,历朝历代杨家后裔遵循宋徽宗政和五年杨时在福建将乐的杨氏《弘农杨氏族谱》中制定的十条家训,从而启迪人们"修身立德从我做起";福建省云霄县博物馆馆长、研究员汤毓贤的《吴原家范的文化意蕴》,通过对明户部左侍郎吴原的身世背景的介绍,解读其亲自制订的以忠孝为本的《吴原家范》的文化意蕴,说明"从传统家训家规中汲取优良的家风"对于传承弘扬中华民族传统家庭美德的重要意义。一些传统家训,如"家和睦邻""家和万事兴"等伦理观念仍然是现代家庭文明的基本理念和核心价值,是家庭教育可以调动和发挥的内在动力。③ 涵养高尚人格一直是中国传统家训家风的优良传统,具体体现在诚信立身、勤劳节俭、友善和谐等方面。④ 福建省姓氏源流研究会魏氏委员会《魏氏宗讯》副主编魏朝阳的《泉台魏氏的祖训家风的传承》介绍了泉台两地魏氏族训家规、特别是"忠孝"家族文化对族人所起的规范和引导作用;福建省姓氏源流研究会柯蔡委员会副会长柯朝硕的《明理学家蔡清与〈安平柯氏族谱〉》以明理学家蔡清为《安平柯氏族谱》作序一事,说明《安平柯氏族谱》所载的家范在弘扬中华民族传统文化的作用,彰显了"千年文化古镇安海崇尚《朱子家训》的民风民俗",

---

① 阮浩衡:《文化自信视域下博物馆优秀传统文化教育研究——以馆藏族谱为例》,《文物鉴定与鉴赏》2018年第15期,第121-122页。
② 陈煜斓:《家训族约的价值取向与社会效应——以江州义门陈"家法"为例》,《闽南师范大学学报(哲学社会科学版)》2014年第2期。
③ 蔡桂珍:《优秀传统家训家风的时代价值》,《人民论坛》2019年第5期,第65页。
④ 刘颖:《论中国传统家训文化与社会主义核心价值观的相融性》,《理论月刊》2016年第7期,第68页。

同时还"佐证安海'二朱过化'历史"的历史背景，具有一定的史料价值。古代设计家范的出发点，是对维护家庭、家族和谐有序地繁衍发展提供规范与保障。其实际教育功能，包括树立基本价值观、培养道德意识、造就人格美德，可视作古代"以礼为教"文化积淀的组成部分，为中华道德文化于社会层面遵循传承的保证。

五、寻根谒祖

归入"寻根谒祖"的文章多为纪实性的，均为台湾同胞的亲身经历，字里行间充满情感，思乡之情令人动容。台湾屏东县宗圣公祠古迹发展协会总干事曾贵乙的《族谱编修与寻根问祖》详细描述了作者重修台湾曾氏族谱以及赴大陆寻根谒祖的全过程。他在文中谈到怀念故乡的心情："工作闲暇时望着美丽的夕阳慢慢地沉落在海峡彼岸，故乡的山河，思想起年迈双亲的身影，年幼时故乡的情境，总是引起隐藏在心灵深处那颗思念原乡的种子阵阵的悸动，忍不住热泪盈眶。"纪实性文章不同于一般的论文，更重情感，有血有肉。类似表述不断见诸台湾作者的文章，令人唏嘘不已。台湾学者尹章义先生在《清代台湾移民社会争论》一文中明确指出：在检阅的数千部族谱以及对台湾若干大族的研究报告中，都有记载与大陆家族的联系活动，有的家族与祖籍地祖祠的交往还十分密切，尤其是两地祭拜祖宗活动。特别值得一提的是，台湾各家族的祠堂也按照传统冠以郡号或堂号，以此来标榜自己的祖源和称号。[①] 台湾高雄梓官王梓宗祠管理委员会顾问王进忠口述、林瑞典代笔的《王梓后裔长泰寻根纪实》，真实记录了王梓后裔、台湾高雄梓官王梓宗祠管理委员会顾问王进忠受邀参加"第三届海峡两岸民间谱牒文化论坛"并赴祖籍地长泰县武安镇寻根问祖的经历；台湾屏东县林姓宗亲会南州乡区顾问林桐平口述、林瑞典代笔的《跨海寻根二三事》，生动叙述了林瑞典协助林桐平赴漳州市漳浦县寻根谒祖所发生的真实故事以及由于族谱误读导致寻根阴差阳错的逸闻趣事。

这次采用的台湾作者文章流露出非常强烈的"两岸一家亲"的真挚情感。

---

① 彭文宇：《清代闽台家庭与家族交往》，《福建论坛（文史哲版）》2000年第5期，第78—79页。

朱定波在《彰显海峡两岸血脉相连的台湾族谱——台湾族谱修编、收藏、研究、交流概述》中统计，海峡两岸同宗村约有14000多对，其中闽台同宗村至少有12000对。晋江市博物馆原文博馆员粘良图的《话说晋台同名村》，论述了晋江和台湾的同名村的历史成因，并对两岸同名村进行了梳理，具有资料价值；台湾屏东大仁科技大学邱春美教授的《台湾陈硕仟家族姓氏源流及其家族文化研究》，通过对来台祖、台湾屏东陈硕仟家族的姓源、族谱、宗祠、祭祀公业、研究会、对联、栋对、陈氏之家风文化等面向的深入研究，分析两岸陈氏颖川堂的关系，从而印证"两岸一家亲"的家族文化。邱春美在摘要中明确指出"两岸陈氏颖川堂的关系，确实有其源流、变迁与在地性，不容推翻两岸之实际关系，也能印证两岸一家亲的家族文化"。

当下，大多收藏族谱的各类博物馆都有向公众提供族谱查询、对接、研究等服务，努力架起两岸同胞寻根谒祖的桥梁。如闽台缘博物馆、漳台族谱对接网等，积极为岛内宗亲寻找其祖籍地。闽台缘博物馆通过族谱展示、交流，促成福建泉州市晋江吕厝村蔡氏与台湾屏东小琉球蔡氏、福建厦门同安区西柯镇下山头林氏与台湾屏东县南州乡同安村牛埔林氏以及福建泉州晋江市车厝王氏与台湾台中市清水区牛骂头王氏等宗亲成功对接。不过近五年来，到闽台缘博物馆寻找查询族谱的两岸乡亲有157批次，其中台胞有62批次，占39.5%，而查到结果的台胞仅21批次。可见，闽台族谱对接工作还处于起步阶段，还远远满足不了台湾同胞寻根谒祖的需求。台湾高雄市烈山五姓宗亲会名誉理事长吕正钟的《族谱与宗亲对接成功要领之浅谈》，通过自己担任高雄市烈山五姓（吕、卢、高、许、纪）宗亲会青年联谊会会长兼副总干事及其他宗亲会兼职近40年期间，帮助在台宗亲到福建寻根，把对接成功的方法分享出来，以解更多人的思乡之苦。

应该说，以上五个分类并非十分精确和科学，不少文章均包含了多个类别的内容。为便于讨论，本文主要取文章中侧重的一面进行介绍。例如，刘志家在《创新修谱思维，传承优秀家文化》中，着重介绍了当下创新理念进行族谱编修的同时，也在进行优秀传统文化的传承，该文同时包含了"族谱研究"和"族谱文化"两个分类；台湾省屏东县宗圣公祠古迹发展协会总干事曾贵乙在《族谱编修与寻根问祖》中，谈到了续编族谱的困难，最终还是表达寻根问祖的初心，该文亦包含了"族谱文化"和"寻根谒祖"两类；再如，柯连平在《浅析台湾《轩坑柯氏族谱》的内涵及其他》中讨论的是家谱中的祖训家规问题，同时也提出族谱创新发展、电脑制作、上网、加入数据库以便于查阅和公众交流的问题，包含了"家风文化"和"族谱编修"两类。因此说，各个类别之间往往存在着你中有我、我中有你的关系。

　　海峡两岸民间谱牒文化论坛自2013年以来至今已举办了四届，在推广海峡两岸谱牒文化、共享谱牒研究的新发现和新资料，研讨两岸族谱在历史渊源、姓氏繁衍传播迁徙、宗亲寻根谒祖、族谱对接服务的新资讯，推动建立两岸融合为一体的谱牒文化传承体系、促进台湾同胞的中华文化认同、推动两岸和平统一发挥了重要的作用。我们将坚持每两到三年举办一届"海峡两岸民间谱牒文化论坛"，打造论坛品牌，通过论坛这个渠道，借助闽台缘博物馆这个平台，我们要持续做好几项工作：一是我们期望通过论坛的举办，传承和弘扬优秀谱牒文化，唤起年轻一代对家乡、对根的认同，并推动海峡两岸的文化交流和联系两地情谊。二是持续做好宗亲对接，通过谱牒文化交流实现宗亲对接，达到寻根谒祖的目标，真正体现"两岸一家亲"。三是建设两岸族谱资料信息平台。运用大数据、人工智能等信息技术，挖掘姓氏谱牒数据资源，建成一个可扩展、标准开放化和可持续运行的谱牒交流平台。

　　（作者单位：中国闽台缘博物馆）

两岸关系族谱资料研究评析

———— ● 谢必震 ● ————

"凡人必有姓氏,物本乎天,人本乎祖,犹如木有根,水有源。"族谱是姓氏血缘亲族的总徽记,是联结海内外中华民族裔孙的纽带。族谱追根溯源广泛兴起,人人关注、家家需求。同宗之谊,血浓于水,亲情与血缘是世居祖地者与外迁远播者之间联系的纽带。尤其是海峡两岸要统一,利用族谱资料寻根谒祖、联络亲情是一个非常重要的渠道。本文拟对两岸关系族谱资料研究做一评析,加强两岸关系族谱资料的研究,从而深化巩固"两岸一家亲"理念的基础。

一、关于海内外族谱研究的学术史回顾

家谱又称族谱、宗谱、世谱、家乘、谱牒等等,其种类则有统谱(联谱、总谱)、支谱、房谱、祠谱等等。家谱是中国几千年宗法社会的特有产物,旨在奠世系,辨昭穆,并通过记载祖辈的功德,撰立宗族的族规,敬宗睦族,厘清支派,维系宗族制度,巩固宗族团结,扩大宗族活动,宣扬宗族伦理。

中国家谱的纂修,当源于春秋战国时期的《春秋公子血脉谱》。宋代以前,家谱多为官修,非一般庶民之家所为。宋代开始,民间修谱之风始兴。到了明初,江浙、福建一带,已几乎是"家之有庙,族之有谱"了,修谱已呈大众化之趋势。清代谱学的发展,更臻鼎盛。国之有史、地之有志、家之有谱,构成了中国历史文献的三大支柱。

随着谱牒文献的问世,著录谱牒文献的书目早在汉代就开始出现。从刘向、刘歆的《别录》与《七略》以及班固的《汉书·艺文志》,直到宋郑樵的《通志·二十略·艺文》的"谱系"类下,又细分为"帝系""皇族""总谱""韵谱""郡谱""家谱"六子目,谱牒文献的著录,已发展到了一个成熟的阶段。尽管

清修《四库全书总目》时,纂修者以"旧有谱牒一门,然自唐以后,谱家殆绝,玉牒既不颁于外,家乘亦不上于官,徒存虚目,故徒删焉"为由,将谱牒类目从《四库全书总目》中删除了,但部分谱牒文献,依然收录在"史部"传记类中。清代著名学者章学诚、纪昀、沈炳震、沈钦韩、朱次琦、谭嗣同等人,则开创了谱牒学研究之先河。

民国时期,除了出现更多的单独谱牒文献书目之外,家谱的史料价值及其研究,更是得到了一些著名学者的重视。早在20世纪初,史学大师梁启超就大声疾呼:"尽集天下之家谱,俾学者分科研究,实不朽之盛业。"1929年,潘光旦先生于《东方杂志》第26卷第1号上发表了《中国家谱学略史》,此为近现代第一篇的家谱学研究学术论文。之后,潘光旦先生又相继发表了《家谱与宗法》《章实斋之家谱学论》《通谱新解》《说家谱作法》《家谱还有些什么意义——黄冈王氏家谱代序》等一系列文章。并曾辑"关于谱牒学传记学之各稿"成《家谱新论》一书,只惜书稿在抗日战争中遗失了。潘光旦亦成了我国近现代家谱学的创立者之一。1945年,杨殿珣在《图书季刊》连载发表了《中国家谱通论》长文,比较全面地论述了家谱学的沿革。此外,谭其骧、罗香林等史学前辈都对中国家谱的研究也做了许多有益的尝试。

在中华人民共和国建国之后的一段时期内,由于受到左的思想影响,族谱被完全视为封建的糟粕与毒瘤,民间唯恐弃之不尽,散佚严重。致使族谱的研究,少人涉猎,无由问津,一度落入低潮。直至20世纪70年代末80年代初开始,随着改革开放的深入发展,史学的研究领域也不断得到开拓,谱牒学的重要性再次为人们所认识。于是,在短短的十几年间,有关谱学研究的论文和著作不断问世,专门刊载谱学研究成果的杂志和丛书次第出版,各种各样层次不一的谱牒研究团体,犹如雨后春笋,在全国各地不断涌现。其主要有:崔建英《重视族谱的史料价值》(《图书馆学通讯》1979年第1期)、王咨臣《家谱丛谈》(《争鸣》1982年第1期)、杨廷福的《中国谱牒学的源流》(《学习与探索》1980年第2期)、常建华的《家族谱研究概况》(《中国史研究动态》1985第2期)、《中国族谱收藏与研究概况简说》(《谱牒学研究》第1辑,书目文献出版社1989年版)与《家族谱研究述略》(《古籍整理出版情况简报》第166期,1986年)、王泉根《略谈中国谱牒学》(《百科知识》1986年第7期)、刘光禄《谱牒述略》(《文献》第10辑)、朱振华《谱牒学浅说》(《文史知识》1988年3期)、杨冬荃《中国家谱起源研究》（《谱牒学研究》第 1 辑，书目文献出版社 1989 年版）、冯尔康《宗族制度对中国历史的影响——兼论宗族制与谱牒学的关系》（《谱牒学研究》第 1 辑，书目文献出版社 1989 年版）、王云度《谱牒学概述》（《徐州师范学院学报》1991 年第 1 期）、欧阳宗书《中国家谱》（新华出版社 1992 年版）、夏表陵《谱牒的源流与价值》（《郑州大学学报》1993 年第 1 期）、汪俊《略谈谱牒学在文史研究中的意义》（《扬州大学学报》1997 年第 3 期）、冯尔康的《中国家谱综合目录》序《宗族制度、谱牒学和家谱的学术价值》（中华书局 1997 年版）、仓修良《关于谱学研究的几点意见》（《历史研究》1997 年第 5 期）、林天蔚《新旧谱学之界别及新谱学之两派三家之评议》（《中华谱牒研究——迈入新世纪中国族谱国际学术研讨会论文集》，上海科学技术文献出版社 2000 年版）、王利亚的《海内外对中国族谱的开发和研究》（《晋阳学刊》2003 年第 2 期）、杨一琼《家谱研究新探析》（《图书馆》2004 年第 2 期）、徐建华的《家谱的地方性特色及价值》（《福建论坛》2005 年第 9 期）、王鹤鸣《中国家谱通论》（上海古籍出版社 2010 年版）、饶伟新《族谱研究》（社会科学文献出版社 2013 年版）等等。诸此论著，对中国族谱的源流、编纂体例与功能、史料价值、现实意义、研究概况等方面，均作出了颇为全面系统的阐述。

此外，在族谱的史料搜集、编纂书目、整理出版等基础性的文献整理工程方面，也取得了突破性的进展。例如：山西省社会科学院家谱资料研究中心编的《中国家谱目录》（山西人民出版社 1992 年版）、《中国族谱集成》（巴蜀书社出版 1995 年版）等均为当时族谱的史料搜集、编纂书目、整理出版的力作。1997 年，国家档案局二处、南开大学历史系、中国社会科学院历史所图书馆联合主编了《中国家谱综合目录》（中华书局 1997 年版），该谱收录了大陆、台湾地区以及日本、美国等国出版的家谱目录中的有关部分，凡 14719 条，成了当时规模最大、检索最便利、收录最完整的一部家谱联合目录。2008 年 12 月，上海古籍出版社出版了上海图书馆编《中国家谱总目》。该《总目》著录的中国家谱条目达 52401 种，收录的时间下限截止于 2003 年，是至今为止著录中国家谱数量最多、范围涉及最广、编纂体例最完整、检索途径最方便的家谱专题目录。

在香港、台湾地区，罗香林先生的《中国族谱研究》，在谱学界则享有很高的声誉，该书把中国谱学的研究推向了一个新的阶段。盛清沂、林思显、赵振绩、陈捷先等先生，均为研究谱学的重要学者。如盛清沂的《台湾家谱编纂之研究》(《台湾文献》十四卷三期)、陈捷先的《台湾地区近年族谱的修纂与研究》(《谱牒学研究》第1辑，书目文献出版社1989年版)与《族谱学论集》(台湾三民书局2017年版)等，对台湾的族谱修纂与谱学研究，作出了全面的论述。1987年，赵振绩主编的《台湾区族谱目录》(台湾区姓谱研究社1987年版)问世，该目录共收入家谱10613种，是台湾地区最完整的一部族谱总目。

国外对中国家谱的研究，最值一提的是美国犹他家谱学会，该学会在收集整理开发中国家谱资源取得了相当大的成效。1983年，由台湾成文出版有限公司出版了Ted. A. Telford等人所编的《美国家谱学会中国族谱目录》，该书著录了中国27个省区的家谱共3140种。犹他家谱学会曾派员到台湾和大陆，与各地图书、档案部门联系，共拍摄中国家谱上万种。截至1998年统计，犹他家谱学会图书馆共拍摄保存中国家谱缩微件17099种。可以说，犹他家谱学会是海外收藏中国家谱最多的机构。

在国外，除了美国犹他家谱学会之外，对中国族谱研究上取得显著成果的是日本学者多贺秋五郎。他在《宗谱的研究(资料篇)》(日本东洋文库1960年版)、《中国宗谱的研究》(日本学术振兴会1982版)一书中，将其所见的3300多种中国家谱，按名称、形式、规制、体例、内容等区域性特征，分为"华中谱"(包括江苏、浙江、安徽、江西、湖南、湖北等省区的族谱)、"华南谱"(包括福建、广东、广西甚至于贵州、云南等省区的族谱)、"华北谱"(包括河南、河北、山东、山西等省区的族谱)和"东北谱"(包括东北地区的汉人谱、满族谱、蒙古谱)四大类，又将朝鲜、琉球、越南等地的族谱称为"东亚谱"。而"东亚谱"又是中国族谱向外"东传"的结果。

值得特别提出的是，与两岸关系最为密切的有关福建涉台族谱的研究成果主要有：庄为玑等人致力于福建族谱的调查，在其经眼的150余部福建族谱中，有70余部涉及闽台关系，曾据诸此史料撰写了《从族谱资料看闽台关系》(《中国史研究》1984年第1期)，对明清时期福建移民台湾及其开发台湾的时间、人数、成分、迁徙原因、移民分布及其特点等，作出了深入的研究。方宝川《馆藏闽人家谱及其利用》(《福建图书馆学刊》1988年第3期)、林嘉书《南靖县向台湾移民的谱牒文献调查研究》(《台湾研究集刊》，1988年第4期)、韦庆远《从族谱、契约文书看清代闽台间的宗法关系》(《史学集刊》1989年第1期)、陈在正《颍川陈氏开漳圣王派迁台初探——闽台陈氏族谱研究之一》(《台湾研究集刊》1991 年第 1 期)、王连茂的《略论闽南族谱中移民资料的价值及其分类研究》(《泉州文史》1989 年第 10 期)、《明清时期闽南两个家族的人口移动》(《海交史研究》1991 年第 1 期)、陈支平的《福建族谱》(福建人民出版 1996 年版)、梁守金《闽台家谱族谱档案血缘地缘探略》(《档案学研究》2000 年第 2 期)、李天锡《闽南族谱资料价值得失论》(《华侨大学学报》2001 年第 3 期)、陈名实、陈晖莉《福建谱牒文化调查研究》(《泉州师范学院学报》2009 年第 1 期)、陈彬强《闽南与台湾族谱文献资源建设和利用》(《国家图书馆学刊》2013 年第 3 期)、林建春《论闽台谱牒文化与两岸交流》(《闽南师范大学学报》2016 年第 1 期)等等，均是研究福建族谱或根据福建族谱资料研究闽台移民的代表性成果。而有关福建涉台族谱整理汇编的主要成果有：庄为玑、王连茂编著的《闽台关系族谱资料选编》(福建人民出版社 1985 年版)，该资料收录了 150 余部族谱，大大有助于我们对于闽台关系，尤其是福建移民台湾问题的研究，为海峡两岸人民的寻根认祖提供了可贵的第一手资料。陈支平于 2004 年出版的《台湾文献汇刊》(100 册) 中，首次收录有闽台关系族谱 20 余种。接着，陈支平主编《闽台族谱汇刊》(广西师范大学出版社 2009 年版)，是我国福建和台湾地区民间族谱选刊，是第一次大规模整理出版的闽台族谱。所收集的族谱，不仅仅是一个姓氏，或一个家族的历史记录，更是闽台关系的真实写照。陈支平的《民间遗存台湾文献选编》(九州出版社 2011 年版)，所收录的涉台文献以民间收藏的清代官衙文书、涉台契约文书、籍账、家族文书、日记、碑文及民间教育类图籍为主要内容。其中，清代官衙文书包括文武衙门簿、北路理番分府票簿、彰化县主成票簿、彰化县主案簿、北路理番分府案簿、北路理宪案簿、岸里社守土随军番勇清册等，另汇辑有台湾中部契约文书、杨同兴家族文书及族谱、泉州鉴湖张氏家族涉台文书、台湾民间教育文献及水竹居日记等。陈支平的《闽南涉台族谱汇编》(福建人民出版社 2014 年版)，是闽南涉台族谱的首次披露，绝大部分修纂于清代和民国年间，以现在台湾人数排名前 100 位的大姓，如陈、林、黄、张、李等，作为主要的搜集整理对象，再根据某些姓氏如连、辜等在台湾社会的重要影响程度，适当增补。这些族谱生动地记载了一个个家族的传承与迁变及其部分历史上知名的大事件，且富含闽南民间特色。

另外，随着科技的发展，新技术的普遍运用，相当一部分的图书馆、档案馆或文化馆将其馆藏族谱文献资料建成数据库，以供广大学者使用。黄显功在《上海图书馆的家谱数字化资源服务——古籍保护效果的一个实例》(《图书馆学刊》2008年第1期)一文中,介绍了上海图书馆在20世纪90年代开展古籍数字化项目的概况,并结合中国家谱数字化建设的背景,介绍了上海图书馆家谱数字化资源建设和服务取得的成效。陈彬强、蔡晓君的《云计算环境下闽台族谱信息资源共享模式研究》(《兰台世界》2015年第32期)一文,则通过分析闽台族谱概况和闽台族谱信息资源建设现状,提出闽台族谱信息资源共享云服务模式的总体设计思路和实现方案,并从基本原则、基础架构、资源整合、服务标准等方面入手给出了闽台族谱信息资源共享云服务建设的具体路径和方法。叶建华、陈昭珍的《族谱信息系统中知识管理之研究》(《台湾大学工程学刊》2004年总90期)一文,比较全面地阐述了台湾族谱信息网计划中所设计的数据以及系统架构。厦门大学国学研究院把历年来搜集整理的闽台两地族谱也做了初步的数据化处理,并逐步显示在国学研究院的网站上,供海内外读者使用。福建省图书馆在这方面作出了相当大的贡献,该馆建有一福建联合家谱目录数据库。福建省许多地区,如漳州、厦门、晋江等地也都先后成立了姓氏源流研究会或谱牒协会,部分公共图书馆将其馆藏的家谱编成目录数据库上网供大众利用。同时,在海外华人华侨及港、台同胞的积极促进和支持下,福建各地兴起了寻根谒祖、编修、合修族谱等一系列活动,再一次向人们展示了海峡两岸同胞及海外炎黄子孙割不断的血肉亲情。

二、如何加强两岸关系族谱资料的研究

显然,从现有中国族谱整理与研究的成果上看,主要有三个方面:一是对中国族谱的源流、编纂体例与功能、史料价值、现实意义、研究概况等方面的系统阐述与研究,二是对族谱的史料搜集、编纂专题书目等基础性的文献整理工作,三是对福建涉台族谱的研究与整理汇编出版工作。诸此成果,虽然已有不少,但对于海峡两岸民间族谱的收集梳理始终是一个比较薄弱的环节,还没出现两岸关系族谱专题全面而系统的整理与研究成果。仅就中国族谱目录而言,即便是上海图书馆编的《中国家谱总目》,是至今为止著录中国家谱数量最多、范围涉及最广、编纂体例最完整、检索途经最方便的家谱专题目录,也同样没有专门涉及两岸关系的专题目录与检索点。另外,一些图书馆虽然也都做了一些族谱专题目录

MARC 标准的机读目录数据库上网提供读者检索,但除了非两岸关系族谱专题之外,元数据的规范检索,则基本上尚未面世。

有鉴于此,基于学术界已有的研究成果而言,两岸关系族谱资料研究具有可拓展的研究空间有以下几个方面:

其一,全面检索至今海内外公开出版或内部出版的公私族谱目录及其相关网站及资料库,并依据这些相关目录资料以及民间零星收藏,全面系统地普查、统计两岸关系族谱的存世情况。根据检索、普查、统计之所得,制订著录规则,建成《两岸关系族谱总目录》书目数据库;根据《两岸关系族谱总目录》所著录,全面收集两岸关系族谱,扫描原始文献,并将所有扫描件转变为 PDF 格式的文件,汇为《两岸关系族谱集成》数据库。对收入《两岸关系族谱集成》的所有原始文献,对原始文献的题名、责任者、出版年代、出处、谱籍地、堂号、始迁祖等等关键词的字段,进行元数据的标引,实现网上多途径、全方位的检索。

其二,基于《两岸关系族谱集成》珍贵而全面的原始文献资料,主要围绕闽台族谱与闽台区域社会变迁的关系,展开进一步的深入研究,突出族谱这一民间基础文献的史料价值,为闽台社会史研究提供重要的资料和考察视角。尤其是对族谱中反映闽台社会方方面面的内容进行整理、分类和爬梳,拟定相应的各个专题,突出现存闽台族谱的特色,再结合其他各类官私史料,对这些族谱资料进行充分的解读和考证,主要从族谱与闽台宗族社会的秩序建构、闽台族谱看闽台地区的家庭教育、闽台族谱与中国社会经济史研究、族谱编纂与闽台民间信仰的发展格局、族谱编纂与闽台社会的家国共构模式等方面,充分揭示两岸关系族谱资料研究的学术价值和社会实践意义。

其三,从数据库的建设与应用技术上,以 B/S 架构、大数据分布式文件系统等为技术路线,运用大数据技术,挖掘姓氏谱牒数据资源,建成一个先进可扩展、标准开放化和可持续运行的谱牒交流平台。通过数据库平台的技术设计和服务模式,提高应用效果,用户的体验和信息资料提交,均可通过数据采集与加工系统的功能设计,实现数据资源采集扩充智能化。从功能上达到在两岸民间交流中,能够更好地发挥两岸宗亲组织作用,实现一键寻根、在线查谱、修谱,通过线上线下互动,联谊吸引更多的台湾宗亲积极参与,通过数据库的创新体验设计,吸引台湾年轻一代的关注,体验"两岸一家亲"的理念。

三、两岸关系族谱资料研究的学术价值与社会意义

以姓氏为中心的家族、宗族文化是中华文化的重要组成部分。在现今台湾2300万同胞中，除了2%的台湾少数民族，绝大部分的台湾人祖籍都在中国大陆，其中约有80%的台湾人祖籍地是福建。以"血缘"与"地缘"相结合、宗族与宗祠为纽带的"聚族而居"成为台湾乡村社会组织结构重要特征。台湾乡村社会具有很强的宗族感、家乡感，"重亲情、重家族、重情义"成为乡村社会最具感召力和凝聚力的元素、重要纽带与标识。"一本姓氏宗谱、一座祖墓、一栋祖祠"都成为海峡两岸宗亲的共同记忆。

毋庸置疑，两岸谱牒编修工作是营造两岸人民情感、心灵默契与交融的重要途径。鉴于当今台湾政局发生重大变化，台湾执政当局拒不承认"九二共识"，两岸关系形势日趋复杂严峻的形势，我们从做好台湾人民工作为着眼点，创建两岸族谱数据库，不仅可以增强祖地文化对台的辐射力及影响力，而且能进一步促进台湾民众对"两岸本源"共识，在发挥"沟通与争取台湾民心"的过程中，起到重要纽带和前沿平台的作用。

总而言之，通过两岸关系族谱资料的研究，可以从两岸关系族谱资料的层面与视角，来进一步印证台湾自古以来与大陆一以贯之的血缘与文脉，不论是几百年前跨越海峡到台湾"讨生活"的先民，还是几十年前迁徙到台湾的民众，广大台湾同胞都是祖国的骨肉天亲，海峡两岸是"打断骨头连着筋"的同胞兄弟。台湾与祖国大陆密不可分的历史文化联系，是对"文化台独"逆流的强有力驳斥。台湾是中国神圣领土不可分割的一部分，海峡两岸是不可分割的命运共同体，而历经五千年生生不息的中华文明，是两岸同胞共同拥有的文化瑰宝，也是两岸同胞的情感共鸣和精神纽带。让中华传统优秀文化珍藏在两岸同胞内心深处，厚植两岸同胞的"根"和"魂"，密切精神纽带，促进心灵契合，传承好两岸中华儿女共同的血脉基因和文化特质，谱写中华文化自信和民族自信的新篇章。因此，两岸关系族谱资料研究具有特别重大的应用价值和社会意义。

（作者单位：福建师范大学闽台区域研究中心）

[（本文属于2017年国家社会科学基金重大项目"两岸关系谱资料数据库建设"（项目编号：17ZDA214）］

闽台族谱的文化与价值研究浅析

蔡干豪

根植于中国宗法社会的姓氏谱牒，伴随着民族文化产生而产生、发展而发展，是民族文化的宝贵遗产。随着中原士族移民福建，族谱开始在福建产生与发展。唐代以后，福建编修族谱兴起。宋代以后，随着政治、文化中心的南移，福建的家族制度趋于完善，谱牒文化的体系也基本确立，体例也趋完备。明清以后，福建人大量迁移台湾，台湾谱牒兴起，又形成了闽台同根同祖的谱牒文化。闽台族谱记录了闽台每一个族群的信息，闽台族群由于地理、历史的缘故有共同的特性，全面审视可以透过族谱看到海峡两岸的地缘、族缘、血缘、神缘、文缘关系。历来治地方史，编纂方志时，大量采家谱资料入志，以补正史和官方所掌握的资料之阙，这是十分正常的。在全国的地方史志编纂中情况均是如此。台湾史学家连雅堂《台湾通史》自序："洪维我祖宗，渡大海，入荒险，以拓殖斯土，为子孙万年之业者，其功伟矣。"就是告知台湾的发展根基，是福建台湾祖先移民所奠定。

一、闽台族谱的基本特色

闽台族谱的共性特色很多，主要有以下几点：

1. 闽台谱牒有共同的源脉。纵观闽台族谱，多数都称源自"河南固始"。谱牒文化是宗族制度的产物，福建宗族制度随着北方士民不断地移居福建而逐步建立。福建和台湾民系主要是中原迁徙入闽入台，共同的血脉，形成了共同的修谱族系基础，我去年以来对台湾的1万多部族谱和福建的5万多部族谱进行过分析，多数族谱可以对接。

2. 闽台谱牒有共同的修谱理论。闽台族谱除了承继中原撰修谱牒的理论体系，四种基本的记述格式：欧式、苏式、宝塔式和牒记式以外，宋代福建出了两个谱牒学专家,一个是北宋的泉州人吕夏卿,在编纂《新唐书》时,创设《世系》诸表。另一位是南宋的莆田人郑樵,在《通志》中,创立了《氏族略》。最重要的是朱熹的《家礼》,提升了族谱的理学文化地位。他们对谱牒学的研究成果影响全国,对闽台谱牒的修纂起到重要理论指导作用。

3. 闽台谱牒的修撰规范完整。一是结构完备,闽台传统族谱主要有以下几个部分的内容:(1)谱序;(2)凡例;(3)家族的世系和血缘关系图表;(4)恩荣录;(5)族规;(6)祠堂、祖墓、族产、契约文书;(7)人物传与科名录;(8)艺文与轶事。二是脉络完整,明朝建立以后,大兴修谱之风,出现普及化态势,福建各地民间不仅家族有谱,而且根据家族的延伸,家族的分支或各房也修撰支谱、房谱、家谱。三是定期续修,一般为小宗谱30年一修,也就是一代人修一次;大宗谱60年一修,各个家族都把族谱修撰作为重要的永久性事业。四是有完备的修纂谱的仪式和相关规程。

4. 闽台家谱的相关机构众多。修撰和研究、收藏机构不断出现。海峡两岸都出现由宗亲自发组织的临时修谱机构,形成从乡村到城市的经久不衰的谱牒文化热。在各地各宗族族谱研究的基础上,出现了许多谱牒修撰机构,台湾姓氏研究学会比较早,随后闽台的各姓宗亲联合会、各姓氏协会、姓氏源流研究会等专门研究机构陆续涌现。谱牒作为学术研究的价值日益受学术文化界广泛重视。

5. 闽台族谱收藏的多样化。千余年来,历代所修家谱是难以计数的,这其中绝大部分因年代久远,已经湮没于历史的长河之中。留传至今的和新修的家谱,大约不会少于10万部。这些家谱,分藏于海内外公藏机构和私人手中,其中公藏占有主导,但是存量较少;私藏族谱大大超过公藏,福建民间至少有5万多部。现在闽台的公共图书馆、各地的文化馆、博物馆、纪念馆、档案馆、档案室、文物商店、修志会机构都有多少不等的收藏。

6. 专业机构的出现和参与。福建的族谱编撰机构早在宋代以前就出现,近现代以来伴随传统文化的争论,走过迂回曲折的道路。台湾的文献会在20世纪50年代就开始族谱研究工作,收集整理了大量台湾族谱,对全台谱牒和人口迁徙、祖籍状况进行全面调研,编著出版了大量的很有价值的研究资料。福建族谱过去主要留存民间,只有图书馆、档案馆少量保藏,近期出现的以闽台缘博物馆、漳台族谱馆、客家族谱馆为代表的闽台族谱专项研究机构较大程度推动了族谱的收集和研究工作。1984年以后,福建省陆续成立省、市、县三级地方志编纂委员会，编纂三级志书，一些从事地方志工作的人员被聘请参加族谱的编修工作，形成地方志与谱牒同时发展的局面。到2002年，习近平担任福建省省长期间，福建省地方志编纂委员会决定编修姓氏志，各市、县也同时进行姓氏志的编纂。2015年福建省姓氏源流研究会决定与省地方志联合全面铺开编撰《福建姓氏志》，目前已完成《福建姓氏志》第一卷，姓氏志主要是在各姓族谱的基础上进行编纂的，也对现存的新、旧族谱进行较系统的介绍，更加凸显了族谱的文化价值，推动了族谱更大规模地编修。

由于历史的原因，闽台两地谱牒都发生过多次的中断修撰的问题，20世纪50年代在台湾开始复兴，改革开放以来，随着海外华人归乡"寻根热"的出现和中华民族传统意识的复兴，福建谱牒文化重新兴盛。尤其是福建的谱牒文化是海峡两岸血缘认同的重要依据。

二、闽台家谱是闽台姓氏文化的载体

福建省的第一部地方志《淳熙三山志》，南宋淳熙九年（1182年）成书，是福建最早的志书，也是全国现存最早的志书之一。编者采择北宋庆历三年（1043年）林世程纂修的福州志资料，并增入庆历三年至淳熙九年计139年事，共40卷，分地理、公廨、版籍、财赋、兵防、秩官、人物、寺观（末附山川）、土俗九门；追记部分五代十国事迹，其中不少源出族谱。

而福建的族谱不少始修于汉、晋和南北朝，大量的始修于唐宋时期，福建第一部族谱文献和福建第一部地方志时间上相差一千多年。这些族谱虽然已经经过多次修撰，虽然学界对族谱文献有这样那样的争议，认为族谱文献资料存在一些缺陷，但是在族谱中保留下许多地方志中没有纳入的宋朝以前的历史资料。这些都是十分难得的宝贵历史文献资料。到明清时期的族谱，其中有许多内容涉及海峡两岸，内容丰富，资料充实，是研究闽台及两岸关系中十分难得的宝贵史料。族谱记载着一个家族、家庭的方方面面，包括历史沿革、世系繁衍、家族兴衰变化、人口变迁、婚姻、事业、科举官封、族规、家法、祖训，以及文物、风情、名胜等等，虽然是记载一个家族的变迁，但是依然不失其重要的经济和社会价值。闽台族谱以其血缘文化的显著特征，为我们探究闽台渊源关系提供最科学、最可靠和最永久的证据。尽管族谱和地方志一样，都是时代的产物，产生在封建时代，都难免带有封建色彩，族谱记载的是一个家族，也难免有其局限性，但它追溯姓氏渊源，探索宗族演变，记录传承脉络，也是中国文化尊重生命、尊重历史、尊重传统的体现。同时谱牒中的序文、祖训、族规等，大都倡导孝敬祖先、尊重老人、友爱兄弟、团结和善、诚信正直、乐善好施、勤俭持家、劝诫耕读、勿为坏事等，弘扬中华民族的传统美德。

闽台两地历史上同属一个省域，都是移民为主的省份。福建人的主流是中原移民，打开闽台的族谱，几乎都可以看到先祖来自"河南光州固始"，说自己是"河洛人"，说的是河洛话。特别是福建族谱是台湾族谱的祖谱，每一个家族都明明白白在族谱中记载本家族从中原入闽的原因以及子孙迁徙台湾和海外情况。虽然由于天灾人祸的原因，再加上年代久远，不少民间族谱或散失或毁弃，加上族谱的神秘性，闽台两岸保存下来的仍有部分不易见到。但是保存下来的族谱依然十分浩瀚，从目前可见到的族谱看，家族迁徙的原因与国史、地方志的记载基本符合，具有很高的史学价值，是对史学的有力补充。由于族谱数量浩瀚，下面列举部分以加深对福建民间族谱的了解。

连横《台湾通志》里，有《台北县虎丘林氏族谱》称："先世固始人，祖有林一郎者，仕客，于光启乙巳迁福建永春桃源大杉林保。"《台湾通志》载列黄姓人家各个宗谱，有如：《黄氏族谱》《东石檗谷黄氏族谱》《闽杭黄氏族谱》《虎丘义山黄氏世谱》以及《金墩黄氏族谱序》，皆称先祖来自光州固始。台湾《陈氏大宗谱福清陈氏宗谱》称其开基祖来自固始，至三世祖迁至长乐之江田。台北市文山区木栅的《安平高氏族谱》称其入闽始祖为固始人高钢，唐末避黄巢之乱挈眷居闽侯县凤岗。而新北市汐止区《蓬岛郭氏家谱》尊固始人郭嵩为入闽始祖。

闽台族谱中始修比较早的族谱，形成"大宗谱"或"宗谱"，"大宗谱"和"宗谱"一般体系都比较完整，有族源考，上附三皇五帝、西周列国、秦汉魏晋门阀世家，隋唐历史名人，记载本族郡望、家声。阐述或"五胡乱华、衣冠南度"入闽，或随开漳圣王陈元光入闽，或随开闽王王审知入闽，或因官因故入闽，有明确的入闽始祖或开基祖。台湾族谱有明确的开台始祖。族谱中最大篇幅是族谱"世系"，也称"谱系"。记述家族世系及登谱入列人物生平简介，这是家谱最主要内容之一，诚为族谱中最核心、最重要部分，通常都占到谱内篇幅一半以上。如何看谱查谱诀窍在此，要先了解如何井然有序展示，这些历代族人传承关系和事略简历。世系设计是一套适宜之科学格式，此种统一格式就称之为体例，闽台族谱的体例主要是苏式和欧式，也有兼宝塔式。族谱都有凡例、谱例，主要是阐明家谱的纂修法则，一般在每次修谱前，都会先订出若干条规则，凡适合社会潮流与需要皆加考虑，以作为修谱时必要遵循的原则，各姓谱牒记述世事时，才足以一体通适用，而避开可能差别性。

闽台族谱因同根同源有密不可分的特色。闽台两地由于姓氏五缘文化关系紧密，闽台族谱大多数是祖谱与分谱的关系，每一部台湾族谱和祖国大陆族谱，特别是闽粤族谱都有对应的接点。台湾同祖国大陆有着密不可分的血缘关系，各姓先民渡海赴台，开山垦荒，或聚族而居，或分散各地。但由于海峡的隔离，两岸家族分多聚少，加上过去交通不便，台湾海峡无风三尺浪，所以对族谱的重视程度更有加。为有利于认祖归宗，对迁徙台湾的记载尤其注重，如云霄何地的《何氏族谱》清清楚楚记载了清代东渡台湾的300多人。他们多数人只能记住自己的郡望堂号，多次返回故里续修族谱。族谱承载了姓氏的迁徙过程，可以进一步考察台湾的社会发展和演变。

早在1926年，台湾人口祖籍构成统计，汉族人口计375.16万，占总人口89%，其中祖籍福建的为311.64万，居汉族人口的83.1%。而祖籍福建者中，泉州府168.14万；漳州府131.95万；永春州2.05万；汀州府4.25万；龙岩州1.6万；福州府2.7万；兴化府0.93万。位居闽南的祖籍泉、漳、永春三府州人口合计达302.14万，占福建籍总人数的97%。台湾前几大姓氏来自闽南，其中来自晋江的大姓有施、许、蔡、张、黄等。

1934年台湾有768姓，居前十位姓的依次为陈、林、黄、张、李、王、吴、刘、蔡、杨，合计占总人口数的50%强。居前十位姓与福建省的陈、林、黄、张、李、王、吴、刘、郑、杨，前十大姓氏的序位基本相同，只是蔡姓退到第十一位，福建排名第十一位的郑姓进到第九位。

到50年代，台湾文献会就着手调查各县市居民之姓氏状况，并按各姓氏人口之多少来排序。排定的结果是：陈、林、黄、张、李、王、吴、蔡、刘、杨、许、郑、谢、郭、赖。统计国学文献馆现藏中国族谱资料目录，发现各姓族谱的数字和文献会统计的姓氏材料，极其相似，尤其是前面七位基本相同。其中又以陈、林两姓家谱为多。

到2007年，由台湾"内政部门"所编印出版的《台湾姓氏要览》里，胪列全台总共1542姓中，前十大依序为：陈、林、黄、张、李、王、吴、刘、蔡、杨，几占总人口数53%。

闽台民众都有强烈的根亲理念，我们世系如何？先世出身为何？从何而来？谁是得姓祖？始迁祖？开基祖？各姓家谱绵延可说一览无遗，各家世系瓜瓞绵绵也一目了然。福建族谱如此，台湾族谱也如此。随意列举早迁垦台湾之黄、陈、高、郭四姓先祖，台湾的族谱全都有记载从中原古光州固始（今河南固始）来，他们族谱都记载了最初开台祖出身。闽台族谱都一样记载，他们民族大迁徙中出发点亦皆固始，经过闽粤繁衍再辗转入垦台湾。据最近统计的台湾百大姓人口数，占台湾总人口数达97%，追溯其中先祖十之八九，又系从中原一带辗转迁移而来。"固始乃全台中国人根亲祖地"，兼从姓氏源流、族谱世系考据，俱证此言不虚。福建蔡干豪、林庚编的《闽台百家姓》（海风出版社）《闽台姓氏地图》（海风出版社）和《闽台寻根大典》（中国华侨出版社）都分别对闽台的200多个姓氏迁台情况做了许多叙述，这里重点列举几个姓氏进行深入分析。

闽台陈姓是两岸第一大姓氏，福建有460多万人口；台湾有260万人。早在唐宋陈姓就开始迁台，从明朝永乐年间到清代是迁台高潮。陈永华，明代泉州府同安县人，"弃儒生业，究天下之事"，投奔郑成功迁台。在台南承天府宁南坊择地建造圣庙学院并亲任主持。所以陈姓有260多万人口，排名第一，约占全台人口总数的12%，家谱数量排在首位。台湾陈氏有开漳圣王派、南院派、漳浦派、惠安、晋江陈埭派、安溪高美祖派、闽西霞鬃派、义门派等30多支派，以台北、彰化、台中、嘉义、台南、屏东等县地人口最集中。他们在台湾修建众多宗庙，有台北"德星堂"，台南"颍川宗庙""德聚堂"等。如果我们细心地分析一下，就能发现家谱文献也反映了台湾和大陆割不断的血缘关系。就以福建省来说，陈氏自唐宋以来就是当地望族，陈姓族谱明代就已成规模，明代文豪王世贞曾为陈氏族谱写序。就国内所收藏的族谱而言，陈姓族谱也是较多的。如山西省家谱资料研究中心藏谱2565种，陈姓126种，但是他们没有迁台的族谱。福建虽然没有形成族谱总目，但是从福建的任何一个馆藏族谱中陈姓族谱都是总量第一；就是已经查明的民间团体收藏的族谱中陈姓族谱数量也是第一。台湾省文献会所拥有的陈姓入台资料十分丰富，据该会考证，第一个到台湾来的陈姓人是随延平王收复台湾的陈泽，他的后裔迄今还在台南繁衍。如族谱记载，台湾民进党前主席陈水扁祖籍是福建诏安县，1737年，进贤公的第六代孙陈乌从白叶村的星斗自然村到了台湾，传到陈水扁已是第九代。前高雄市长陈菊，祖籍福建漳浦县赤湖镇。台湾《琅玕陈氏族谱》陈其寅修纂，共2册40余万字。始祖安东公来自河南固始，宋末入泉，至惠安南方四十里安头乡落籍。清康熙年间禁海解除后，还乡无屋可居者相率往台州石塘镇，有琅玕陈氏四镇兵追随郑成功入台；柘山房兴透公携眷定居台湾笨港。清咸丰九年（1859年）举家迁至台湾鹿港，其父于光绪十四年（1888年）再由鹿港迁往基隆。十四世祖于道光年间，赴台经商，居沪尾（今台湾淡水）经营粮食，甲午战乱后先祖弃业回闽，辗转后居基隆市。现存闽台家谱都有不少迁台记载，如清乾隆二十年（1755年）台南陈鼎丕编的《银同碧湖陈氏族谱》从永历十年到三十五年间（1656-1681年），就记有陈元等二十余人来到台湾，或随军，或垦荒。《浯阳陈氏家谱》是同安和金门共同编纂，2003年出版，始祖陈达，号松岗，随王审知入闽，后裔镇同安浯洲盐场，浯阳堂号。

林姓是福建第二大姓，有380多万人口。《林氏宗庙修谱序》记载："林氏旧谱，世传出于唐林蕴之手。然观各宗刻本，其首皆弁以温彦博之序。彦博为太宗从龙之臣，而蕴实贞元朝士，则旧谱不始于蕴明矣。独恨温序不言此谱得自何人，来自何地；由今思之，贞观之初，以海内一统，再定族望，意其时必尝征郡国名家之谱，使上之中书，故温乃得见而序之耳。自尔以来，谱学特盛、林宝尝萃之以著《元和姓纂》；今谱中有'古仕籍考'一篇，记载简当、而引据又多秘籍，殊非后人所能；则宝与蕴二人者或居其一欤！宋、明迄今，修辑日繁，顾卷帙虽多，而名篇转少；试覆而校之，除'仕籍考''世系表'而外，其足资考证者，仅有'林氏世纪源流'及明林志'晋安世谱校正序'二篇。而所谓'世纪源流'者，既阙撰人名氏，又琐碎不成片段；于是林志一篇，乃益为凤毛麟角矣。"台湾林姓人也大都来自福建，有200多万人口。东晋，林姓渔民航海到达澎湖、台湾等地，唐代开始入台经商。明清时期，随郑成功收复台湾和施琅平台，多次兴起迁台高潮，台湾林姓的始祖是明永历五年（1651年）的林朝和，他来台后定居台南，以后又有一批人随郑成功来到台湾，迁往嘉南，如林风。林姓人多了，就有了编家谱的背景，早在清道光二十七年（1847年），林士坚就编了《万华林姓族谱》。林姓来台后即在岛上落根发芽，和新的住地融为一体，他们的修谱着重于先辈来台后的事迹，这从家谱的名称上也反映了出来，如《雾峰林氏族谱》《台湾世瑶公派下林氏族谱》等都是台湾著名的族谱。中国国民党前副主席林丰正，先后七次回漳浦石榴镇攀龙村乡祭祖，族谱记载他是晋安林九牧二房藻公后裔。

许姓虽然台湾排名未进入前十名，但是根据史料记载，其祖先抵台开基，从明朝末年开始。明末永历年间，有许点飞初居今台南市，后移垦台北淡水；许友仪、许源兴、许盛森等人，入垦今嘉义新港；还有郑成功部队许某入垦今云林县。清朝初年，则有泉州人许连光垦于今云林县麦寮乡许厝寮；许志远建太子宫堡在今台南县太子宫；许希典、声良父子入垦今台南佳里；许时遇迁居今高雄市；许式生入垦今台北新庄；许帝德入垦今云林麦寮；许哲栖入垦今台南市，其后分传南投、高雄；许征、许九入垦今东港；许侃德入垦今佳里；许士德入垦今台南七股；许苍入垦今高雄桥头。待到清朝中期与后期，许姓祖先从福建泉州府、漳州府与广东潮州府、嘉应州等各地陆续拥入全台各地区，根据史书和族谱记载，不下百起，详情可参考杨绪贤先生《台湾区姓氏堂号考》（1979年版）。其他姓氏就不在这里一一叙述。

台湾早期移垦社会的建立，特别重视血缘、地缘关系，因彼此间的关系形成同乡聚居的村落，不仅象征团结力量，并把思乡情绪寄托在新开拓聚落地名上，使台湾出现不少冠以大陆原乡的地名，即所谓的籍贯地名，而保有地缘特性，这些乡村聚落的地名多数以泉州厝、同安寮等作为一大特色存在。

依据《重修台湾省通志·地名沿革篇》统计，以及《台湾区姓氏堂号考》列举，台湾各地冠祖籍地名有130多处，并散见于台湾各地，由此可见台湾同宗同名村地名攸关原乡情怀，并富有其特殊关系与文化历史背景。这些台湾的姓氏聚落都有宗亲会组织机构，都建有祠堂，数百年来都不断回到福建的祖籍地续修族谱，祭祀祖先。闽台两地人民同是中华炎黄子孙，有着撰、续、藏族谱的传统。历代谱牒蕴藏大量地理、经济、人文、社会等诸方面的资料，尤其是姓氏、宗族源流的资料为台胞到祖国大陆寻根访祖提供了方便。

三、谱牒的历史文化作用与现实意义

族谱在不同的时代对社会、政治、经济、文化活动都曾发挥过不同的作用，其最初的最根本的作用是"别婚姻"。从商周到汉代，家谱的主要作用是祭祀祖先、证明血统、辨别世系，以利优生优育；同时，又是权力和财产继承的依据。

进入魏晋南北朝的门阀社会后，家谱在政治、社会生活方面的重要性大大增强，家谱的主要作用是证明门第，做官、婚姻嫁娶以及社会交往等，都要以家谱为依据，家谱由家族文献转而成为一种政治工具。隋唐两代，取士多由科举，于是家谱在选官方面的政治作用削弱，在婚姻等方面的作用增大。宋代以后，取士、婚嫁不看重门第，各社会阶层的成员升降变迁也很频繁，家谱的政治作用基本消失，编修家谱成为家族内部的事情，家谱的作用也随之发生变化。宋元明清几代家谱的纂修主要是为记录家族历史，纯洁家族血统，尊祖、敬宗、睦族、团结、约束家族成员，教育后代，提高本家族在社会中的地位和声望，家谱的教育功能增强，家谱中大量出现家族祖先的善举恩荣和各种家训、家箴，对于传播封建伦理、稳定社会秩序发挥了一定作用。因而，家谱的纂修无论是唐代以前还是宋代以后，往往都得到政府的支持和鼓励。此外，明清两代科举取士，各地中举名额都有一定数额，一些考生往往冒移籍贯，避多就少，迁往文化相对不发达地区，以期容易考上，就如同当今高考前变更籍贯一般，为此，经常引起诉讼，家谱此时又能发挥证明作用。清代旗人袭爵、出仕，需要出示家谱以为凭据，这可以看作是家谱的政治作用的一点绪余。所以福建的少数民族也与汉人一样，重视家族族谱的修撰，使福建族谱修撰文化延绵不断。

　　事到如今，族谱依然有着重要的社会作用，必然长盛不衰。

　　首先，谱牒有社会科学研究价值。族谱中仍然蕴藏着大量有关人口学、社会学、民族学、民俗学、经济史、家族制度以及有关地方历史和人物的资料，具有很高的史料价值。当代地方文化，特别是地方志的编纂对族谱编修的影响很大。是人文学科的重要研究依据。对于古代人物研究具有相当权威的资料价值。由于家谱的特点是记录家族人物，重要人物专门写有传记，而且支脉清晰。闽台族谱比闽台地方志要早千年产生，虽然会有溢美之词，但大多数内容还是可靠的，完全可以填补史学研究的许多空白。谱牒为移民问题的研究提供了第一手资料。在中国历史上，各朝代人口的流动是很频繁的，而任何一部家谱都要记录族源和迁徙情况，本家族的始迁祖由何处而来，迁居原因，经何处而定居此地，定居后又有哪个支房迁出，迁移的原因、数量、迁居何处、移民生活、移民与当地土著的关系、迁居与本房的关系等，都须记载清楚。

　　其次，谱牒有重要海外联谊价值。福建是我国重要侨乡，也是台湾同胞的主要祖籍地。台湾同胞、海外侨胞到福建寻根问祖，使谱牒具有政治意义上的作用。在海外的炎黄子孙已超过 5500 多万，分布在五大洲 100 多个国家和地区，尽管有相当部分已加入所在国国籍，但民族与文化认同并没有改变。在世界近万个华人社团中，以宗亲会、同乡会为代表的亲缘性社团占了很大比例，并且发挥着积极作用。谱牒可以为他们的后裔寻根问祖提供可靠的根据，也更增加了他们对故国故乡的依恋之情。福建的姓氏源流研究在协助台港澳同胞和海外侨胞寻根探源、开展海内外姓氏源流学术交流、海外联谊、彰扬先贤业绩等方面，取得了丰硕成果，为海内外同胞、侨胞搭起了一座民族寻根之桥。

其三，谱牒是台胞寻根谒祖的依据。闽台族谱由于其特殊性，长期以来对台湾同胞寻根谒祖起到了极其重要的作用。虽然历史的种种原因使得两岸族谱修撰多次中断，给台胞寻根谒祖带来许多不便，但是由于海峡两岸宗亲的努力，各地各姓氏宗亲组织为闽台宗亲的联络提供大量珍贵史料，逐步地使海峡两岸族谱对接，台湾多数名人都可以在福建找到自己的祖根，也凸显族谱的社会价值。在改革开放后福建的修谱热潮中，台湾宗亲对于宗族的修谱活动给予大力支持，为修谱捐资，并提供台湾宗亲资料，使新编族谱包含迁台宗亲的世系，部分实现闽台宗亲世系的延续。通过族谱的编修，可以促进同宗同族间的团结互助，满足海内外炎黄子孙"寻根谒祖"的需求，对推动祖国和平统一大业有积极作用。

第四，谱牒有民族文化弘扬价值。谱牒文化中蕴藏着极其丰富的中华民族文化精华。谱牒为封建时代宗族制度的研究提供了最基本的资料。宗族制度是封建宗法关系的重要组成部分，是封建统治的基础，也是中国传统文化的一个重要内容。家谱中对于封建宗族制度的记载十分全面，包括有关宗族的构成，祠堂的组织、规模、结构、职能、管理范围与官府的关系等，祠产的类型、数量、形成、经营方式和收入用途，族学的规模、收录学生的范围、资金来源、维持方式、奖励内容等。家谱中的族约、宗规、家训、家礼、家箴等，既是封建伦理，也是道德行为规范，在其他类型文献中是很难如此集中的。其中保存许多优良的道德传统和爱国爱乡事迹，与当今社会倡导的回归中华民族文化家园、构建和谐社会有共通之处，值得借鉴与弘扬。

第五，谱牒文化有利于推动和平发展。台湾自古以来就是中国领土，台湾人民是中华民族的一部分。台湾早期移民大多是从大陆的广东、福建过去的，尤以福建为最多。古代大陆移民台湾，共经历了三次高潮：第一次是明末天启年间，泉州、漳州一带贫民迁居台湾达 3000 多人，崇祯年间又有数万人。第二次是郑成功收复台湾后，跟随郑成功而去。第三次是清康熙年间清政府降服郑氏政权统一台湾后，开放海禁，移民人数多达几十万。近年来，随着海峡两岸交往的增多，大批台湾同胞回大陆探亲寻根，已成为一股不可逆转的潮流。海峡两岸要统一，利用家谱资料联络亲情，是一个非常重要的措施。闽台谱牒文化研究推动了海峡两岸民间交流，对促进海峡两岸和平发展，完成祖国和平统一大业有很好的促进作用。2007年9月到2013年6月，福建省海外联谊会、福建省中华文化学院、福建省姓氏源流研究会分别在福建福州、台湾台中、福建泉州、台湾高雄、福建漳州召开了海峡百姓论坛，台湾姓氏宗亲代表不分蓝绿阵营，不分党派，欢聚一堂，共叙亲情宗谊。海峡百姓论坛已经成为海峡两岸民间交流的重要品牌。

除此之外，家谱资料还为地方史、家庭结构、社会结构、妇女地位、优生学、民俗学、经济史、科技史、宗教史、中外关系史等领域的研究，提供了大量的可信资料，具有极为重要的价值，这已是学界共识。但由于家谱是私人纂修，有些记述华而不实，言过其实，有些内容妄相假托、有意捏造，这都是能够理解的。关键是我们在使用时要注意鉴别，区别对待，去伪存真。只有这样，方能使我们的研究翔实、可信，对海峡两岸和平发展和祖国的和平统一大业有重要意义。

（作者单位：福建省姓氏源流研究会）

彰显海峡两岸血脉相连的台湾族谱
——台湾族谱修编、收藏、研究、交流概述

朱定波

海峡两岸族谱文献资料，同时为我们提供了十分翔实宝贵的明清时期闽粤先民入垦台湾的史实，使我们看到海峡两岸同宗姓、同宗族的关系极为密切；源远流长的海峡两岸宗姓家族血脉相连关系自始至终都从没中断过。台湾海峡之深，也难比海峡两岸血缘关系之深厚！两岸族谱文献资料对于更好地服务于两岸同宗村宗亲寻根谒祖交流的热切需求，增进台湾同胞对中华民族的高度认同感，增强两岸宗亲血缘关系的高度凝聚力，推进海峡两岸和平统一的发展进程，具有重要的积极作用。

一、台湾地区修编族谱资料的基本情况

宗祠、家规、族谱是中国农耕社会传统宗法制度文化的三大载体。族谱记载着宗姓家族的世系源流、族裔繁衍、家族兴替、人口播迁、家规家训、人文艺术等项目的历史。中华民族传统的宗姓家族视修谱为大事，历代继承"三世不修谱，比之不孝"的传统观念。中国农耕社会由各个姓氏所编修的族谱、聚居地的家族繁衍记录，不仅积极传承优秀的家国文化，形成凝聚家族团结进取的精神力量，而且具有重要的人文历史价值。

明清时期，大批闽粤先民入垦台湾，依然高度重视传承祖祖辈辈传承的传统习惯和文化内涵，依然非常重视对祖先崇拜与谱系传续。台湾谱牒文献资料，部分是清朝、民国时期出版的，更多的谱牒文献资料是在20世纪五六十年代出版的，但是很少在台湾书市流通或出售。台湾旧版本谱牒资料数据电子版，多数是清朝、民国时期的版本，更是珍贵。

据台湾省姓氏研究学会的资料介绍，20世纪中后期，台湾兴起一股编谱修谱热潮，以20世纪70年代至90年代的30年间最为兴盛。台湾地区宗姓家族修

编族谱之风气，始于20世纪60年代初期，80年代持续发展，90年代为最高潮。进入新的世纪，台湾的族谱修编工作持续稳定推进。台湾的族谱、宗谱，均以专业编谱出版社、各姓宗亲会、各大宗祠编撰为主；纯粹之家谱还只限于名门大户。台湾社会的民间修谱形式，普遍是进行家族的世系和源流记载。

据台湾省姓氏研究学会《台湾源流》原主编许明镇先生发表多篇相关研究论文，详细介绍了台湾各地修编族谱的历史情况，其中台湾北部、中部两地，曾经是推广族谱修编工作最为出色的地方。

1977年9月，在台湾北部，成立台湾宗亲谱系学会，并从1978年开始至1986年的9年间，出版了9期的学会年刊，每本各250页左右，内容非常丰富，刊登族谱专家学者有关宗族谱系与姓氏研究等论著。从这些年刊也可以看到台湾"宗亲谱系学会"，结合台湾各姓宗亲会推进族谱修编的活力与表现。1981年9月，台湾《联合报》支持成立"台湾国学文献馆"，该馆每两年举行一次盛大的亚洲地区族谱学术研讨会，并于1983年至1995年的13年间，出版了7次族谱学术研讨的会议记录，每册各400—600页，收录当代亚洲（尤以中国台湾、中国香港、日本、韩国等地为主）专家学者有关族谱研究之论文。该馆于1984年至1985年间，连续举办四期台湾族谱研习班，以传授修谱知识，培养台湾修谱的人才，开展族谱学术研讨。当年台湾族谱修编的报名非常踊跃，形成修谱的风潮。1996年11月，"台湾国学文献馆"因已完成阶段性任务而结束馆务。

1977年10月，在台湾中部台中市成立台湾省各姓历史渊源研究学会。早期，研究学会常常与台中市文化局举办族谱展览、演讲，参观台中市各大宗祠等活动。从1984年3月至1995年9月，该研究学会一共出了12期的会讯、会刊，内容以宣扬族谱制作与推广姓氏知识为主。该研究学会有不少的台湾修谱专家帮忙辅导各宗姓家族修编族谱，从1970年至1990年，至少辅导出版过全台湾各地大约50本的族谱。

从1996年起，台湾省各姓历史渊源研究学会（2007年起易名为台湾省姓氏研究学会），会刊改成季刊方式，由台湾著名族谱专家林瑶棋先生创办，以《台湾源流》为刊名，发行至2019年6月已出版87期。林瑶棋先生对台湾乡土文化、民俗风情、宗教信仰以及族谱文献颇有研究，长期资助《台湾源流》的编辑出版发行，坚持不懈推动台湾族谱修编、交流与研究工作，做出了十分卓越贡献。《台湾源流》刊载内容丰富，包括两岸姓氏、家族、族谱、宗祠家庙、历史文化、闽台关系、宗教信仰、民俗文化等，至今已经创刊20多年，在台湾社会影响十分广泛，已经成为闻名海峡两岸族谱和宗亲交流的文化平台，在海峡两岸开展民间谱牒文化交流、推进海峡两岸同宗村谱牒对接和寻根谒祖交流活动中，发挥积极作用。

近年来，我们在不断加大力度推动海峡两岸同宗村寻根谒祖交流的过程中，大大激发海峡两岸同宗村宗亲寻根寻亲的热情。台湾同宗村宗亲迫切希望了解闽南祖籍地情况，并期望回原乡寻根谒祖和进行族谱对接；闽南各地宗亲也迫切希望了解明清时期从祖籍地入垦播迁台湾的同宗村族亲情况，并期望寻找台湾同宗族亲，与台湾宗亲进行族谱对接。为此，2019年4月，泉州姓氏文化交流协会《泉州姓氏文化》会刊，与台湾省姓氏研究学会《台湾源流》会刊，商议共同建立交流合作关系；双方将立足于紧紧围绕服务于海峡两岸民间谱牒文化交流和两岸同宗村寻根谒祖活动，为共同推动海峡两岸和平统一发展做出贡献。

二、台湾地区修编族谱的主要特点

据台湾史籍记载，清光绪三十四年（1908年），日据时期的台湾总督曾经令台湾调查会所做有关台湾祭祀公业数量调查，发现台湾祭祀公业的总数为22199个。清宣统三年（1911年）以后的十年间，台湾祭祀公业总数减为14700多个。到了1936年，据日据台湾总督府官房法务课的调查，台湾祭祀公业总数则为13074个。

台湾各地的祭祀公业，是建立在闽粤先民迁居台湾开基始祖家族基础上的宗亲会组织，从而为宗姓家族建立规范的祭祀活动和修编族谱活动，提供经济、组织、制度的保障。据2007年的台湾统计资料，分布在台湾各地的各个姓氏宗亲会、家族会达860多个；其中，经过台湾主管部门正式登记的全台湾宗亲社团机构有70多个。这些台湾宗亲会在全台各地均建有宗祠，且多数设有各类教育、文化基金和经济、慈善、互助等分设机构，也成为台湾宗姓修编台湾宗谱的重要宗亲会组织。

海峡两岸宗姓的族谱，均具有共同的特质、功能和作用，在记载共同的族裔繁衍世系，凝聚家族团结，传承家族文化，永续尊宗敬祖等方面，均共同发挥着极为重要作用。但是，台湾宗姓家族修编谱牒资料，与闽粤祖籍地的修编族谱，仍然存在许多不同之处，彰显着明清时期台湾人文历史背景下的发展特质。

从修编台湾宗姓谱牒资料类型看，基于台湾宗姓家族迁居台湾入垦的时代背景和家族成员分散聚居等制约，与闽粤祖籍地比较，修编台湾族谱，不仅在谱系、体裁、世系介绍有所不同，而且在族裔分布、族人介绍、先贤艺文等文稿叙述，也有许多明显不同之处。

从台湾修编的谱牒文献资料种类看，一般分为四种主要类型：一是家谱。家谱只记载一家族人世系之谱，涵盖范围最小。但是，这种家谱是台湾地区存世数量最多的族谱种类。二是族谱。族谱记载一族世系之谱，记载家族繁衍的范围较大，包括台湾祭祀公业组织修编的族谱，一般是明末清初迁居台湾家族后裔所修编的族谱种类。这种族谱是台湾地区存世数量较多的族谱种类。三是宗谱。则是记载台湾同宗（姓）之谱，在台湾修编区域性的同宗姓宗谱，记载范围非常广泛，即收编范围包括来自大陆各地同宗姓家族的主要内容。一般分为两种情况，一种是台湾县市性的同宗宗谱，例如，《彰化县黄氏族谱》《云林县林氏族谱》《云林李氏族谱》《台南蔡氏族谱》等；另一种是台湾地区性同宗姓宗谱。例如，《台湾沈氏族谱》《台湾洪氏族谱》《台湾顾氏族谱》《台湾韦氏族谱》等。四是联宗谱。即以中华民族传统宗法制度传承的同宗家族所联合修编的族谱。例如，《台湾倪朱庄族谱》《台湾苏周连族谱》《台湾济阳柯蔡氏族谱》《台湾钟林族谱》《台湾蔡刘族谱》等。

从修编台湾族谱内容看，由于闽粤先民入垦台湾的时间，最早的是在明代中后期，多数是在清代；在迁居台湾的宗姓家族繁衍世系最多的家族有十五、十六世，少则有三四世。因此，台湾宗姓家族修编的谱牒资料，完全没有闽粤祖籍地家族修编谱牒的人口规模、世系分支和丰富内容。目前，从台湾收藏的谱牒资料情况看，多数的台湾家谱只有十来张纸，少则三五张纸，也有只有一张纸的族谱。据不完全统计，台湾谱牒资料能够达到100个页码以上的成书谱牒，大约只占据台湾谱牒总数的不足10%。

从修编台湾宗姓家谱的族裔世系情况看，由于明清时期闽粤先民入垦台湾，多数开台先民没有抄写祖籍地族谱到台湾，因而台湾宗姓家族修编的谱牒资料，也就多数没有承接到祖籍地的家族世系。所以，台湾的谱牒资料，只有极少数台湾的宗姓望族或具有财力家族，才能够承接到闽粤祖籍地家族的族谱世系。

从台湾宗姓家谱的修编质量看，由于明清时期闽粤先民入垦台湾，多数是以个体或兄弟或族亲共同迁居台湾，没有受到文化教育或文化程度低，记录家谱内容十分简单，家谱记载或修编质量并不高。特别是对祖籍地原乡的旧地名或先祖姓名，常常凭祖辈口述记忆记录，出现明显的差错多。例如，将惠安的闽南方言谐音，写成为"横安"；把晋江写成"普江"；不清楚"螺阳"就是惠安县的旧称；也不清楚清溪就是安溪县的旧称；更不了解晋邑就是晋江县；还有甚至把入垦台湾聚居的旧地名，记载为闽粤祖籍地的原乡地名。许多台湾族谱还将宗姓发祥的郡望之地，作为入垦台湾的家族祖籍地。

三、台湾地区收藏族谱文献资料简况

据两岸族谱文献和闽粤地方志书记载，明代中后期，许多闽南先民已经入垦台湾。清代以来，入垦台湾的闽粤先民陆续与祖籍地宗姓家族进行修编谱牒，并承接大陆闽粤祖籍地家族的宗姓谱系。早期的台湾谱牒，几乎来自祖国大陆；当时台湾殷富家族均以回到闽粤祖籍地原乡请谱为荣。

台湾相关机构和台湾族谱收藏家收藏的谱牒，主要分为传统"纸质本""微缩（卷）"和电子数据三个大种类。家族谱数据微卷的容量大，一卷可载录一千页，但缺点是使用不便、利用率低。最早采用家族谱数据微缩的是美国的犹他家谱学会。目前，已经采用新的电子数据载具，与计算机联用，并洽接两岸的族谱大收藏家，翻拍所有族谱。据台湾省姓氏研究学会《台湾源流》原主编许明镇先生的问卷调查，2014年初，台湾收藏族谱数量最多的族谱收藏机构或台湾文史学者的基本情况为：

1. 台湾的犹他家谱学会与陈美桂女士编著《台湾区族谱目录》

位于美国盐湖城的犹他家谱学会创立于1894年，是个非营利组织，以致力收集、整理和保存东西方人士的姓氏家谱资料为宗旨，是一个全球族谱搜集的世界性组织，拥有珍藏家谱为世界之最的"犹他家谱中心"。过去几十年来在各地民间收集族谱资料，并拍摄成微缩影片资料典藏在美国犹他州盐湖城花岗岩山洞，其目的在于保存这些宝贵的数据，不因天灾人祸而被破坏毁灭。这些族谱微缩资料皆非营利性提供世界各地图书馆作为寻根、学术探讨研究之应用。

1971年起，美国犹他家谱学会在美国及亚洲的日本、中国台湾、中国香港及马来西亚等地区，展开中国族谱田野调查，成绩可观，成果丰硕。据统计，在

台湾各地进行过收集拍摄族谱的田野调查，共收集得到台湾251个姓氏，总共收藏有台湾10613部族谱。而在1975年至1978年间，美国犹他家谱学会在台湾第一次进行大规模的民间族谱田野调查，调查结果为台湾共有族谱1212种，其中属于清代编修的族谱有117种，属于日据时期编修的族谱有240种，属于台湾光复之后编修的族谱有855种。近年来，美国犹他家谱学会在台湾地区进行新收集拍摄族谱4000多册。

陈美桂女士是美国犹他家谱学会台湾区族谱田野调查专员、族谱资料数字图像数据微缩摄影专员、美国杨百翰大学族谱研究计划交换学者；台北家谱中心主任、台中家谱中心主任。1979年起，负责搜集了台湾地区各姓族谱10613种，并于1987年编著出版了《台湾区族谱目录》一书，由"台湾区姓谱研究社"出版，发行人庄吴玉图，是目前台湾地区较完整的一本族谱目录大全，弥足珍贵。

近年来，台湾的犹他家谱学会在台湾各地分设九个家谱中心，其中台北的犹他家谱学会家谱中心收藏约1200部族谱，彰化县的犹他家谱学会中兴家谱中心收藏200部族谱。台湾的犹他家谱学会热衷于举办"家族谱博览会"，服务项目为家谱工作介绍、家谱制作咨询、编制家庭历史，各类家谱数据查询、馆内借阅、观赏、数据影印，或PAF计算机软件教学，每年在台湾各地展出，结合科技办展并教民众制作简易家谱，影响力颇大。

目前，美国犹他家谱学会采用以计算机数据化图像拍摄，能在电子数据质量上更加严控和管理，为社会民众提供良好网络查询服务，使这些族谱数据能更公开、更直接地进行分享，也让寻根及研究上更便利、更有成效地使用。台湾著名族谱收藏家廖庆六的"万万斋"谱牒馆收藏的族谱，已签约完成台湾族谱的翻拍。宜兰著名族谱收藏家陈永瑞的"问心斋"谱牒馆与台湾姓氏研究学会的所有族谱，已完成签约进行翻拍。

2. 台湾"中央研究院"收藏的族谱

台湾"中央研究院"的史语所傅斯年图书馆收藏的台湾纸本912种族谱和微缩族谱资料1675种；民族所图书馆收藏的台湾纸本249种554册族谱、微缩族谱资料7411种903卷；人文社会科学联合图书馆收藏的台湾纸本族谱345册；台史所档案馆收藏的台湾纸本族谱31件和数字数据族谱12件。台湾"中央研究院"下属的四个研究所，共收藏1800多部台湾族谱，微缩台湾族谱903卷、7411种。

3. 台北市文献委员会（以下简称"文献会"）收藏的族谱与族谱目录

台北市文献会收藏的台湾家谱、族谱（纸本）853种1203册，无微缩台湾族谱资料，并已整理修编台湾谱牒文献资料的简目。

台北市文献会长期在推动台湾修编族谱方面，做出了特殊贡献。从21世纪初期起，台北市文献会每年举办推广族谱的活动，如举办"创意族谱大赛"等活动，颇有创意，组织台湾青少年通过活动参与对自己家庭的家谱、族谱的了解和认知，获得台湾中小学生的热烈反响。2010年以来，作者多次率团参访台北市文献会，了解台湾创意家谱设计比赛活动情况；专程考察台湾谱牒文献资料室，拍摄台湾的同宗村谱牒文献。

台北市文献会举办的"中小学生创意族谱比赛"，许多中小学生踊跃参与，成绩甚佳。由此可见，寻根问祖、追寻家族的历史来源与人文故事，是不分年龄大小的，需要全家老小全部动员起来。因为家谱就是记录家族全体人员，记录家族每个人的主要事迹，这些都有赖家族全体族人的通力合作，探寻追问、深入挖掘，才能完成记录。

台北市"中小学生创意族谱比赛"得奖作品，多数以宗姓"家族树"的方式表达，加上对家族人物的说明介绍，呈现出图文并茂、多彩多姿的创意成果，其实这就是一大张纵横有序的家谱图说。这一大张家谱图说，如果把它放在正式家谱的开端，或附在家谱的后面，也具有特殊意义！

从2005年起，台北市文献会将比赛得奖之创意族谱编印成书；每年均出一本《创意家谱设计比赛作品选辑》比赛作品，借以推动修编台湾的家谱活动。在台湾编写制作家谱，知悉自家的历史源流与文史故事，不只是成年人的事，培养小学生对家族人文历史的认知、兴趣、好奇心，也成为台湾地区一项很有意义的社会教育工作。

4. 台湾文献馆收藏的台湾族谱

位于南投县中兴的台湾文献馆，收藏台湾族谱文献资料约570种、862册，微缩台湾族谱1236卷。

5. 台北故宫博物院图书文献馆收藏的台湾族谱

台北故宫博物院图书文献馆收藏的台湾纸本谱牒资料265种，微缩台湾族谱3131卷9356种，可于"馆藏目录查询"项检索获得。

6. 台湾图书馆图书文献馆收藏的台湾族谱

台湾图书馆图书文献馆所藏的台湾家谱、族谱，系 1996 年台湾《联合报》"台湾国学文献馆"所捐赠的，总共收藏台湾族谱 377 种 713 册，微缩台湾族谱资料计 916 种。

7. 宜兰县史馆收藏的台湾族谱

宜兰县史馆收藏 522 种台湾族谱，无微缩台湾族谱资料。宜兰县史馆设立有专门的谱牒文献资料展室。2011 年 12 月，作者率团赴台湾参访期间专程考察宜兰县史馆，得知在台湾地区的县市，很少有像宜兰县那样专门设立收藏台湾族谱资讯的县史馆。收藏台湾族谱文献资料的县史馆，成为宜兰县最为独具特色的文化风景线，也彰显着宜兰县文史学者为永续传承中华民族传统文化的责任担当和辛勤付出。台湾族谱资料极为珍贵，搜集不易，为防止台湾族谱资料外流，宜兰著名学者陈永瑞先生准备将全部珍藏的台湾族谱 1289 册和姓氏书及论著 713 种，赠予宜兰县史馆。

8. 台湾省姓氏研究学会收藏的台湾族谱与台湾族谱目录

台湾省姓氏研究学会，是台湾谱牒文史专家进行学术研究和交流联谊的平台，是台湾影响广泛的社团组织，并在开展海峡两岸谱牒文史研究、参与组织两岸宗亲回祖籍地原乡寻根谒祖交流等方面，发挥十分重要的作用。

台湾省姓氏研究学会收藏有 112 个姓、544 种、891 册之台湾各姓族谱，如果包括台湾族谱目录，则总共有 552 种 904 册。2013 年 11 月，由许明镇、张敏初先生对台湾省姓氏研究学会收藏族谱目录进行整理。2017 年 1 月，台湾族谱专家王桂明、许明镇先生，再次对新增 300 多册族谱，进行汇总整理，并修编了收藏的台湾族谱目录。

9. 廖庆六先生的"万万斋"族谱馆与台湾族谱目录

台湾著名族谱收藏家廖庆六收藏有 1350 部 7300 多册的台湾族谱。

2012 年 5 月，作者专程前往台北市区参观考察台湾著名族谱收藏家廖庆六先生的"万万斋"族谱馆。这里是全台湾民间收藏台湾族谱最多的地方，共收藏有 1350 部、1700 多种、7300 多册族谱，这些资料既有纸质版的，也有电子版；既有姓氏谱牒文献，也有台湾宗亲会资料。其中：（1）台湾谱牒文献资料纸质版。包含精装、平装及线装的谱牒文献共 1319 种 1877 册，其中族谱 910 种、宗亲会资料 137 种、姓氏文集 101 种、目录论文 44 种、姓氏专书 127 种。（2）台湾谱牒文献资料电子版。为台湾旧版本谱牒文献 400 种 4632 册，共 92 万页的数字电子影像文件。

早期，廖庆六先生编著出版了《族谱文献学》《谱牒学研究》等多部族谱研究领域的专著，并在新加坡及美国的族谱寻根专业网站中任职。廖庆六先生认为这是一项开发族谱文献资源、帮助全球华人寻根的专业性顾问工作，很高兴有机会看到不断提供相关族谱信息，以帮助众多修谱专家与回乡寻根者。族谱具有很珍贵的史料价值，透过族谱研究与佐证，确实可以作为寻根谒祖之参考或依据。

廖庆六先生早期曾任职于美国祖先网，有关两岸族谱文献资料，可以通过互联网进行查询。

10. 陈永瑞先生"问心斋"族谱馆与《问心斋收藏族谱目录》

宜兰市陈姓宗亲会荣誉会长陈永瑞先生认为，崇本光宗、尊祖联宗，序昭穆、考世系，管摄天下人心、收宗族厚俗，使人不忘本，此皆家谱、族谱、宗谱之大用。基于陈永瑞先生曾祖父陈其华于清光绪年间及日据殖民初期，在宜兰市壮二庄创设"问心斋书院"，教授乡里子弟汉文，宣扬中华文化，因而陈永瑞先生将族谱馆冠名"问心斋"，题名《问心斋收藏族谱目录》，即为纪念其先祖最初在台湾兰阳平原社会的教化之功。

1978 年起，陈永瑞先生主持修编六部陈姓家谱出版，同时着手收集族谱资料，起先是从陈姓族谱开始收藏，后逐渐扩大到收藏各种姓氏族谱，并积极参加各种寻根、编谱活动，增广见闻，吸取经验。1990 年，陈永瑞先生与叔父陈治楹回祖籍地漳浦县马坪镇后康村山尾社寻根谒祖，马坪迁居台湾的陈氏子孙在先祖迁居台湾近两百年后首次踏上祖居地。之后，陈永瑞多次回祖籍地参访交流，主持修编陈氏族谱，参加发动捐资修建祖籍地的宗祠、道路等公益事业，受到祖籍地马坪陈氏宗亲们的赞誉，也充分体现陈永瑞先生守望传承中华民族优秀的传统文化和精神内涵。

2016 年 12 月，作者率泉州市族谱参访团专程前往宜兰县宜兰市，参观考察陈永瑞先生的"问心斋"族谱馆。陈永瑞先生热情介绍并赠送他编著的台湾族谱目录《问心斋收藏族谱目录》和几十本台湾族谱及文史资料。"问心斋"族谱馆珍藏有台湾族谱 1289 种、族谱目录和论著 370 种、姓氏书 343 种。珍藏族谱以台湾百大姓为序，登录珍藏的各姓族谱目录、论著，包括两岸之各种族谱目录、论著、古今姓氏图书、族谱刊物、家训宗祠等；姓氏书则收录古今各姓之姓氏图书、论著暨台湾宗亲会活动的纪念特刊等。

2013年2月10日，美国盐湖城犹他家谱学会亚洲地区负责人与陈永瑞先生签订台湾族谱数码图像处理协议书，陈永瑞无偿提供台湾地区175个姓，2002种族谱，以供族谱内容的电子数据化，让所珍藏的台湾族谱发挥更大、更广的社会效用，并准备把所收藏的台湾族谱赠予宜兰县史馆。

11. 台湾著名族谱学者许明镇先生收藏、研究的台湾族谱

台湾著名族谱学者许明镇先生收藏有台湾族谱200多册。台湾已故的许明镇先生是一位广泛受人尊敬的著名族谱学者，在担任台湾省姓氏研究学会期刊《台湾源流》主编期间，不断推动开展海峡两岸民间族谱交流，积极帮助台湾宗亲寻根谒祖活动，做出许多令人感动的突出贡献。

据台湾姓氏研究学会《台湾源流》原主编许明镇先生早期研究文章称，台湾有12本族谱名著，分别为：（1）台湾《临濮施氏族谱》，由施学吉、施暂渡主编，1968年出版，台光文化出版社发行，精装，约600页。（2）台湾《兰陵萧氏族谱》，由林添福总编辑，1977年出版，精装，722页。（3）台湾《后营蔡氏族谱》，由蔡荣干主编，蔡文斌二编，后营蔡氏宗祠发行，1983年初版，2001年再版，176页。（4）台湾《西河青龙族谱》，由林瑶棋编著，林开荣祭祀公业发行，1992年重修出版，精装，272页。（5）台湾《云林县廖氏大族谱》，由廖丑编撰，云林县元子公张廖姓宗亲会发行，1992年出版，精装，721页。（6）台湾《西螺埔心程氏族谱》，由程大学编，台湾图书馆分馆印行，1998年出版，精装，252页。（7）台湾《揭阳刘氏族谱》，由刘百忠辑编发行，1999年出版，精装，395页。（8）台湾《麻豆柑宅祭祀公业郭光传派下族谱》，由郭耀声辑编，郭光传祭祀公业发行，2002年出版，精装，284页。（9）台湾《彭氏大宗谱》，由庄吴玉图总编辑，台湾彭氏大宗祠发行，2008年出版，精装，584页。（10）台湾《林火蓝家族在石螺潭地区的垦拓及其历史建筑之研究》，由林佳灵著，晖宇出版社2008年出版，平装，167页。（11）台湾《马坪陈氏家谱》，由陈永瑞编撰发行，2009年重修，精装，146页。（12）《台湾陈氏道明公后裔族谱》，由陈水源纂修，草根出版社2009年出版，精装，461页。

台湾谱牒真实记载着迁居台湾的闽粤先民祖籍地和开台先祖家族文献资料，彰显着海峡两岸血脉相连、血浓于水的血缘关系，蕴含了中华民族文化永续传承特质。

四、台湾地区服务寻根寻亲的族谱资讯机构与族谱网站

台湾民间谱牒文化具有广泛的传播空间和社会影响力,许多台湾民众始终充满着对寻根谒祖的期待,因为祖辈传承给子孙后代的最多遗愿是回闽粤祖籍地原乡寻根谒祖。为此,台湾多个社团机构或社会组织,建立了为台湾民众服务的族谱寻根网站。

1. 台湾寻根网。台湾寻根网是台湾著名的寻根网站,由台湾学术单位主持建构,政府经费支持。台湾寻根网内容丰富,人人均可从中挖掘所需的族谱知识,包括:姓氏、族谱、家族、宗祠、寻根资料、古代人物、计划简介等资料。

2. 台湾图书馆——台湾地区家谱联合目录数据库。台湾图书馆现藏两岸家谱约14945种,藏量在中国家谱总数中占有相当大的比重,台湾图书馆鉴于家谱乃记载中华民族血缘的历史图籍、家谱资料有助于对人文社会科学的研究,于2012年进行台湾地区家谱联合目录合作编制,汇集台湾各地单位之书目数据,建置"台湾地区家谱联合目录数据库"。

3. 台湾三个图书馆的馆内联机族谱查询系统。台湾民众如需使用台湾寻根网所提供的数据库,可至台湾图书馆、台湾"中央"图书馆台湾分馆、台湾台中图书馆等三个图书馆,进行馆内联机使用查询台湾族谱。

4. 台北故宫博物院图书文献馆的族谱查询。台北故宫博物院图书文献馆收藏修编、出版、发行《台北故宫博物院馆藏族谱简目》,建有"家族谱牒文献数据库"项检索浏览。

5. 寻找台湾宗亲会——台湾人民团体全球信息网。寻找台湾宗亲会的相关信息,除了从网络搜寻外,还可以从台湾"内政事务管理部门"的人民团体全球信息网,查询与台湾地区人民团体的相关信息。

6. 台湾的宗教信息系统——宗祠查询网站。台湾各区公所协助清查辖内各寺庙、教会(堂)及神明会等之相关资料,完成调查后陆续进行登录作业,建置登录台湾宗教信仰的信息系统,包含台湾宗祠、台湾宗祠基金会等查询功能。

7. 台北市文献委员会官方网站族谱查询网站。台北市文献委员会提供查询典藏台湾族谱。

8. 台湾的"美国犹他家谱中心"各地族谱服务网点。台湾的"美国犹他家

谱中心",除了平时免费提供台湾各界人士查阅家谱数据外,大多循例于每年清明节前后举办春季家谱展活动,借此增强台湾民众已日趋淡薄之慎终追远观念。台湾的犹他家谱中心展出内容除了有海峡两岸的各类族谱姓氏、谱学研究专论以及微缩影片等珍贵家谱资料外,更有107个姓氏的光盘片供现场民众使用。犹他家谱中心在台湾各地分设的家谱服务网点为:台湾台北家谱中心、台湾新竹家谱中心、台湾台中家谱中心、台湾北台中家谱中心、台湾嘉义家谱中心、台湾中兴家谱中心、台湾台南家谱中心、台湾高雄家谱中心、台湾花莲家谱中心。

五、泉州府籍的台湾族谱、永春州籍的台湾族谱

明清时期,泉州府同安县先民入垦台湾占据有相当大的比重。泉州府籍台湾族谱,就包括明清时期泉州府同安县籍的台湾族谱。

1926年,日据殖民时期台湾当局,曾经对台湾汉族人的祖籍地进行过全面调查。据统计,台湾在籍汉人达3751600人,其中祖籍地为福建省的有3116400人,占台湾在籍汉人总数的83.1%。据当年调查,从清代福建省籍移民具体府县人口看,包括同安人口的泉州府籍为1681400人,占总人口数的44.8%;漳州府籍1319500人,占总人口数的35.2%;汀州府籍42500人,占总人口数的1.1%;其他福州府籍、永春州籍、龙岩州籍和兴化府籍,则分别各占台湾在籍汉人总人口数的0.7%、0.6%、0.4%和0.25%。

据当年统计,泉州府所辖同安县的台湾在籍汉人有55.31万人,占台湾在籍汉族总人口(375.16万人)的14.7%,约为全台湾在籍汉人人口的1/7。以县域的祖籍地划分人口情况看,泉州府同安籍人口在台湾为最多。

同安县在东汉时期属侯官县地,三国时属东安县地。晋太康三年(282年)置同安县,属南安郡,后并入南安县。唐贞元十九年(803年),析南安县西南4乡置大同场;五代后唐长兴四年(933年),升为同安县。之后历属泉州、泉州清源郡、泉州路、泉州府等。明清时期,泉州府包括同安县。同安县古城因形似银锭而得名"银城"。同安县于1949年9月19日解放,历属泉州第五专区、晋江专区、晋江地区、厦门市。

当年的泉州府籍是包括同安县籍,但是不包括永春直隶州籍。永春州籍占台湾在籍汉人总人口数的0.6%,其中,也包括永春直隶州所辖的祖籍大田县和德

化县的台湾人口。

永春直隶州，清置行政区划名。据清乾隆《永春州志》收录的《吏部议覆福宁永春龙岩改升府州疏》，提到清政府为加强地方统治，设立永春州的缘由："泉州府、漳州府俗悍民刁，健讼好斗，所辖地方太广，实有鞭长不及之虑，应各设直隶州，互相分理。内有泉属之永春县，接连兴漳延三郡，离府甚远，西北至德化县仅三十里，西南至大田县一百一十里，请以永春县改为直隶永春州，以德化、大田两县归其管辖。"永春县古称桃林场，五代后唐长兴四年（933年），升为桃源县，后晋天福三年（938年）改为永春县，清雍正十二年（1734年），在永春县置永春直隶州，割泉州府之德化、延平府之大田属之，治永春县属福建省。永春直隶州，辖境为今福建省永春、德化、大田等县地域。永春直隶州治所在今福建省永春县城桃城镇，即永春县城亦为原永春州治所。1913年，民国政府宣布废府、州，永春直隶州降为永春县。

从目前福建各地级市所辖地域实际范围看，祖籍漳州占台湾在籍汉人总人口数的35.2%，祖籍泉州（含祖籍永春州）占台湾在籍汉人总人口数的实际比重则约为30.7%。如今，在占台湾在籍汉人总人口数实际比例方面，祖籍漳州人口比祖籍泉州人口约高出4.5%。

六、台湾主要姓氏人口占据百分比率高的乡镇

明清时期，由于台湾农耕社会十分低下的生产力水平、中国农耕社会生产关系的基本特点，以及台湾农耕社会结构与环境的不稳定特质，决定了入垦台湾要想获得生存的闽粤先民，必须依赖宗族群体力量来获得必要的拓展资源；而同宗姓族裔、同家族宗亲或同地域乡亲，作为最具有凝聚力与亲和力的族群，能够形成更有实力、更为坚强的群体力量。作为中国农耕社会宗法制度文化的重要内容，宗族意识不断强化和宗亲观念始终得到不断传承，最终形成了一个个具备密切血缘关系的同宗姓、同宗族或同乡亲的聚居群体。这是海峡两岸同宗村形成的最根本原因。

基于明清时期入垦台湾的闽粤先民以农耕为主，因此在台湾特别是南部地区乡村，仍保留有高密度同宗姓先民聚居的聚落情况。据前些年台湾相关部门对姓氏统计，主要姓氏占据乡镇人口总数比率高的乡镇有：

陈姓：名间32.8%、望安25.18%、埔盐23.65%、琉球22.98%、二水22.76%、田中22.14%、龙井21.96%、褒忠21.52%、沙鹿21.2%、六脚21.04%。

林姓：台西33.47%、麦寮27.43%、莿桐22.29%、五结22.1%、丰滨21.36%、壮围20.01%。

黄姓：线西36.28%、七股23.33%、六脚20.69%、埔心18.84%、佳里16.16%、林园15.57%。

张姓：埔心16.94%、林内16.8%、土库16.62%、后里14.22%、员林14.14%、大雅13.26%、斗六12.12%、八里12.09%、芬园11.77%、褒忠11.2%、车城11.07%、丰原市11%、大埤10.8%、中寮10.7%。

李姓：仑背22.41%、元长16.99%、口湖16.38%、二仑15.28%、学甲14.79%、花坛14.7%、万丹14.5%、竹田12.99%、麻豆12.79%、草屯12.41%、绿岛11.21%、水林11.16%、芦洲10.63%、金山10.19%。

王姓：安定22.87%、口湖16.52%、海端14.11%、梧栖13.08%、北门12.26%、神冈11.75%、鱼池10.97%、清水10.84%、路竹10.83%、延平10.46%。

吴姓：四湖42.8%、元长19.37%、将军18.73%、贡寮18.23%、礁溪13.18%、东势13%、台西11.72%、白河11.66%、弥陀11.21%、铜锣10.83%、水林10.49%、北港10.48%、茄萣10.36%。

刘姓：东势13.76%、石冈12.14%、公馆12.11%、新社11.02%、美浓10.97%、湖内10.45%。

蔡姓：布袋25.02%、琉球14.88%、东石14.65%、四湖12.96%、梓官12.15%、清水12.10%。

杨姓：大内29.57%、溪湖19.91%。

许姓：麦寮29.27%、望安17.83%、西屿16.59%、七美16.46%、大城15.14%。

洪姓：芳苑20.79%、二林15.93%、湖西12.57%、草屯10.21%。

廖姓：二仑33.44%、西螺22.06%、仑背14.26%、中寮12.28%。

潘姓：新埤21.54%、万峦16.24%、满州15.4%。

七、台湾宗亲回祖籍地开展族谱对接的主要问题

据台湾文史资料载，早期闽粤先民入垦台湾，一般都是住在草寮木屋，很容易发生星火燎原，身家财产俱焚，所以一些由闽粤祖籍地带来的家谱族谱资料、最早的神主牌，都化成灰烬。同时，台湾多风灾、多水灾，许多入垦台湾先民珍藏的祖先由闽粤祖籍地带去的祖谱或最早的神主牌，在受到强烈台风，或因为溪河暴涨泛滥，随着整个家园财产全都被突发的洪水冲走流失，这是多么遗憾的事。

作者多次在台湾参访期间了解到，台湾宗亲要回到闽粤同宗村开展寻根谒祖，仍然有许多的主要问题：一是台湾宗亲严重缺失谱牒文献资料，多数祖辈没有携带族谱到台湾，以口头传记下来的家谱信息也不完整；二是缺失闽粤同宗村完整的族谱对接资讯，包括旧地名、墓志铭、昭穆、字辈、世系或堂号等基本信息，进行寻根对接也是困难重重；三是闽粤地区至今没有出版完整、全面、规范的同宗村寻根对接服务指南，台湾宗亲不仅需要有明清时期祖籍地旧地名，而且需要有祖辈族人迁居台湾的族谱世系和族裔迁徙信息；四是台湾宗亲回到闽粤原乡寻根谒祖，缺失寻根服务平台。由于人生地不熟，或缺失联络同族宗亲的联系渠道，或缺失谱牒文史专家的配合服务，或寻根对接的联络沟通并不顺畅，台湾宗亲寻根谒祖之路十分曲折，寻根对接的成功率又低。

台湾谱牒文献资料，是中华民族文化的重要组成部分，是了解海峡两岸民众血缘亲情关系、开展寻根认祖最为可靠的文献依据。认真做好台湾谱牒文献资料的保护、研究、开发、利用工作，丰富海峡两岸族谱文化交流的内涵，有效地为海峡两岸民众提供有关谱牒文献资料的寻根对接服务，积极帮助台湾同宗村宗亲消除寻根交流的障碍和困难，全面推动海峡两岸同宗村宗亲寻根对接交流，努力促进海峡两岸同宗村的民间、民众、民俗、民意、民情的深层次交流，切实增进台湾同宗村宗亲对中华民族的高度认同、对海峡两岸同宗血脉关系的高度认同，对于促进海峡两岸的和平发展与祖国和平统一，具有特别重要的意义。

八、务实推进海峡两岸同宗村寻根交流和谱牒对接

据笔者对台湾谱牒文献统计研究表明：明清时期，迁居台湾入垦开基的闽粤先民至少有106个姓氏、18000多名开台先民的族裔有进行修编族谱。据笔者对所典藏近两万册台湾族谱文献目录进行统计分析：海峡两岸同宗村约有14000多对；其中，闽台同宗村至少有12000多对。明清时期，泉州先民入垦台湾修编的家族谱和宗姓家族主要聚居地分布，充分证实了海峡两岸血脉相连、同根同源、同文同种的客观事实和历史渊源，充分说明了推进海峡两岸和平统一发展进程具有的坚实基础和历史必然。

民心相通，是实施海峡两岸和平发展的社会根基。2013年，在国台办、福建省台办的全力支持下，作者研究、策划并发起举办海峡两岸民间谱牒文化论坛和海峡论坛闽台同宗同名村交流两个两岸重大交流活动，均已经列为国台办该年度的对台重点交流项目。2013年9月，中国闽台缘博物馆举办首届海峡两岸民间谱牒文化论坛，开展海峡两岸姓氏文化交流、谱牒学术研究活动，为海峡两岸同胞提供寻亲探源服务。特别是2014年6月，首届闽台同宗同名村交流大会在中国闽台缘博物馆举办以来，海峡两岸同宗村的寻根谒祖、族谱对接的交流活动，已在海峡两岸产生了广泛、积极影响，增强台湾宗亲对祖籍地的亲切感、归属感和认同感。

时任全国政协主席俞正声对推动两岸同宗村宗亲的寻根谒祖交流寄予很大期望。2015年6月13日，时任中共中央政治局常委、全国政协主席俞正声来到厦门主持第七届海峡论坛同名同宗村乡亲座谈。时任国台办主任张志军、福建省委书记尤权、福建省委副书记于伟国、国台办副主任龙明彪等领导参加座谈。在听取笔者做重点主题汇报发言之后，俞正声主席说："闽台同宗村、闽台同名村的研究很有意义，也很有价值！朱定波同志，你的研究做得很好！希望你继续把这项研究做好！"俞正声主席语重心长的鼓励，不仅是对我们开展闽台同宗同名村研究的充分肯定，而且是对近几年来福建各地开展闽台同名村同宗村宗亲寻根交流方向的充分肯定。

多年来海峡两岸民间族谱交流活动证明，通过两岸谱牒文史专家参与帮助台湾同宗村宗亲寻根交流，能够较顺利实现台湾同宗村宗亲的寻根目标。我们组织

开展海峡两岸同宗村寻根交流活动，是获得台湾同宗村宗亲高度认同和一致赞誉的交流活动。多位曾经参加过海峡论坛活动的台湾乡里长和宗亲会理事长说，海峡两岸同宗村寻根谒祖是具有实质影响的活动，帮助台湾宗亲寻根谒祖，是在做大功德，做大善事。

开展海峡两岸同宗村寻根交流和谱牒对接，必须依赖两岸谱牒文史专家的共同参与、研究与支持。两岸族谱文史专家与两岸基层各地宗亲有着十分密切的联系，他们在近年来海峡两岸开展同宗村交流进程中发挥着重要作用，他们是我们必须紧紧依靠的研究、组织、推动两岸同宗村、同名村交流的重要力量。应鼓励两岸谱牒文史专家，参与推进台湾同宗村宗亲大规模回祖籍地开展寻根交流活动，鼓励更多的台湾谱牒文史专家致力于台湾基层的田野调查，参加对海峡两岸同宗村、同名村宗姓族源的系统研究，务实为台湾同宗村宗亲回祖籍地寻根谒祖提供服务。

台湾族谱是真实印证海峡两岸同胞同宗、世系传承、血脉相连、血浓于水关系的历史记载，是彰显海峡两岸同祖同根同源、中华文化世代相传、民族精神高度相同的历史文献。我们应通过搭建海峡两岸同宗村族谱对接和寻亲交流大平台，推进大规模开展海峡两岸同宗村宗亲的寻根交流活动，切实增强海峡两岸血缘关系的高度认同，巩固海峡两岸民心相通、命运相连的和平发展社会根基，推动早日实现伟大祖国统一大业！

参考文献

［1］台湾省文献委员会：《台湾省通志》，1971年6月版。

［2］台湾省文献委员会：《重修台湾省通志》，1991年4月版。

［3］《台湾全志》卷二《住民志·姓氏篇》，"国史馆"台湾文献馆，2011年12月版。

［4］《台湾文献》，"国史馆"台湾文献馆编印，台湾文献季刊。

［5］台湾省文献委员会：《重修台湾省通志》卷三《住民志·姓氏篇》，1997年6月版。

［6］廖庆六：《浯洲问礼——金门家庙文化景观》，金门县文化局，2008年。

［7］廖庆六：《谱牒学研究》，万卷楼图书出版社2013年12月版。

［8］彭桂芳：《唐山过台湾的故事》，青年战士报社1979年版，共3册。

［9］彭桂芳编撰：《五百年前是一家》，黎明文化事业出版社1947年版，共3册。

［10］许明镇：《闽台的姓氏族谱与宗族》，2016年6月版。

［11］陈碧笙：《台湾地方史》，中国社会科学出版社1982年8月版。

［12］台湾省姓氏研究学会编：《台湾源流》会刊。

［13］陈美桂编著：《台湾区族谱目录》，台湾区姓谱研究社1987年版。

［14］廖庆六"万万斋"族谱馆。

［15］陈永瑞"问心斋"族谱馆《问心斋收藏族谱目录》。

［16］台北市文献委员会编著：《创意家谱设计比赛作品选辑》，2013年版。

［17］清乾隆《永春州志》。

［18］泉州市政协编：《泉州与台湾关系文物史迹》，厦门大学出版社2005年10月版。

［19］寻根网刊载的闽台族谱信息与谱牒文献数据。

［20］家谱网刊载的闽台族谱信息与谱牒文献数据。

［21］泉州历史网刊载的闽台族谱信息与谱牒文献数据。

［22］福建方志网刊载的闽台族谱信息与谱牒文献数据。

［23］百姓源流网刊载的闽台族谱信息与谱牒文献数据。

［24］中国台湾网刊载的闽台族谱信息与谱牒文献数据。

（作者单位：原中国闽台缘博物馆）

话说晋台同名村

— ● 粘良图 ● —

一、晋江是台胞主要的祖籍地

2019年晋江市社会科学界联合会、晋江市台湾同胞联谊会、中共晋江市委党史和地方志研究室策划编纂一本《晋台同名村》，责成笔者担纲组稿，于是几个月来在晋江市调查了一批在海峡两岸有着相同地名、历史上有密切联系的村（镇），组织这些村镇知情人士提供相关文章或口述，由此进一步了解晋台两地血浓于水、休戚与共的历史情缘。

晋台关系源远流长。两地相隔台湾海峡，相距不过137海里，早时的木帆船顺风一昼夜便可到达。从晋江各姓氏的族谱资料中可知，晋江钱江施氏的祖叔、唐元和间进士施肩吾因中原战乱偕族人入闽，遂迁居澎湖，至今留有咏澎湖的《岛夷行》一诗。族谱还记载，明洪武年间，为逃避征戍边兵，族人施泰曾逃难到台湾北港。据统计，到明中叶，泉漳人士到台湾的已达数千人，其中多有晋江人。

明清之间，晋江人经过三次渡台高潮。

明崇祯年间，泉地灾荒，民不得食，时驻晋江安平的总兵官郑芝龙向福建巡抚熊文灿建议，组织泉地灾民到台湾开拓耕种，"招饥民数万，人给银三两，三人与一牛，载至台湾，令其垦田筑屋，秋成所获，倍于中土，以是来者岁多"。

清顺治十八年（1661年），郑成功为获得抗清基地，从闽南率师东渡，收复被荷兰殖民者占据多年的台湾，并将荷兰人建筑的热兰遮城改名"安平城"，以此纪念他从小居住、最先举义的根据地晋江安平（安海）。郑成功带去的兵士数万，大多是闽南人，许多晋江百姓不堪清军"迁界"之苦，随郑军前往。据统计，郑氏据台时，台湾人口增至20万。

清康熙二十二年（1682年），晋江人、福建水师提督施琅率兵攻下台湾，迫使台湾郑氏集团投降，统一澎台于清朝版图。台湾统一后，海禁开放，缺乏土地的泉漳百姓纷纷前往气候温暖、土地肥沃、适于农耕的台湾开拓垦殖，而当时在台湾拥有一定数量封地的施琅、吴英等征台将领，也须用大量人力来开垦种植，这就使得许多晋江人捷足先登，渡台开拓。

族谱资料表明，当时晋江沿海一些贫弱农户，纷纷前往台湾，去台的青壮年常达家族人口的十之五六。而一些大户也在台湾投资垦荒、修建水利，如晋江人施世榜、吴洛、张士箱、陈仁愿、周家、林耳顺、林详等皆为当时的垦殖大户。据统计，台湾至清道光年间"全台垦熟田园凡有三万八千一百余甲（每甲折十一亩三分一厘），又三千二十一顷五十亩"，比康熙年间多出数倍。

台湾农业发达，有大量稻谷、蔗糖及其他土产出口，吸引商家来往贸易。拥有三湾十二港、历来有海上贸易传统的晋江商人趋之若鹜。如《台湾通史·商务志》所记："泊乾隆间，贸易甚盛，出入之货岁率数百万元，而三郊为之主……各拥巨资，以操胜算。南至南洋，北及天津、牛庄、烟台、上海，舳舻相望，络绎于途，皆以安平为往来之港。而南之旗后，北之北港，亦时有出入。四十九年许开鹿港，五十七年，又开八里坌港，以与泉州互市，而商业乃渐及台北。"开放台湾鹿港与晋江蚶江对渡后，蚶江对台贸易的商号近百家，每日进出货船达300余艘。东石港的商号有四五十家，贸易船只多达200余艘。安海、围头、深沪、陈埭等港口也同样繁盛。与台湾商贸往来的商号都在台地设立店铺，派人前去管理。

随着台地经济的繁荣，文教也兴盛起来，于是有许多晋江士人渡台教书或读书、应试。当兵戍守台湾的晋江人亦复不少。

由是，晋江每一个族姓都有族人迁台的记录。像号称"小泉州"的台湾鹿港，居民三大姓施、黄、许，全部来自晋江。像晋江福全何氏、卓姓、刘姓等小姓家族，年轻人几乎都往台谋生，为了顾及家族祭祀，只得再商拨一人回乡居住。

晋江人迁金门的历史更早。金门与晋江同属泉州，从晋江南端的围头到大金门岛的水路不上30里，真正是一水之隔。两地的族谱表明，宋代迁金湖的陈姓，迁金沙镇山后村顶堡、中堡的王姓，元代迁金沙镇山后村的梁姓，元代迁金沙镇后山的陈氏，明代迁往金宁镇安岐村下吴的吴姓……都是自古迁往金门开拓住居的晋江族姓。

晋江人成为台湾开拓的主力军，在一些晋江籍迁台移民新开发聚居的地方，用家乡的地名来命名，便形成晋台同名村这种现象。晋台同名村是晋台血缘关系的一种缩影、一种象征。

二、晋台同名村的形成

早年过台湾的先民，要渡过波涛汹涌的台湾海峡，相当凶险，开拓时筚路蓝缕，生活环境劳动条件又十分恶劣，以故有"十去六死三留一回头"的说法。晋江俗语有"打虎抓贼亲兄弟"之说，往台开拓者往往利用同乡、同族（晋江的乡村多是一村一姓聚族而居）的关系，兄弟叔侄结伴而行，抱团取暖，以便齐心协力、同舟共济，战胜遇到的艰难险阻。中国人本来就很看重个人与乡土的关系，在异地他乡生活，思乡的观念便愈加浓烈，以故当年渡台者每常到一处新开发的土地上立足安居，便会相约以家乡的地名来命名，以此慰藉思乡的情感，也借此加强同乡同族之间的凝聚力。像梅岭街道许厝社区迁居云林县麦寮乡许厝寮的族裔，"为了纪念祖家，不但将村名称为'许厝'，而且也将海滩称为'许厝海滩'，桥称为'许厝桥'，池塘称为'许厝渔港'，路称'许厝路、许厝东路、许厝南'等等。年轻人想要改名称，村里的长老便出面制止。他们说，这是为了纪念祖先来台湾而命名的，不能改。"如此互相效仿，便就有了许许多多两岸同名村（镇）。

目前整理出来的晋江台湾同名村有下列这些：

晋江地名	台湾地名	开发年代
安海（安平）镇	台南市安平区	清康熙初年
东石镇	嘉义县东石乡	清康熙初年
池店镇潘湖村	台北市万华潘湖渡头	清康熙年间
灵源街道林口社区	新北市林口区林口里	清康熙年间
东石镇郭岑村	嘉义县布袋镇郭岑村、台南安南区土城郭岑寮	清康熙年间
东石镇白沙（碧沙）村	嘉义县布袋镇岑海里碧沙路	清乾隆年间
东石镇麦园（玉园）村	台南北门乡蚵仔寮（玉园）庄	清乾隆年间
东石镇岑兜村	嘉义县布袋镇岑海里	清康熙年间
东石镇型厝村	嘉义县东石乡型厝村	

(续表)

晋江地名	台湾地名	开发年代
龙湖镇粘厝埔村、衙口村粘厝	彰化县福兴乡顶粘、下粘村	清乾隆年间
龙湖镇石龟村许厝	彰化县鹿港镇瑶林街许厝埔	
龙湖镇埔头村	彰化县鹿港镇埔头街	清道光年间
梅岭街道许厝社区	云林县麦寮乡许厝寮	清康熙年间
安海镇前埔村（许厝）	新北市新庄西盛里许厝	清乾隆年间
英林镇谢厝街村	云林县口湖乡谢厝寮	清乾隆年间
金井镇新市村	台南市新市乡	清乾隆年间
金井镇湖厝村赤埕	新北市林口区湖北里赤埕	清道光年间
陈埭镇江头村竖旗柱	彰化县鹿港镇竖旗柱	清道光年间
深沪镇运伙村吕宅	彰化县埔盐乡新水村吕宅	清嘉庆年间
深沪镇后山社区	金门县白沙镇碧山（后山村）	元代

以上提及的晋台同名村，大多是从晋江沿海乡村分支前往，晋江内地的乡村去的较少。根据他们的生活习性和生产特点，在台湾也多分布在台南、嘉义、彰化沿海一带。其开发的时间多在清初康熙、乾隆年间。这正与台湾开发垦拓的历史吻合，盛行于清初康熙、乾隆年间，由南向北发展。由此可以证明，晋江人是先期开拓台湾的主力军。

其实，晋台的同名村远不止上述这些，只是经过二三百年，台湾的人口流动，时局变迁，种种变化，使一些村落拼合或者消失湮没，一些村落的名字经过更改变动，还有一些两岸同名村因海峡两岸长期缺乏交流往来，信息不通。比如台湾云林县编的《庄头故事》中介绍以林姓为主，现村主任为林龙山的"后安村"历史："本村开拓最早始于乾隆二十七年（1762年），先民于福建省泉州府晋江县第十三都后安寮的后山，渡海来台，最早由今日海丰村一带登陆，后落脚本村定居，为纪念故乡，将本地命名为后安。"据此，笔者走访金井镇石圳村后安自然村，该村也以林姓为主，且有"后山"这个房分。翻阅林氏族谱，发现其族人在清乾隆年间往台者颇多，可以确证该村就是云林县后安村的祖里。但是至今两地没有沟通往来。又有金井镇三坑村坑园自然村，曾经有过台湾同名村许姓来查问过，但无果而归。还有如《两岸埔头一脉连》一文提到的鹿港瑶林街和后宅、石厦等村落，都可以在龙湖镇找到相同的地名，其渊源都值得进一步探究。

三、晋台同名村的交往

中国人历来重视木本水源，认为同姓宗亲，出自一个祖宗，"五百年前是一家"，都是血肉相连的兄弟。特别在闽南，每个族姓都修有族谱，用来记录家族的传衍，并借以联结宗亲的情谊。从现存族谱资料得知，晋江每个家族都有记录迁台族人的信息。只是，当年渡台垦拓者倘若居住分散，便难以与祖里取得经常联系，或祖里修谱时没能及时提供台地族人的信息，就会造成两岸世系关系的脱离。而多数海峡同名村重视族谱的纂修和传承，一直保持着两岸密切的交往。根据这次提供的同名村资料可知，东石郭岑郭姓，"每回修谱都会派人到台湾，向迁台族人征集其婚嫁传衍的信息，登记在族谱上……因台湾被日本占据，交通阻隔，而后再未采录于族谱"。郭岑杨姓四房，"谱牒自清康熙年间以来，接踵纂修，未曾间断。即道光年间分居于台湾新竹者，民国十年，先父（修谱人杨人廉之父）亦曾东渡缮修……台湾一支，因目前交通断绝，暂时停修，异日若得正式来往，再议补修"。金井镇新市村，"民国二十年（1931年）湖南宁乡曾氏南宗通谱总局派员来泉重修曾氏族谱，有关人员至新市修谱时，旅居于海外菲岛和台湾及国内各地区的族人，均有组织或派员回新市祖里参与纂修族谱工作，登记在台族人翔实情况，与祖家族人的世系合编成一册"。龙湖衙口、粘厝埔迁台宗亲，不忘自己的根源，"民国十二年，鹿港粘芳模借着鹿港天后宫妈祖往福建湄洲进香的机会，转道往晋江衙口访求族谱，因年代久远，一时竟寻不到自己的支派源流。幸而路过厦门时遇见衙口族亲粘传仁，答应为他抄写一份族谱。十年之后，果然把一份手抄的《浔江粘氏敦业公派下家谱》寄到台湾。时当民国二十二年，衙口粘氏大宗祠重修，增续字行'谨遵遗训，以裕后昆，文章华国，希绍前贤'，粘传仁并抄送一份给台湾宗亲，以便日后承接"。而居住台湾鹿港的陈埭丁氏后人"丁守真念支派颇盛，繁衍日多，遂据家藏谱本，搜集资料，于1997年重修《丁协源家谱》一部，以使后人知其本源，追怀祖德，联系族谊"。通过不同时期、持续不断地修谱、续谱，加强了两岸族人的联系，增强了迁台族人对家族的认同感。

渡台开发的先民，为取得精神上的寄托，往往带去家乡的"境主"等神明的香火,当他们得到安居时会在当地建庙供奉,顶礼膜拜,以求神明保佑。闽南有句俗语:"父母好像桶箍围。"意思是有父母在,子女可以经常团聚在一起,更加团结。台地同名村供奉的神庙,成为同村同族膜拜的对象,通过建庙、修庙,做佛生日、谒香等活动,加强了族人之间的互动协作,一样起着"桶箍围"的作用。同时,同名村的神明也是联结、凝聚两岸族人情感的一道纽带。很典型的如东石嘉应庙,供奉"九龙三公",由东石的莆阳蔡氏玉井户、珠泽户、西霞户及紫云黄氏、聚书丁氏、芦山苏氏等六大户头族人奉请过台湾东石布袋庇佑平安。"渡台后,初时神像设坛于民家礼拜,简居草茅于海滨,又不知迁居几次,越经数年后群居而共建庙宇,命名'嘉应庙'。布袋嘉应庙创建于清代康熙元年(1662年),为嘉南沿海供奉九龙三公最早的嘉应庙。新塭嘉应庙则创建于道光十八年(1838年),原名嘉应宫,改建后命名嘉应庙。"东石嘉应庙历来有新婚夫妇元宵到庙里挂宫灯求子、族人到庙中数宫灯的风俗,这个风俗也在台湾嘉应庙中得到传承。2008年,"数宫灯"由晋江东石镇嘉应庙和台湾布袋嘉应庙联手申报为国家级非遗代表性项目。近年来,晋江东石"每年都邀请台湾同胞一起举办'数宫灯'活动,吸引着不少台湾乡亲乘船越海,送灯而来,至今已有超过7000人次的台胞前来东石嘉应庙进香,参加活动"。在台胞寻根认祖过程中,相同的神庙又是寻根认祖的一条重要依据。比如东石麦园供有一尊"飞天大将","清代有一批麦园人为了谋生,相邀为伴,带上简单行装及村中保护神'飞天大将'、安溪城隍(即'显佑伯')、齐王爷诸神明的塑像,乘船经黑水沟往南台湾"。现在,"有的台胞是冲着'飞天大将'等麦园村保护神(挡境)等神明的名号来认祖的,有的甚至带来台地供奉的神像与麦园村的神像对照相貌后才敢确认"。又如,东石白沙(碧沙)人在台湾嘉义县岑海里碧沙村聚居,同时带去家乡"碧安宫"张圣真君的香火,在当地建了一座"碧灵殿"供奉家乡的这尊保护神。2011年,往台参加交流活动的白沙乡亲,就是通过发现这座庙宇,才联系到居住在附近的迁台族亲的。

患难见真情,两岸同名村的血肉情谊每常体现在危难之时。东石麦园曾经有座"台湾厝"是最好的见证。"清代时,台湾时常发生'反乱',有不少在台麦园人回乡逃避战乱,但当时麦园村庄小厝宅少,为了让回乡的台湾乡亲有房屋居住,于是两地的麦园宗亲,有钱出钱,有力出力,在王氏宗祠的东南侧建了一幢'同'字形排屋,让回乡的台湾宗亲住下,房间都不大,但尚可让一家一户暂时居住。后来回来的人更多了，房间不够用，于是围着排屋又加盖了一圈平房，使之成为'回'字形的厝式。直至台湾时局平稳后，这些宗亲才返回台湾"。又如台湾《丁协源家谱》记载，当台湾遇到祸乱时，丁氏家族以大陆祖家作为依靠的后盾，"1895年清朝败给日本，而割让台湾。不久日军到台，吾族几全回祖籍泉州陈埭，越年鹿港又为战地，旧居协源二栋罹灾于兵燹殆灭，新第协源三栋亦被日军占据……"直到台湾抗日事弭，鹿港丁氏一族方重回到台湾。族谱还记载，鹿港丁宝光于光绪二十九年（1903年）在大陆因病逝世，葬陈埭江头，后裔迁回台湾后，清明佳节祭扫不便，托大陆堂亲看管祭扫，至1993年两岸通往，方拾骸回台湾安埋奉祀。而安海前埔《许氏族谱》记载：台湾新北区西盛里许厝的许寿安，虽已是迁台第五世，时当清光绪二十一年甲午战争失败后，台湾动乱，他也"扶母柩回前埔许厝安葬，而后战事稍平，他才回到台湾。"

在日本占据台湾的50年间，台湾同胞还能冲破种种阻挠与大陆联系；1949年以后的很长一段时间，海峡两岸的沟通则被完全隔绝。两岸同胞长达38年失去联系，只能望洋兴叹，成为心中的创伤。但是一些族姓仍想方设法向隔海的宗亲传递信息。如台湾鹿港粘姓就通过到台湾旅行的新加坡华侨粘忠清带信向龙湖粘姓宗亲问好，"为躲避搜查，粘忠清将写着联系地址的纸条缝在皮制的腰带中带回衙口。恰好当时旅港的衙口族人粘本初及其母郭红霞拟从香港往台湾探亲，衙口族人便嘱托他们到台湾打听台湾族人的近况。粘本初母子找到1947年从衙口往台北任教的粘忠判教授，当即带他们往彰化福兴乡粘厝村，拜谒台湾族亲，两岸粘厝人又接上了关系"。又如晋江龙湖埔头传衍台湾鹿港的施渠交子孙，"一直与故土埔头的堂亲保持密切联系。新中国初成立后的一段时间，尽管两岸较为紧张，但他们还是通过间接的渠道保持联系。"

1987年11月，台湾当局有条件开放民众赴大陆探亲，台湾同名村的宗亲就像冲决的堤坝，迅速形成一股探亲谒祖的洪流。早在1987年春，就有潘湖迁台宗亲前来晋江谒祖，"台湾出生的黄玉火，取道日本，辗转前来寻根，据其父生前告诉他，他们的祖地是泉州南门外金湖（潘湖的雅称）乡，乡中有一座歇马庙，庙中供奉有四使爷，其红面立身右脚踢前之状与分灵台湾的一模一样，他一边对着神像顶礼膜拜，一边激动地说：'先父的愿望终于实现了。'黄玉火先生受到潘湖父老乡亲的热烈欢迎，回台湾后，他把寻到祖里的喜讯告诉台湾的乡亲。越年，台胞黄鸿涛、鸿钰、鸿福三兄弟携眷属17人来到潘湖。随后，黄廷顺、黄江林、春生、河东、启木也相继回祖地寻根探亲，断了40多年的血缘之桥终于接通了。"80年代末就到漳州投资办厂的台胞，寻找"玉园乡"三年，终于找到东石麦园村，"发现族谱封皮上书'玉园王氏家谱'时，他激动不已。接着他又在族谱内页中发现他的祖辈伯叔名字'清象、清狮、清麟……'赫然记录在族谱中，名字下又标注着'迁台湾蠔寮'时，他情不自禁地喊叫起来：'终于找到啦！终于找到啦！'"台湾谢厝寮谢隆镇在英林谢厝街东村谢氏二房祖厝寻根，向先祖画像和神主行三跪九叩的大礼。"'161年了，没想到我是第一个回来这里找到亲人的人。'谢镇隆笑着说：祖上有交代，一定要来晋江寻根。他的堂伯也曾于1996年来晋江寻根，但无功而返。现在他总算找到了，可以回去告慰先祖了"。台湾彰化县埔盐乡新水村许顺义自20世纪80年代就不断寻找先辈故里吕宅村，终于在2005年找到深沪运伙村吕宅自然村。他特意编成一本《彰化埔盐吕宅衍派许氏家谱》，想把这本族谱留给子子孙孙。他向族亲叙说寻根访祖的过程和心得："自己从小就记得祖父的教导，一个人无论能赚多少钱，能做多大的官，而忘记了自己的祖宗，就不算是一个成功的人。正是先辈的谆谆教导激励着他，所以矢志坚心寻找祖家二十年，终于找到祖居地吕宅村，圆了多年的梦想。"两岸同名村提供的资料中，每一回台湾同胞寻根谒祖的过程都是一段感动人心的故事。

四、做好两岸同名村课题

如前所述，海峡两岸同名村事实上是两岸关系的一种缩影、一种象征。做好两岸同名村这个课题，必将彰显海峡两岸人民的血肉深情，加强海峡两岸交流的纽带，有益于祖国和平统一的大业。

中国人"溯源追远"的民族观念传承数千年，根深蒂固，绝大多数台湾同胞明确自己是炎黄子孙，根在大陆，并引为自豪，更坚定热爱祖国，期望祖国统一强大的信念。1985年，台大的粘忠判教授在台湾粘氏宗祠落成祭典答台湾《联合报》专栏记者采访时就说过："我们中国人，最富伦理精神，最富民族感情，我要发动扩大祭典，崇敬祖德，迢思源流，同时亦要否定一句'台湾人不是中国人'的谬论。居住在台湾的所有同胞，他们的祖先统统来自中国大陆，就血统、文化、历史、地理及风俗习惯来说，都是道道地地的中国人，中华民族的人,不容怀疑的。"2012年,到东石郭岑村访问的台湾宗亲深情地说:"台湾人百分之八十的祖籍在福建,绝大部分是泉州、漳州。闽南语成为台湾的主要语系,因此我们对福建人感到特别亲切。台湾人苦苦追求的家乡梦、祖籍梦,无时无刻不在心上萦绕。两岸在漫长历史中,形成了血缘、地缘、神缘、商缘、法缘的独特文化。我们有着共同的文化、习俗、信仰、祖宗。"2014年,安海前埔许氏与台湾许氏宗亲一同拜谒台北新庄西盛里许厝祠堂,共同祈愿的是:"两岸许氏子孙繁荣昌盛,互相往来,为统一祖国作出自己的贡献。"2017年,安海文创协会拜访台南安平文教基金会,基金会新任董事长魏灿文说:"两岸一家亲,一桥一世界,我们引以为傲,希望两岸能够和平相处,共增人民的福祉。"2012年,东石岑兜传衍金门的后人殷切希望在"可预期的未来,金厦这条通路,又将为金门的发展开启无限的契机。金门子民可以如过去乡亲,循着这条路到厦门观光、升学、就业。未来萧氏亦将随时代的演变,融入大时代的脉动之中。"从晋台两岸同名村交往的记叙中,我们可以看到台湾同胞对中华民族文化传统的认同感和冀望两岸和平统一的殷切希望。

作为台湾同胞主要祖籍地的晋江,做好两岸同名村这个课题是一种责无旁贷的责任。在当前振兴乡村的大环境下,晋江市政府应该对晋台同名村给予更多的关注,帮助他们挖掘、研究、保护相关的族谱、文书等历史资料;发动他们整理、记录两岸交往的历史记忆;发现并培养热心两岸关系的年轻人,以保证两岸交往的持续;多宣传,多发动,促进两岸同胞更密切的交流,让两岸同胞共同发声,反对"台独"势力,促进祖国的和平统一大业。

沟通两岸同胞情谊的工作好比春雨润物,是一项长期细致的工作。让我们共同努力,做好两岸同名村这个课题。

(作者单位:原晋江市博物馆)

考察族谱要素　印证两岸同胞
——以台湾艋舺陈姓对接泉州市泉港区下凉尾为例

● 郭民富 ●

2011年5月30日，台湾区印刷暨机材工业公会理事、台北市闽南同乡会理事萧宗健先生回祖籍泉州探亲，台湾蔡明谅先生交给萧先生5张"台湾艋舺陈姓族谱资料"复印件，委托帮忙寻根。萧先生回故乡泉港区时，转托时任泉州市泉港区副区长肖惠中帮忙查找。肖惠中先生立即交由当地陈姓去查访，经办人草率交差，结论不足采信，查访无果。10月5日，肖副区长把任务转交给供职于区方志办的我。经细心分析，多方寻访，查证核对，成功解读谱料，为台湾艋舺陈姓同胞回家注入了强心剂，认祖归宗之愿如期实现。

陈姓台胞所提供的族史资料（以下简称"台谱"），仅5页，每页仅巴掌大小，版近似连环画本。资料系繁体手写竖排，内容有陈姓字辈及第24—29代世系。从字迹上看，书写者文化水平不高，书写有点匆忙且吃力；从内容上看，信息不完整，有明显缺漏之处。内容不多加上信息模糊，给查访造成极大困惑。如何运用家谱要素，笔者从以下几个方面着手考察：

一、查访地名：台谱所称"下梁尾"即今界山镇东凉村"下凉尾"

台谱中首页记"原籍泉州府惠安县下梁尾十一都龙兴铺龙兴宫陈氏族谱"。笔者执行主编《泉港姓氏志》时，曾对区域地名作大量调查，知道"下梁尾"就是今泉港区界山镇东凉村下凉尾，民间族谱中亦有写作"霞凉尾"，三者虽写法不同但方言发音相同。而2000年建区的泉港，之前隶属于惠安县。入村调查时，下凉尾村中年龄最大（88岁）的陈老伯证实笔者的判断：下凉尾明清时称作"泉州府惠安县十一都龙兴铺龙兴宫下梁尾乡"，迄今凡做法事时道士（俗称"师公"）还是这么念的。由于祖国大陆汉字简化之故，"梁"今作"凉"，字不同但音同。

之前肖副区长所托调查者，从下凉尾二房提供的族谱中，发现有"三个兄弟迁台"的信息，便臆断"可能是迁居后改名"。然而，名讳全然不相符合，若没有其他可信服的依据，这样的结论未免显得匆忙草率，台湾艋舺陈姓如何接受三个名讳全然不同的祖宗？10月12日下午，笔者查访到下凉尾陈建元收藏的《霞凉尾三房族谱传录》（以下简称"房谱"），取得意想不到的突破。

1. 房谱中清楚地记载：（"文"字辈）士农公（章谋公之次子），生三男，长曰万居，次曰火炎，三曰长成，"三兄弟迁台北艋舺下坎庄中石路"。经比对，与台谱所记名字丝毫不差，信息完全吻合。据此，台湾台北陈姓同胞的直系先祖祖籍是下凉尾三房得以确认。

2. 台谱所记"万居，生于同治丙寅年（1866年）"，"长成，生光绪壬午年（1882年）"，由此可以初步推算，三兄弟如果是一齐迁去的话，迁台时间为清代光绪壬午年（1882年）之后——长成出生之后；若是先后迁居，则迁台时间应是在同治丙寅年（1866年）之后。从叙述语气和年龄状况综合考量，前一种迁台时间更为合理。

3. 房谱中记载三房另有"章"字辈"酒生、倍生、什某"三兄弟也迁居"台北艋舺下坎庄中石路"。由此可见，现状下的台北艋舺，事实上，还有更多的人祖在大陆。

二、追溯源流：下凉尾陈姓祖籍地是今南埔镇天竺村埭上，其开基祖是龙山玉湖第16世陈光邃

泉港区陈姓是区内人口最多的姓氏，常住人口约6.7万人。其中下凉尾及埭上所在的南埔（含今南埔镇和界山镇），陈姓共约3万人。境内陈姓已知有玉湖、大义、颍川、太邱等灯号（或称郡望）。

下凉尾陈氏属于哪一支派呢？下凉尾陈姓房屋大门有"玉湖衍派"门匾，"玉湖"陈姓尊满公为受姓始祖，尊其第70世裔陈润为入闽始祖。南埔镇天竺村埭上陈锦华先生编撰的《龙山玉湖陈氏各支系示意简图》（以下简称"支谱"）记载：龙山玉湖第16世陈光邃从南埔埭头析迁埭上，后开基下凉尾（旧属南埔乡，今属界山镇，界山镇系从南埔析出）。据《泉港姓氏志》记载，（陈润）派下陈仁于宋庆历元年（1041年）开基莆田玉湖（今阔口），为玉湖陈姓始祖；玉

湖第 12 世裔陈教于明代开基"头北"。

在泉港区内，方言中的"头北"一词，泛指今泉港区南埔、界山一带。陈教后裔开基繁衍为埭头、埭上、过溪三村落，形成今南埔镇天竺村，今常住人口约 3000 人。析居下凉尾的陈姓后裔，现常住人口约 1000 人。

三、核对字辈：台谱与支谱、房谱字辈大同小异，信息相符，证明两地陈姓同宗同祖同一血脉

除"地名"外，寻根谒祖另一重要凭据就是"字辈"。字辈，俗称"字云"，是字伦的音变，即辈分字，是同一宗族中区分辈分的唯一依据，也是宗法社会父父子子伦理关系的重要标识，一旦丢失或模糊，则长幼混淆，辈分颠倒。台谱中称之为"字云"，与泉港民间方言叫法一模一样，是地道的故乡方言词。

字辈关系着宗祠家族数百上千年的血统，因此其产生过程严肃慎重，一般都是选择美好意思的字词，串缀成珠，所形成的字辈往往朗朗上口易于记诵。一个字代表着一代人，同代人就是同一字辈，代代沿袭，共同遵守，具有独特的区分功能，维护着家族伦理秩序，可以称为家族血统"密码"。一般情况下，使用同一套字辈的同姓一定是同一支系同一血统。随着人丁兴旺四处迁播，开枝散叶处也可能各自重新续编"字辈"，因此后续字辈不同也可能是同一支系同一血统，即同宗而不同支系。

三份族谱所记"字云"，分别如下：

（1）陈氏台谱记载："世代字云'协'字十四祖起：愶光，产赞启国仕宗起，宪章文武。又下梁尾再编字：齐庄中正，足以有敬。台湾'起'字祖算下梁尾是第二十二世，台湾'起'字算起。"

（2）支谱记载：光，彦缵启国，仕世振起，宪章文武；斋庄中正，吉余有庆。

（3）房谱记载：光彦缵启国，仕宗兴圣起，宪章文武，斋庄中正。

以上三种"字云"相似而不相同，其差异之处从根本上说是历史原因造成的，不影响"两地同根同支"的事实。分析如下：

1. 台谱首字是"愶"，支谱、房谱无此字。这意味着"开基祖陈光邃之父"

极有可能为"恊"字辈。

2. 同一个"光"字辈，台谱算第15代，支谱算第16代。谁对谁误，不宜轻易下结论，应考察资料形成时间以进一步研究。

3. 台谱第16"産"、第17"讚"、第21"宗"、第28"齊"，支谱分别是"彦""缵""世""斋"。从字义上考察，支谱较为合理，应是正确的，而台版存在因字形相近（除第21"宗"）而手写出错的可能。

4. 支谱"起"之前还有"振"字辈，而台谱没有，因此台谱"起"字算第22代，支谱为第24代。相对台谱而言，由于前后两次误差，支谱整体推迟了两代。

5. 台谱第31"正"之后是"足以有敬"，而支谱、房谱"正"之后是"吉庆有余"。关于这四个字云，陈锦华老师认为"台谱是所记正确，是正版，该语句出自《四书·中庸》"；而支谱、房谱所记据知情者称是"1998年在南埔溪头开房族大会讨论时未经考证就仓促定下的，2009年整理支谱时只好将错就错"。

6. 房谱中，"宗""起"辈之间还有"兴、圣"二代，台谱没有，支谱则是"振"字。从资料分析，房谱世系相承体系完整，故其可信度最高。

字辈在寻根认亲中具有不可忽视的作用，存在以上差错，其原因有三：一是由于台谱是手写抄录，"字云"极有可能是凭记性写的，首页在"第二十二世"的数字上修改了三次，流露出作者踌躇难断之意，或许暗示了所记信息欠全欠准。二是支谱是近年来四处搜集抢救整理的，可能存在不足不全。三是房谱"位卑言轻"，虽世系完整却未受足够重视。这些差错因历史原因造成，可能影响着字辈的正确性和完整性，有待台闽两地族裔联手查证并予以统一，避免辈伦混乱。

四、考察信仰：台胞所知"清莲宫"应是今界山镇南庄"清莲庵"，下凉尾龙兴宫宫名依旧而所敬神只或有改变

陈氏台胞提供一个父辈口传下来的信息："故乡有清莲宫，内敬三王爷和陈黄武。"查访中得知，下凉尾陈姓有支系迁往南庄（今界山镇鸠林村南庄）。泉港区下凉尾、南庄与埭上同宗，三地陈姓共有祠堂至今仍建于埭上，族谊活动来往密切。南庄有一"清莲庵"，现为区级文物保护单位。"清莲宫"很可能就是

清莲庵，至于内祀神只何人，因无记载，尚未查清。

今下凉尾没有清莲宫，但有"龙兴宫"，至今仍保存相当完整。庚申年（1980年）由华侨捐资重建。社宫坐北朝南，面阔一间，二进一天井，上厅悬挂"威灵显赫"大匾，对联有"旗上龟蛇摇日月，剑中龙虎追风云""圣灵堂庇护，馨火泰民安"，下厅有案桌，上有令箭等。两边墙上记有历次捐资香火收入等，以及宫里所奉祀的神祇：二月初九大人公、三月初三文武上帝、四月十八相公、五月十三司马王、六月初一中军爷、九月廿三太子、十月初十社公夫人等。宫倚山而筑，前有大埕，下有放生池，左边有两株大榕树，四周青山绿野，风景优美。

"龙兴宫"显然与"泉州府惠安县下梁尾十一都龙兴铺"有关，或许清代划分"铺"后，各铺敬祀境主公的宫庙，大多以铺为名。据笔者查访，泉港境内龙兴宫不止一处，但所敬神祇不同。与下凉尾相距不远的今南埔镇柯厝村、界山镇界山村均有龙兴宫，两村柯姓均供奉"仙祖妈"，每年农历六月十五是神诞日。1992年正月，台北市龙兴宫以柯阿宝先生为首曾组团到家乡进行恳亲、联谊、会香等活动。今峰尾镇郭厝后埭仔曲江张氏也建有龙兴宫，供奉灵安尊王、武安尊王诸神位，每年农历五月十三日、八月初三日到惠安青山宫进香。以上三处龙兴宫所敬神祇各不相同。

笔者以为，时过境迁，物是人非，台胞世代相传故乡宫里所敬的陈皇武或"陈、黄、武"（音）等姓神祇，可能是曾经存在，甚至现在还在（如有村民说所敬"大人公"姓陈），只是如今缺乏文字记载，无法说清楚，乡民基于敬畏而不敢贸然断言罢了。这种现象在民间很普遍，如厦门大学陈支平教授所评价："闽南信仰杂乱无章。"

五、破解疑难：两地族谱资料的对接，有利于充实完善族史

在互为印证的过程中，台谱不仅为台胞寻根提供了重要凭据，而且弥补了泉港祖地这两份族谱的不足，为故乡族史论证提供了有力的依据。

据退休教师陈锦华介绍，"陈光邃"开基下凉尾的时间一直无处查证，村里老人曾提供"正德十二年（1517年）"之说，因没有依据而一直存疑。台谱资料有记，迁台陈姓第一代"起焕公生（于）雍正甲寅年（1734年）"，由此上溯 7 代至开基祖"陈光邃"。按一代 30 年计算，则可判断陈光邃从埭头析居埭上大概是在明正德至嘉靖年间。综合考量，陈光邃开基下凉尾的历史时间为"正德十二年（1517 年）"之说基本可以成立。同时，台谱抄录的字辈首字是"协"，而支谱、房谱并无此字。如前所述，这不是简单的一个汉字，这个字代表着一代人。这个字不会是空穴来风凭空捏造，那么，借此往上追溯，进一步寻觅木本水源，完全有可能查找开基祖陈光邃之父系。

考察报告"根在大陆，两地同脉"的结论，如同和煦春风，融化了因历史阻隔而形成的冰层。面对"我是谁"的终极追问，"我是台湾人"的谎言虽蓄意构筑却轰然倒塌。据悉，考察报告转达台湾艋舺陈姓同胞，当地陈姓反应"十分强烈"。不久，台湾艋舺陈姓组团回乡，访亲谒祖。

（作者单位：福建省姓氏源流研究会郭氏委员会）

闽台云峰卓氏福庭系谱关系考

——● 卓威翰 ●——

一、前言

本文所论及的"亲缘纽带"即为亲族关系上的联结。透过两岸的民间古籍资料与碑刻记录，将福建出外的族人与落户台湾的族人，以名号或生辰八字进行比对，如确认为同一人，即为"接谱"完成。

自康熙年间卓氏族人纷纷移居台湾，根据族谱纪录，有关台湾移居地点或坟墓位置之记述，包括蛇舌湖[①]、打石街[②]、澎湖、东螺三块厝[③]等地，可见清代闽台民间来往非常热络。尔后，台湾先后由于甲午战争为日本所殖民，再加上两岸分治，闽台之间曾产生近百年的互动阻碍。近年，因为台湾与祖国大陆联系频繁，民间交流日益盛行，隔阂日益减少。

因后生在大学二年级期间，开始尝试寻找家族族谱相关资料，且逐步与各地卓氏族亲建立联系。之后，通过新加坡族亲取得与福建族亲的联系管道，我们始有机会彼此联络，并建立起宗亲情谊与信任。自2019年春始，我们便四处寻找在台的卓氏宗亲，并查询他们开台祖的名字、生辰等等，再将资讯传送给福建宗亲进行查谱、对谱与接谱等，形成台湾端寻找资料，福建端查阅谱牒的合作关系。在有系统的接谱团队形成后，我们完成内文中的几项接谱。

除了族谱资料之外，此篇小文希望能将初步收集与整理的两岸民间文献与碑

---

① 为现今新北市坪林区的大舌湖。
② 为现今彰化县员林镇。
③ 为现今彰化县田中镇三安里的内三块厝及大仑里的大仑尾。

刻记录，运用于相关研究之中。也希冀此文之微观研究成果可为"台湾地方史""台湾地方人口"与"清代两岸民间互动"等研究主题有所帮助，期使闽台关系的轮廓更加清晰。

因后学为大三学生，在资料收集、研究视野以及学术素养尚不足的状况下，此篇小文必有诸多问题或错误，期请各位专家不吝赐教与指正。

二、族人渡台背景与接谱纽带

（一）族人渡台背景

安土重迁是人们的天性，但因为种种原因，例如耕地不足、兄弟阋墙、时代风潮等，导致福建各地都有人无法在原乡生存而移居外地，从而出现一个家族的族人分布各地，同一姓氏的宗亲散落四方的情况。文中将以福建南安云峰卓氏福庭系子弟的外移，浅谈闽南人士移居台湾的历史进程并述及后来的闽台接谱过程。

清康熙五十一年（1712年），康熙皇帝下诏："盛世滋丁永不加赋。"这一政策使中国人口得到大幅增长，至乾隆时期人口突破两亿。人口的急剧增长与资源、环境产生了矛盾，在土地增长有限的情况下，过剩的人口需要向外扩张。

根据《中国近代人口史》统计，在康雍两朝，户政计量以人丁为基数，时至乾隆六年才改为统计口数（含大小男妇），而在乾隆四十年时保甲严格执行，人口数较以往更接近实际人口数，因此我们以乾隆四十年后的资料作为样本。[①]若以乾隆四十年到乾隆五十五年的人口增加数计算，在这十五年中每年平均增加2429243人，而以乾隆四十年为基数，则推估每年人口平均增加率达8.9%。土地不增加，人口以每年近似9%上升的状况，乃人地比出现紧绷的主因。依《福建省南安县福佑庭瑞廷公派私谱》[②]所制作的出生人口数图表，卓氏子弟在康雍乾三朝，也是处于人口急剧增加的时代（见图1），由此可见卓氏家族也受到上述政策的影响。

[①] 姜涛：《中国近代人口史》，南天书居有限公司1998版，第34-36页。
[②] 卓明堂：《福建省南安县福佑庭瑞廷公派私谱》（自刊），1938年。

出生人口数

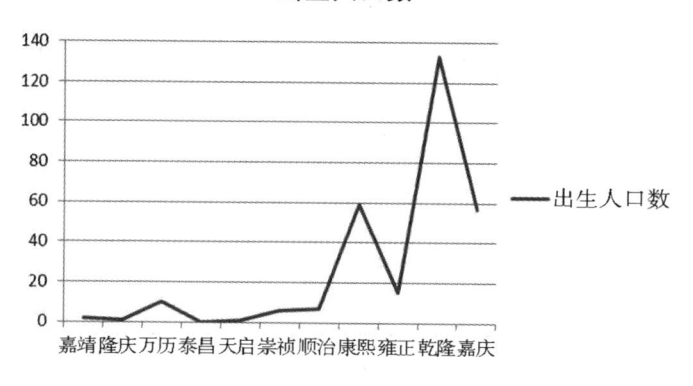

图1

而在原乡的情况，我们可以依据当地族人卓茅山先生于2019年10月18日的说法。根据他的说明，福庭村可耕种的土地，在清代约开发有1500亩地，其中包含水田1000亩与旱田500亩，而在1980年米种改良与化学肥料盛行前，且不考虑饥荒与歉收等状况，这样的田地最多也只能养活800到1000人。若仅以渡台最多的十三世计算，养大成人的男丁就有超过200人，这200人如皆在原乡生活并建立家庭，必然会导致原乡耕地不足。此外卓茅山先生还提及两点原因导致族人外移：一为福庭村周围虽皆为山林荒地可供开垦，但依照当时的气候、地形等条件，粮食产量不会很高，从而导致族人别地而居；二是家族之中有强宗欺压弱宗的情况，这也间接导致人群离开原乡。①

在人地比失衡与家族失和等情况下，耕地不足的农人必须找到一个新地方开垦。故此，在康熙二十二年即为清朝领土的台湾，地广人稀，且距离福建甚近，便成为移居的第一选择。图1-1为卓氏族人渡台人数图表，是依照《云峰卓氏光绪年本族谱》所制。因为谱中未记明渡台时间，故以目前所知的开台二世祖之生年，并综合考虑开台祖垦荒与积富成家的时间，② 推估开台祖约在20岁到30岁之间渡台，因此在数据中的生辰加上25年，可以看出族人渡台年份的大致趋势。

其中可发现在1720年到1830年（康熙末期到道光中期），这一百多年的时

---

① 在《云峰卓氏光绪年本族谱》中有记录，福庭系与云头系两系在明末清初时，大小矛盾不计其数，甚至有侵占房地的举动，至嘉庆一朝白热化，更发展成为家族内的械斗，而具体细节则不宜公开。

② 肇养41岁、肇招18岁、维长23岁、世朴50岁，平均33岁当父亲。

间,是族人渡台最频繁的时间,这符合邵式柏在《台湾边疆的治理与政治经济》一书中所指称的 18 世纪台湾人口快速成长(社会增加)的趋势。① 而由图 2 可知,族人渡台人数在 1780 年后开始下降,实际上是与"过番"(过南洋)的兴起有很大的关系,日后由另文介绍。

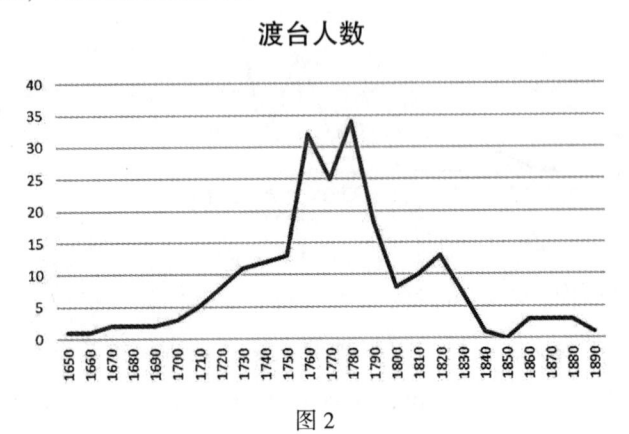

渡台人数

图 2

(二)接谱纽带

闽台接谱主要以台湾记录为主,并以福建族谱作为比对的依据。台湾记录当中有支谱、功德榜、神主牌资料、墓碑等,是两岸接谱的重要纽带,也是为族人接谱时的重要依据,其中支谱记录与神主牌资料是此篇小文研究的主要材料。

在台湾落地生根的卓氏族人,往往会建立属于该分支家族的"支谱"。有些渡台的先民会自福建携带该支祖先的谱牒资料前往台湾,并以此为基础撰写支谱;另有人群在动荡的时代,难以携带纸本资料前往台湾,但念祖的心思,使他们在台湾安定后,编撰以口述为基础的支谱。② 两种支谱对原籍与开台祖的记述对于闽台能否接谱具有决定作用。

神主牌上对祖先的记录,与支谱一样具有决定性,它与支谱一样,有清楚的世系记录,且详细书写人名、生卒年月,可使对谱者快速地在原籍族谱中找到渡台始祖的资料。此外,有些家族的神主牌,甚至会写上详细的祖籍地与昭穆③,

---

① 邵式柏:《台湾边疆的治理与政治经济》,台大出版中心 2016 年版,第 211—221 页。
② 陈支平:《福建族谱》,福建人民出版社 2009 版,第 337—356 页。
③ 昭穆即为字辈,在云峰卓氏福庭系的系统上可分为用于名的排行(进士文世肇,维迪慈并孝,恒修德与功,箕裘传燕翼,诗礼衍千秋);与用于字的字行(魁尔子元承,淇松炬坊镇,派析焕埕铺,清楷煊坡镜,淑桢灿地铺)。

使后世子孙方便寻根。

我们在已收集的支谱资料与神主牌记录中发现，当中常提供两种重要的接谱资讯，以供后世子孙寻根问祖。第一是尽可能明确的祖籍地记录。如莺歌支谱《卓氏族谱》①记载原籍为"福建省泉州府南安县二十八都人氏詹兜保，福佑庭（赤稻埕）石皮坑"，其余家族也有类似或相同的祖籍地记录。第二是使用云峰卓氏福庭系统的昭穆，如台中沙鹿卓家与彰化田中卓家，皆可见于支谱或神主牌之中。昭穆的使用是一个显著的指标，移居家族只要祖先有两代人使用昭穆，并且有原籍族谱相对照，就有非常大的机会可以接谱连宗。

此外，有些家族会留下先人过世时所使用的功德榜，当中会清楚记载开台祖的名字与原籍，也会记录祖先到亡者之间的世系，亦是重要的接谱依据，如新竹肇招公派下的卓金标先生，就是利用功德榜顺利接谱。

墓碑资料往往是祖先与祖籍地最直接的记录，但有时也具决定性，相关讨论详见下文。

三、台北莺歌卓家的接谱与原籍族谱的取得

在一开始研究的过程中，笔者并没有太多的资讯，只有在台湾新修的《卓氏族谱》中找到家族祖先来自"福建省泉州府南安县二十八都人氏詹兜保，福佑庭（赤稻埕）石皮坑"的记载，②但在详细查考后发现有部分踪迹可寻。

根据家族开台始迁祖的墓志铭记载（见图2）③，在清乾隆年间，莺歌卓家二代先祖各俊、成涌、阿着、阿次四兄弟先来台湾探查是否为适合生存的地方。四兄弟渡过黑水沟（台湾海峡）之后，从台南北上来到莺歌暂居，由于四兄弟在莺歌耕种有成，因此回到福建家乡——福庭村，迎请家中的父母卓云腾、洪复来台，最后全家于乾隆年间迁居台湾，落户于莺歌尖山脚，就此四兄弟合力垦殖，务农为业，卓氏家族安身立命至今已经200多年，这是渡台的实际案例。

---

① 卓氏族谱编辑部：《卓氏族谱》，卓氏族谱编辑部1981版，系1。
② 卓氏族谱编辑部：《卓氏族谱》，卓氏族谱编辑部1981版，系1。
③ 摄影自台湾新北市三峡区弘道里之卓氏公墓，该墓原为世腾公的墓地，后鉴于分房坟墓过多，扫墓不易，遂于当时的世腾公坟墓原址建起家族公墓。

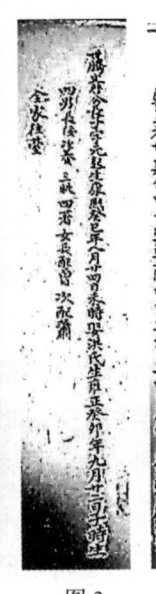

图2　　　　　　　　　　　图3

在追寻家族史的过程中，透过新加坡的宗亲卓雪伦女士与福建宗亲卓茅山先生、卓志忠先生、卓德文先生，获得《云峰卓氏光绪年本族谱》①，并在其中找到关于开台祖的记述。根据《云峰卓氏光绪年本族谱》记载（见图3），卓云腾谱名世廷（腾），并在记事中写道："世腾，文启公长子，字：元起，生康熙癸巳年八月廿四日未时，娶洪氏，生雍正癸卯年九月廿二日子时，生四男长佟、次养、三眦、四着，女长配曾，次配萧，全家往台。"②而再根据移居地支谱《卓氏族谱》记载："一代祖云腾公，生于康熙癸巳年八月廿四日未时；妈洪氏，生于雍正癸卯年九月廿三日子时。"③两相对照显示，两谱除开台始迁祖的母亲洪氏出生日由"廿二日"变为"廿三日"，以及开台二世祖名称虽汉字不同，但闽南语发音同，其余对家族发展的叙述大致相同，由此判断莺歌卓氏为福庭系子弟。

在各方帮助之下，我们取得《云峰卓氏光绪年本族谱》与《云峰卓氏民国年本族谱》④，因此希望能协助失散于台湾的福庭系子弟认祖归宗，让两岸之间的血缘纽带得到学术上的证实。

---

① 《云峰卓氏光绪年本族谱》（未刊），1893年。
② 《云峰卓氏光绪年本族谱》（未刊），1893年。
③ 卓氏族谱编辑部：《卓氏族谱》，系15。
④ 《云峰卓氏民国年本族谱》（未刊），1929年。

另外，莺歌卓家还维持原乡神祇的信仰。在福建祖籍地之古庙云美馆，有玉旨牌一面（见图4），上云："玉皇圣旨，敕令卓府二真人，卓、朱、荣三位王爷"，这五位神明即为福庭村长期祭祀的神明。而在莺歌圣荣宫（卓姓活动中心）之兴建沿革（见图5）碑文上写道："卓氏先祖在渡台之时，机缘巧逢流落船上之'荣府王爷'，便虔诚迎回祭祀……"①荣府王爷在台湾为少见的神祇，两者是否有关，待查考后另文介绍。

图4　　　　　　　　　　　　图5

三、彰化田中、北斗与新竹关东桥卓家的接谱

我们至彰化田野调查后，发现在台湾田中的三块厝为卓家人世居的地方，是同姓聚族而居的范例。但虽然都是卓家人，在当地亦分为两个祖籍不一样的派系，分别是安溪派与南安派，以下我将以南安派的福庭移居子弟作为讨论的对象。在新竹亦有一系同宗族亲，在本节最后一小节也会进行讨论：

（一）田中尪公宅——肇碧公派下

在《云峰卓氏族谱光绪年本》中记载："世浯（牛时与记事略，后记四人亦同）、世育、世脱、世廉、世贺，兄弟五人往台东螺三块厝。"（见图6）东螺三块厝是现今彰化县田中的三安里内三块厝，与大仑里大仑尾。我们自2019年春

---

① 摄自莺歌卓氏族庙圣荣宫，该庙为近年建立，主神王爷公原为族人以"掷炉主"的方式轮流祭祀。

天获得这个资讯后，便开始在台湾常用的各大社群软件中宣传此事，所幸得到田中当地宗亲卓飞腾先生的帮忙，顺利取得五兄弟其中一支派在台湾的记录。

卓飞腾先生向其同学卓淑芳女士（幼居田中三块厝尪公宅）取得她祖上在神主牌上留下的资料。神主牌后面写道："福建省泉州府南安县廿七都福佑庭乡，始祖'世浯'公第三子，名：璧，字：承珪，东渡台湾彰化县武东堡三块厝庄居住。其风水葬在……"（见图7）当中除了祖名从"碧"转为"璧"，其余与福建原乡的族谱描述大致相同；且可以从原乡族谱对世浯公的记事上看到"往台生男：肇饮、食、碧"（见图6标示处），明确表示世浯公在台湾生下肇碧公，并将这个资讯回报给福建原乡族亲，并在族谱中做记录。

另外经过实地踏查后，发现他们同宗的亲族还有留下一块时代悠久的神主牌（见图8）①，上记两代共四人，包含肇碧之父世浯（谱上公号为："澄义"）与其母江氏，以及世浯的父亲文慥（谱上公号为："文笃"）与母亲王氏。上述记载更与原籍族谱不谋而合，由此可证田中三块厝尪公宅卓璧公派下家族，是南安云峰卓氏福庭系的衍派子孙。

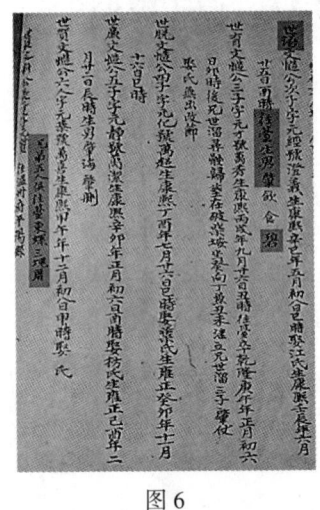

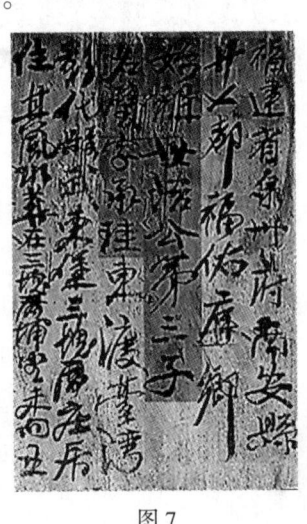

| 图6 | 图7 | 图8 |

（二）田中尪公宅——世敦公派下

尪公宅的由来是世居此地的卓家人，自福建迎请尪公来到台湾田中，并建庙（仁德宫）供奉，而该庙宇自创建以来，皆由卓氏族人负责庙务与祭祀事务，并

---

① 由卓伟铨提供，摄自台湾彰化县田中镇三安里之卓氏祖厅中。

成为田中尪公宅卓氏家族群的族庙。在原乡的族庙——龙会宫（俗称尪公庙）亦有祀奉尪公，两者是否有关，待考证后可另文介绍。

现任仁德宫的主委赖涣梃先生（祖上过母姓，故姓赖）提供我们一份祖上留下的"支谱"，且支谱中有明确的世系表与对唐山祖记述。支谱上的世系最高祖为士颖公，生文俊，再传世敦、世朴、世祷，世敦再传肇涉，这些记录与福建原籍族谱如出一辙（见图9：左为田中支谱，右为原乡族谱）。

再细究支谱内容可发现，其中对士颖公与林氏妈的记述更是完整（见图10左），支谱写道："士颖，进玺公次子，字：尔彦，生顺治丙戌年十一月初二日酉时。娶林氏，生顺治戊子年四月二十五日酉时……"；福建族谱上写道："进玺公次子，士颖公，字：尔彦，生顺治丙戌年十一月初二日酉时。娶妈林氏，生戊子年四月二十五日酉时……"谱中资料两相对照，基本相符。

由上述可见，本支派先人对追本溯源的重视，让我们能在取得支谱后马上证实三块厝尪公宅的世敦公派下子孙，是南安云峰卓氏福庭系的衍派子弟。

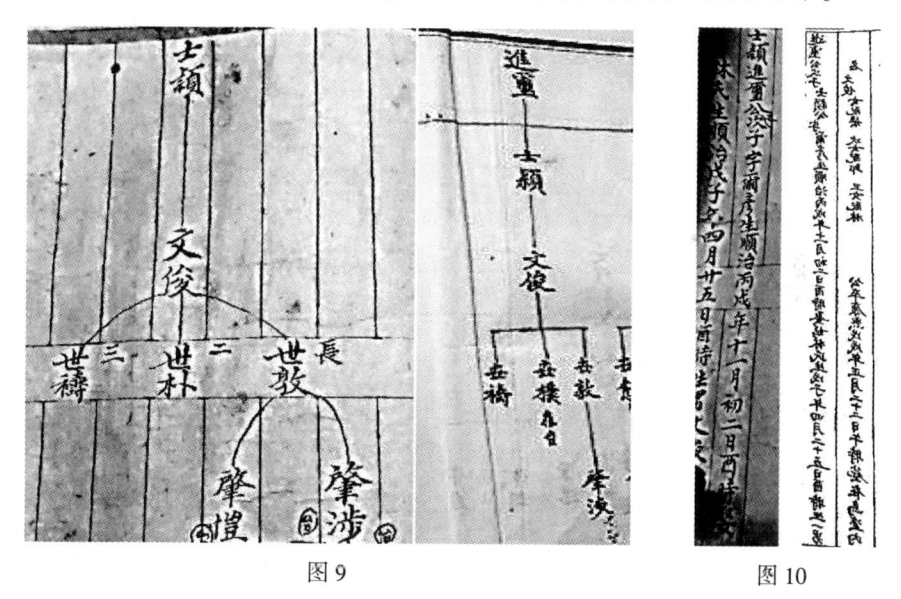

图9　　　　　　　　　　　　　图10

（三）北斗新生里——世朴公派下

因为与赖主委及田中的宗亲结识后，了解到在北斗新生里有若干户卓家人居住，而在北斗的卓家人听其父辈言道，他们的祖先是自田中三块厝移居到北斗。实地访谈时，他们宣称神主牌的始祖为"世朴"公，与赖主委及其家族为血缘相近的堂亲。但因为他们所说的始祖记录，是在其父亲过世那年，要入名进神主牌时，无意间看到的，加上他们不愿意再开神主牌，因此缺乏文字记录。故此我们前往台北图书馆，尝试寻找该支族谱。

在慢慢比对之下，发现台北图书馆有世朴公派下的支谱。在支谱《褒德堂副杂普》（手抄）①的封面（见图11），明确写着祖籍地为"泉州府南安县赤稻埕急尾厝二四都福佑庭乡"，除了二四都有误，其余一切正确，甚至还记录了迁移前所居的小地名：急尾厝。根据福建族人卓德文先生于2019年8月10日说明，"急"尾厝应当为"脊"尾厝，位于现在福庭村西湖（村民小组）的坡中。

在该支谱中亦找到士颖到世朴派下的世系图（见图12），图上记述："士颖传文俊，文俊传世敦、世朴、世祷，世朴再传玉振、连招……"由此可证该支与世敦公派同脉，亦是南安云峰卓氏福庭系的衍派家族。

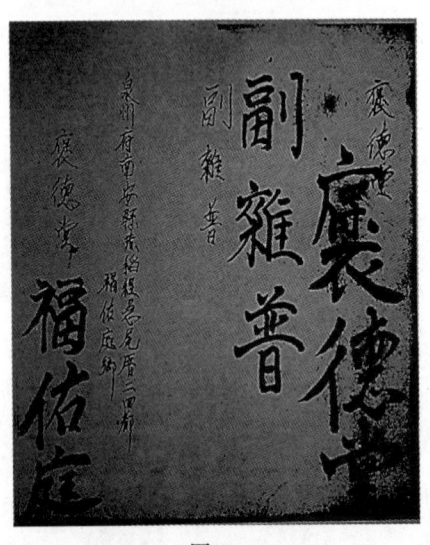

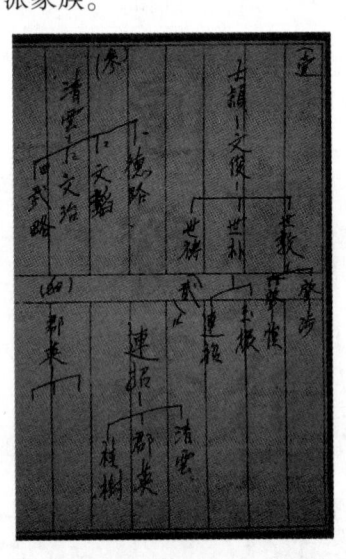

图11　　　　　　　　　　图12

（四）田中大仑尾——维长、维催、治家公派下

根据2019年7月15日，卓树林先生于台湾彰化县鹿港镇杨桥公园的说法，在田中大仑尾，过去传说有三个卓氏兄弟一起到当地开垦，而三个兄弟当中有两个比较亲（意思为两个亲兄弟和一个堂兄弟，一起来台湾）。

---

① 卓沛霖：《褒德堂副杂普》（手抄），自刊，1983年，第1页。原件已从微卷刻录成光盘，典藏于台北图书馆。

在前往田中田野调查之前，当地的族人卓益聪先生（卓树林之侄），提供了他们自制的族谱资料给我们（见图13）。在他们自制的族谱中，记录开台祖为"卓长"，并记有生年①，但无奈福建族谱对这位开台祖的记录有一点缺乏，福建族谱中只有找到一个叫作"维长"的人，而这位先人在谱中没有生辰记录，所以我们不敢断定这个长公就是维长公。

```
公 長      生：公元1777年    卒：1810年8月16日
媽 愛      生：公元1776年    卒：1848年5月1日
```

图13

而在2019年7月，我们第一次前往田中田野调查，长公派下子孙卓树林先生与卓益聪先生，提供我那位"堂兄弟"的神主牌资料（名字与生辰八字）。这位先人为治家公（维长与治家确实是堂兄弟，见图14），我旋即将这个资讯传给卓雪伦女士与卓德文先生，在经过与福建族谱比对生年后，确认治家公为云峰卓氏福庭系二房子弟（见图15：左为田中宗亲抄写自神主牌；右为福建族谱对治家公的记载）。

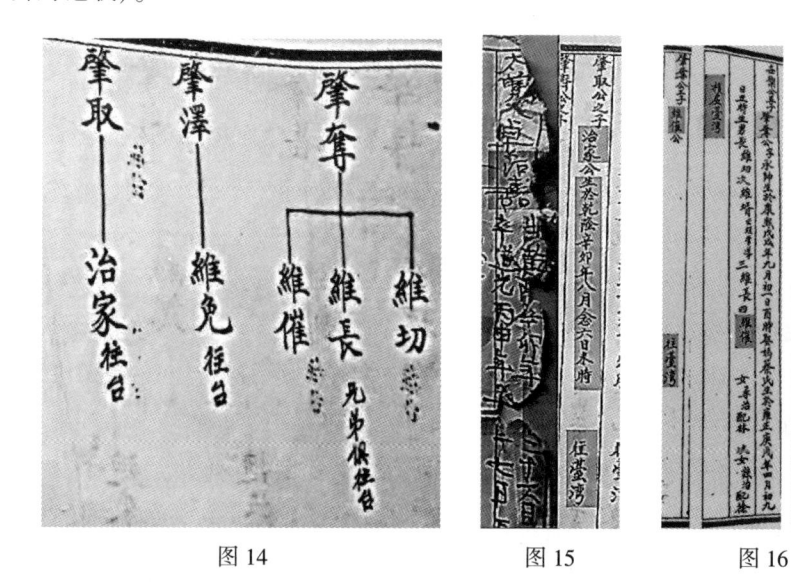

图14　　　　　图15　　　　　图16

---

① 卓树林：《家族谱》，自刊，第4页。

而后在2019年8月再次前往田中田野调查时，卓树林先生再次提供另一位"亲兄弟"的资料给我们（见图16），这份资料的开台祖就是维催公。后经查谱确认，维催是福庭子弟，且维催亲兄弟正是维长（见图14），由此证明田中大仑尾维长公、维催公、治家公派下家族，是南安云峰卓氏福庭系的衍派家族。

（五）新竹关东桥肇招公派下

世居新竹关东桥的卓金标先生，曾经在1990年前后，携带祖上功德榜前往福建祖籍地寻根。虽然顺利接谱，但因为当时的族谱管理人不愿意将其祖上资料悉数给他，因此收获有限，加上时代久远，回祖家抄录的纸本记录已无存。

在2019年夏天，我们有幸认识卓金标先生与其堂弟卓金隆先生。透过卓金隆先生的帮忙，取得其祖上在台湾神主牌的记录（图17左），神主牌上写道："肇招，字：承连，谥：文贵，生于乾隆乙丑年七月廿四日未时，卒于乾隆乙未年十二月廿五日寅时。葬在塘山（唐山）"。而根据福建族谱记载（图17右）："肇招，世读公长子，字：承联，生乾隆乙丑年七月念四日未时……公卒葬在大坪头厝地（原乡地理位置）后……往台"。两相对照后，除用字由"联"转为"连"之外，其余对肇招公的生年、墓地描述皆相同，由此

图17

证明新竹关东桥卓家的肇招公派下家族，是南安云峰卓氏福庭系的衍派家族。

四、尚未接谱的云峰卓氏子弟

（一）台中沙鹿紫公派下

在2019年7月下旬，透过仁德宫主委赖涣梃先生的介绍，认识台中卓氏宗亲会前任理事长卓宏珍先生。在他们家中世传一份1902年编撰的《卓氏堂谱》①（见图18），在标题页上清楚写着："泉州府南安县贰拾八都福佑埕乡"。借以表示祖籍地，且可以在内文的首页再次看到他们对祖籍地的描述（见图19）。

另外谱上有记载昭穆："族谱未始不详，有以二十字流传，依次而名。其二

---

① 《卓氏堂谱》（自刊），1902年版，第1页。

拾字云：'进士文世肇，魁尔子元承，淇祥矩芳（正确为：松炬坊）镇，生（正确为：清）楷萱铺（正确为：坡）镜'。"① 前十字据查谱考证，为肇字辈以上的排行（进士文世肇）与字行（魁尔子元承）；后十字为拣取自肇字辈以下的昭穆（包含排行与字行），其中"淇祥矩芳镇"可与"字行"的头五字对应；而"生楷萱铺镜"可与第十一到第十五字对应，由此可知其昭穆出自福庭的系统。我们也依其明确的祖籍记录与昭穆使用，断定该家族为福庭系卓氏衍派家族。

图 18　　　　　　　图 19

但因为他们的支谱中对最高祖的记录不够明确，且福建族谱也缺乏对该支出外衍传子孙的记载，因此无法接谱。

（二）彰化田中噎公派下

前述协助田中卓氏家族群接谱的卓飞腾先生与他的族亲们，也提供了祖上资料给我们查究。其中有一张世系表，记录着自噎公以下的世系，从中可知"噎公传择池、择照、择恩，择照再传矩为"。据考证在福庭昭穆中的"迪"字与其先人所用"择"字，闽南语发音相同②；而"矩"字应当为"炬"字，为福庭昭

---

① 《卓氏堂谱》，页5。
② 台湾教育主管部门闽南语常用词辞典网页中，可以获得"迪"与"择"闽南语读音为"tik"的资讯。参考引用：https：//twblg. dict. edu. tw/holodict_ new/result_ main. jsp? random_ form = 4444557350912721840&radiobutton = 1&limit = 20&querytarget = 1&sample = %E8%BF%AA&submit. x = 0&submit. y = 0；https：//twblg. dict. edu. tw/holodict_ new/result_ detail. jsp? n_ no = 11677&curpage = 1&sample = %E6%93%87&radiobutton = 1&querytarget = 1&limit = 20&pagenum = 1&rowcount = 3

穆中的"慈"字辈的表字排行，依照昭穆次序而言，是出自福庭的系统。

而后我们在其同宗族人家中的神主牌上发现了清楚的直系祖先纪录（见图20），其中记录二世祖的部分与原籍使用同一个"迪"字；而在神主牌夹板中，也发现了明确的字辈表与原籍的记录（见图21），在考证后确认与福庭的昭穆系统相同（"维"字以下为"肇"字辈后的排行；"淇"字以下为字行），且这个支派所记录的昭穆是目前台湾有记录昭穆的家族中最为完整的一个。

图 20　　　　图 21

依上述考证，可推断田中噎公派下子孙是福庭系卓氏衍派子弟，但跟台中沙鹿紫公派下的情况相同，神主牌中对最高祖的记录不够明确，且福建族谱缺乏该支出外衍传子孙的记载，因此无法接谱。

（三）高雄左营肇昌公派下

根据福建原乡族谱序言，家族里曾经出过一位举人，但非出自原籍，而是在台湾凤山县，这位族人即是左营卓家的"举人祖"卓肇昌①。

族谱中记录，卓肇昌是宗惠公（天房五支派）派下子孙，而宗惠公派下早在明朝中晚期，便移居漳州船场。② 虽然宗惠公衍派子孙有与祖家一同修谱，但

---

① "卓肇昌，字思克，生卒年不详，乾隆五年（1735年）拔贡，乾隆十五年（1750年）举人。"录自罗景文：《庶民思维的呈现与家族历史的传承：左营举人卓肇昌传说研究》，《台湾文献》2009年3月，第3页。

② 以族谱记录之坟墓风水位置推定，自天房五房七世祖起，即葬在漳州船场境内。

往往渡台与外出的子孙并没有回乡登报娶妻生子的资讯，所以会有缺漏。

族谱原文（图22）说道："天房五支派有移居漳州南靖山城，有移居切桑王塘埔者，又有往台凤山县居者。惟肇昌，字：思克，乾隆庚申科恩拔贡生，至庚午科中试第六十名。来寻祖，云头祖祠中挂牌，坟墓立旗。"也就是说自漳州移居外地的子孙，仅有卓肇昌一人回到南安祖家，并挂牌立旗。

因为有上述记录，我们在2019年春与卓肇昌的后代子孙卓国安先生联系，根据2019年6月9日电访时卓国安先生的说法，他们从父辈起只知他们的祖籍在漳州，不知道有泉州南安的说法。但这显然是后代的子孙只记得"新祖籍"，而忘了南安的"旧祖籍"的状况。但我们在卓肇昌的父亲卓梦采①的墓碑上，找到了一条重要讯息，这是与祖家联系的关键纽带。在卓梦采的墓碑上明确记载（见图23）祖籍地为"武荣"，而"武荣"正是泉州"南安"的雅称，这无疑说明早期渡台的先人知道，自己的近祖虽是落户漳州，但原籍仍是南安。

在原乡族谱上有明确说到卓肇昌回祖乡挂牌立旗的事件，并且在卓肇昌之父——卓梦采的墓碑上有祖籍地"武荣"的记录，虽然缺乏接谱的事实，但尚能依上述条件，推断左营卓家为福庭系卓氏衍派子弟。

图22　　　　　　　图23

---

① "卓梦采，字狷夫，约生于康熙十七年（1678年），而卒于乾隆二十三年（1758年）。"录自罗景文：《庶民思维的呈现与家族历史的传承：左营举人卓肇昌传说研究》，第3页。

五、结语

台湾从南到北都可以见到云峰卓氏福庭系子弟的踪影,他们在台湾的各个地方开枝散叶,于迁移地落地生根,并且在当地发展成家族。虽在有清一朝渡台子弟可与祖乡保持一定联系,使两岸亲缘关系紧密连接。但在以后的许多时期,两岸无法自由通行。时至今日两岸恢复交流,并且互通有无,在这样的基础下,如能"恢复"血缘上的连接,必然可使彼此的关系越来越紧密。

因此自2019年春开始,后生偕同新加坡族姐卓雪伦女士、福建族兄卓德文先生,展开寻找在台卓氏宗亲的行动,并查询他们祖籍位置、祖先名字、祖先生辰等等,而到目前为止,我们仅接谱到台北莺歌世腾公派家系、新竹关东桥肇招公派家系、彰化田中及北斗世浯、世朴、肇涉、维长、维催、治家公派等6个家系。另外确认为族人者,也仅有台中沙鹿紫公派家系、彰化田中噎公派家系、高雄左营肇昌公派家系而已。就论及的11个案例而言,仅只是渡台族人一小部分而已。根据族谱记载,渡台且有详细生年记录者超过200位,这表明还有很多族亲是尚未查访到的,需要我们更尽心力去找寻。

此篇小文以"族谱""神主牌""墓碑"等资料为接谱纽带,验证两岸卓氏族人的亲缘关系,使家族的发展脉络更加清晰。因此,期待可以进一步为闽台家族史与移民史研究提供史料线索。也期许能对"台湾地方史""台湾地方人口"与"清代两岸民间互动"等研究主题有所贡献,让闽台关系的轮廓更加清晰。

参考文献

一、专著

[1] 卓氏族谱编辑部:《卓氏族谱》,1981年版。

[2] 卓明堂:《福建省南安县福佑庭瑞廷公派私谱》(自刊),1938年。

[3] 卓沛霖:《褒德堂副杂普》(手抄),1983年。

[4] 卓树林:《家族谱》(自刊)。

[5] 姜涛:《中国近代人口史》,南天书局有限公司1998年版。

[6] 邵式柏:《台湾边疆的治理与政治经济》,台大出版中心2016年版。

[7] 陈支平:《福建族谱》,福建人民出版社2009年版。

[8]《云峰卓氏光绪年本族谱》,1893年。

[9]《云峰卓氏民国年本族谱》,1929年。

二、论文

[1] 罗景文:《庶民思维的呈现与家族历史的传承:左营举人卓肇昌传说研究》,《台湾文献》2009年3月,第1—46页。

(作者单位:台湾花莲东华大学历史系)

宋代德化苏氏"迁居台湾"史实考证

朱定波

自20世纪80年代至21世纪初期的相当长一段时间，据当时出版的《闽台关系族谱资料选编》《泉州市志》《德化县志》《德化文史资料》中的文献资料记载，以及国内众多新闻媒体的报道、德化史志研究资料：北宋末期或南宋初年间，德化苏氏族人迁居台湾，为泉州人迁居台湾的最早记载。在许多对台刊物或闽台关系研究文章中，曾经引用这些历史资料作为重要依据。

据1984年8月由福建人民出版社出版的《闽台关系族谱资料选编》记载：德化苏氏族人迁居台湾，为泉州人迁台湾的最早记载。《闽台关系族谱资料选编》的史料，是引用1979年《泉州文史》第一期、1982年《德化文史资料》第一辑所载的徐本章、曾昭漱的文章。文章明确记载，福建最早到台湾的移民是泉州德化苏氏，这是闽台关系史最珍贵的资料之一，引起海内外学术界的高度关注与极大兴趣，也引起国内众多新闻媒体的持续转载报道。

据庄为玑、王连茂合著《闽台关系族谱资料选编》一书，选编了近百部与台湾相关的族谱资料，记录迁居台湾先民7000人的名录。其中，《德化使星坊南市苏氏族谱序》是记载最早到台湾的宋代德化苏氏史料。谱中写道：苏氏一族"分于仙游南门、兴化、涵头……永春、尤溪、台湾，散居各处。"据庄为玑、王连茂在《闽台关系族谱资料选编》一书对族谱资料分析称：这是苏家七世祖苏钦于南宋绍兴三十年（1160年）撰写的，序写于南宋初。宋代德化苏氏移民到台，自会比这更早，有可能在北宋末或南宋初。

2006年4月，中广网题为《清〈德化苏氏族谱〉考：福建人迁台湾可推至北宋》的新闻报道称：泉州人迁居台湾，由来已久。目前已发现的有文字记载最早迁台湾的，是福建德化县的苏氏族人。在德化县城关苏先生家，记者看到清同治十一年修撰的《苏氏族谱》，其中一篇《德化使星坊南市家谱》序文写道："（苏氏一族）宗派分于仙游南门、兴化涵头……台湾散居各处。"这篇序文是苏氏七世祖苏钦写于南宋绍兴三十年，即1160年，序文既写于南宋，则苏氏族人迁居台湾，至少可以上推到北宋年间。东北师范大学教授、国际苏氏宗亲会理事颜中其编著的《新编苏氏大族谱》中，也有着同样的记载：闽派苏氏家族，与台湾有极为密切的关系，闽派苏氏五世以后分布于仙游、泉州、同安、台湾等地。为了求证这一事实，记者到县志办查阅了相关资料，在《泉州市志》和《德化县志》中，都记录有"德化苏氏族人迁居台湾，为泉州人迁居台湾的最早记载"等内容。由此可见，德化苏氏族人确系泉州市乃至全省、全国有文字记载的迁居入垦台湾的大陆居民。

笔者在中国闽台缘博物馆工作期间，对于国内新闻媒体报道和《德化苏氏族谱》记载的德化先民迁居台湾，感到特别新奇；对于北宋末或南宋初期间，德化苏氏族人就迁居台湾，成为泉州先民迁台的最早记载，更感到许多疑惑、不解。笔者特别是对《德化苏氏族谱》记载的德化先民迁居台湾所采用地名的名称，更是十分兴趣。

台湾自古是中国不可分离的固有领土。关于"台湾"地名的名称，在中国漫长曲折的历史发展进程中，有个逐步演变的过程。历代中国史籍文献均有记述或记载。东汉时期，"台湾"被称为夷洲。隋朝时期，"台湾"被改称为琉球。明朝时期，"台湾"被称为东蕃。

明末清初时期，大批闽南先民随郑成功军队迁居入垦台湾，在当年的福建籍的台湾族谱中，记载当年"台湾"的地名，则有多种的版本。据闽台关系史籍载，明末清初，今台湾有大员、东都、东宁等多个名称。据清初台湾高雄市小港区《大林蒲张氏族谱》记载，大林蒲张氏开基始祖张启元，清顺治年间，自泉州东门外金洲迁居下港。据台湾族谱称，清初的今台湾名称，被入垦的闽南先民改称为"上下港"，即以台湾中部为界，在"台湾"中部以北地区的称为"上港"；"台湾"中部以南地区称为"下港"。也有入垦闽南先民把"台湾"称为"埋冤"。

台湾之地名，据来源于陈第所著《东番记》中的"大员"，周婴所著《远游篇》中的"台员"和顾炎武所著《天下郡国利病书》中的"大湾"。台湾地名则由"大员""台员""大湾"等，均因入垦台湾的闽南先民的语音相同而转译的。

谭其骧等在《我国省区名称的来源》台湾省条目中，阐明"台湾"名称演变过程和各个时期地域所指的地名，也是有所不同的记述。文中说，16世纪时

"大员"之称，指今台南安平镇附近一带，是当地少数民族部落名译音。进入17世纪，"大员"改称为台湾。其时，荷兰侵略者在该地所筑的热兰遮城，即称之为台湾城。1662年，郑成功驱逐荷兰侵略者收复台湾后，"台湾"所指大致在今台湾台南一带地区。

明末清初建立台湾府后，台湾地名所指地域是包括"台湾"整个岛屿。清道光年间，重刻本清康熙《台湾县志》载："荷兰设市于此，筑砖城，制若崇台，其海滨沙环水曲曰湾，又泊舟处概谓之湾，此台湾所由名也。"邵秦在《台湾名称由来考略》（载《历史研究》1982年第2期）一文，认为台湾称呼大员、台员、大湾等，在荷兰入侵台湾之前早就已存在。清朝时期，欧洲国家对"台湾"的主要称呼为"福尔摩沙"。

宋元明时期，中国政府设立管理"台湾"的巡检司于澎湖。清康熙二十三年（1684年），清政府置台湾府，隶属于福建省。清光绪十一年（1876年），清朝政府按照中国现行社会的行政管理建制设立为台湾省。

实际上，"台湾"最早出现的地名词，即最早见于中国朝廷官方文献的是明崇祯八年（1635年），漳州府何楷等人的奏疏中所提及。从此，清初时期，清朝政府设立管理"台湾"府治为始，一直沿用至今。

为了田野调查探究宋代的"台湾"地名，2014年9月18日，笔者与中国闽台缘博物馆几位同事专程前往德化县龙井苏氏宗祠，在中共德化县委台办的协助下，联系到苏氏宗祠管理人苏老先生了解相关情况，对记载德化苏氏族人迁居"台湾史实"，进行考证。

当年已近中午时分，苏老先生手抱着多本约有一尺多高的早期木刻印的《德化苏氏族谱》旧族谱，到苏氏宗祠与我们见面。德化苏氏宗祠珍藏的《德化苏氏族谱》为早期的木刻印刷本，木刻字体规范清晰，保存完好。在德化苏氏宗祠，笔者开门见山就向苏老先生直接询问请教以下三个问题：一是《德化苏氏族谱》记载的宋代时期的"台湾"名称；二是《德化苏氏族谱》记载迁居"台湾"的苏氏族人名字；三是《德化苏氏族谱》是如何记载苏氏族人迁居到"台湾"。

苏老先生十分爽快而清晰地回答笔者说，《德化苏氏族谱》记载苏氏族人迁居台湾事实十分清楚，也有专家来考证研究过。据《德化苏氏族谱》记载，宋代的"台湾"名称为台安。早期"台湾"的名称有大员等，我们德化苏氏称宋代"台湾"为台安；台安也是宋代"台湾"的名称。《德化苏氏族谱》记载，迁居"台湾"的苏氏族人是德化苏氏第5世。德化苏氏第5世族人迁居到台安，也就是今日的台湾，这是《德化苏氏族谱》清楚记载的事实。说毕，苏老先生找出其中有记载苏氏族人迁居"台湾"的最早那本《德化苏氏族谱》，帮助笔者进行查阅考证"台湾"。

苏老先生帮助笔者翻开《德化苏氏族谱》旧谱进行查阅。确实《德化苏氏族谱》的谱序清晰记载，宋代苏氏族人迁居台安。苏老先生说，台安是宋代台湾的名称。同时，笔者看到《德化苏氏族谱》世系表也清晰记载，宋代德化苏氏迁居台安的族人是苏氏第5世。当年，许多文史学者据此进行论证宋代德化苏氏迁居台安的族人是迁居"台湾"。因为《德化苏氏族谱》记载迁居的台安，据称就是迁居今"台湾"。

图1 宋代《德化县苏氏族谱》序文　　图2《德化苏氏族谱》记载宋代苏氏迁居台安

笔者随即接过苏老先生《德化苏氏族谱》，详细查阅研究德化苏氏播迁开基情况的记载。在随后对数页的《德化苏氏族谱》世系表进行研究过程中，笔者却清楚看到《德化苏氏族谱》中德化苏氏世系表详细记载，宋代德化苏氏第5世迁居地为"龙溪县台安开基"。

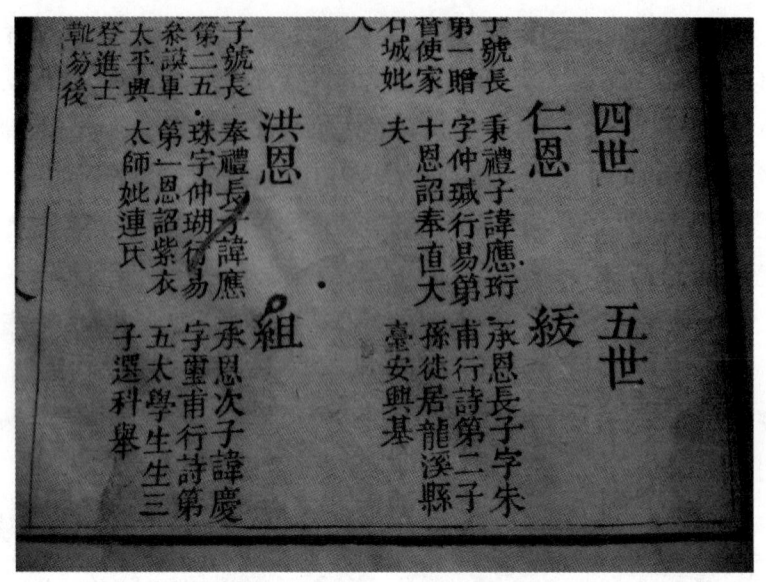

图3 《德化苏氏族谱》记载苏氏第5世祖迁居龙溪县台安开基

笔者告诉苏老先生：德化苏氏第5世是迁居龙溪县台安开基，即苏氏第5世开基地台安是在龙溪县。宋代的龙溪县台安，不是台湾。

至此，笔者考证澄清，有关《德化苏氏族谱》记载宋代德化苏氏第5世族人迁居台安是准确的。宋代苏氏第5世族人迁居地是龙溪县台安，而不是宋代台湾。当年，泉州县市的志书史籍、国内各种新闻媒体所进行引用有关德化苏氏族人宋代就迁居台湾的宣传报道，是明显错误的。为此，我们应当还原真正的历史本源。

参考文献

[1] 庄为玑、王连茂编：《闽台关系族谱资料选编》，福建人民出版社1984年8月版。

[2]《德化苏氏族谱》，南宋时期始修，明代刻印本。

[3] 高雄小港区《大林蒲张氏族谱》，清代始修，刻印本。

[4] 施添福等总编撰：《台湾地名辞书》系列丛书，"国史馆"台湾文献馆2006年12月版。

[5] 陈正祥著：《台湾地名辞典》（附台湾的地名），南天书局2001年11月版。

［6］蔡培慧等合著：《台湾的旧地名》，远足文化出版社2004年1月版。

［7］陈碧笙著：《台湾地方史》，中国社会科学出版社1982年8月版。

［8］许淑娟著：《台湾全志·卷二·土地志·地名篇》，"国史馆"台湾文献馆2010年11月版。

［9］2006年4月，中广网新闻媒体报道。

（作者单位：原中国闽台缘博物馆）

浅谈新时代家谱编修的创新

——以重修《弼佐刘氏家谱》为例

● 刘志家 ●

家谱，是中华民族优秀传统文化的重要组成部分，是中华民族的三大文献（国史、地方志、家谱）之一。习近平总书记指出，中华民族伟大复兴需要以中华文化发展繁荣为条件，要推动中华优秀传统文化创造性转化、创新性发展，不断增强中华文化的影响力和吸引力，创造中华文化新的辉煌。结合现代电子信息技术手段编修家谱，提高编修家谱文化质量，忠实传承家族的血脉之亲、骨肉之情，广泛传播"忠孝义、真善美"的家风家训，对海内外炎黄子孙寻根认祖有着重要的意义。本文以重修《弼佐刘氏家谱》为例，探讨新时代编修家谱的创新思维。

一、借助现代通信工具，畅通信息沟通渠道

弼佐（今泉州市洛江区河市镇白洋村）刘氏家史796年，涉及古今人物近万人。重编《弼佐刘氏家谱》是一项系统工程，规模大、工作量多、牵涉面广。编修家谱要按时按质完成，需要调动全体宗亲参与修谱的热情，全程接受宗亲监督和建议。《弼佐刘氏家谱》编修委员会成立后，确定主编、副主编、执行主编、协编人员，随即对家谱编修的"总体协调、资料管理、入户登记、信息释义解难"等工作进行具体分工，责任到人。与此同时，现场设立"弼佐刘氏宗亲"微信群，半个小时内加入群的宗亲达216位。《弼佐刘氏家谱重修方案》《重修弼佐刘氏家谱倡议书》等文书通过微信群向全体宗亲征求意见（手机微信群信息动态与会议室电视同屏显示），当即收到有效建议57条。《重修弼佐刘氏家谱倡议书》《重修弼佐刘氏家谱方案》经过编委会充分讨论后，随即在"弼佐刘氏宗亲"微信群发布，并派出协编人员张贴在全村各个显眼位置。协编人员分组入户填报《宗亲信息登记表》并限时7日收回，对在外宗亲通过电子邮箱、微信平

台、QQ 软件、电话采录等方式填报登记。采集信息内容包括每位宗亲家庭成员的姓名、字号、出生年月日、学历、职业、职务、职称、事迹、荣誉、婚娶、配偶姓名、岳父名字、属几女、生几男几女、子女名字、住址，以及先人卒殁年月日时、享年、葬址等信息。15 日内采集到弼佐刘氏宗亲有效信息 1228 条。

二、结合现代信息技术，归纳整理旧谱文献

（一）利用现代数字化手段，全文加工转化旧谱

旧谱数字化，对于当前及以后家谱编修工作，可以节省重修与翻录大量支出，减少修谱编辑、审校等烦琐的过程。600 多年的《弼佐刘氏家谱》（旧谱）数量庞大，卷帙浩繁。全文数字化旧谱，点校、转化成现代白话文，是重修家谱首要工作。旧谱数字化实际就是对旧谱创造性转化为可以检索、编辑的文本格式文献，其程序包括逐页扫描、图像处理、图像储存、目录建库、文本转化、数据备份、成果管理等，其中最烦琐的环节是文本转化。《弼佐刘氏家谱》谱规：族谱十年一修，生卒配葬皆当备录世系内，以便观览……如果按照"十年一修"，修完谱第二天出生的新生儿就不能及时入谱了，需等到十年后再修谱的时候重新添加进族谱中。经数字转化后的家谱，在电脑上就能随时随地增添宗亲的信息，随时更改细节错误，解决入谱的时间限制问题，更方便、快捷地收录本地乃至海内外宗亲的信息资源。

（二）对照汉字规范表，辨析古今异体字

旧谱全文数字化后，对文中繁多异体字的整理、甄别是重修族谱的一项艰难而又很必要的任务。历次《弼佐刘氏家谱》编修均是手写体，存在诸多异体字，与正体字同音、同义，写法完全不同。古代编修家谱者在记录族谱信息时会因"仓猝无其字"而用了个同音字代替。"夫古字通用，存乎声音。"即表此义，音即能表义。比如"㞐"字，是"居"的异体字，《说文先训》古文"居处"之居从宀，今之居乃倨也。再比如"逊"字，但古代人经常习惯以"遜"代"逊"。重修家谱有必要对旧谱的序言、世系记载、传记、后记等文献资料由繁变简，加注标点符号，改正错别字、异体字。尤其是针对存在的异体字，对照《第一批异体字整理表》，在尊重阅读者用字习惯前提下，用正字取而代之。

（三）统一纪年方式，勘正旧谱年份差错

统一纪年方式，有利于勘正旧谱错误年份记载，便于现代阅谱者对年号在具体时间上的理解。家谱诞生于农耕时代，以农历记年，即天干地支纪年法。旧谱在涉及时间时均是按年号和天干地支记载。比如明朝万历元年、民国二十八年、乙丑年等等。在本次重修家谱中，凡家谱涉及人物生卒年号和干支纪年的，誊抄旧谱年号及干支纪年法，加注公元纪年。通过统一纪年方式，更正《弼佐刘氏家谱》27处记载有误的生卒年份。旧谱在天干地支用字时经常会形似误写，如"戊、戌、戍"，"己、巳、已"，或者干支纪年的一字之差。如"妣王氏，生康熙壬戌年（1682年）农历八月十八日，卒康熙丙寅年（1686年）农历十月初八日……""生1682年"，"卒1686年"，享年仅"四岁"？且有后嗣，完全不符合逻辑；又如，"十六世清使，奇凤长子，生康熙己丑年（1709年）三月十九日巳时，卒康熙丙戌年（1706年）七月初四日未时。"十五世奇凤是梧之子，生崇祯庚辰年（1640年）十一月十四日午时，卒康熙壬戌年（1682年）十月初一日戌时，其子清使生于1709年，这个时间明显是不正确的。

（四）考证古今地名，便于后世寻根问祖

地名是家族迁移历史的活化石，承载着寻根问亲的乡情。旧谱记载的地名有些已经消失，或者编修过程记录的偏差，使得溯源过程存在相当大的困难。考证谱载地名必须查阅《泉州府志》《泉州建置志》等相关的历史文献，涉及外地市甚至跨省份必须咨询域外地名管理机构。如，《弼佐刘氏家谱》记载，约在明万历的1609—1620年间，十世应麟携子龙藏（又名维昌）"徙居温州府平阳县金乡卫北港巷……"经多方查证，洪武二十年（1387年）设置的金乡卫，无北港巷。但是从《平阳县志》查得老平阳（包括苍南县）六大地理区域地名，有小南垟、江南垟、江西垟、北港山区、南港山区及万全垟（属飞云江流域）等。平阳县麻步以西地区通称为北港山区，以水头镇为中心。"北港"最早见诸蔡芳的《游南雁荡山记》，"货物近通南北港，远销闽沪，闽浙商贾攘来熙往的"。由此推测，家谱记载的北港巷，应该是老平阳的北港山区水头镇及周边地域。

（五）考订世系信息，清晰脉络不紊昭穆

世系，亦称"世次""世统"，指一姓世代相承的系统，由男性子孙排队列而成，是家谱中核心部分。最简单的家谱只有一个世系表。现重修的《弼佐刘氏家谱》在一至十八世原文誊抄《井亭刘氏公谱》。《井亭刘氏公谱》谱载人物的

血系排列较为规范，如七世的公宁、公望按照兄弟长幼次序排列，八世按照直系关系分别排列。八世先排公宁六子：聪观、睿观、宽观、政观、真观、鸿观；再排公望二子：道应、道惠、道恕。十九世后的世系，按照 1904 年定下的昭穆（世恢汉绪 家业丕举 黎阁薪传 昭兹来许 宜其子孙 克绳祖武 源远流长 大启尔宇）排列，但无遵循血系先后顺序排列，导致世系紊乱，精准查找直系宗亲脉络有一定困难。重修《弼佐刘氏家谱》后，严格按照直系血脉先后顺序排列，纠正谱载的个别族人辈分，达到昭穆不紊、长幼有序、脉络分明的效果。

此外，对于旧谱中人物信息重复记载、前后不一的现象，在尊重旧谱世系的情况下，采取尽量严谨、客观的态度加以论证，修弥已有旧谱名讳的缺陷，制定相对更为客观、准确的世系，以示尊重和传承。如十三世"启鹰"，在十四世就写成"启薦"，经过与启鹰父系及子系比照，确定名讳为"启鹰"。存在上述问题的原因有二：一是宗谱在续修的过程中，全文誊抄旧谱，未作考订或增删或标注，将错就错；二是由于手写体原因，续修时无法正确辨认，以个人主观认识抄录原谱。

三、尊重家族历史，创新编修家谱方式

（一）贯通家史古今，科学设计家谱篇目

家谱的篇目设计方面，不仅传承旧谱家文化，而且要与新时代社会主义文化价值观打通、联通、畅通，使家族的历史基因得以世代传承，永葆其青春活力和时代魅力。为贯通弼佐刘氏发展历史，增设《家族大事记》篇章，在全书中起到补充家史、昭示规律的作用，具有总览全谱的功能。其内容是提炼 1223—2018 年期间弼佐刘氏重要活动和重大事件，按年、月、日顺序编排。附录增设《泉州大事选录》，从《泉州市志》《泉州年鉴》等地方志文献选录大事要事，同样是按年、月、日顺序编排。家谱中辑选的泉州大事（1223—2018 年），有助于宗亲了解 796 年家族变迁的历史背景。旧谱的人物志录、名人表录均划归"先祖人物"篇目。学校志、诗歌、文章、封赠诰敕、寿序、墓志等均划归"文物典章"篇目。

（二）创新编制世系方式，有益后世修谱立志

世系图是家谱中的主体部分之一，比较常见是宝塔式图谱。宝塔式排列方

式，世系一目了然。但存在不足是，长幼关系不易分清，且一个完整的世系图占用家谱大量空间，书写不便且易搭错，查询困难。笔者经过多年探索后，发现用数字编号世系人物后，依照世系编制世系表格，替代原有宝塔式世系图，世系脉络清晰，易于当今读者信息检索。世系表格元素包括编号、姓名、世系、父辈、父辈编号、排行。制作世系表格前，首先对族谱记载的人物逐一编号，如二十五世仁德，编号25108，前两数表示二十五世，108表示该人物所在世系顺序。以表格式世系图大大地节约家谱空间，原需400多页才能完整绘制的宝塔式世系图，仅用36页就解决了，且要素齐全，科学规范、整体美观。

（三）突破传统观念，编制现代世系信息

世系人物信息实际就是人物小传，记载了每位宗亲的字号、名讳、行次、时代、职官、职称、学历、享年、卒日、谥号、姻配等情况，文字长则五十余字，短则二三字。同父兄弟以伯仲为次序，同世兄弟以支派为先后，庶一展阅。重修的《弼佐刘氏家谱》突破传统的"无子而有女者则书无嗣"的修谱规则，以更加宽泛、包容的方式记载男女宗亲。在叙述父辈时对女性，按男丁记录方式，以长幼次序排列，记录女性字号、名讳、生卒年月、学历、职务、职称等信息，如已出嫁，则加载适配何地何人，甚至载至其丈夫、子女的情况。

（四）严跟家谱排版设计，反复审核家谱内容

在审校族谱的各个环节中，每一次校对都会出一本样书，排版设计方在这个环节会产生厌烦情绪而偷工减料，严密跟踪排版设计工作是很有必要的，避免成书后许多信息不对称。重修的《弼佐刘氏家谱》成稿后，审校分为三个步骤。首先根据初稿进行初排，打印样书后，组织人员对全稿逐篇审阅，尤其是人丁信息全面审改、补充完善；其次，根据首次审校后，制作成电子版家谱二维码，通过"弼佐刘氏宗亲"的微信群，向全体宗亲征求意见，在线接收建议、线上修改、线上反馈；再次打印样书，严格审校文稿标点符号、字、句、段等方面内容；最后，以手工方式对家谱的人物逐个进行数字编码。

四、重视家谱资料搜集归档，传承、存史、教化后人

（一）重视家谱资料搜集归档，为后世提供修谱借鉴

弼佐刘氏家谱编修档案的建立，是在继承旧谱原始性的同时，再现编修家谱

历史真实面貌的原始文献。家谱档案有凭证价值重要属性，避免后世对谱载信息有所争议，对后世修谱具有重要的借鉴作用。对弼佐刘氏家谱档建立采用纸质图文档案归整和电子档案归整两种形式。即家谱付印成书后，对编修过程中涉及的材料进行基本分类、组合、排列、编号、编制目录、建立全宗等，组成有序的弼佐刘氏家族档案体系。归档材料范围是：凡是在修谱过程中形成的具有查考保存价值的图文资料和电子资料。包括纸质倡议书、普查登记表、信件、图片、录音、电子介质（含光盘、U 盘等）、微信记录、电子邮件、实物以及相关编印的文书。对所有纸质图文资料全部数字化加工成电子资料归档，是保管利用家谱工作的一种必要手段，又使得家谱档案的外在形式受到历史性的保护与传承。如对宗亲确认签字的 500 多份普查表、39 封海内外宗亲信件、269 幅图片（含实物翻拍照）以及外调的文献等资料进行数字化加工存档，使用光盘、U 盘、移动移盘等多种电子介质多重备份。

（二）主动展示宣传家谱，传播宗亲乡声乡音

家谱承载着丰富的历史文化信息，出版后家谱不是束之高阁，而应通过各种渠道向社会公开，为社会各界人士研究刘氏文化提供一手材料，为海内外宗亲寻根觅祖提供查询便利，让弼佐刘氏宗亲记得住乡思、留得下乡愁、听得见乡音。为此，《弼佐刘氏家谱》出版后，弼佐刘氏宗亲及时组织祭谱、颁谱仪式，向全体宗亲颁发家谱，主动赠送至泉州姓氏文化交流协会、泉州市及洛江区史志部门备存，电子版本收录至"泉州地情中心数据库"和"泉州寻根平台"，并在第四届海峡两岸民间谱牒文化论坛展出。

盛世修谱，以启后人。习近平总书记在党的十九大报告中指出，"深入挖掘中华优秀传统文化蕴含的思想观念、人文精神、道德规范，结合时代要求继承创新，让中华文化展现出永久魅力和时代风采"。创新编修家谱思维，利用现代信息技术编修新时代家谱，更广泛传承优秀传统文化，保护民族文化的根基，增强民族凝聚力，激发人民爱国爱乡热情，共创美好家园。

（作者单位：中共泉州市委党史和地方志研究室）

晋江杏田珩墩王氏衍传脉络

———— ● 王刚 ● ————

珩墩王氏世传为五代十国王氏闽国昭武孝太祖皇帝后裔，综合自明永乐三年以降各版本谱序、谱系、谱牒信息，通过纵向历史框架与横向人物展现泉州不同历史时期的社会状况及家族传衍于台湾之间的血脉关系。

一、远祖世系

一世祖闽昭武孝太祖皇帝

讳审知，字信通，光州固始人。与长兄讳潮、仲兄讳审邽随王绪提兵入闽，后拜威武军节度使兼观察使处置等使，加检校刑部尚书太保右仆射同平章事持节都督福建诸军事兼福州刺史上柱国琅琊郡王，梁开平年晋封闽王。薨时谥忠懿，长子继位称大闽国王，尊公为昭武王，次子即皇帝位，尊公为昭武孝皇帝，庙号太祖。

生卒失详，享年六十有四。

二世祖

闽太宗

讳延钧，闽国王氏二世伯祖，闽太祖次子，为天德帝嫡兄，祖宗七庙因之而贵，后世特立祭祀。

生失详，薨于闽龙启三年乙未十月十四日吉时（935年11月12日）。

谥齐肃明孝皇帝，庙号太宗，后改惠宗。

天德帝

讳延政，太祖子，字号失详，任闽建州刺史金紫光禄大夫检校太尉镇安军节度使富沙王，闽永隆五年于建州称帝，国号殷，平叛将朱文进之乱后称闽帝，国都建州，改元天德，复闽正统。南唐封羽林大将军改封为鄱阳王再改光山王，谥恭定。

生、薨、葬失详。（薨年在956年之前）

三世祖和州公

讳继成，天德帝子，字号失详，任闽漳州刺史、闽归南唐入金陵为和州刺史。

生、卒失详，明漳州韦庵公重修墓于平和大溪镇。

四世祖希逊公

讳宗让，和州公子，字希逊，传为五品武毅大夫，避讳改崇让，入闽居泉州城肃清门内市曹巷。宋英宗时后裔入泉郡时修谱避讳改崇襄。

生、卒、葬失详，或传享年五十有二，卒葬三山之平山，待考。

子三，长曰埤、次曰坦、三曰圻。

五世祖蟒袍公

讳埤，希逊公长子，传行廿七，世袭武职、赐蟒袍（此说或因娶吴明嫡因吴李飞升而得赐供奉为王舍人）。

生于宋开宝年间，卒葬失详，或传后徙同安，卒葬珩山后房地，待考。

子二，长谦、次谐。

六世祖万宁公

讳谦，蟒袍公长子，字万宁，宋景祐间迁泉郡。

生于宋至道年间，卒、葬失详。

子一，曰丰。

七世祖仲秘公

讳丰，万宁公子，字仲秘，宋景祐间迁泉城，与仲父万乾公讳谐再溯家乘。

生于宋大中祥符年间，卒、葬失详。

子二，长三郎（或记曰珊）、次曰四郎（或记曰琬）。

八世祖四郎公

讳琬，仲秘公次子，有谱记字鞠兄号克琅（待考），行四。传年幼随兄迁晋江县安仁乡罗裳山一带（金门谱记：其兄三郎再迁浯岛——金门），宋靖国元年开基横山（今蟗头山乃至石狮灵秀峰所在山脉，古为横山——亦称珩山、恒山），衍派成珩墩王氏一族。后聚族成村于横墩，亦称恒墩、弘墩、杏墩、王公墩、王墩、王田、杏田，今晋江市新塘社区杏田居委会，仍俗称杏墩。

生于宋庆历年间，卒于宋……年癸卯……月……日吉时，葬劝善里东墩坟山丁向。

妣许氏十六娘，谥懿。

子一，曰八郎。

在珩墩王氏开基祖王四郎及以升的七世父祖追溯至远祖五代闽国王审知，王审知之孙漳州刺史王继成（现存古籍宋人笔记为王审知长兄王潮之孙）以闽漳州刺史随王延政及泉州刺史王继勋入金陵为南唐和州刺史。956年五代柴氏后周攻陷扬州并抚孤王延政之子继沂①，由此可见当时王延政已经去世。并印证宋人所称王继成是王延政从子②，因此才存在柴周抚孤的记载。而抚孤又证明王延政的支脉（其遗孤继沂这位王氏闽国的第三代后人在福建王氏族群中并未见其后裔）是失传的，或许也是王继成支派入嗣王延政的原因。史载的王氏闽国第三世王继成与王继勋两位人物都有后裔存世③，王继成之子崇让作为归顺南唐的武职的后代世袭武职（与继勋子嗣世袭武职一致，按墓志所述，继勋子嗣均未在福建有后裔记载）并归顺后周，在赵宋灭南唐的过程中立下战功成为抚州的第一任知县事④的可能性高，品级与族谱记载也可以相匹配。族谱中关于崇让之名有两个避讳字，也符合柴周与赵宋的时代背景，一是避后周恭皇帝宗训，由宗让改为崇让；二是其后代在宋英宗时入泉郡修谱避宋英宗之父濮安懿王赵允让之讳改为崇襄。传其子王埆娶吴苓之妹，迁居同安，有赐蟒袍的说法（晋江王姓后裔有供奉牵马武将形象的王舍人）。王埆的儿子再迁回泉州定居在市曹宫旁（该宫民国时废）。王埆弟弟王坦的儿子王万璧传衍到潮州，王万璧曾孙即是宋名臣礼部尚书

---

① （宋）司马光编纂：《资治通鉴（第4册）》，线装书局2007年版，第2480页。《后周纪四》："三月，丁酉，马希崇及王延政之子继沂皆在扬州，诏抚存之。"

② （北宋）司马光著、马松源主编：《国学经典文库·资治通鉴·第4卷·图文珍藏版》，线装书局2011年版，第1674页。第二百八十四《后晋纪·五》："继勋、继成，皆延政之从子也。"

③ 1987年2月，南京市博物馆考古工作者在雨花台区西善桥乡梅山七一村（西善桥砖瓦一厂内）出土，详见南京市博物馆周裕兴《南京市西善桥发现五代闽国王氏族人墓志》（发表于《考古 Archaeology》1999年第7期，第91-93页）；陈致雍：《左威卫大将军琅玡太尉侍中王府君墓志铭并序》，《全唐文》卷875，第9155页；日本东洋大学高桥继男：《对〈南京市西善桥发现五代闽国王氏族人墓志〉一文的补充》（翁育暄翻译，责任编辑郭晓涛，发表于《考古 Archaeology》2000年第9期，第78页）。

④ （嘉靖）《江西通志》卷十九："抚州·宋·（临川第一位）知县事 王崇让。"

王大宝（王闽9世），而王大宝的两个女儿又嫁回了泉州①。王埩的另一个弟弟王圻传衍了漳州（今龙岩，明代名臣王源家族）及广东潮阳；王埩的次子王诰先居泉州后回迁和州，王埩的曾孙王三郎迁居浯岛（金门）山后乡，子二：王公显、王公济②（王闽9世），王三郎是有记载最早迁居金门的泉州王氏家族（此派按明万历年间王学孝所撰谱系又分漳州上苑王氏）；王埩的曾孙王四郎（王闽8世）建中靖国元年从繁华的泉州城迁居晋南罗裳山、横山一带。最后在横山西北边定居（今杏田居委会位置）并传衍至今。

二、王四郎开基横山

王四郎开基横山是泉州市舶司开设之后及北方士族布局定居泉州的时期（详见关于市舶司的设立时间与北方士族入闽的两篇相关背景论文③），横山在泉州城南，与吴、孤、画并称晋南四大名山，即今以石狮灵秀山（原横山灵秀峰）西北及东南方向山脉，杏田在其横山西北末尾（近代因泉石公路开山而过，已和横山断开，永和镇横山也写为恒山、珩山）。《粤闽巡视纪略·卷四》："横山长数里，横郡治，南下有画船浦，沙面蹙纹时，作船像，帆樯皆具，其帆势所向可以验风之南北。"可见横山关于帆船的传说在其南面的画船浦（今晋江永和镇），而杏田村民却也世代相传相类似的故事即其所居地就是"帆船穴"，笔者根据与分派支系的联系，发现杏田村民可能先定居于横山而后再到横墩（即杏田）。

王四郎子八郎到孙辈出了四个男丁，季孙十四郎出家（非僧非道，称师或位师），其余三子分三房：

---

① 见笔者《傅壅墓志考释》（未出版）。
② 王公济（1074-?）字经国。谱载：泉州名宦，入祀学宫，十八岁中宋元祐六年进士。详见（明）黄仲昭修纂、福建省地方志编纂委员会旧志整理组、福建省图书馆特藏部整理：《八闽通志（下）》，福建人民出版社1991年版，第578页；朱升元等：《晋江县志全》，成文出版社1967年版，第272页，上阙；（明）王瓉、（明）蔡芳编，胡珠生校注：《弘治温州府志》，上海社会科学院出版社2006年版，第421页《王朝奉庙》。
③ 中国闽台缘博物馆编：《闽台缘文史集刊》2018年第2期，第97-101页，杨园章、王晓冬《宋〈故富春郡君孙氏墓志铭〉考略》；《福建文博》，第29-34页，王晓冬、吴金鹏《南宋〈李氏圹铭〉与王安中家族史事考述》。

1. 长房十一郎

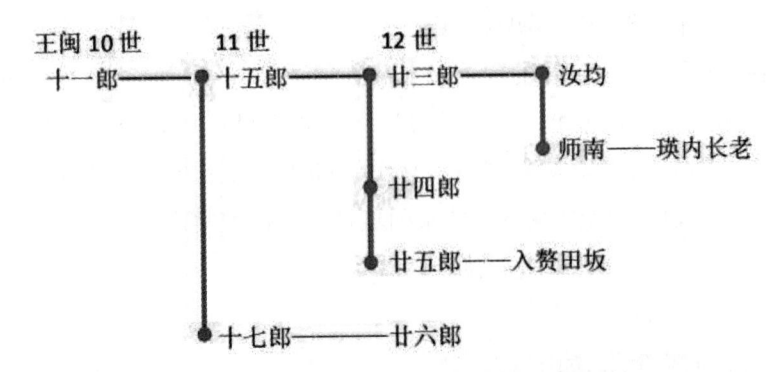

```
王闽10世      11世      12世
十一郎———●十五郎———●廿三郎———●汝均
                                  ●师南———瑛内长老
                         ●廿四郎
                         ●廿五郎———入赘田坂
          ●十七郎———廿六郎
```

十一郎世系久已失传，仅能从各地分派中陆续发现的家谱及墓志找到些线索，如沪江王氏（以明代名宦王鏊，清王锡爵为代表的家族）祖源在明代中期已经失传，仅追溯远祖是王审知（泉州王氏宗族曾有"有宗归宗，有谱归谱，无宗无谱尽归延彬公"的说法，或导致泉州晋江王氏族群中追溯王审邽比例较大，以王审知为祖的仅为数不多的几个族群），后裔在重修始祖东斋公墓时发现始祖追溯远祖为十一公（按其谱系记载后裔到福清镇东卫当兵，与今泉州市台商投资区洛阳桥玉沟王氏开基祖由镇东卫迁洛阳桥时间、军籍身份都较吻合，民国时期洛阳桥一带王氏族人依旧有杏田昭穆辈分"尔孙敦孝悌，亦世为卿侯"与此是否相关待考）；如安溪长坑王氏族谱，谱头已失祖源不明，其宗源自南安瑛内（今南安英都），而珩墩十一郎后裔也衍传瑛内（且有外迁人物出现了不明宗教的记载——瑛内长老），这一派传到台湾后的支系（长坑——蓬洲分派）修谱以王继昌（王闽三世）为祖，而迁居到浙江泰顺的后裔却以王继成为祖，结合历史记载王继昌在闽国后期意外死亡，且宗谱无头，分支各自追溯不同祖源应是后人各自表述，但从迁移脉络及时间推断，相对王继昌后裔说应是十一郎后裔的可能性较大，另这一派迁居台湾的安溪岩岭王氏则改称为王审邽后裔。笔者曾深入浙南腾蛟镇追寻这一派的后裔，发现传衍到浙江的后裔虽自称是福建人之后，并依旧说着泉州人听得懂的浙南口音闽南话，但已经将祖源与浙江的三槐王氏连接，追溯浙江的祖源；在泉州也同样有改追溯王审邽为祖的某支系家族设置庵堂，并供奉吴夲、吴明嫔与王舍人，这一派不少家族依旧带有珩墩王氏家族的特征——庵堂，如长坑王氏（传衍台湾，后裔著名人物台塑王永庆）谱头虽失，但谱序中依然体现了家族的庵堂。

泉州市丰泽区北峰井山村王氏后裔，按其祖墓碑刻："恒墩始祖墓"，且其周边离葵山杏田村（同名村）闽国时期韩偓墓所在地极近。现井山族谱已失去，但井山村世传有一房远叔祖支系迁居南安金淘官园、虎厨等地。因今北峰地域拆迁，井山村王明耀等人组织前往南安金淘寻亲，并寻得民国五年（1916年）虎厨王氏族谱一部，记载其祖先源自弘墩（晋江杏田的别称，此"弘墩"记载另有晋江杏田迁安溪湖头王氏后人保存的乾隆年古谱也记载为"弘墩"可佐证），祖源即十一郎一派，先迁晋江塘市，再迁南安（地未详），定居于井山，由井山分派南安金淘官园、虎厨及晋江磁灶。井山王氏现在祠堂上世纪末重修根据旧联重刻，联为闽南祠堂常见的祖源藏头联，联头藏"杏田"二字。值得重视的是，井山村王氏村民至今保持着"相公"（非田都元帅）信仰，而晋江杏田居委会王氏居民最早居住地氅头山东面（原地名：龙坑）供奉相公，现存相公庙一座，按地名称为"龙（灵）坑相公"，笔者幼年随祖母前往祭拜时祖母是素食供奉（有别于田都元帅——田相公的荤素混搭供奉），杏田王世恋（已逝）十多年前送到村委会的《杏田村文史调查报告》中也记述龙（灵）坑相公的素食供奉（近二三十年来素食供奉已经慢慢被荤供代替，村民的理由是自己都吃肉了，不能让神再吃素）。为寻根问祖追寻确切资料，王明耀等人又与笔者再到晋江磁灶、塘市探访。

磁灶东山村王氏的族谱虽已经看不出和井山王氏之间的联系，但其族谱追溯的祖源依旧是晋江杏田十一郎，而且在其族谱中可见是明代军户户籍，晋江杏田王氏明代的户籍正好也是军籍（军籍记载详见晋江杏田明代名宦贵州按察使王春复、南明四部侍郎王观光的《进士登科录》中记录的信息），磁灶至今也存在有杏田古自然村（又是晋江新塘杏田的同名村）但居民已经大部分不姓王了，周边还有零星王氏居民，大多是失谱，支派外迁，仅剩几户，自然也说不上祖源。磁灶的现状有点可惜，村民连本乡明名宦南京吏部尚书王用汲（海瑞的好友）也没人知道了（王用汲墓在东海法石，前几年建厂房被破坏，仅剩石仲翁）。

十一郎长子世系记载其孙廿五郎入赘田坂，关于田坂，今晋江沟下坂王氏族人称就是谱上记载的田坂，沟下坂已经与杏田后王王氏族人合成杏坂居委会，但笔者推断沟下坂（失谱）王姓后人很可能是井山王氏回迁到杏田的后裔（从金淘虎厨王氏谱可见记载有一部分返回杏田及塘市，塘市与杏田古时地相连），从地名上沟下坂就无法等同田坂。笔者在南安榕桥中学所在地，却发现此处古地名至今还是田坂，而此处外迁的后裔却供奉明王与王舍人，并称明王即王审知，这与南安瑛内将王审知供奉为大使公（疑似大明使别称）同出一源的可能性很大。清代早期杏田后房五后裔金门学籍的王元栻、王宗岱兄弟也迁到南安金坑居住（详见清康熙朝东阁大学士黄锡衮墓志铭，因王宗岱女为黄锡衮孙媳，墓志文记录王宗岱居地）。

十一郎的次子十七郎有较明显的迁移线索，宋绍兴年间迁居长泰，虽现在新谱同样以王继成为远祖，但记述有些差异，重要的是依旧有庵堂，至今依旧保存一些相同的不明宗教信仰，族名依旧保留横山之称。

2. 二房十二郎

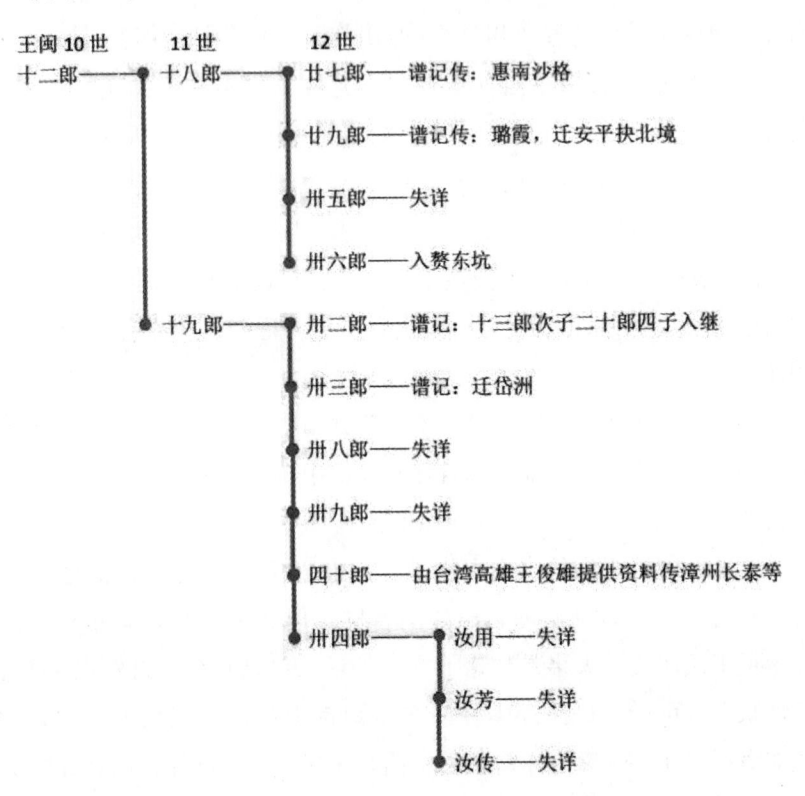

```
王闽10世    11世      12世
十二郎——●十八郎——●廿七郎——谱记传：惠南沙格
                ●廿九郎——谱记传：璩霞，迁安平抉北境
                ●卅五郎——失详
                ●卅六郎——入赘东坑
        ●十九郎——●卅二郎——谱记：十三郎次子二十郎四子入继
                ●卅三郎——谱记：迁岱洲
                ●卅八郎——失详
                ●卅九郎——失详
                ●四十郎——由台湾高雄王俊雄提供资料传漳州长泰等
                ●卅四郎——●汝用——失详
                          ●汝芳——失详
                          ●汝传——失详
```

正如广南指的是广州、泉南指的是泉州，惠南指的是惠安，地名前字加南的代指叫法现在基本不存在了，仅见于古籍与字画。惠南沙格，指的是惠安而不是惠安南部，沙格村（今泉港区沙格村，台湾南明尚书王忠孝家族）不在惠安南部而在其东北部。沙格今与璩霞依然作为兄弟支派，但一起追溯祖源到莆田王保隆——王晞亮家族（王忠孝父母墓志铭未见记载与王晞亮家族关系）。

璐霞，指的是地名进而成为族名（闽南不少族名都以地名雅化），原意是"炉下"，炉是香火的借代，下指范围。安平拱北境应是最初的原始迁居地（原为安平郊外范围可能含今西坡至玄坛宫及今养正中心小学一带，笔者电话拜访养正中心小学王姓教师，称王氏祠堂即在附近，由明王慎中祖父王寰迁居泉州后所捐祖居而成，西坡王姓住民至今虽失谱，口传依旧称是杏田后裔），拱北境，是一个有神有宫（民间信仰小宫庙，境主供奉赵玄坛，与杏田同）的地方，境指的是当境（见下段附文）。"炉下"的实例体现如：今泉州西街台魁巷奇仕嬷宫东边地名被称为"炉下埕"。显然是"奇仕境的陈、金、李三嬷"庇护之下的居民聚居而形成的地名。

附：当境起源在唐及之前已经有，但都属于地方不入正祀的信仰神，王氏闽国的早期开拓者王潮，对于融合地方采用很积极的态度，王潮入泉后即向李唐朝廷请封万氏仙妃①，"未说泉州境，且说东湖一万家"，这个施政举措使得原住民"一万家"受到了重视与尊重，这个请封是否是当境官方正祀的开始，未见相应时期的历史记载。但931年王氏闽国第三任国王王延钧请奏"当境庙七所，乞封王号"②。可以说是官方将当境列为正祀的首例，也是泉州、福建与台湾王爷信仰的起源。这个施政举措使得当境信仰至今1088年依然保存在海峡两岸，缔结相互之间的联系，闽国时期的宗教政策影响贯穿泉州1000多年，此例当得起中国之最。

璐霞王氏（明嘉靖八才子王慎中家族）在嘉靖初期王慎中与其叔祖将祖先追寻到莆田宋名宦王晞亮家族（沙格王氏或因之），今莆田尚存王晞亮家族的族谱，璐霞王氏世系就列入其中，但此谱虽说是王晞亮家族之谱，然而其世系却无法与今存宋代官方资料相关的王晞亮后裔世系吻合。笔者根据其谱细查发现王晞亮家族曾经溃散，到明代中期由莆田王姓某人发现并续谱（宗族再造的一种形式）。而在嘉靖大礼仪时代，王慎中的老师礼部尚书夏言请定民间祭祀远祖合法化的这段时期，虽王慎中和其叔祖将世系接续到莆田王晞亮家族世系，但莆田王

---

① （清）周学曾等纂修、晋江县地方志编纂委员会整理：《晋江县志》，福建人民出版社1990年版，第1658、1659页。

② （宋）薛居正撰：《旧五代史（二）》，吉林人民出版社2005年版，第367页，《明宗纪·卷四十二》："（长兴二年……）秋七月……壬辰，福建王延钧上言：'当境庙七所，乞封王号。'敕：'无诸史传有名，宜封为闽越富义王，其余任自境内祭享。'"无诸旧版原作"如诸"，据《册府元龟·卷三四》改；另见《资治通鉴·卷二百七十七》。

晞亮家族世系中，并没有出现璐霞王氏记述的祖源源自廿九郎——卅一郎这样的人物（璐霞王氏祖源廿九郎与卅一郎却与晋江珩墩王氏世系吻合，两相比较珩墩王氏无论从世系及相关的家族信仰可信度都远高于王晞亮家族），其家族信仰也无法从莆田王氏家族看到相关的延续①，王慎中家族信仰属于有悖当时正统的"淫祠"志书有载，今人有论②。

卅六郎入赘东坑，即永春东坑，传衍锦斗仙锦王氏与东熙王氏（锦斗与东熙因清代族谱有大变动的，东熙王氏改追溯王审邽为远祖，据锦斗王亢逊提供信息东熙与锦斗是一族），东熙王氏的族谱信息存有大量值得考证之处（如王廷聘仅官至正六品东城兵马司指挥，却被族群哄抬为一品光禄大夫并恩赠三代称为"四世一品"，此说不见载于《永春县志》，却被后来的《永春州志》疑似根据族谱收录），王亢逊曾向笔者出示民国时手抄本记述其祖源源自：温陵横墩。今存谱仍按旧述："（开基祖）承信公离横墩入仙华溪坝居焉"，可见仙锦王氏与珩墩王氏双方记述是一致的。（永春王氏又与广泽郭圣王信仰存在联系，另文讨论）

十二郎次子十九郎迁居岱洲（古地名，今厦门青礁漳州白礁西面一带），其在村香火由十三郎次子二十郎四子卅二郎入继，据传传衍今晋江新塘社区杏坂居委会王氏族人（其旧祠在杏田村，今原址重修新祠），考究杏坂王志杰近年修编之谱系，发现年代上有近百年断层，而安溪长坑等地谱也有记载其后裔迁居杏墩（杏坂原与杏田并称杏墩，分杏墩前王与杏墩后王，后分为杏坂），又惠安杏田村（族名璐霞王氏），而惠安杏田（别名也是杏墩，见其族群祖墓墓碑记载）与晋江杏田为同名村，其后裔族名正是璐霞王氏（疑似王慎中祖父王寰在安海家族的分衍）。

有意思的是十九郎迁徙时间与岱洲慈济宫建造的时间吻合③。十九郎次子卅三郎与季子卅四郎传衍了甫山王氏（该支系迁台湾，大陆已经失谱）。近几年由台湾高雄王俊雄将族谱提供给笔者，该谱序（其中有一篇由漳州名宦白石先生林魁撰写，林魁原配夫人去世后娶岱洲甫山王氏女）及世系可以清晰对接晋江杏田与漳州白礁（衍传漳州田里王氏及南靖坑口等地）之间的联系。而谱序中记载的十九郎

---

① 详见笔者《璐霞王氏源流考》（未出版）。
② 李国宏：《泉州民间信仰文化论集》，中国广播电视出版社2003年版，第12页。
③ 漳州市政协编：《漳州姓氏（下）》，中国文史出版社2007年版，第1566页，岱洲慈济宫条："岱洲慈济宫（又称新埭大道公）：位于角美石厝村下岸社，建于宋绍兴二十七年（1157年）……"

曾孙龙源公王泽祖是宗教人士，自小修行又返俗娶妻生子。龙、灵闽南语音一致，似乎有存在一些线索（待考）。这一派后裔也很多迁居东南亚，漳州郑来发曾提供给笔者在东南亚一带华人坟山上的王氏墓葬，墓碑上有甫山的族名标记。

3. 三房十三郎

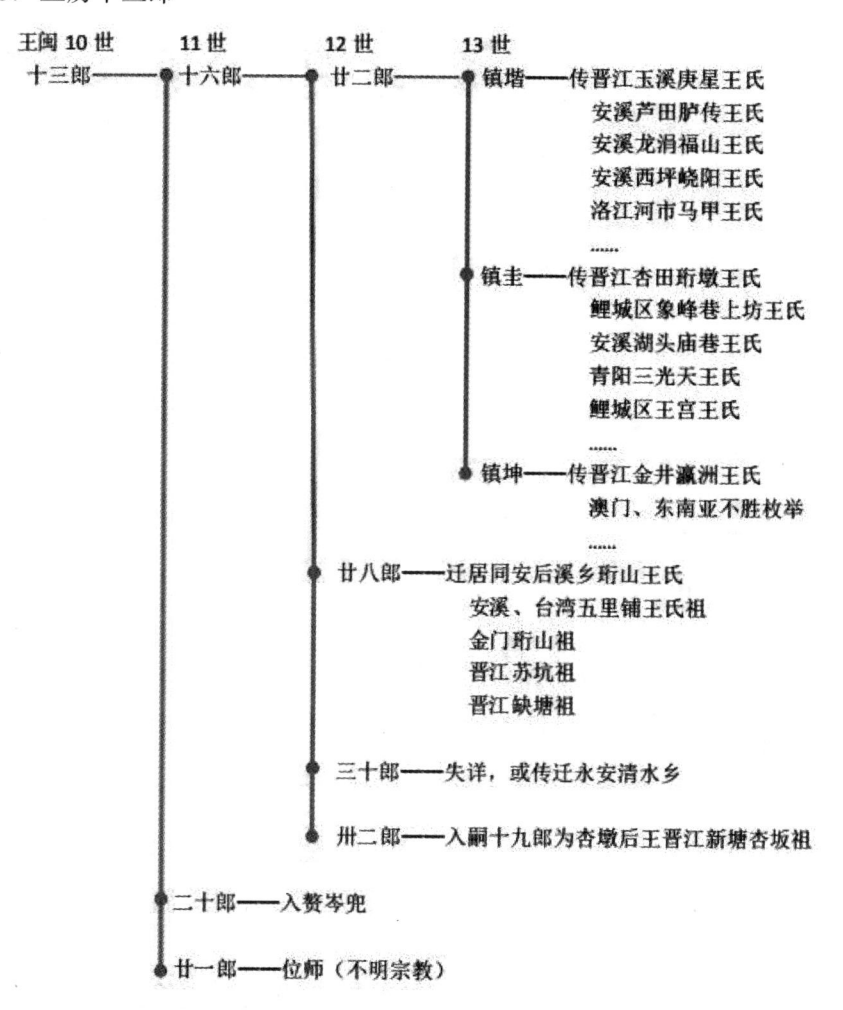

```
王闽10世    11世       12世       13世
十三郎──→十六郎──→廿二郎──→镇墙──传晋江玉溪庚星王氏
                                  安溪芦田胪传王氏
                                  安溪龙涓福山王氏
                                  安溪西坪峣阳王氏
                                  洛江河市马甲王氏
                                  ……
                          镇圭──传晋江杏田珩墩王氏
                                  鲤城区象峰巷上坊王氏
                                  安溪湖头庙巷王氏
                                  青阳三光天王氏
                                  鲤城区王宫王氏
                                  ……
                          镇坤──传晋江金井瀛洲王氏
                                  澳门、东南亚不胜枚举
                                  ……
                  廿八郎──迁居同安后溪乡珩山王氏
                          安溪、台湾五里铺王氏祖
                          金门珩山祖
                          晋江苏坑祖
                          晋江缺塘祖

                  三十郎──失详，或传迁永安清水乡

                  卅二郎──入嗣十九郎为杏墩后王晋江新塘杏坂祖

         二十郎──入赘岑兜

         廿一郎──位师（不明宗教）
```

十三郎后裔至王闽11世，珩墩第四世，以长房十六郎支系最旺，繁衍众多，如上图仅窥一斑；二十郎入赘岑兜，因资料缺失，暂无法有直接联系；廿一郎出家不知所踪。

12世廿八郎迁居同安为珩山王氏祖（外迁台湾、外海后裔众多，近代著名人物新加坡总统王鼎昌即同安珩山后裔，待考核的还有明代云南参议王三锡家族南亭王氏），传衍在晋江罗山缺塘（企塘）又分惠安企塘；永安清水乡民国谱记载为三十郎后裔（谱系有所不同待考），珩山又传大嶝岛莲河王氏（明代嘉靖元年举人南京户部员外郎王佐近、代爱国文人清举人王步蟾家族，）；卅二郎入嗣十九郎为杏墩后王祖，今与沟下坂组成杏坂居委会（失谱，支系众多，待有新材料发现考证）。

三、宋至元的变故

晋江杏田珩墩王氏历史上祠堂几次烧毁，谱牒大部分失传，宋末元初的人物与事迹记载较少。笔者经过数年与分居各地的王氏后裔联系，逐渐解开了一些谜团，也将失散数百年的各支王氏分迁做了大致的梳理。安溪龙涓福山王氏记载祖先王祖周（字克光，经数年考证后相关各地王氏族人确认为王镇垲次子）在宋末时，投陆秀夫勤王。宋亡，王祖周与元兵战败后，率所部义军隐居芦山之中。1323年王祖周曾孙王知本出生，青年聚众反元，在朱元璋吴元年与洪武元年间（1367—1368年），仅仅两个月时间（最长不超过两个月，最短不足月）以军功授百户，随明军入住福州。王知本三个儿子，分别传衍了几个支派如下表：

王闽13世·镇垲世系（子二）

王闽14世	15世	16世	17世	18世	19世
克佐	克佐	宜中	子英		
克光祖周	守中	世玄		子英、世玄后裔疑似传南安某派及东石镇石佛山前金瓯（与金门互迁）	
	闽中卅六	世用卅七	明知本 胪传王氏	兴祖良恩	西畴翁赐 庚星王氏
					顺四梓 胪传王氏
				佛生良惠 福山王氏	龙涓 越南国
				良贵良慈	洛江马甲 洛江河市 仙游龙坪头 莆田南日岛

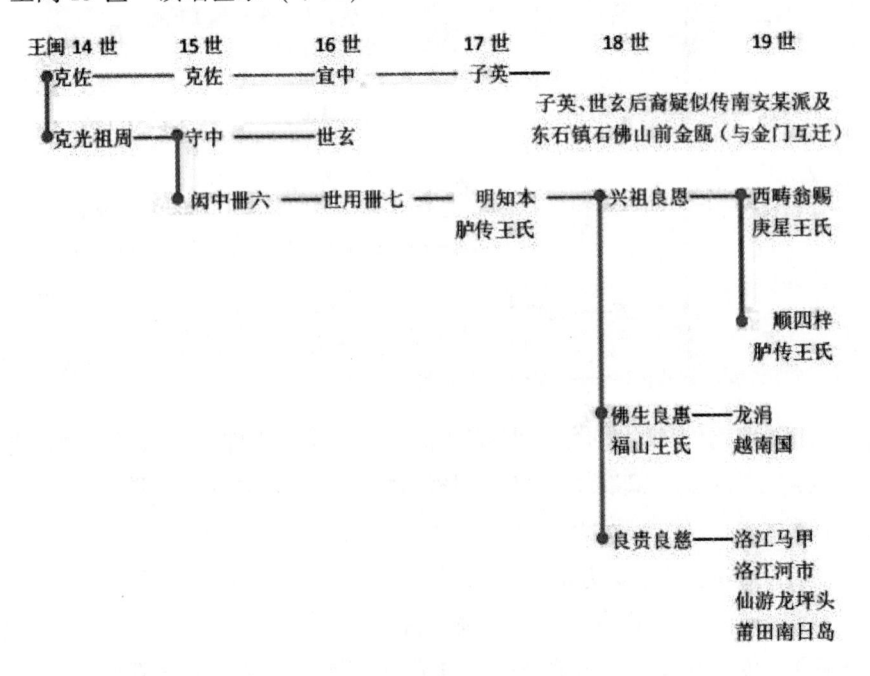

长房王良恩分衍晋江玉溪庚星王氏、安溪芦田胪传王氏（再分安溪西坪峣阳王氏……等处）；二房王良惠分衍安溪龙涓福山王氏（瓷器生产地有数千后裔分衍在越南，一支分衍在福州）；三房王良慈分衍洛江马甲河市胪传王氏。2013年晋江永和镇玉溪村庚星王氏筹建村里祠堂——王氏家庙，玉溪村王华茂、王国江、王诗虎等人在重建王氏家庙的同时也按着族谱四处寻根，并联系到笔者。笔者在观看其家谱时，发现一些零星线索，并对玉溪村的王氏家庙感到好奇。关于家庙祭祀，明嘉靖十九年（1540年）夏言请奏准许民间祭祀远祖，并规定了三品以上官员准许建造家庙。玉溪村的族谱世系中并没有三品以上的官员，但细查之下发现有潮州礼部尚书宋王大宝从叔分派（后居永和镇马平村为贞坑王氏，与玉溪村庚星王氏为邻村，后贞坑王氏遭遇废乡，后裔失传。贞坑王氏很可能是明代名宦王任重的后裔，王大宝家族与珩墩王氏后裔之间的联系，南宋末潮州、泉州的士族共同起兵勤王不是个例（如青阳蔡氏、庄氏），而本是同源的两个分支合祠祭祖，因王任重为三品之上官员故祠堂称为王氏家庙（上述贞坑王氏与吴安乡王任重的联系尚待考证）。

玉溪庚星王氏聚居地曾有庵堂——紫竹庵，玉溪村至今供奉相王公（相公别称）、吴夲、某嬷（未知名，疑似吴明嬷）等神；安溪芦田胪传王氏庵堂供奉"文武相公"（实为相公一尊，但分为文武身）；芦田分派峣阳王氏庵堂——安境堂供奉"文武相公"，并有说不清起因的"日月寨"（日寨与月寨，按峣阳王明军称没人知道具体原因，自小父母吩咐不多问）；安溪龙涓福昌村庵堂——福寿庵素食供奉玄天上帝（此玄天上帝有别他地，武将形象，持宝剑，两脚下各踏着两狮子，而非其他地方的龟、蛇，与"文武相公"的武相公类似），最为特别的是供奉了"五佛"与仁主尊王朱熹。几处地名一致也是值得注意的点：安溪芦田有芦（炉）山、洛江马甲有芦（炉）山、横山边的东石石佛山前金瓯村有芦（炉）山；而金瓯王氏居炉山（今当地仍称炉山）昭穆字辈同晋江杏田珩墩王氏；金瓯王氏族人到民国时依旧存在庵堂，今废，留对联一副，上联"堂挹金瓯满堂和气生瑞气"说的就是庵堂对金瓯王氏的罩护。

附1：金瓯王氏与金门渊源深厚，数年前金门王建成前往晋江石佛山前金瓯寻根，确认金瓯王氏与金门浦边王氏的渊源关系，但对于两地源流并无深究，金瓯王氏组成应有三部分：一是上述子英、世玄的部分后裔；二是晋江杏田镇圭系下大前房后裔王子智兄弟六人（先迁金门，部分后裔回迁晋江定居于此）；三是入赘莫家的王垣京九世祖后裔。王垣京是南明广西按察使，清军破城之后，不愿意投降清军，因为官清正身无余财，无钱雇车竟从广西步行回家，后再迁居金门，卒后由其子归葬晋江。今金瓯与金门浦边两地族人分不清源流，金瓯族人仅知金瓯九世王垣京科举成进士之后改昭穆才与晋江杏田昭穆同，不知金门浦边昭穆本与晋江杏田同，而将浦边王四郎所传后裔改为其兄王三郎后裔，故此造成王三郎后裔的昭穆却与王四郎后裔昭穆相同的疑感。王四郎后裔浦边王氏学字辈（同晋江杏田王闽 23 世昭穆字辈）王学法，其后裔王世杰即台湾新竹的最早开拓者①。金瓯王氏也曾追溯远祖王审邽及其他祖源。

附 2：玉溪村庚星王氏王道魁（别号王佛子）在王世杰到台湾之前，即与郑芝龙、安平潘家经营安平、台湾等海上贸易。据玉溪村王华茂讲述，王道魁在郑成功起兵时以十数船队资助郑成功，因豪富，自家小宗建得比祠堂还豪华，王道魁去世时海上势力与陆上势力及官方送辇伞极多（显示其社会地位和江湖地位），其后裔在台湾传衍不少，今较多失联。胪传王氏因铁观音（胪传峣阳即王氏铁观音创始家族）销售，入台定居者极多，近年来陆续有居台湾族人回乡祭祖。

附 3：关于上述庵堂，晋江杏田宋时住地龙（灵）坑供奉的相公宫有一个传说，即原来的相公是石刻，此石头是某年大水漂来的，王氏族人根据石头上的影像雕刻出相公佛像［此传说是否说明龙（灵）坑相公是舶来？待考］，石佛像据说在重修龙坑相公宫时埋在墙中。杏田村民由于后期水利设施的兴建逐渐往龙（灵）坑北方建房群居，村中信仰至今颇多，如普庵、广泽尊王、城隍等数十处，显示着村中同族中因历史久远形成了各房各桃各角各落的势力范围。普庵何时村中受供奉已经无人知晓，仅有几个老人说祖辈相传，没有祠堂就有普庵宫。按杏田祠堂建于弘治末，则普庵宫在明代中期及之前就有。北面村中另建庵堂——大宫（2017 年翻建改名延庆寺，大宫改名延庆寺因晋江曾华园提出大宫原址即元代延庆寺所在地，但笔者在翻建大宫时前往勘察，发现大宫地下层堆积较少，地面 0.2 米之下泥层较干净，出现青膏泥，整个大宫范围仅有埋入地下的

---

① 金门县宗族文化研究协会：《金门宗族文化》2009 年第 6 期，第 83 页。

瓦管排水系统一条及特制楔形黄井砖砌墙的水井，由此可见大宫有一定历史，但并非曾华园所谓的元代较大型延庆寺被废而改建成大宫），笔者见庵堂内供奉一尊头戴风帽黑脸圆眼的外来佛（与地藏王同台座），奇特之处是佛家装饰却手持拂尘，特意问了驻庵女尼，女尼仅知名"历代祖师"。

附4：走访安溪龙涓福昌村时，福昌王平江无意说起村人称调皮的孩子为"摩尼人"，同行玉溪王华茂也提起玉溪村早年也是同样状况称不服管教者为"摩尼人"。走访峣阳庵堂"安境堂"，中堂供奉释迦文佛。此文佛较奇特，头戴白帽（或白色发髻），金身。文佛前则是三尊清水法师，两旁是文武相公，庵堂偏堂另设类小鬼状神（张法主）及五雷令。

王闽13世·镇圭世系（子一）

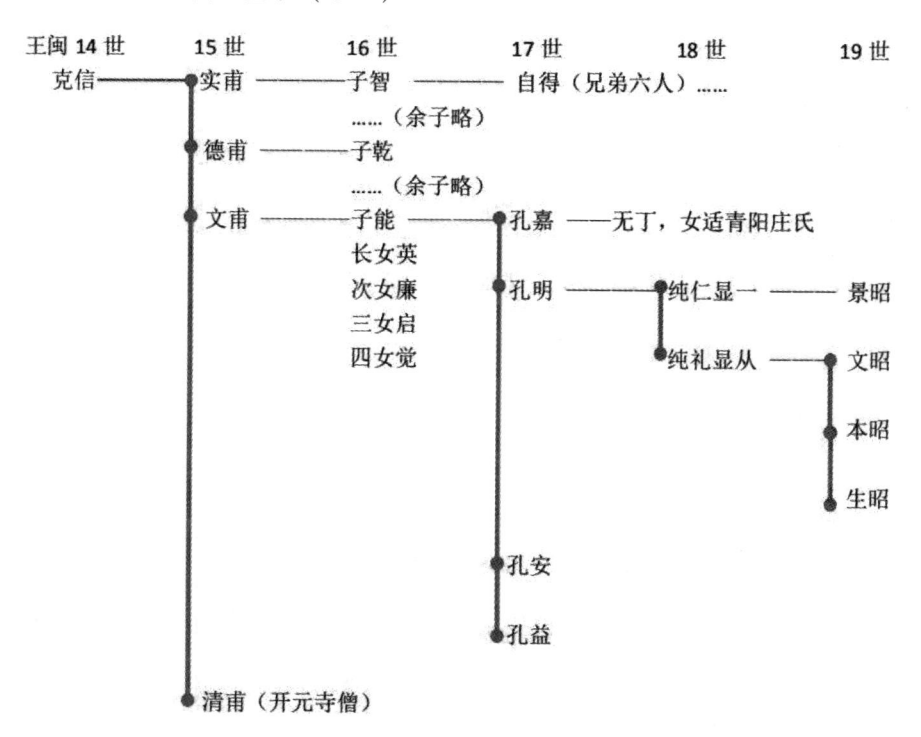

王闽14世	15世	16世	17世	18世	19世
克信	实甫	子智	自得（兄弟六人）……		
		……（余子略）			
	德甫	子乾			
		……（余子略）			
	文甫	子能 长女英 次女廉 三女启 四女觉	孔嘉	无丁，女适青阳庄氏	
			孔明	纯仁显一	景昭
				纯礼显从	文昭 本昭 生昭
			孔安		
			孔益		
	清甫（开元寺僧）				

王闽13世·镇坤世系（子二）

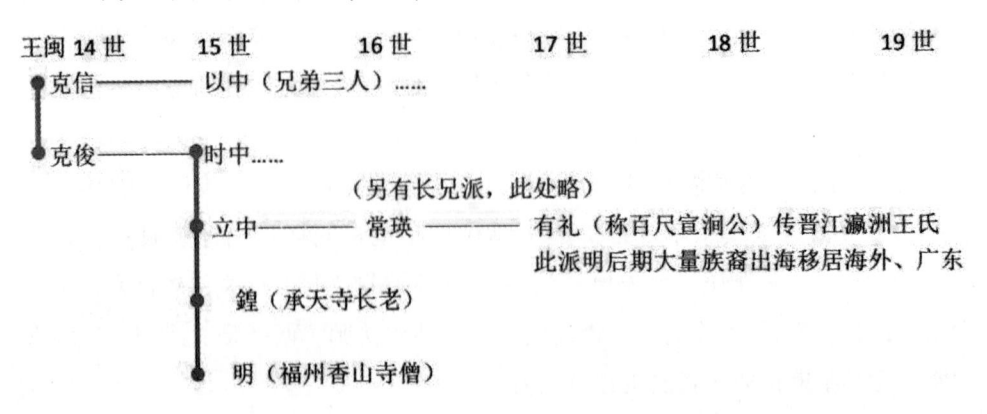

王闽14世　　　15世　　　　16世　　　　17世　　　　　18世　　　　19世
● 克信————以中（兄弟三人）……
● 克俊————时中……
　　　　　　（另有长兄派，此处略）
　　　　　　立中————常瑛————有礼（称百尺宣涧公）传晋江瀛洲王氏
　　　　　　　　　　　　　　　此派明后期大量族裔出海移居海外、广东
　　　　　　锽（承天寺长老）
　　　　　　明（福州香山寺僧）

王闽13世镇圭及镇垱两兄弟系下到15世、16世出现多位僧人，分别在泉州开元寺、承天寺、福州香山寺，原因待考，时间节点应在依思巴奚叛乱时期。按此时间段珩墩王氏族群经济应较宽裕。1384年王文甫去世享年79岁。墓志书丹者是宋少师庄夏的后裔奉训大夫尚书刑部员外郎庄济翁（庄夏—庄梦说—庄弥明—庄增—庄震孙—庄济翁）。

宋末泉州与潮州士族共同抗元，青阳蔡若济，时为潮州司户参军，"公念臣子义无逃，遂谋诸表兄本里庄思齐（笔者注：及其弟庄公茂），相与举义，迎帝于潮，往见御驾"……曾公亮九传裔孙曾英……及蒲寿庚谋乱，遂与相持，不仕元朝①；池店雁山李氏开基祖李义济举族抗元。笔者从家族渊源角度窥探这些抗元力量存在的联系：曾公亮追溯王审知姐夫曾延世为祖；庄思齐远祖庄森称是王审知外甥（青阳庄氏与珩墩王氏后裔通婚多）；蔡若济——宋宝谟阁大学士蔡次傅家族后裔；蔡次傅（曾任潮州参军）是宋名宦傅察家族——傅伯成女婿，傅伯成是王大宝女婿（原配庆国夫人、继配福国古人夫人是潮州礼部尚书王大宝的两个女儿②）；王大宝是珩墩王氏开基祖王四郎五服从侄；庄公茂娶王氏；雁山李氏李义济娶王氏，李义济所居地雁山是宋晋江杏田珩墩王氏三世祖十四郎传道所在地（李义济后裔与庄氏王氏通婚多，后世李汝嘉娶珩墩王氏女）；青阳石鼓庙神黄志（潮州人）信仰由王氏、庄氏、蔡氏先后推广，黄志是蔡次傅门客；

---

① 范清靖主编、粘良图著：《晋江史话》，厦门大学出版社2005年1月第1版，第110页。

② 详见笔者《〈先都官郎中圹志〉考释》（未出版）。

庄夏是庄祐孙的曾叔祖，庄夏四世孙庄济翁为珩墩王氏王文甫（抗元人物王镇垲从侄）墓志篆额；庄公茂之子庄惠龙嫡长孙庄震远娶的两位妻子都是王文甫的女儿……这些家族网络清晰体现宋末潮、泉两地家族脉络集体性的抗元活动（且在宋元以降仍保持着婚配关系）。

四、宋元以降的变故与发展

庄惠龙晚年历观世谛，托以苏邻法（明教、摩尼教别称），林悟殊《摩尼教落葬辩》："庄氏家族即便不能目为明教世家，至少亦可视为颇受明教影响的家族。"① 林悟殊认为的"受明教影响"的源头可以在庄济翁篆额的珩墩王氏王文甫墓志铭中找到一些佐证。

笔者曾以王文甫两个女儿嫁给庄震远及家族的一些特征与晋江粘良图探讨庄惠龙的苏邻法的源头②。庄震远的继配王廉（王文甫次女，原配是王文甫长女王英）平常供祀"苹藻"（素食，见《青阳庄氏族谱》庄震远条）。如自庄惠龙起已经三代，而庄惠龙之前的庄氏家族未见此类记载，故林悟殊有上述认为庄氏无法说明是苏邻法世家，但受明教影响。珩墩王氏谱录王文甫墓志铭《质叟处士王公墓志铭》："古人有见生不忍见死，闻声不忍食肉，故吾不以口腹为害禽兽，唯食鱼菜，所由此耳。"（说明并非佛教徒的不沾荤腥，而是不食禽兽，但有食鱼）那么庄惠龙的影响来自王文甫的可能性极大。王文甫的世系与王祖周的世系600多年失联，但双方都有素祀相公的传承，池店雁山李氏至今也有相公信仰（塔山公），而池店雁山是珩墩王氏第三世祖十四郎的传道地，那么三地失联数百年却各自保留的这些迹象，或能说明珩墩王氏是明教（或类明教——本土化的民间明教，与元代官方认定的明教可能有一定的区别）的世家，那么王氏传道时间可追溯到王十四郎生活的南北宋交界时间段（关于王氏与明教笔者文尚有些节点待取证，仅在此做简单线索介绍）。

时间进入明朝后，庄震远于1391年蒙难福州，1397年庄震远的妻弟晋江杏

---

① 刘东主编：《中国学术（总第32辑）》，商务印书馆2012年版，第262页。
② 2016年2月22日，清华同衡设计院齐晓瑾邀请粘良图与笔者做《口述历史》节目录制，谈及相关内容。

田珩墩王氏王子能与其子王孔明二人"因缘事全欠赴金陵病故",王孔明年仅32岁。关于庄震远是否因明教而入狱还不好判断,王子能、王孔明父子二人都犯了何事?严重到押解国都南京(押解国都较庄震远押解福州更为严重)审判的程度?并父子同时病故(病故也可能只是后裔避风险的记录方式,实际可能是被处斩)令人疑惑重重。

如果说庄震远1391年(明洪武二十四年)蒙难福州的情况不能直接说明与明教的关系,珩墩王氏王子智(王闽16世,王文甫亲侄)兄弟六人同时因"因五通楼事件,被御史苏厚坑陷,同六十四家籍殁"而四处逃亡漳州、同安等地(最后逃入金门传衍,见《金门榜林王氏家谱》),则大可推测庄震远或许也因此事蒙难,六十四家籍没,显示非一般性事件(五通神与明教关系,已有学者论述,笔者近期在苏州府城隍庙见到供奉五路财神与明王,直觉又是另一种民间存在的明教变异形式——待考证)。

附:王子智长子支系又从金门回泉隐于永春林姓,复姓后回杏田,至王进(王闽20世)五子分迁晋江云山铺(今泉州市鲤城区福建省附属第二医院周边)、同安(为瀍溪王氏,近年来《厦门王氏源流》一书将其列入王审邦——王任重世系,存在张冠李戴的衔接。笔者数年前走访北辰山下的王氏族人,曾见过供奉白衣白帽的年轻僧人偶像,而该地今尚存五显神信仰,地名即同安五显镇北辰山)、磁灶(失联)、泉州上坊(今泉州鲤城象峰巷)、漳州(失联)等地。王进第四子王溥(子五),王溥第三子王翔入府学(今题名存在泉州府文庙西厢墙壁碑上),其家族后迁居南安康美乡(今康美镇,后裔仅存残余族群记载,但仍存有庵堂,供奉"书房公")及安溪湖头乡(与李光地家族婚亲,留有乾隆版精美族谱一部,与《湖头李氏族谱》同为李光地家族后人李亨谦所作)。上坊这个地点,明代初期到中期至少有三个王姓家族,除上述外还有:1. 珩墩王氏(墓志铭追述为"世居王田"后裔)明成化年间居上坊的已知祖王静轩。[①] 2. 明代兄弟进士王宗源、王宗濬——清代名宦王命岳家族支系清晰,今还有后人存在泉州市区(20世纪中后期建泉州线厂拆迁其祠堂——今新华路百汇商场位置),其世系在清末被承接到南安某地(元末明初开基,以王审邦为远祖的族群,双方

[①] 笔者见于私人藏家处清雍正年间卒葬《皇清显考七十翁丹翁王府君暨妣李孺人同葬墓志铭》原碑。

昭穆字辈相同于光绪年间），而从现存的墓志铭可知王命岳家族的追溯上源是已知祖朴庵公——明初洪武年间的人物，那么至少在元代应已居住在上坊，与南安某地的开基祖是同时期人物，不可能存在明代中期分支再分支的可能性。王命岳家族从地点迁移记载有可能是珩墩王氏迁居南安田坂，复迁晋江城里上坊的后裔（之后迁居上坊的王静轩与王溥家族或因族群类聚，有待新证出现再考）。

明永乐三年（1405年）王孔明次子王纯礼（字显从，王闽18世）在其父去世12年后入泉州府学，修谱并新（按其上数代名、字可见原有昭穆字辈）补编自王闽19世起的昭穆，1408年王纯礼中式［晋江第一位王姓举人，今大泉州地域第一位王姓举人，舅父为晋江儒学训导，明代早期珩墩王氏开始转向儒学仕途，至王纯礼亲侄王角麟家资颇丰，捐资为"义官"又因其孙金山卫儒学教授王柏赠七品文林郎，王角麟女婿即雁山李氏李汝嘉，官至三品，之后王柏从侄孙王春复登进士第，官至三品贵州按察使，王春复后裔迁居晋江县城（今泉州市区）失联。王春复从侄王自强中试广东武解元，王春复从侄孙王观光官至荆州知府、南明三品户部兼吏、兵、礼四部侍郎，珩墩王氏仕途走向鼎盛。王观光之子大多定居于县城，其子王时泓与王命岳之子年纪相仿，却又与王命岳互称族兄弟，或可侧面佐证王命岳家族渊源，同时南安贵峰王龙震之子王之珂，南安王庭龙都有族群认同的迹象］。王纯礼长子王亢麟（字文昭）龟湖五通庙僧，号石镜道人（五通庙僧又号石镜道人，似佛似道似儒士）卖田租两百石筑灵源山紫云室，并庄塔题云："石镜道人之塔"，石镜道人之塔题字刻于石壁，今存，有"正统十二年丁卯八月"年庚记录。王纯礼孙王思凯（湖广慈利县儒学训导）明正德四年（1509年）修谱立祭文约，其侄王必复迁居惠安崇武溪底乡为开基祖（15世裔孙王益顺被台湾与福建称为第一木匠，今木匠作品尚存于两岸），王必复的后裔有一支迁居福州并另成一族，与福州其他王氏支派合成《开闽忠懿王谱》（由此可细考福州《开闽忠懿王谱》的形成年代）。

五、结语

一个家族的世系，出现在两部不同的族谱中，是不同年代造族的产品，如石狮龙塘王氏族谱原陈琛所撰谱序①记载王畿家族追溯王审知为祖，清代改追溯王审邽为祖；如王畿家族上源石狮茂厦今存两种版本王氏族谱（宋·王三郎后裔与王审邽——王曾世系后裔）；如莆田王晞亮家族宋代追溯王审邽为祖，清代改追溯王审知为祖；如南安四都王良柱家族明末追溯王潮为祖②，清代至今改追溯王审邽为祖；如珩墩王氏世系在泉州及福州两地出现不同源流的族谱之中（分支因迁移并投入不同的族群并不为祖源地族群所知情）；如讲着闽南话的泉州移居浙南的王氏族人同时又成了三槐堂王氏的后裔，浙南有部分后裔几次到福建寻亲探求真实祖源，但掌握宗族权力的族长对寻根并不热衷，这种情况在各地各族群各姓氏都有一些存在。或许族长们深知其中的原意与生存之道：不断合族的结果是一种顺应不同地域的生存方式。

谨以个人了解到的片段供两岸寻根问祖的王氏宗亲提供线索，梳理家族发展的脉络，分析家族形成的因素及不同时期、地域缔结的宗族联盟，敬请方家斧正。

参考文献

　　[1]《由义王氏族谱》（安溪）

　　[2]《潮州王氏族谱》（王大宝家族）

　　[3]《金门榜林王氏族谱》（金门）

　　[4]《上苑王氏族谱》（漳州）

　　[5]《横山王氏族谱》（南靖）

　　[6]《晋邑王田王氏族谱》（晋江杏田）

　　[7]《沪江王氏族谱》（晋江深沪）

　　[8]《玉沟王氏世系》（台商投资区洛阳）

　　[9]《皇清待赠太学生六十八岭观斋王公墓志铭》（玉沟王氏后裔）

　　[10]《长坑王氏族谱》（安溪）

　　[11]《蓬洲王氏族谱》（迁台湾）

　　[12]《岩岭王氏族谱》（安溪迁台湾）

---

　①　见泉州图书馆古籍部藏书明陈琛著《陈紫峰文集》（崇祯版清初再版）。
　②　见《工部营膳司郎中王九峰墓志铭》："九峰唐刺史王潮之后。"

［13］《岩岭王氏族谱》（浙江腾蛟镇）

［14］《东山王氏族谱》（晋江磁灶）

［15］《虎厨王氏族谱》（南安金淘）

［16］《漳浦王氏族谱》（漳浦）

［17］《淳清公家乘》（龙岩，明王源家族族谱）

［18］《金坑王氏族谱》（南安·民国十八年）

［19］《金坑王氏族谱》（南安·今版）

［20］《晋邑凤头王氏族谱》（晋江龙湖）

［21］《晋邑瀛洲王氏族谱》（晋江金井）

［22］《沙格王氏族谱》（泉港沙格）

［23］《明赠承德郎户部主事滨泉王公暨配赠安人孙氏洪氏合葬墓志铭》（泉港，王忠孝父母）

［24］《王忠孝全集》（泉港，明·王忠孝撰）

［25］《遵岩集》（晋江，明·王慎中）

［26］《安平璐霞王氏族谱》谱序

［27］《耕原王氏族谱》谱序

［28］《奎山王氏族谱》（莆田）

［29］《壶山王氏族谱》（莆田）

［30］《璐霞王氏族谱》（惠安杏田）

［31］《杏坂王氏世系》（杏坂王志杰编）

［32］《缺塘王氏》（惠安·民国手抄本）

［33］《仙锦王氏族谱》（泉州永春）

［34］《仙锦王氏族谱序》（永春·民国手抄本）

［35］《东熙王氏族谱》（泉州永春）

［36］《甫山王氏族谱》（台湾高雄）

［37］《黄景山王氏族谱》（永安）

［38］《太原王氏族谱》（永安罗兜）

［39］《太原王氏族谱》（安溪湖头）

［40］《庚星王氏族谱》（晋江永和镇玉溪）

［41］《安溪胪传王氏族谱》（安溪芦田镇）

[42]《安溪峣阳王氏族谱》(安溪西坪镇)

[43]《福山王氏族谱》(安溪龙涓乡)

[44]《龙坪头王氏族谱》(莆田)

[45]《小山类稿》(惠安,明·张岳)

[46]《贵峰王氏族谱》(南安)

[47]《珩山王氏族谱》(同安)

[48]《金瓯王氏族谱》(晋江东石)

[49]《厦门王氏源流》(厦门王审知研究会)

[50]《显考兼斋王府君墓志铭》(晋江·清康熙巴州知州王学懋撰文,举人王尔位书丹)

[51]《青阳庄氏族谱》(晋江)

[52]《锦绣庄氏族谱》(泉州)

[53]《青阳蔡氏族谱》(晋江)

[54]《武城曾氏族谱》(晋江)

[55]《延陵吴氏通谱》(南安)

[56]《阜阳苏氏族谱》(南安·王宗源后裔婚亲)

[57]《田亭草》(明·黄凤翔)

[58]《(一起来读)青阳志》(北京大学·杨园章)

[59]《雁山李氏族谱》(晋江)

[60]《耻躬堂文集》(晋江,清·王命岳)

[61]《溪底王氏族谱》(惠安)

[62]《龙塘王氏族谱》(石狮)

[63]《茂厦王氏族谱》(石狮·王延彬——王曾支派)

[64]《茂厦王氏族谱》(石狮·王公显支派)

[65]《四都王氏族谱》(南安)

[66]《开闽忠懿王谱》(福州)

(作者单位:安溪珩墩胪传文化促进会)

泉州南外宗赵氏源流

——● 黄 伟 ●——

泉州早在宋代就成为东方大港，经济发达，社会富庶。在两宋之交，社稷存亡之际，由于泉州繁荣的社会经济和地处战略后方的地理优势，宋高宗将原先安置在南京（今河南商丘）的宗室迁至泉州安顿。在其后的140多年间，这些宗室成员逐渐壮大，成为泉州社会不可忽视的力量。他们中的许多人也为泉州的社会经济发展做出了贡献。在宋元朝代更迭之时，这些宗室成员成为改朝换代的牺牲品，但仍有少部分宗室幸存下来，并在明清时期逐渐壮大。如今南外宗赵氏宗族不仅成为泉州重要的族群，还开枝散叶，扩散至港澳台和东南亚等地。

一、南外宗赵氏的渊源

宋代宗室指的是太祖赵匡胤、太宗赵光义（原名赵匡义）、魏王赵廷美（原名赵匡美）的后裔。太祖赵匡胤亲写御书，编写三派"玉牒"，并亲自制定了三派（太祖派、太宗派、魏王派）的十四字昭穆，以为排辈之分；另立遗嘱："我族无亲疏，世世为缌麻。"

赵匡胤制定的宋宗室三派的十四字昭穆为：

太祖派："德、惟、守（从）、世、令、子、伯、师、希、与、孟、由、宜、顺"；太宗派："元、允、宗、仲、士、不、善、汝、崇、必、良、友、季、同"；魏王派："德、承、克、叔、之、公、彦、夫、时、若、嗣、次、古、光"①。

由于宗室成员由三支组成，造成宋朝宗室人数较多，至宋朝立国近150余年

---

① 泉州赵宋南外宗司研究会编：《南外天源赵氏族谱》，1994年，第3页。除魏王派的"之"和"夫"字辈，辈分字位于姓名的第三个字处外，其余辈分字都位于姓名的第二个字处。

的徽宗崇宁年间（1102—1106年），皇室宗亲男性成员的数量至少膨胀到约5900人①。为缓解京城汴梁财政资金紧张的状况，蔡京于崇宁元年（1102年）上疏徽宗，建议在宋的西京（今洛阳）和南京（今商丘）设立外宗正司，将部分宗族迁往两地，既方便对宗室的管理，也缓解京城的压力。"崇宁三年（1104年），置南外宗正司于南京应天府，西外宗正司于西京洛阳府，各置敦宗院。"②南外宗正司在徽宗崇宁三年已初具规模。

二、宗室与泉州

（一）宗室入泉

靖康二年（1127年），掳徽宗及"帝（钦宗）及皇后、皇太子北归"③，并抢劫汴梁城内的珍宝，"府库畜积，为之一空"④。短短的十二年里，金国就"绌辽、宋主，居天下之正"⑤，而宋朝却半壁江山尽失。徽宗九子、康王赵构，在宋南京应天府继位。听闻赵构重建宋朝，金兵又启程南下，此战一直延续到建炎四年（1130年），赵构一路南逃，从河南进入浙江，并在最危急的时刻，乘船逃入东海。幸有韩世忠、岳飞、宗泽、张俊等将领的拼死抵抗才挡住金兵进一步南进的步伐，在绍兴元年至二年（1131—1132年）初步稳定局势。但赵构却被金军的追逐和禁军叛乱⑥吓破胆，只想偏安一隅，不仅拒绝了宗泽要他前往汴梁坐镇、恢复河山的奏本，还放弃定都建康的请求，而最终选择离前线较远的杭州为

---

① ［美］贾志扬著、赵冬梅译：《天潢贵胄——宋代宗室史》，江苏人民出版社2010年7月版，第139页。
② （明）黄仲昭：《八闽通志·卷27·秩官·宋·诸司附·西外宗正司》，福建人民出版社1990年版，第580页。
③ （元）脱脱：《宋史·卷23·钦宗》，中华书局1985年版，第437页。关于被掳的皇室成员，据《靖康稗史笺证》之三《开封府状笺证》记载，有上皇1人、皇帝1人、皇子23人、郡王7人、皇孙16人、帝姬（公主）22人、皇孙女30人、王女23人、宗姬（宗室女）52人、近支宗姬195人、族姬1241人。
④ （元）脱脱：《宋史·卷23·钦宗》，中华书局1985年版，第437页。
⑤ （元）脱脱：《金史·卷28·礼》，中华书局1985年版，第694页。
⑥ 即所谓的"苗柳兵变"，禁军统领苗傅、刘正彦不满高宗的南逃和宦官的压榨，于建炎三年（1129年）在杭州发动兵变，迫使高宗退位，禅帝位于其子。兵变很快被韩世忠、刘光世镇压。

"行在所"临安。因其年号"建炎"（1127—1130年），赵构南逃至两浙路的旅程，史称"建炎南渡"。与他南逃的，还有宗室成员们。西外宗正司的宗室成员，先移扬州，后至福州；南外宗正司的宗室成员则先"移镇江"①，后"置司泉州"②。

从绍兴元年（1131年）349位③宗室成员迁至泉州起，至景炎元年④（1276年）十一月，蒲寿庚与泉州知州田真子"闭城三日，尽杀南外宗子"⑤，投降元朝为止，南外宗正司在泉州存在了145年。

太祖派入泉始祖为赵子镠、赵子侁。

赵子镠，"字南金，以建炎南渡徙福建泉州……授承议郎、翰林五经博士，赐绯鱼袋，出知建昌军，改大宗正丞，迁朝奉大夫，知封洮，有德政，擢中奉大夫，同知制东都转运使司事，改任福建都转运使，卒于官……葬南安县三十二都田丰里橄榄坡山"⑥。

赵子侁，"字常履，授忠朔郎，饶州司户，南渡入泉，葬晋江县三十八都复金山"⑦。

太宗派入泉始祖为赵士珸。《宋史》载其："字公美，濮安懿王曾孙也。天资警敏，儿时俨如成人。"⑧靖康之难赵士珸作为宗室，随徽宗一道被金人押往东北。在押送途中，赵士珸乘机向西逃亡，并在到达附近的武安县城后，招募壮士，以解洺州之围。赵士珸率军乘夜色来到洺州城外围，通过激战，于次日突破

---

① （明）黄仲昭：《八闽通志·卷27·秩官·宋·诸司附·西外宗正司》，第580页。
② （明）黄仲昭：《八闽通志·卷27·秩官·宋·诸司附·西外宗正司》，第580页。
③ 宋人李心传在其《建炎以来朝野杂记》讲到，南外宗正司刚入泉时，有349人。《建炎以来朝野杂记》上册58页。
④ 《宋史·卷47·瀛国公二王附》记载蒲寿庚屠杀泉州宗室的时间为至元十三年（景炎元年）十一月，即宋端宗至泉州时，而宋元之交文人郑思肖所著《心史》、明末何乔远之《闽书》及明万历《泉州府志》皆言屠杀宗室的时间为至元十四年（景炎二年）七月，张世杰率军攻泉州城时。具体时间尚无定论。笔者考虑到蒲寿庚于至元十三年（1276年）十二月就投降元朝，而杀害的不仅有宗室成员，还有一批士大夫和左翼殿前军的将士，人数据史料记载从几千至三万不等。如此大批支持宋朝的力量，蒲寿庚不可能在投降元朝七个月后才加以杀害，极有可能在投降之前就被屠杀，如此才能顺利地向元朝输诚。
⑤ （元）郑思肖：《心史（下卷）》，明崇祯刻本影印版，第66页。
⑥ 泉州赵宋南外宗司研究会编：《南外天源赵氏族谱》，1994年，第254页。
⑦ 泉州赵宋南外宗司研究会编：《南外天源赵氏族谱》，1994年，第398页。
⑧ （元）脱脱：《宋史·卷247·列传6·宗室4》，中华书局，第8703页。

金人的包围，进入城内。但不想放弃洺州城的金人，在城外挖壕沟，以期打长期包围战。面对金人的攻势，赵士㻞誓死抵抗，并用计擒获金军将领，使洺州城解围。建炎二年（1128年）金兵再攻洺州城，由于城中缺粮，赵士㻞不得已弃城南撤。但他的胆略，得到高宗的赏识，所以"诏赴行在。绍兴五年（1135年），迁泉州观察使，再迁平海军承宣使、知南外宗正事"①。在泉州时，他鼓励宗室子弟学习，"时泉邸新建，向学者少，士㻞奏宗子善䡾文艺卓绝，众所推誉，乞免文解，由是人知激劝。迁节度使，未拜而卒，年四十六。赠少师，追封和义郡王。淳熙中，谥忠靖"②。

魏王派入泉先祖为赵公义、赵公善、赵公秀。赵公义，"武翼大夫赵巾之长子，拜忠郎右班殿直……葬晋江临江里罗裳山"③。赵公善，"字永庆，授武功郎……葬晋江县三十六都桃花山"④。赵公秀，"字永明……奏补承忠郎，四迁官至武翼大夫……葬晋江三十六都塔内山"⑤。

宗室三派其后日益繁衍，至庆元（1195—1200年）中，则在院者1300余人，外居者440余人矣。至于今日，则在院者1427人，外居者887人。⑥可知至1232年，泉州宗室的人数已从最初的349人增加到了2314人，增加了6.6倍。

（二）泉州南外宗室

在这将近一个半世纪的时间内，宗室虽然给泉州带来财政负担⑦，并且"南

---

① （元）脱脱：《宋史·卷247·列传6·宗室4》，中华书局，第8703页。
② 同上
③ 泉州赵宋南外宗司研究会编：《南外天源赵氏族谱》，1994年，第489页。
④ 同上
⑤ 同上
⑥ （宋）真德秀：《西山先生真文忠公文集·卷15·申尚书省乞拨降度牒添助宗子请给》，1937年商务印书馆影印本，第256页。
⑦ 绍定五年（1232年）泉州知州真德秀言南外宗正司"自建炎至淳熙间，则朝廷运司应赡之数少，而本州出备者多"，引自《申尚书省乞拨降度牒添助宗子请给》，《西山先生真文忠公文集》卷15，1937年商务印书馆影印本，第255页。在本奏章中，真德秀指出泉州地方政府每年计供养宗室的俸钱为9.06万贯（总数为14.5万贯，转运司与市舶司提供剩下的5.44万贯），米5.31万贯（总数为6.06万贯，剩下的由兴化军提供）；以及负担南外宗正司的行政和学校的开支，则所谓"官子之养廉，宗学之养士"，每年钱1.11万贯、米0.45万贯。泉州地方总计负担宗室约16.2万贯的钱米。真德秀在奏章中指出，由于豪强大地主的侵占，税源减少，再加上贸易的衰退，这项支费变得越来越沉重，泉州政府无计可施，只得寅吃卯粮，预征一两年的赋税，惹得百姓怨声载道。

外宗子，商于泉者多横"①，但即使这样，宗室成员中亦有大批人才，为官在任上，勤政廉洁，刺激泉州社会经济发展。由于宋朝重视对宗室成员的管理，所以南外宗正司也有训饬、检防的职责，并设立睦宗院专门培养、管理宗子读书、教育，对"不率教者以法拘之，岁久之悔，则除其过名"②，因此部分宗室成员有着较高的学识和较好的品行，"子孙成进士者凡百三十余人"③。他们中有多人任泉州知州、提举市舶司或南外宗正司知宗正司事等职，对泉州有过贡献。

自绍熙元年至咸淳三年（1190—1267年）的70多年中，提举福建路市舶司的宗室官员有十人。他们是绍熙间（1190—1194年）任职的赵汝彧，嘉泰间（1201—1204年）任职的赵汝谠，开禧间（1205—1207年）任职的赵亮夫，嘉定间（1208—1224年）任职的赵不熄、赵崇度、赵汝适（兼任知州），端平间（1234—1236年）任职的赵彦侯（兼任知州），淳祐间（1241—1252年）任职的赵希懋、赵师耕（兼任知州），咸淳间（1265—1274年）任职的赵孟传（兼任知州）。在这十位提举市舶官员中，除赵不熄因"多抽蕃舶，抄籍诬告"④被罢黜外，其他人中多有善政。如赵汝谠"抵节读书，与兄汝淡齐名，天下号称'二赵'"⑤。赵崇度革除港口弊政、发展海外贸易的，他罢泉州"岁以上物遗诸公贵人，下自三省六曹吏皆厌满"⑥的循例，"与郡守真德秀同心划洗前弊，罢和买，禁重征"⑦，使来泉藩舶从"至岁者不三四……骤增至三十六艘"⑧。赵汝适"阅诸蕃图……仍询诸贾胡，俾列其国名，道其风土，与夫道里之联属，山泽之蓄产，译以华言，删其秽谍，存其事实"⑨，利用闲暇，遍访侨居泉州的蕃商，于宝庆元年（1225年）完成中国古代重要地理志书《诸蕃志》。赵彦侯在安溪县

---

① （明）何乔远编纂、《闽书》点校组点校：《闽书·卷116·英旧志》，福建人民出版社1995年版，第3501页。
② （元）脱脱：《宋史·卷164·志117·大宗正司》，中华书局1985年版，第3889页。
③ （清）《有宋赵氏大宗祠记》，引自《南外天源赵氏族谱》，第577页。
④ 泉州海关编：《泉州海关志》，厦门大学出版社2005年版，第111页。
⑤ （元）脱脱：《宋史·卷413·列传172》，第12397页。
⑥ （宋）真德秀：《西山先生真文忠公文集·卷43·提举吏部赵公墓志铭》，1937年商务印书馆影印本，第783页。
⑦ （清）吴之锷修、周学曾纂：《晋江县志·卷35·政绩志·文秩》，第597页。
⑧ （元）脱脱：《宋史·卷437·儒林7·真德秀》，中华书局1985年版，第12960页。
⑨ （宋）赵汝适著、杨博文点校：《诸蕃志校释·赵汝适序》，中华书局1996年版，第1页。

令任上"以儒术饰吏事,条教详明,邑用以制,祀名宦"①,任职市舶司时,有下属向其进献财宝以贿赂,被他鞭笞警示。以上几位任职市舶司的宗室,他们勤勉与廉正,有力地促进泉州海外贸易的发展。

有建造晋江安海安平桥,"博学能文,在郡留意教养,建堂祀姜公辅、秦系于九日山下,民感其化"②的知州赵令衿。有乾道二年(1166年)知泉州的赵子潇,他以办事"精明多类"和拳拳报国之心闻名③。有淳熙中(1174—1189年)知泉州的赵必愿,其"罢白土课及免差吏,榷铁讽诸邑行义役,秋旱力讲荒政,乞发仓赈救,救多所全活……为政平易以近民,忠信以厚俗,尤留意武事,申明左翼军节制事宜"④。有宝庆间(1225—1227年)知泉州的赵汝腾,其以清廉善政著称,"朝廷赐田宅以旌其廉"⑤。赵公迥在知州任上"莅政简洁,人不敢干以私……贵达不肯治第"⑥。

担任南外宗正司事的宗室成员,也有不少留名于史。知南外宗正事的赵巩之在闽清县任上,"有善政、民得之"⑦,于南外宗任上著有《寄庵集》。赵不慁知南外宗正事时,因宽严相济,行为不端的宗室子弟"皆畏惮之,无敢干于私"⑧。

生于泉州而在外地任职者,如赵师瑺在古田县通判任上,平定贼寇,"上杭峒酋连结他峒为乱,尅日齐发,师瑺廉知,伏卒峒口,俟其出,一战擒其酋,郡赖以安。民感而祀之"⑨。赵伯逷"知南恩州……减额丁米、宽民力……知漳州,

---

① (清)怀荫布修、郭庚武纂:乾隆《泉州府志·卷29·名宦》,第2册第20页。
② (元)脱脱:《宋史·卷244·列传3·宗室1》,中华书局1985年版,第8683页。
③ (清)怀荫布修、郭庚武纂:乾隆《泉州府志·卷29·名宦》,第2册第8页。关于赵子潇的事迹《宋史·卷247》中讲到,孝宗继位时,"子潇练兵,习为'鹅鹳鱼丽阵'"。
④ 引自《泉州知州赵必愿传》,《南外天源赵氏族谱》第606页,亦载清乾隆《泉州府志·卷29·名宦》,第2册第9页。
⑤ 引自《泉州赵汝腾传》,《南外天源赵氏族谱》第604页,亦载清乾隆《泉州府志·卷29·名宦》,第2册第12页。
⑥ 引自《知南外宗正事赵公迥传》,《南外天源赵氏族谱》第603页,亦载清乾隆《泉州府志·卷46·宋循绩》,第2册第500页。
⑦ 引自《知南外宗正事赵巩之传》,《南外天源赵氏族谱》第604页,亦载清乾隆《泉州府志·卷52·宋仕绩》,第3册第5页。
⑧ 引自《知南外宗正事赵巩之传》,《南外天源赵氏族谱》第604页,亦载清乾隆《泉州府志·卷52·宋仕绩》,第3册第5页。
⑨ (清)怀荫布修、郭庚武纂:《泉州府志·卷46·宋循绩》,第2册第504页。

齼鬻盐，宿负羡钱，造浮梁便行者"①。赵汝傲"通判德庆府筑堤障晋康江，亘三十里……知宾州筑城覆之，以屋合七井，城中以免江汲，民便之"②。赵善谧"知仁和县治办有能声，除军器监簿有厄之者"③。赵时焕"幼有俊誉……授侯官县尉，有能声。再调长溪，奸恶悉奔他境……除广东运判，革潮州重税"④。赵不慢"进退有度，孝宗目为宗室魁表……使金，争礼服不屈"⑤，捍卫了宋朝国体；在嘉泰元年（1201年）时，临安城内发生大火，赵不慢"其居不顾及，而与兄弟奔卫太庙"⑥，以祖宗灵位为重。赵汝佟"以平易为治……为人清旷，托僧庐以居"⑦。赵伯暐，为南宋时泉籍理学大家，"亦宗室……其文章议论，渊懿浩博，为闽南硕儒"⑧。赵文孙，原名必䥽，"宗室商王九世孙。自绍兴移跸，属籍南外宗正寺，遂为晋江人。咸淳三年（1267年）丁卯以登极恩赐出身，除福州长乐主簿。宋亡，遂不出仕，专以训诲讲解为事"⑨。赵不流任淮东提举时，罢税场，减轻民间负担"淳熙十二年（1185年）……秋七月……诏罢扬州江都县版桥、泰兴县新城、楚州山阳县谢家、盱眙军天长县龙理、石梁、秦兰、高邮县临泽、三墩八处税场……盱眙系极边，扬州、高邮系次边，不仰此豪末之利，而徒使豪民扑买，小民被害。所有净利钱，本司欲依数抱认起发。乞将上件税场并行住罢"⑩。

对于行为不端的宗室，朝廷也给予了相应的处罚。例如绍兴二十四年至三十一年（1154—1161年）任南外宗正事的赵士㒟因"夺贾胡浮海巨舰"⑪，而"以事去官，言者请择宗室文臣之廉正者代之"⑫。

---

① （清）怀荫布修、郭庚武纂：《泉州府志·卷46·宋循绩》，第2册第503页。
② （清）怀荫布修、郭庚武纂：《泉州府志·卷46·宋循绩》，第2册第499页。
③ （清）怀荫布修、郭庚武纂：《泉州府志·卷46·宋循绩》，第2册第506页。
④ （清）怀荫布修、郭庚武纂：《泉州府志·卷46·宋循绩》，第2册第510页。
⑤ （清）怀荫布修、郭庚武纂：《泉州府志·卷57·忠义》，第3册第194页。
⑥ 同上
⑦ （清）怀荫布修、郭庚武纂：《泉州府志·卷46·宋循绩》，第2册第510页。
⑧ （明）黄仲昭：《八闽通志·卷67·人物·泉州府·儒林》，下册第589页。
⑨ （清）吴之錤修、周学曾纂：《晋江县志·卷57·人物志》，第812页。
⑩ （元）脱脱：《宋史·卷27·孝宗八》。
⑪ （宋）朱熹：《朱子全集·卷89·直秘阁赠朝议大夫范公神道碑》，上海古籍出版社、安徽教育出版社2002年版。
⑫ （元）脱脱：《宋史·卷244·列传3·宗室1》，第8682页。

(三) 宗室生活

1. 学习、科举

为了解决宗室子弟教育学习问题，南外宗正司在睦宗院东侧设有宗学，在睦宗院内设有"清源书院"。由于对宗室子弟教育的重视，泉州南宋进士总数924名（含特奏名进士341名）①，宗室进士122名②，占13%。其中宗室进士数量较多的，是光宗至理宗时期。

南外宗室进士表

绍兴十八年（1148年）	赵伯茂
绍兴二十一年（1151年）	赵公迥
绍兴二十七年（1157年）	赵汝谦
隆兴元年（1163年）	赵公逮
乾道二年（1166年）	赵彦噗
乾道五年（1169年）	赵彦括
淳熙二年（1175年）	赵师瑾
淳熙五年（1178年）	赵师逮
淳熙八年（1181年）	赵善瘵
淳熙十一年（1184年）	赵师琪
淳熙十四年（1187年）	赵希宰
绍熙元年（1190年）	赵汝傻、赵善新、赵汝傚
绍熙四年（1193年）	赵善谧、赵师瑀
庆元二年（1196年）	赵善嵩、赵汝偳、赵汝侒、赵邹夫
庆元五年（1199年）	赵时和、赵公贶、赵艺夫
嘉泰二年（1202年）	赵汝梧、赵希赞、赵汝恕
开禧元年（1205年）	赵彦佛、赵汝褒、赵汝音、赵犹夫
嘉定元年（1208年）	赵公运

---

① 特奏名，又称恩科、恩榜，意指那些因年老、荫恩等原因而被朝廷破例授予进士出身的人。特奏名制度始于真宗朝，至仁宗朝开始稳定执行至宋亡。

② 北宋前中期严禁宗室参与科举、禁止对宗室授官，中期以后才放开对宗室科举的限制，并对宗室进士授予礼仪性的官职。建炎南渡后，朝廷才真正放开对宗室科举、授官的限制。

嘉定四年（1211年）	赵与俐、赵汝佟、赵善燮、赵汝旹 赵希瑶、赵汝樆
嘉定七年（1214年）	赵必魁、赵希洁 赵希婴 赵汝熊 赵希桓、赵汝瑷
嘉定十年（1217年）	赵汝玶、赵崇伯、赵善沧、赵希璋
嘉定十三年（1220年）	赵时焕、赵与才、赵希旸
嘉定十六年（1223年）	赵必璋、赵师琇、赵若僖、赵希骦
宝庆二年（1226年）	赵汝育、赵与譋、赵善书、赵师饷、赵善玟、赵必偱、赵汝卞、赵公迄、赵师霖、赵与秩
绍定二年（1229年）	赵崇麟、赵崇鎌、赵希敛、赵希橙、赵时宝、赵密夫
绍定五年（1232年）	赵若凭、赵与纲、赵崇彪、赵崇谱、赵时偫、赵崇龙、赵必偮
端平二年（1235年）	赵希韬、赵若忠、赵希穰、赵希珨、赵时忆、赵时劲、赵珑夫
嘉熙二年（1238年）	赵时涅、赵希府、赵时熜、赵奎夫
淳祐元年（1241年）	赵孟遒、赵孟道、赵崇玦、赵孟泳、赵嗣吉、赵孟模、赵时漌、赵时烁
淳祐四年（1244年）	赵崇增、赵崇瑄、赵与絜、赵时楑、赵溯夫、赵洴夫
淳祐七年（1247年）	赵若濡、赵时煜、赵与穑、赵时芹、赵霁夫、赵沾夫、赵穛夫
宝祐四年（1256年）	赵与邀、赵孟镭、赵若晋
景定三年（1262年）	赵时耆、赵必功、赵时宝、赵崇道、赵若林
咸淳元年（1265年）	赵由灿
咸淳三年（1267年）	赵必薜①
咸淳四年（1268年）	赵由烨
咸淳七年（1271年）	赵孟监
咸淳十年（1274年）	赵孟泌

2. 生活供给

宗室成员拥有睦宗院提供的住房。嘉泰年间（1201—1204年），由于南外宗人口不断增长，睦宗院住宅不够，在知州倪思的请求下，又在城西睦宗院老宅的旁边修建了新的宅院，在睦宗院外居住，"嘉泰二年（1203年），郡守倪思以其狭隘，别创于府治西北居贤坊，是谓新睦宗院"②。

---

① 其为特奏名进士。
② （清）吴之铓修、周学曾纂：《晋江县志·卷13·公署志·南外宗正司》，第171页。

睦宗院还管理宗室的钱粮供给，"院有主管官宗子，在院与外居禀给有差。在院则有大中小末之分。尊行，月给钱十三千、米一石；中者年二十以上，钱九千一百、米七斗；小者十岁以上，钱四千七百、米四斗；末者五岁以上，钱一千、米四斗"①。从以上记载可知，即使是三代单传的宗室之家，每月至少能从睦宗院领取23000文钱；而南宋前中期，普通百姓每人每天的收入一般在100—300文，每月天天干活，也只能挣得3000—9000文钱。②

一个考古发现，可以很好地说明宗室的生活水平。1975年10月，福州北郊浮仓山发掘一座南宋宗妇黄昇的墓葬。由于这座墓从未遭到破坏，因此保留了宗室作为消费者的生动例证。墓主黄昇（1227—1243年），卒于淳祐三年（1243年），享年17岁。黄昇的父亲是侯官人黄朴；赵与骏的祖父是赵师恕；黄朴和赵师恕都是朱熹高弟黄榦（1152—1221年）的学生，两家因此结亲。黄朴是绍定二年（1229年）己丑科状元，端平元年至三年（1234—1236年）任泉州知州兼提举市舶司使；赵师恕曾任泉州南外宗正司宗正。

该墓出土436件随葬品，其中有201件女性服饰、153件织物面料，包括有纱、绉纱、绢、绫、罗、缎六大类，大都图案精美，织工上乘。

这是相对富庶的宗室水平，较普通的宗室成员有国家财政的供给，也比普通百姓的生活水平高得多。③

3. 参与贸易

宗室参与贸易的例子，经过傅宗文先生《后渚古船：宋季南外宗室海外经商的物证》④的论述，将后渚沉船认为是南外宗正司的商船，依据是发掘出水的95块木牌中有18块写有"南家"、1块写有"南家记号"。傅先生考证"南家"是

---

① 泉州赵宋南外宗司研究会编：《南外天源赵氏族谱》，第695页。
② 程民生：《宋代人民的生活水平》，《国家人文地理》。
③ 南宋时期，泉州若无廉洁、能干的官员主政，百姓往往深受苛捐杂税的剥削。例如在名宦真德秀首知泉州任满离泉（1219年）后的十多年间，泉州的吏治败坏，官吏甚至预征后数年之税，"诸邑二税，尝预借至六七年"，所以当绍定五年（1232年），真德秀"再知州事，迎者塞路，深村百岁老人亦扶杖以出，欢声雷动……所著《心政经》《劝谕文》，人皆传诵"。对于百姓疾苦，真德秀言："民困如此，宁身代其苦……无以惠民，仅有政平讼理，事当勉耳。"
④ 该文见于《海交史研究》1989年第2期。

南外宗正司的牌号。①

另外，西外宗正司知宗赵士衔和南外宗正司知宗赵士㒪的例子，也说明宗室参与了海外贸易。身为西外宗正司知宗赵士衔利用职权之便，强卖海商黄琼的海船。由于黄琼不懈的上告，至临安投匦、告御状，才使得赵士衔被罢官。《宋史》曰："士衔强市海舟，罢官。"② 朝廷还进一步宣布宗正司官员不得参与海外贸易，"两宗司今后兴贩蕃舶，并有断罪之文。"③ 可知在高宗时期，宗正司官员是有参与海外贸易的，更何况其他宗室成员呢？而且该文仅仅是禁止宗正司的官员参与，但并没有规定宗室成员不能参与海外贸易。因此在南宋时期，仍会有众多宗室成员利用自己的出身，投身到海外贸易这个回报利润高的行业中。

三、从宗室到宗族

宗室不仅促进泉州社会经济发展，也让其成为泉州一股举足轻重的力量。这股力量在宋元之交、朝代鼎革之时，让欲降元朝的蒲寿庚如芒在背。蒲寿庚与宗室有嫌隙的地方上层精英们联合（文官以泉州知州田真子为首、武官以殿前司左翼军统领夏璟为首），对宗室痛下杀手，"尽杀宗人长幼"④，宗室"在泉被害几尽"⑤，并且侵占宗室房屋、田园、物品，毁坏宗室墓葬⑥，"司院府第既遭兵燹，

---

① 贾志扬的《天潢贵胄：宋代宗室史》和苏基朗的《刺桐梦华录》采用傅宗文先生的这个观点；而庄为玑先生称南洋进口的货物称为"南货"，贩卖南洋货物的商家，往往称为"南家"，因此认为木牌上的"南家"，是一家专门贩卖南洋货物的商家，庄文见《泉州宋船木牌木签考释》，《泉州湾宋代海船的发掘与研究》，第 117—121 页；陈高华、吴泰二位先生的论文《关于泉州湾海船出土的几个问题》依据伯希和的"南家"或"南家思"一词是金、蒙古对南宋称谓的观点，指出该船不可能是宋朝的船只，而有可能是元初的商船，"南家"木牌是元朝当局对泉州本地海商发放的带有歧视性的牌签，该文见于 1978 年 04 期《文物》，第 82—83 页。
② （元）脱脱：《宋史·卷 245·宗室 2》，第 8715 页。
③ 《宋会要辑稿·职官 74 之 4》。
④ 《南外宗族由馥府君遗嘱》，引自《南外天源赵氏族谱》，第 50 页。
⑤ 《万历丙申赵氏重修族谱序》，引自《南外天源赵氏族谱》，第 189 页。
⑥ 《南外宗族由馥府君遗嘱》曰："寿庚……据我地宅，占我田园，夷我坟墓，获我宝器。"

则谱牒等书，不复见矣"①。

在这场屠杀中只有少数幸存者"逃遁窜伏"②。

赵由璂，乾隆《泉州府志》载："字莹卿，宋宗室子也，领乡荐除知宁远，廉介有守，爱民礼士入称政教父母，任满改新城，以母老表辞归侍，得旨改福州之闽清，后母丧服阕称疾不仕。"③ 关于赵由璂在宋元之交的经历，其在《璿源图谱》言，"招抚使蒲寿庚以城降元，南外宗室三千余人，悉为寿庚所害。惟由璂大父与蕃公，游宦于外，幸而获免，故克传世而有今日"④。

赵由腾，"旧名甫腾，字哲卿，乙酉生，承祖业，及国朝编籍东隅十册里，卒号哲斋。葬晋江县三十九都土名荔枝林。子三人，宜元、宜亨、宜贤"⑤。

赵由馥，"字良辅，号四府君。元初宋室亡，公时年甫七岁，幼而聪敏，被掳大都达平章收为男嗣，由良辅送入太学，及长每怀水源木本之思，生身鞠育之劳，平章没后服阕，年三十有二遁归故里，见祖屋崩颓，复树基业"⑥。

赵由钝，"字砺卿，失少怙，走外祖辜氏家，逃避蒲寿庚之难，得免于祸，时司院已经兵燹，故写迹武荣外祖"⑦。

赵必晔，"怅望中原，怀古赋诗，慨然有祖逖之志"，当蒲寿庚降元之时，其和南外宗正司宗正赵吉甫逃亡乡野。田真子为让赵必晔书写降表，便派兵前往缉拿。待士兵围捕时，他持匕首欲自尽，却被赵吉甫抱住。赵吉甫哭着对赵必晔说，"我愧死万万不能复见子矣"，遂被擒。后必晔将被杀害，录曹参军吴伯厚用计将其救出，"遂居泉之东陵"。平日与渔夫、樵夫、方士等，"班荆燕坐，不问人闲事"⑧。

赵由洁，"充庠生，贡入成均，擢承郎。遭寿庚之叛，以官在外得免"⑨。

---

① 泉州赵宋南外宗司研究会编：《南外天源赵氏族谱》，1994年，第48页。
② 《万历丙申赵氏重修族谱序》，引自《南外天源赵氏族谱》，第189页。
③ （清）怀荫布修、郭庚武纂：《泉州府志·卷46·元循绩》，第2册第514页。
④ 泉州赵宋南外宗司研究会编：《南外天源赵氏族谱》，第48页。
⑤ 泉州赵宋南外宗司研究会编：《南外天源赵氏族谱》，第336页。
⑥ 泉州赵宋南外宗司研究会编：《南外天源赵氏族谱》，第402页。
⑦ 泉州赵宋南外宗司研究会编：《南外天源赵氏族谱》，第436页。
⑧ （清）怀荫布修、郭庚武纂：《泉州府志·卷57·忠义》，第3册第195页。
⑨ （明）李伯元：《青阳志》。

赵仕道①，由晋江青阳卯浦逃亡至晋江安海星塔村，投靠外祖，随外祖家姓吴。②

赵与仿，逃亡至漳州龙溪县境内，"僻处银塘村，违城四十里许，逃入深山穷谷间，仅得苟全"③。

赵宜惠，"诗书明经，于诗尤工，号泉山隐士"④。

赵宜祥，"读书明经，隐居授教"，后被郡守偰玉里聘为石井书院山长。⑤

王朝更替，前朝宗室往往成为逼迫和杀戮的对象。这时宗室"或摧兵革，或窜姓名，或弃谱牒，或投遗像于水火，生且存者，所真字号，亦或去之不敢用，惧祸也"⑥，还有的不得不"隐居山林"⑦。

待至天下初定的至元二十六年（1289年），由于漳州爆发陈机察起义，并打拥戴宋室的旗号，致使广东、泉州、福州之宗室"尽俘北去，事白放回"⑧。因此赵由馥在大德四年（1300年）所写遗嘱中告诫子孙："须知谨慎守己，勿苦贱辱而忧抑，勿恃权势而致谤诬，勿视遗失宝器而兴嗟叹……人前强笑，皆亡国子孙免祸之道也。"⑨

但蒙元统治集团也并非对赵宋宗室进行迫害，例如赵由馥在遗嘱中提到的泉州路总管，他就因为得知赵由馥的遭遇而归还坟墓、允许重建宗祠；又如赵必晔命悬一线却最终得以善终；而赵必辞与赵必暐则潜心学问，安稳一生。

也有宗室成员在元朝入仕的例子，他们入仕新朝，为其服务。

例如元代著名书画家赵孟頫⑩就于至元二十三年（1286年）入仕元朝，历任集贤直学士、济南路总管府事、江浙等处儒学提举、翰林侍读学士等职，累官翰

---

① 按照辈分字的排序，赵仕道应为赵嗣道，为魏王派第11世孙。
② 连心豪：《闽南粤东有关宋末民间传说及其信仰习俗》，载《海交史研究》2016年第1期，第28页。《安平星塔赵氏族谱》载："三子仕道，自青阳先迁居黄恩（安海），从外祖姓易赵为吴，殁后方于神主复书赵氏。"
③ 《清漳溪北银塘赵氏族谱》，银塘村位于今漳州市华安县。
④ 泉州赵宋南外宗司研究会编：《南外天源赵氏族谱》，第336页。
⑤ 泉州赵宋南外宗司研究会编：《南外天源赵氏族谱》，第337页。
⑥ 泉州赵宋南外宗司研究会编：《南外天源赵氏族谱》，第7页。
⑦ 泉州赵宋南外宗司研究会编：《南外天源赵氏族谱》，第689页。
⑧ 泉州赵宋南外宗司研究会编：《南外天源赵氏族谱》，第51页。
⑨ 泉州赵宋南外宗司研究会编：《南外天源赵氏族谱》，第52页。
⑩ 泉州赵宋南外宗司研究会编：《南外天源赵氏族谱》，第460页。

林学士承旨、荣禄大夫。晚年后借病隐退。至治二年（1322年），赵孟頫逝世，年六十九。获赠江浙中书省平章政事、魏国公，谥号"文敏"。

赵孟伟，"宋末变更，编籍民伍，读书授徒"，后朝廷招抚在野隐逸为官，孟伟"应诏奉补将仕郎，泉之市舶税院库使"①。

赵由美，于元末防卫军阀陈有定进攻泉州的战斗中，"元戎委"其防守城门。时陈有定兵盛，不久便攻入城内，"入城欲屠"。赵由美持"械见有定"，让陈有定放弃屠城的计划。泉州城也和平地"免难后归附（陈有定）"②。

在1277年元朝在泉州确立统治权至1368年元朝灭亡之前，终元一世，这些在泉的宗室后裔噤若寒蝉，直到明朝建立，才"乃稍复"③。

四、明清时期的宗族

（一）宗族重兴

明朝建立后，南外宗赵氏宗族才开始慢慢恢复生气，迎来复兴。赵由腾之子赵宜元，"洪武初……应募从征，功升陕西兰州卫右所副千户"④。赵古礼，"同明太祖开国有功，洪武十八年（1385年）授铁券，自南京寿州分封泉州永宁卫千户侯"⑤。

在经历了元代的磨难后，南外宗赵氏宗族很重视族规族范，在《南外宗赵氏家范》中，要求宗族子弟需"读书不成才者，当勤治产业……子弟学业未成，不许食肉饮酒……处世接物当务诚朴……不得与人眩奇角胜……当以和睦……出仕，当竭忠报国，抚恤下民，以公廉勤俭……如有脏墨以污家声，则于谱上削其名，死则不许入祠堂"。由于较为严格的族规，使宗族在明代涌现出一批学者、廉吏。

赵惟宪，选郡庠生，尝教授于乡。他与太祖派后裔赵惟琉在之前《宋仙源类谱》《有宋历代御容》《濬源图谱》的基础上，修成《南外天源赵氏族谱》。

赵惟珤，成化元年（1465年）中解元，登丙戌（1466年）进士第，授刑部浙江司主事，迁员外郎，转奉议大夫、广东按察司佥事，奉敕提督学政。在广东

---

① 泉州赵宋南外宗正司研究会编：《南外天源赵氏族谱》，第334页。
② 泉州赵宋南外宗正司研究会编：《南外天源赵氏族谱》，第335页。
③ （明）《万历丙申赵氏重修族谱序》，引自《南外天源赵氏族谱》，第189页。
④ 泉州赵宋南外宗司研究会编：《南外天源赵氏族谱》，第388页。
⑤ 泉州赵宋南外宗司研究会编：《南外天源赵氏族谱》，第509页。

任职期间，曾游历崖山，悼念先人。"所著书有《四书管见》《礼经解疑》《纲目便览》《宋史集要》诸编，悉毁。孙、子复零替，荜门蓬户而已。独其遗言逸事，至今人士喜谈而乐道之。"①

赵由馥六世孙赵世郁，为明代著名军事理论家，其著作《赵注孙子兵法》在明代后期广泛流传，并传播到日本。同时"名将俞虚江出其门下"②，培养出杰出的抗倭将领俞大猷。

赵由钝四世孙赵惟庚，永乐十五年（1417年）乡试进士，升潮州同知、化州知州。

赵应，"宣德（1426-1435年）间授南昌县典史……擢浮梁县知县，政教浃于士民，威命行于狡猾……秩满解去，民列状乞留从之"③。

赵恒，又名赵特峰，嘉靖十七年（1538年）戊戌科进士，历任南京国子监监丞、户部江西司主事、工部虞衡司员外、户部云南司郎中、两浙盐运司同知、云南姚安知府，著有《春秋录疑》《庄子涉笔》《史记涉笔》。李清馥在其著作《闽中理学渊源考》评价赵特峰："馥尝读镜山（何乔远号镜山）司徒，寻称怍庵公（何乔远之父何炯号怍庵）之景慕先生，若趋父兄而奉蓍蔡；而镜山数过先生问业，实亦以师礼事之。"④ 2018年，泉州市考古队在小山丛竹的文物调查勘探过程中，清理出一方悼念抗倭名将欧阳深的石碑——"都指挥欧阳公平倭碑"。该碑撰文者为赵恒——碑文写到"赐同进士出身，中宪大夫，云南姚安府知府，前户部郎中，郡人赵恒志贞撰并书篆"。

赵恒之子赵日新、赵日崇皆为清吏，造福百姓。长子赵日新"隆庆辛未（1571年）进士，知分宜县。下车问民疾苦，兴除皆中綮，四境肃然。郡司理某奉檄督变严氏，没产酷急，株连严氏耕夫，日新破械出之，司理积憾螫之"⑤。

次子赵日崇"万历丙子（1576年）举人，任南康令。廉明惠爱，有才略。裁盐饷以恤民艰，创学田以兴士类，士民爱如父母。升应天推官，擢南刑部郎，复谪新城令，以亲老告归"⑥。

---

① （清）李清馥：《闽中理学渊源考·卷58·学宪赵古愚先生珏》。
② 泉州赵宋南外宗司研究会编：《南外天源赵氏族谱》，第411页。
③ 泉州赵宋南外宗司研究会编：《南外天源赵氏族谱》，第493页。
④ （清）李清馥：《闽中理学渊源考·卷72·郡守赵特峰先生恒学派》。
⑤ （清）吴之锳修、周学曾纂：《晋江县志·卷43·人物志·宦绩》，第696页。
⑥ （清）吴之锳修、周学曾纂：《晋江县志·卷43·人物志·宦绩》，第696页。

赵世征,"(赵)日新子。万历乙未进士,官袁州安庆知府,转广东按察副使,擢云南布政参政,历广西巡抚。所至加意拊循,率吏绥民。及归,橐无百金,人比之赵清献"①。

赵世楠,生于嘉靖朝,为人"慷慨有勇,习武举,业倭寇……为先锋往征",最后不幸牺牲,享年24岁。②

赵德铓,"少从戎,投于泉卫……防倭主,有奇勋"③。

赵伯樑,"幼孤事母林氏至孝",成年之后遇明清变乱,"能竭力急趋,上孝敬祖宗,尝修祠宇,修葺祖坟,遵行祖范,萃类族属"④。

到明代晚期,何乔远记载了南外宗赵氏宗族的兴盛景象。道光《晋江县志》引《闽小纪》曰:"何镜山前辈《泉趋八首》内:'宋家南外刺桐新,凤凰台榭冢麒麟。至今十万编民满,时有当年龙种人。'宋末泉州郡设有南外宗正司,聚诸潢属,今赵姓者多其后。"⑤

(二)迁播

南外宗赵氏宗族也在逐步发展中向泉州的晋江青阳⑥、金井⑦、安海⑧,石狮

---

① (清)吴之铓修、周学曾纂:《晋江县志·卷44·人物志·宦绩》,第704页。
② 泉州赵宋南外宗司研究会编:《南外天源赵氏族谱》,第387页。
③ 泉州赵宋南外宗正司研究会编:《南外天源赵氏族谱》,第389页。
④ 泉州赵宋南外宗正司研究会编:《南外天源赵氏族谱》,第370页。
⑤ (清)吴之铓修、周学曾纂:《晋江县志·卷76·杂志下》,第1954页。
⑥ 《清溪厚山赵氏族谱》载,南宋初年"忠翊郎子伓之孙、宣议郎师玖将欲避祸,不善仕进,徘徊在山水之间,相其地之可隐者而迁居之。一旦,往青阳山,见其山之秀丽,乐其地之丰腴,乃可以衍振振子孙,可以其绵绵之家者,于是乔迁此山之下旧市居焉"。
⑦ 《南外天源赵氏族谱》第523页载:"赵古麟,赘于十一都柄洲场吴家,承里长户役。"
⑧ 《青阳赵氏族谱》载,元代"赵妈奴……娶王氏,生三子:泰分居王墩(安海),己分居平海(安海),成分居金井"。《南外天源赵氏族谱》第435页载:"赵伯夔,清朝不仕,安插青阳。"

永宁①，安溪的城厢、参内、金谷②，惠安的黄塘③，南安柳城④、丰州⑤、金淘⑥、水头⑦，永春玉斗⑧，台商投资区洛阳镇⑨以及厦门⑩、漳州的华安、浙江

---

① 《南外天源赵氏族谱》中赵古礼系祖谱重修族谱序中讲道："古礼公于洪武初，有功于朝，奉诏屯驻于泉……世居永宁。"

② 《清溪厚山赵氏族谱》载："赵氏之占籍清溪也，有三出焉：一隶永安里之郭溪，一隶长泰里之厚山，一隶崇善里之谷口（即金谷）。此三派者皆发源于晋江，而属有宋天潢支脉，故后先相率入安溪，居不越五十里。"《温陵安平星塔赵氏从姓吴氏谱序》载："仕谊分居安溪员潭（今属参内乡）。"

③ 后西赵氏属太祖派。南宋末年蒲守庚献泉州城叛宋降元，为逃元兵追杀，元至元十三年（1276年）赵学礼（太祖第17世裔孙）一家从泉州逃亡至现在的后西村搭茅屋居住。赵学礼有四子，长子、三子留在后西村繁衍，二子迁往福清市一带，四子的一个儿子携家眷继续往南边迁徙，不知所终。《南外天源赵氏族谱》第392页，也载："赵世间（间"亻"旁）……分居安溪县……崇善里。"

④ 《南外天源赵氏族谱》载："迁居路水头赵氏皇室后裔系宋太祖之后，太祖长子赵德昭传惟吉、守廉、世奉，追及令磅传子镪；建炎南渡，子镪入泉（墓葬南安霞美橄榄安山），传伯遏、师沆，传希系、与蕃、孟伟、由腾、宜贤，后裔顺阳、普镂、纲亮，传鼎中、建鼎，迁居（柳城）路水头。"

⑤ 泉州南建筑博物馆内有一方"宋燕王德昭公，安定郡王（赵）子侁"后裔赵大申的墓志铭，其志载赵大申于明代弘治之前就迁徙至翠林（今南安丰州镇桃源村），"作田舍居"。

⑥ 《南外天源赵氏族谱》336页载："赵顺郁……承武荣田业，移居十五都诗口，营建居宅，以成家道。"

⑦ 《重修华封延陵吴氏谱》载，华封（水头）延陵吴氏开基祖为四郎公。《华封延陵吴氏旧谱序》载，四郎公姓赵因凶胡之乱（元祸）开始从外祖三襄姓吴，隐姓埋名。

⑧ 据《重修云台赵氏家谱》载："贵定公……永乐二年（1404年）移屯永春土田。"

⑨ 《南外天源赵氏族谱》第431页载："赵伯惠，住惠邑洛阳桥北。"

⑩ 《南外天源赵氏族谱》第541页载："赵叔霦……入泉同安……葬同禾里四都。"《南外天源赵氏族谱》第543页载："赵同夫……南渡时……知同安……葬同禾里陈井之西。"赵若祖在池州通判任上，被入境元兵所杀，其妻不得不"遗腹"重返同禾里长兴，并改名换姓，文见《南外天源赵氏族谱》第544页。

海门①、广东潮州②等地迁移。宗室赵若和迁往漳州漳浦③。明弘治二年（1489年），族人赵畴禧迁海南淡州（今海南儋州市）④。清顺治十八年（1661年）太祖派二十一世孙赵伯勋全家同郑成功徙台不归，在台湾开基创业⑤。

至近代以后，大批南外宗赵氏族人亦更多地迁移至外省以及世界各地，使其族人的足踪遍及海内外。

五、小结

南外宗赵氏在泉州繁衍至今已有近900年，随着朝代的变迁而起起落落，显示出顽强的生命力。在最辉煌时是天潢贵胄，为泉州的发展做出贡献；在最危难时几乎灭族，却仍顽强生存，繁衍生息；如今其支脉广播周边省份、港澳台以及世界各地，成为一大族群。

（作者单位：泉州市博物馆）

---

① 《南外天源赵氏族谱》第566页载："赵温禧……入赘于海门传后，现住海门。"
② 《温陵安平星塔赵氏族谱》载：赵仕道长子"昌达分潮州"。
③ 《赵家堡赵氏玉牒》载："我府君若和承杨太后命，奉帝昺迁崖山。复被元兵牵制，帝昺溺死。乃以十六船与黄侍臣、许达甫夺港而出，夺将之闽复图，遇风截帆船入橘具。乃登岸，晦居清漳之浦西。盖屋银坑。会有西豪民倡名赵王举兵者，于是元人悬金购赵王。我若和公讳赵为黄，以避其祸。深匿其谱牒，终身不敢对人言。后徙积美，所置屋地田园山地，俱分黄、许二氏。""是为漳金浦始迁之祖。"至明代，由于后裔（黄）惠官娶黄姓女子为妻，被"豪民陈平中告讦同姓为婚"，族人（黄）文官出示族谱，"御史朱必查系宋裔赵姓"，这才恢复赵姓，"人始知积美有赵氏，为赵宋之后也"。
④ 见《南外天源赵氏族谱》第566页。
⑤ 见《南外天源赵氏族谱》第8页。该书第565页亦载："赵时拱……葬在台湾。"

姓氏的延续

● 王伯宗 ●

一、姓与氏

氏：古代由族长领导的部落族群，有名的氏有盘古氏、有巢氏、燧人氏、伏羲氏、女娲氏、神农氏（炎帝-姜石年居姜水）、有熊氏（黄帝-公孙轩辕，亦称轩辕氏居姬地，又称归藏氏）、陶唐氏（尧-伊祁放勋）、有虞氏（舜-姚重华）、金天氏（金德王，少昊，嫘祖所出，为穷桑氏（居），亦称青阳氏（都）、夏后氏（禹，匈奴称是夏桀被放逐之北支后裔）。氏用来区别贵贱，贵族有名有氏，贫民有名无氏。

姓：女子称姓。而姓则用来区别婚姻。同姓不能通婚：姓同氏不同也不能通婚，而氏同姓不同则可以通婚。最古老的姓大都是从"女"字旁，如姬、妫、妊、姒、姜、嬴、姚、姞、妘、娄、嫪等。妲己姓己字妲，苏氏诸侯之女。

周朝立于戎狄之间，都岐山，有四个贤媛（好女人）：太姜（周太王姬古公之妃）姓姜，太任（周王季姬季历之妃）姓任，太姒（周文王姬昌之妃）姓姒，邑姜（周武王姬发之后）姓姜。一个坏女人：褒姒（周幽王妃）姓姒。由此显示，当时女人"姓"并不一定冠在名字之前，男人"姓"则冠在名字之前。

姓氏的演变：

氏：

1. 古时一个氏族内有许多姓，同氏个不同姓，可以结婚。同姓同氏、同姓不同氏都不能结婚。现则同姓只要派别不同就能结婚，法令则规定五等亲内不能结婚。氏大于姓。

2. 狭义的分别支派，如某氏宗亲会、某氏族谱。如某姓宗亲会则包括许多的同姓派别，显然姓大于氏。

3. 女人将之放在姓之后，古时杨氏、吴氏等，现越南女子仍直接加在姓之后，如范氏香、阮氏梅等。

姓：

1. 古时姓以母姓社会为主，姓都有女字部首。神农氏及黄帝、祝融氏等开始分姓，则渐加入不属女字部首的姓。

	分姓	衍出的姓
神农氏（炎帝）（姜姓）	吕、申、谢、齐、高、国、向、尚、许、浦、卢、丁、崔、纪	亡国太子姜雷为方姓始祖
黄帝（姬姓）25子分封14子12个姓	姬、酉、祁、己、滕、葳、任、荀、僖、姞、儇、衣	衍出的另查共祖图表 另周朝姬姓以国为姓分赐春秋战国各姓
祝融氏（八姓）	曹、彭、秃、董、妘、斟、己、芈	

2. 赐姓：家丁（属买卖入姓），国王、皇帝赐姓，唐朝、明朝等都有赐国姓，唐朝改李姓最多。清朝对台湾少数民族赐姓。清朝所谓熟番，其要件实包括剃发一项，亦即熟番皆剃发，化番则部分剃发。没有实施剃发的，是所谓未归化"生番"。将"剃发"视为熟、生番之区别。当时赐姓，根据日人学者伊能嘉矩调查，总共计有"潘、蛮、陈、刘、戴、李、王、钱、解、林、黄、汇、江、张、穆、庄、鄂、来、印、力、钟、萧、炉、杨、朱、赵、孙、金、赖、螺、东、余、巫、莫、文、米、叶、卫、吴、黎、卓、颜、万、郑、兵、白、北、尤、郭、高"等，赐姓之广几与汉人无异。

3. 复姓改单姓：胡人汉化后逐渐改成单姓，南北朝、元代蒙古族、清朝满族，都大量改姓。改成王姓最多。蒙古、新疆、黑龙江、吉林、甘肃、宁夏、贵州等边省王姓皆占第一位。

二、族谱上的接续

1. 过房。叔伯间孩子的过继扶养。

2. 出嗣、入嗣（入祀）。在同宗族人中从小就接过户扶养是为入嗣，原家即称出嗣，如户长已死再过房祭祀即为入祀。

开闽王氏王游支派世系图

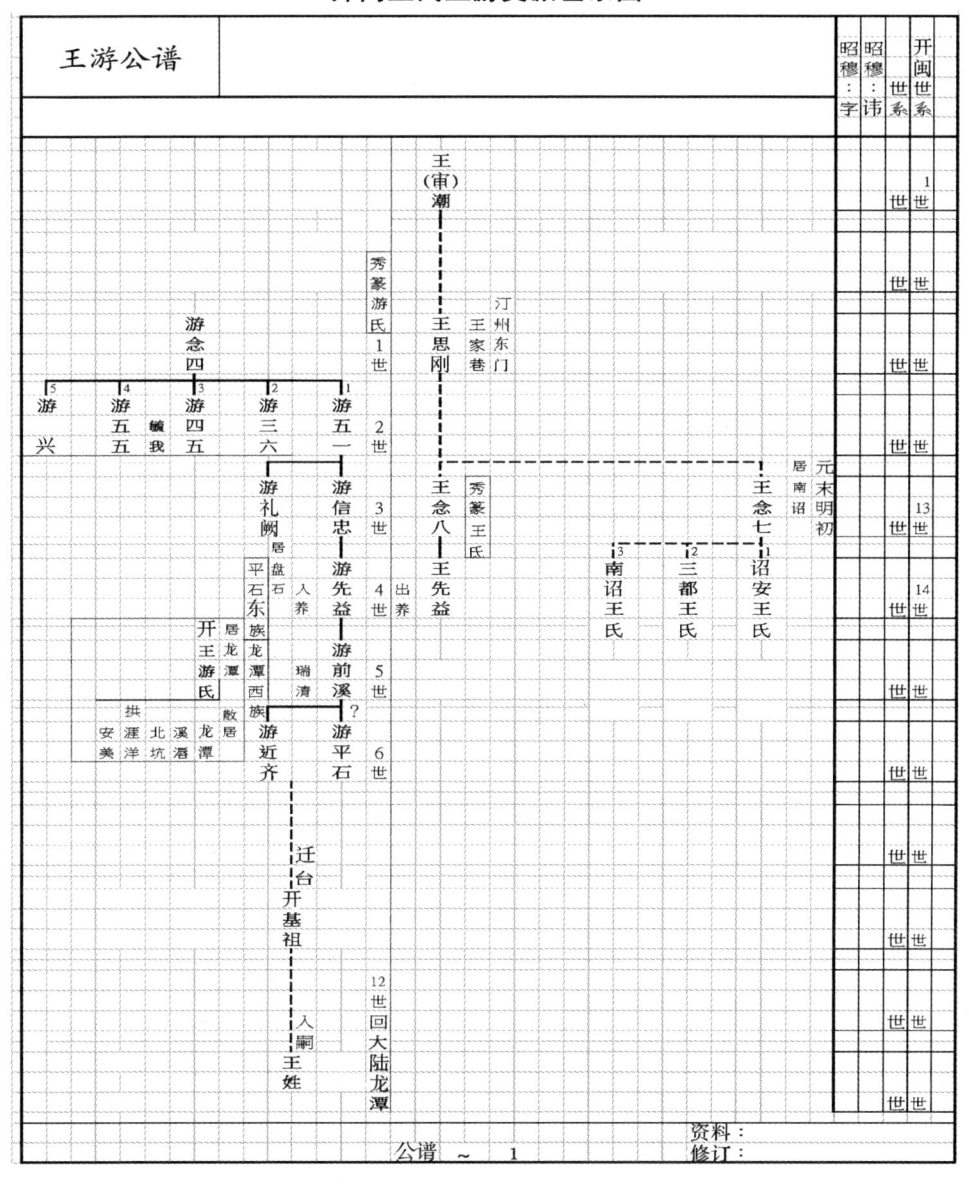

图1

3. 立嗣、入养、螟蛉子。立嗣、入养：有可能是有血缘的收养，即男人将在外面所生之子，领养纳入本家。也有可能是无血缘的收养。螟蛉子[①]：他姓所

---

① 《诗经·小雅·小宛》："螟蛉有子，蜾蠃负之"为异姓入姓插旗。

生之子过继给本户之户长，收养后与本生家断绝亲属关系。王游一家：在福建省漳州市诏安县秀篆镇，有一种独特的姓氏现象：两个不同的姓氏共祭一个祖庙，共奉一个祖先，最终联宗为一个复姓。这种独特的姓氏现象在国内十分罕见。祖庙原先有两个灯笼，一个写"王"，一个写"游"，其实是同一个祖宗。这个复姓就是"王游"，由王和游两个异姓合并而来。这个奇特的姓氏，说来还有一段有趣的故事。明末清初，一队人马走过"龙潭家庙"，有人说："刚才那个祖庙是王姓人家的。"另一个说道："不，是游姓人家的。"两人争论为此不休，于是返回来细看，原来"龙潭家庙"的灯笼上一面写王，另一面写游。结果当然是他们都没说错，只是两人对此很是不解。为何一个宗祠有两个姓氏，这两者有何关系？生的时候写王，死的时候写游，女儿未嫁之前姓王，嫁给外姓人后姓游，就是所谓的"生王死游"。王游（三才子）与清游（三方子）并无血缘关系，纯粹是入养繁衍下来的一个王姓支派。台湾也有三才子游回祖国大陆入养王姓，改姓王的。（见上页《王闽王氏王游支派世系图》）

三、联宗

台湾联宗情况也很普遍，如六桂联芳（翁、龚、方、洪、江、汪六姓）、柯蔡联宗、苏周联宗、张廖简联宗，甚至还有四姓五姓联宗的，如王尤游沈联宗、虞姚陈胡田联宗，有些地区还出现了新复姓，如张廖、廖简、范姜等，这也是联宗后的一种现象。

四、借由婚姻的一个接续

（一）拜两个公妈牌位
因联姻祭祀两家公妈牌，分前后排及左右并排。

（二）"活廖死张"
元朝时，张原仔公字俊秀，原籍云霄西林和尚塘人。从军至漳州诏安县三都官坡，离军营宿于早寨富人廖三元公之闲舍。廖公单生一女，遂招赘张原仔公为婿。张公入赘后即改姓廖，掌管廖家产业，生下子女亦均姓廖。廖公感其诚恳，亦恐日后张原仔公背廖归张，乃与张原仔公立据协议：虽在世姓廖，惟死后神主姓氏均改为张姓，以表廖张两姓之根源。因而有"死张活廖"之说，此亦张廖同源之由来。

（三）**张廖简三姓联宗**

张廖简三姓联宗的故事，上承"廖氏源流"。廖崇德生了三子。长子兰芝（讳佩）唐朝总章戊辰进士，继承武威郡祀。次子兰楷，继承清河郡公。三子兰德，继承太原郡祀。兰芝生了三子。长子光禄，登唐景龙丁未进士，官封汀州节度使。次子光尧。三子光景（讳德登），是宋代宣州刺史，学士丞相，去世后埋葬在江西宁都钧州，有大石碑书明官爵名号。光景的夫人张氏，生了三个儿子，长子瑞瑄、次子琼瑄、三子琳瑄。次子琼瑄生了独子四十一郎为汀州始祖。四十一郎生了九个儿子，因避祸而分隶三姓。长子文广、次子文兴、三子文举，仍然本姓廖，奉祖传的"武威"为郡望。四子文福、五子文亮、六子文禄，分姓为简，以"太原"为郡望。七子文用、八子文明、九子文峰，随母姓张袭用张姓的"清河"为郡望。张廖简三姓联宗由此开始。由上述的故事可知这个廖姓衍派传下的张姓、廖姓、简姓的后代，本来是一家人，而张廖与张廖简出处及年代不同，并无直接的关系。

（四）**"活吴死杨"**

出自台中市清水区，杨泉成商号。前清水小学校长吴清波，死时告别式变为杨清波，亲朋好友惊愕连连。出自先世许姓入养，衍出杨吴一家亲。

清水杨泉成商号世系图

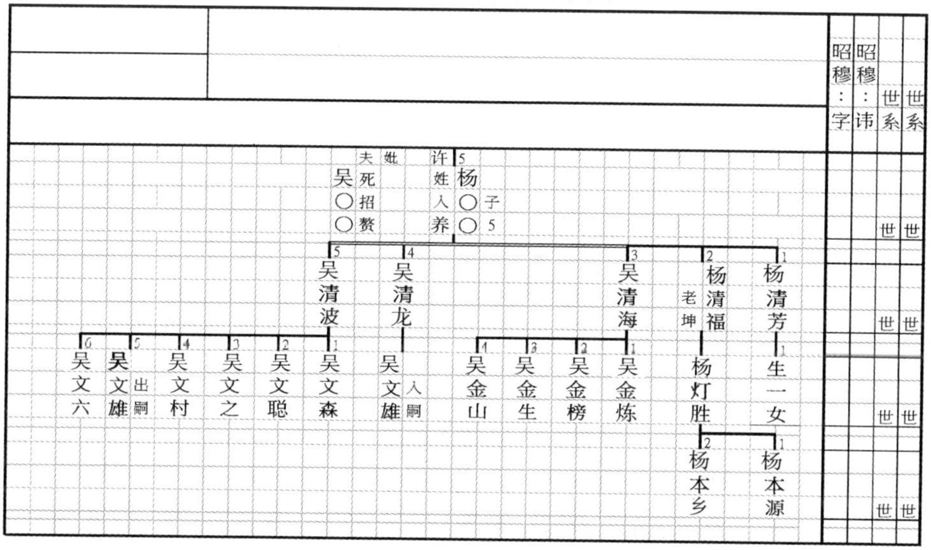

图2

（五）苏周连

新竹的周姓祖先在元朝末年，由姓苏改姓周。苏家与连家都住在福建省同安县一带，500余年前已相识，因此子孙来台后有"苏周连同一家"的说法，三姓的始祖苏益公（唐朝）、周氏可安公（元朝）、连氏法进公（明朝）联合在一起叙述。

苏益公：《苏氏族谱》载，从远祖黄帝起直至苏益公入闽（同安），再从同安至苏九三郎公迁居永定古竹，直至今出生的全部族人（包括县内20000余人，外迁台湾、缅甸、广东、广西、湖南、湖北等地族人，约3000页）。唐末，苏氏第105世裔孙苏益（875—965年），字世进，又名利用，出生于河南光州固始县，以嫡子孙继承武职。奉旨随威武节度使（闽王）王潮入镇福建，任都统军使（即先锋），宋初赠陞州刺史，上将军，武安侯。

周氏可安公：唐朝末年，苏益任福建，定居同安，裔孙昌盛，成为南方大族之一。苏益的六代孙居住福建泉州卓源乡新康里，因遭粮累，财产没官，族人还受元朝官军围剿，各自逃难。元朝末年，其侄苏可安改姓周。自此以后，这支周氏族人繁衍，并迁入台湾新竹县。

连氏法进公：据《连氏族谱》记载，唐开成元年（836年），连谋自婺州（今属浙江）入福建开基，成为连氏入闽始祖。明正统十四年（1449年），连谋的十世孙连法进之子连垒，从龙岩漳平县入长泰，在江都筑寨而居，繁衍生息。长泰县与同安县相邻，苏家与连家之祖先相识已500余年了。17世纪40年代明朝灭亡，作为明朝的子民，连氏先祖不肯臣服清朝统治。在清康熙年间，连氏祖先连兴卫渡海迁徙到台湾，在当时台南郑成功驻兵地宁南坊居住下来，连战是连兴卫的第九世孙。

（六）范姜复姓

清朝初年，广东海丰人范集景之妻雷氏，因丈夫早故且贫寒，而携二子范文周、范文质改嫁姜同英，故长子范文周所生四子皆继承姜家，改姓姜姓。次子范文质感念继父养育之恩，起初难择膝下五子是二人姓姜三人姓范或三人姓姜二人姓范，但结果都不公平。最后决定五子皆冠上范姜双姓。

后范文质所生五子先后来台，申请"姜胜本垦号"，逐步向内地开拓广大土地：南以社子溪为界，东至营盘脚（今杨梅区上田里），西抵石牌岭（今新屋区石牌里），北达大堀坑（今观音区大堀里）。是故范姜姓氏皆流入台湾。范姜族人于清咸丰四年（1854年）兴建祖祠，即今新屋范姜祖堂。

（七）王刘复姓

历史上刘王不婚出自王莽篡汉，目前台湾刘姓客家庄还有些保留，但我家隔壁刘家告诉我这个典故，他家两个媳妇却都姓王。松山机场附近同安籍王姓人也不与刘姓通婚，经查在同安原籍地已全是刘姓村落，分析可能王姓在当地是弱势族群，被赶出村子迁移至他乡。至于王刘复姓则出自台中沙鹿有名的光田医院家族，应是清朝刘家媳妇改嫁王家遗留下来的复姓。求学时还见过王刘香苹、王刘香月等名字，现大部分已老去，仅存应已很少，光田传嗣也都去刘姓恢复单姓王了。

（八）六代七姓

由图3、图4分析，有媳妇改嫁，也有男性入赘相互交叉衍生出来复杂一个亲族。

（九）两王并联

1. 两个家族并联。沙鹿斗抵两个家族，安溪属蓬洲支派婆娘蔡娥招赘五里埔支派王庆衍生之后裔，蓬洲支派认（图5），五里埔支派也认（图6）。

渡台（牛骂头）世系图

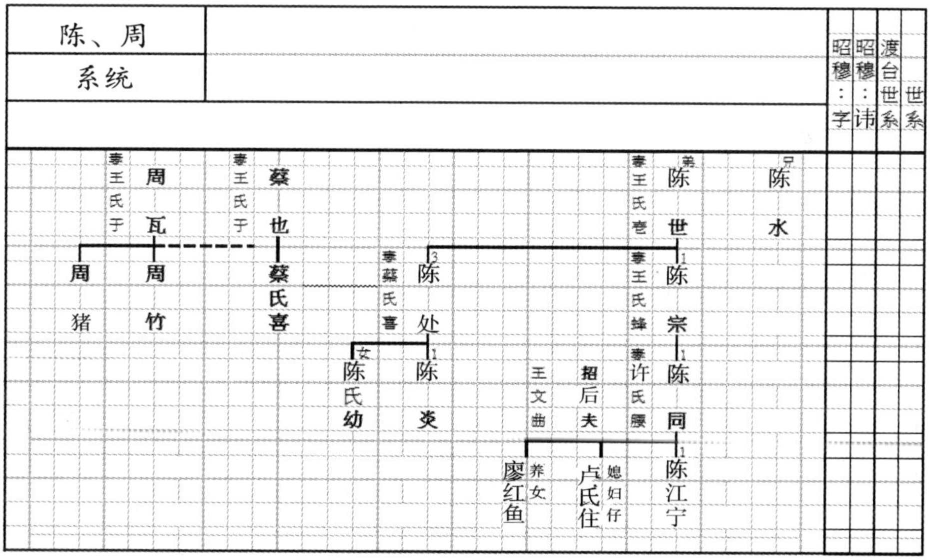

陈、周系统							昭穆：字	昭穆：讳	渡台世系	世系
妻王氏于 周瓦	妻王氏于 周瓦	蔡也 蔡氏喜			妻王氏壹 陈世	弟 陈水				
周猪	周竹	蔡氏喜	妻蔡氏喜 陈3	陈处1	妻王氏蜂 陈宗1					
			安 陈氏幼	陈炎1	王文曲 招后夫	妻许氏腰 陈同1				
			廖红鱼 养女		卢氏住 媳妇仔	陈江宁				

图3

渡台（牛骂头）世系图

| 王、许、童、洪系统 | | | | | | | | | | | | | | | 昭穆：字讳 | 昭穆：讳 | 渡台世系 |

图4

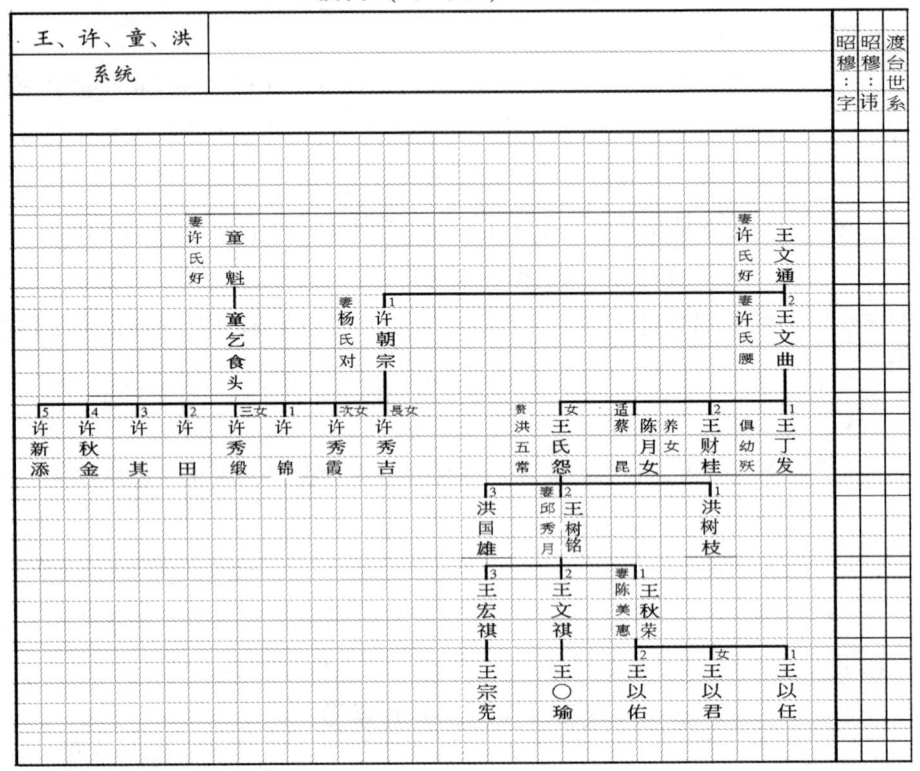

图4

开闽王氏安溪蓬洲渡台（牛骂头）世系图

际拔	支派	蓬洲大二房番公派下	昭穆：字讳	昭穆：讳	渡台世系	蓬洲世系

渡台祖：王际拔(上承清溪第一部170页)

					夫亡柯妻柯凉 1 万子生 3	朝国	5	14世
				住沙抵斗鹿 王恭凉				
	妻 子系因 真 凤原 招妻 1							
	4 观孙廿4 1 观五安 廷柯蔡 王							
	清 公仍系父 公里配 子王无子 蚶	廷运	6	15世				
	真 派列廿4 3 关 埔莲 王9庆 娥嗣 4							
	华							
	妻4 清 子3	妻3 杨 清 子2 敏	妻 叶 清 子2 越水	妻 施 清 省	1 朝(旺仔)公忠木 6	7	16世
	张 旺							
	真							

图5

开闽王氏安溪官桥镇五里埔渡台世系图

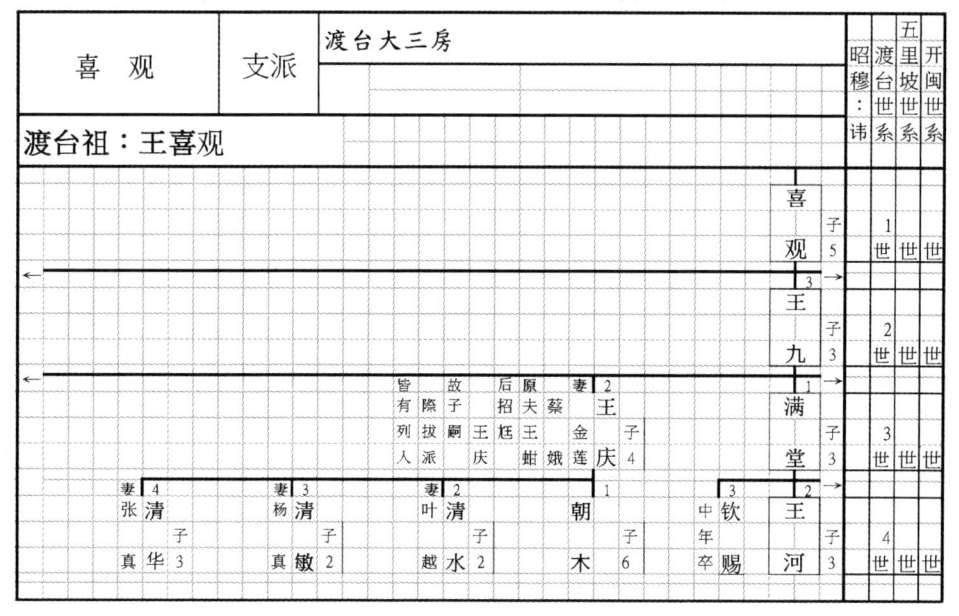

喜 观	支派	渡台大三房						昭穆：讳	渡台世系	五里坡世系	开闽世系
渡台祖：王喜观											
							喜观 子5	1世	1世	1世
							王九 子3	2世	2世	
						皆有列入 故隙拔嗣王烌庆	后子招王蚶庆	原夫蔡金莲娥 妻2	王子庆 4	满堂 子3	1		3世	3世
	妻4 张清 子 真华3		妻3 杨清 子 真敏2		妻2 叶清 子 越水2		朝声 子 木6 1	3 中年卒	2 钦赐	王河 子3	4世	4世	

图 6

2. 兄要叫弟为叔公祖。安溪属蓬洲支派婆娘黄兰夫死（衍谋蓬洲 18 世衍字辈），改嫁同属安溪属蓬洲另个支派王夏（蓬洲 15 世运字辈），后嫁所生之子认同父系。

昭穆相同：文章开国运，忠孝衍家声。

开闽王氏安溪蓬洲渡台（牛骂头）世系图

一厚支派 文道派下	蓬洲大二房番公派下							昭穆：字	昭穆：讳	渡台世系	蓬洲世系
渡台祖：王文道											
							妻1 赵衍 子三 4	绵衍 不碟	8世	18世
	见廿七 2	际王茗派下	夫死改嫁节	（运）子 夏4			妻2 黄衍 子 兰谋2				
4 家锡	3 家铭	2 家王	1 家兴		妻2 （郭俐妊）	1 圣子家彬4	家绣淇琴原	妻2 蔡家菊子枝和2	妻1 杨家绢子庆	世家 子庆	9世	19世

图 7

141

开闽王氏安溪蓬渡台（牛骂头）世系图

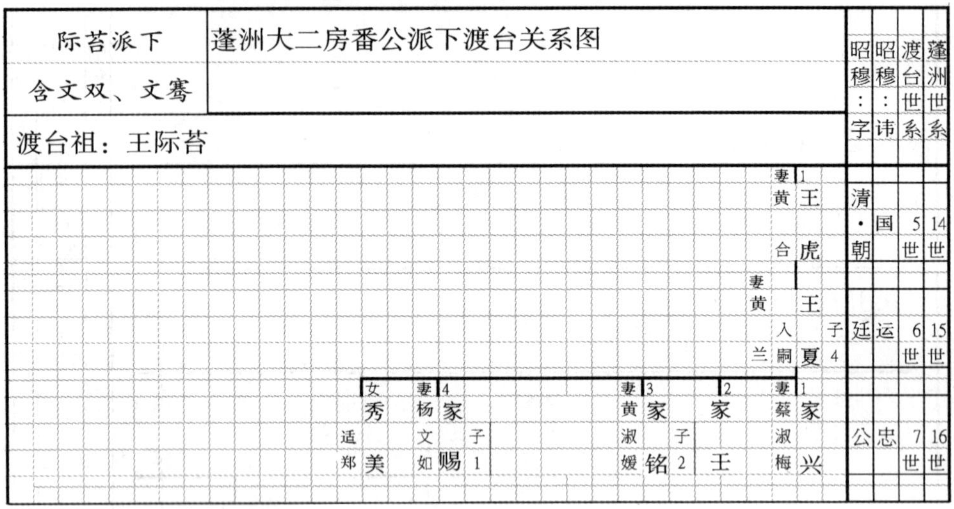

际苔派下 含文双、文骞 渡台祖：王际苔	蓬洲大二房番公派下渡台关系图						昭穆：字	昭穆：讳	渡台世系	蓬洲世系
						妻黄合	1 王虎	清·朝	国	5世	14世
					妻黄兰	王夏（入嗣）	子4	廷	运	6世	15世
	女秀适郑美	妻4杨文如	家子赐1		妻3黄淑媛	家子铭2	家王	妻1蔡家淑梅	公	忠	7世	16世

图 8

（十）一胎化衍生的姓氏问题

男女结婚后女方为延续无后为大的困境，往往要求男方分个娃儿来传承女方，但困于一胎化，于是将两姓上下相叠弄了个叠姓（复姓），取了单名，双方有个延续。最近看了篇文章，更有拆姓为姓（另创新姓，但依"户政法"可能无法通过）、拆姓为名的法子，看了莞尔一笑，没能录下与大家分享。现开放两胎化，定可解决这个问题。

姓氏文化传承了五千年，其中虽有变迁，但依主流文化走，不至变迁太大，台湾少数民族1987年后有恢复原姓氏者（自称前卫人士或官员），但少数民族16族群取名方式不同，有叠名为姓者，有一族内有两种以上命名方式，且有一生需为身份不同改姓三次者（婚前、生子、当祖父，如缅甸一样），并没有一定规则，只能在族内自我认同，很难成为社会气候。由于文化的传承与融合，使边疆族群纷纷改为汉姓，隋唐宋元明清的演义，汉姓遂为大统。

（作者单位：台中市王姓宗亲会）

苗栗苑里瓦磘郑氏祖源初探

——● 王桂明 ●——

本文通过对台湾地区郑姓人口数分布及其姓氏排名、苗栗县苑里镇郑姓家族资料的研究，探讨苑东里①，祭祀公业郑祥炎派下员的祖源。

一、郑姓在各县、市的分布概况

郑姓在台湾地区排名第十二大姓，合计443702人，在各个直辖市及省辖各县、市（合计22个县市），郑姓人口数最多的是新北市（78132人），其次是高雄市（56242人），再其次为台北市（51936人）；郑姓人口数最少的县、市是连江县（273人），次少者为金门县（2250人），再次少者为澎湖县（3036人）②。

台湾地区合计有368个乡、镇、市、区，郑姓人口数在该行政区域排名位列前三大姓的合计有五个乡镇，其中郑姓排名位列第一大姓者从缺，位列第二大姓者有三个乡镇，分别是苗栗县苑里镇（第二大姓3844人）、彰化县溪州乡（第二大姓3150人）、澎湖县白沙乡（第二大姓977人），位列第三大姓者有两个行政区，分别是屏东县林边乡（第三大姓1766人）、新北市坪林区（第三大姓497人）③。

苗栗县郑姓人口数合计10963人，在苗栗县辖18个乡、镇、市当中，郑姓

---

① 林圣钦等撰述：《台湾地名辞书·卷十三·苗栗县（上）》，台湾文献馆2006年版，第218页。1950年瓦磘里更名为兴隆里，1978年兴隆里因人口不满200户而并入苑东里（位于苑里市街的东区乃称苑东）。

② 《台湾姓名统计分析》，统计报表，表一，第91—95页，表五十七，第280页。台湾户政主管部门2018年10月初版。

③ 《台湾姓名统计分析》，统计报表，表四至表二十五，第102—195页。台湾户政主管部门2018年10月初版。

人口数进入该行政区域的前二十大姓只有四个镇,分别是苑里镇(第二大姓3844人)、竹南镇(第十二大姓1790人)、通霄镇(第十大姓1010人)、后龙镇(第十大姓968人)①,合计这四个行政区的郑姓人口数为7612人,其余14个行政区域郑姓人口数合计仅有3351人。由上列统计资料得知,苑里镇的郑姓排名与人口数相对最高,笔者因而选择苗栗县苑里镇切入研究郑姓。

二、瓦磘"荥阳堂"郑氏

2016年12月,中国闽台缘博物馆原副馆长朱定波先生邀请笔者一起前往苑里镇调研,由其老友林坤山先生亲自带路参访该镇知名宗祠家庙。笔者敦请林老师帮忙介绍认识苑里镇最具代表性的郑氏家族之一,位于苑东里瓦磘庄②(亦称瓦窨,③也称瓦窯④),祭祀公业郑祥炎的裔孙郑文炳先生(曾担任苗栗县苑里镇长,于2006年上任该职,任内颇多建树),因而有机会接触其珍藏的族谱《荥阳鹤浦郑氏家谱》⑤,该谱内容分为两部分,前段为近年编辑打字印刷,后段为旧谱手抄谱影印。

当场翻阅郑氏族谱时,笔者惊讶地发现,明明是郑氏族谱,怎么连续数十页都在介绍开闽王氏王潮世系,从手抄谱第2页至39页,数篇谱序、行实、大宗祠堂记等,皆提及王潮与其弟王审邽、王审知,以及王潮十世裔孙王君载出嗣其舅父郑德明的叙述。

例如手抄谱第24页第一行毛笔字清楚写着:"按郑氏之先本王姓也始祖王潮自唐季为观察使……"

---

① 《台湾姓名统计分析》,统计报表,表十二,第146-149页。台湾户政主管部门2018年10月初版。

② 吕荣泉总编辑:《苗栗县地名探源》,苗栗县地名探源编辑委员会1981年版,第103页;林圣钦等撰述:《台湾地名辞书·卷十三·苗栗县(上)》,台湾文献馆2006年版,第218页;[清]蔡振丰纂辑、林坤山影印编辑:《苑里志》苗栗县苑里文史协会2006年版,第75页。

③ [清]沈茂荫纂辑、台湾省文献委员会编印:《苗栗县志》,1993年版,第43页。[清]蔡振丰纂辑、林坤山影印编辑:《苑里志》,2006年版,第54页。

④ 林圣钦等撰述:《台湾地名辞书·卷十三·苗栗县(上)》,台湾文献馆2006年版,第211页;林坤山编著:《苑里镇地名与故事》,2009年版,第80页。

⑤ 《荥阳鹤浦郑氏家谱》,2017年1月6日翻印。

例如手抄谱第 26 页第二行毛笔字清楚写着："君载盖以女孙继外祖……"

例如手抄谱第 39 页第三行毛笔字清楚写着："按谱中郑德明公立王潮十世孙君载为嗣……"

例如手抄谱第 39 页最后一行毛笔字清楚写着："王潮公乃古时之根源必须以王公入郑蕃衍后裔为主。"

至此得知，福建长乐福湖第十世郑君载本为郑辉的外孙王君载（开闽王氏王潮九世裔孙王元宗之子），入嗣郑辉之子郑德明（王君载的舅父），亦即郑德明的嗣子郑君载就是他的外甥王君载。

笔者依据《荥阳鹤浦郑氏家谱》与郑祥炎瓦磘公厅内墙壁上悬挂的世系，自行整理编制如附件（表一）—（表四），① 如此更容易清楚郑氏祖源与世系。

三、祖源探讨与昭穆

笔者于整理编制（表一）—（表四）期间，发现《荥阳鹤浦郑氏家谱》有些疑点疑问如下：

1. 郑祥炎之先祖，郑城是否又名郑梦甲？郑天犀是否又名郑天墀？

如果郑城就是郑梦甲（高浦 7 世/厦门 1 世）、郑天犀就是郑天墀（高浦 9 世/厦门 3 世），都是正确无误，同一人不同名，则厦门世系顺利衔接高浦世系，此乃毋庸置疑！但是，如果不同名字又不同人，那么这个祖源认定就有待商榷了！

2. 郑胸营（高浦 10 世/厦门 4 世）为独子或有亲兄弟？郑胸营就是郑想或郑典？

郑天墀生二子，长子郑想，次子郑典，而郑天犀生子郑胸营（郑君助），② 但是郑氏家谱并未说明郑胸营（郑君助），与郑想、郑典，这两个姓名之间的关系！由此观之，其祖源的认定因而难免存在着一些疑点！

3. 鹤浦昭穆字序二十字云，与新增二十字云，多处呈现大同小异！

郑祥炎瓦磘公厅内的厦门世系昭穆，祭祀公业法人苗栗县郑祥炎管理委员会

---

① 台中市王姓宗亲会总干事王伯宗先生免费提供给笔者，其自行设计的世系图格式（Excel 版）。

② 《荥阳鹤浦郑氏家谱》，第 2、86、89、91 页。

网站公布的昭穆，① 与《荥阳鹤浦郑氏家谱》高浦世系昭穆基本相同，仅有少数几个文字碍于谐音或者字形雷同而有差异！详如下列相对应的昭穆字云对照比较（参考出处皆以括号说明）。

鹤浦上郑大宗祠昭穆字序二十字云

开宗肃伯朝 德台昌履鼎 晋观大家芳 彦士正扬廷（1 郑氏家谱昭穆：页 38）

开宗肃伯朝 德台昌履鼎 晋观大家方 彦士正扬廷（2 郑氏家谱昭穆：页 46）

开宗肃伯朝 德台昌履鼎 晋观大家方 彦士正用廷（3 上郑昭穆：厦门杏林祖厝）

开宗叔伯朝 德台昌履鼎 晋观大家风 彦士正扬廷（4 网络昭穆：郑祥炎沿革）

开宗叔伯朝 德台昌覆鼎 普观大家风 彦士正扬廷（5 公厅昭穆：瓦磘公厅）

新增二十字云

文光昭奕世 礼法振宏名 缵绪千秋业 延绵庆显荣（1 郑氏家谱昭穆：页 38）

文光昭奕世 礼法振鸿名 读史千秋业 延别更显荣（2 郑氏家谱昭穆：页 46）

文光昭奕世 礼法振宏名 赞绪千秋业 延绵庆显荣（3 上郑昭穆：厦门杏林祖厝）

文光昭奕世 礼法振宏名 缆绪千秋业 延绵庆显荣（4 网络昭穆：郑祥炎沿革）

文光昭奕世 礼法振宏名 缵绪千秋业 延绵庆显荣（5 公厅昭穆：瓦磘公厅）

4. 昭穆辈序错用？

高浦世系昭穆，亦使用于郑祥炎瓦磘公厅内的厦门世系昭穆，照道理，高浦 7 世（台字或台字辈）就是厦门 1 世，然而厦门 1 世居然又从高浦 1 世（开字辈）起算，这已影响实际辈序与长幼尊卑！

5. 王潮世系表，查无其长子王敦叙（字茂懿）、次子王敦美（字茂寔）？

现有已知开闽王氏公谱，王潮（字信夫或信臣、信成）配侯氏，生子三，延钉、延望、延义，此与《荥阳鹤浦郑氏家谱》叙述王潮（字克信）配霍氏，生子二，敦叙、敦美，信息并不一致！

---

① https://cheng.177.tw/about-2，祭祀公业法人苗栗县郑祥炎管理委员会网站，2019 年 9 月 27 日。

四、结语

依据这本族谱现有信息得知,苗栗县苑里镇瓦磘郑氏其祖源本姓王,乃开闽王氏王潮的后裔。至于上列疑点,则有待适当时机再深入探讨了!

(作者单位:台中市王姓宗亲会)

开闽王氏长乐五峰王氏世系图

（表一）

开闽五氏长乐世系

资料来源：苗栗县苑里镇瓦磘 荥阳鹤浦 郑氏家谱。

开闽世系	长乐世系	渡台世系	昭穆：字行讳行
1世			王潮 字信臣，配霍氏，弟审邦、审知
2世			王敦叙 字克信，配柳氏，子长茂、次懿
3世			王齐 字乔，配黄氏，子长茂、次懿之
4世	1世		王彦复 字希之，齐公长子，初居五峰，迁长乐，为长乐始祖
5世	2世		王兴叙 字彦复长子，配刘氏，子长文本、次文福
			王兴德 字彦复次子，配林氏，子长颚、次颈、三颡
			王兴福 字彦复三子，配陈氏，子长颀、次颢
6世	3世		王欣 / 王颖 / 王颚 / 王颈 / 王颡 / 王颀 / 王颢
7世	4世		（开闽7至8世世系本家谱未载，荣阳鹤浦郑氏家谱有记。）
8世	5世		
9世	6世		王元宗 配郑州郑氏、福氏，湖福郑氏
10世	7世		王君绰 字元〇，公之子宗端，载君亲兄之。
			王君卿 字元堂，公之子宗载，明父出嗣郑氏，生张郑载，改除姓籍（畴子，配德舅郑氏）。
11世	8世		
12世	9世		

王潮公谱～1

资料：荥阳鹤浦郑氏家谱
制表：王桂明 2019年9月15日

（表二） 郑氏家谱长乐福湖郑氏世系图

长乐郑氏高浦世系

资料来源：苗栗县苑里镇瓦磘 荥阳鹤浦 郑氏家谱。

长乐世系	高浦世系	厦门世系	渡台世系	昭穆：字行
1世	世	世	世	
2世	世	世	世	
3世	世	世	世	
4世	世	世	世	
5世	世	世	世	
6世	世	世	世	
7世	世	世	世	
8世	世	世	世	
9世	世	世	世	
10世	世	世	世	
11世	世	世	世	
12世	世	世	世	

长乐始祖：郑摄公，河南光州固始人，与兄弟郑审、郑宰三人随王审知、王潮、王审邽入闽。唐昭宗景福元年开闽王琅琊郡王郑摄之文灵云於起知福寺村福湖乐居。

2世：
- 1 郑摄齐长子 郑公，子四。
- 2 郑摄次子 郑齐公，承继琦公。子齐公四子继琦。

3世：
- 1 郑齐公长子 之欢
- 2 郑齐公次子 之琚
- 3 郑齐公三子 之琱
- 4 郑齐公四子 之琚出继父京公叔

4世：
- 1 郑植公基国，字欢之，子二。

5世：
- 1 郑骏公植任，字大，植之长子
- 2 郑龙公植有，字大，植之次子，一子

6世：
- 郑晖孙公，得龙之子一。

7世：
- 郑光中公甫华，字晖孙之子二。

8世：
- 1 郑洪公中长子光之
- 2 郑辉公中次子光之子一。

9世：
- 郑德明公辉之子
- O O 适县宗九世孙，王潮开闽王长女，配辉公元王

10世：
- 郑君载公字端元，王潮嗣孙出世十王开闽王宗系载父明张氏一。舅配德。

11世：
- 郑畴卿侧室周氏锡子载嗣复有氏无配公，讳昌一，子生倪。

12世：
- 郑复昌 殇 郑玉元畴卿幼子配畴卿立周氏为子嗣二玉。旧侄性子嗣

~1

资料：荥阳鹤浦郑氏家谱
制表：王桂明2019年9月27日

(表三) 郑氏家谱长乐福湖郑氏世系图

长乐郑氏高浦世系

资料来源：苗栗县苑里镇瓦磘 荥阳鹤浦 郑氏家谱 郑祥炎公厅世系表

长乐世系	高浦世系	厦门世系	渡台世系	昭穆：字行
12世				郑玉：元郑畴配周卿父次立时王畴玉二子。卿旧佺性嗣子 / 郑性：长子玉公，讳戒间所属卫旗裔号宗
13世	1世			郑顺翁：生二子性玉，长兴 / 郑性宗：先乐崇开，永于使尊高配生。高浦始祖，李氏二子 浦其后世总浦宁泉始为
14世	2世			郑存 / 郑垣：建公子长郑次达 / 郑显宗：公齐子次濂宗 / 郑荣：生长子宗泽，八周子号同字
15世	3世			郑威肃：仪朴氏齐慈配 / 郑成肃：羲轩德林子三 谥号 / 郑戒肃：雍齐业 / 郑武肃：刚训拙号字 / 郑箴肃：庵仁依号字 / 郑茂肃：章义尚号字 / 郑感无传 / 郑威无传
16世	4世			郑文琼：成公四子。生长二子 / 郑文珺：成公次子。生二子 / 郑文琏：成公三子。生二子
17世	5世			郑邦郁：珺公长子。生一子 / 郑邦卿：珺公次子。生四子
18世	6世			郑邦泗：卿公长子。生二子 / 郑邦洙：卿公次子。生二浩淮 / 郑邦汉：卿公三子。生一子 / 郑邦汾：卿公四子。生四子
19世	7世	1世		郑洙陞：明甲任隆生。中长子 淮进士 乐平辰两 / 郑甲梦：洙公次子。生 提一子，胤
20世	8世	2世		郑屿龙魁，号中文士知府，使府运中进中子长淮 / 郑甲梦：之公子一提；注：上挂墙瓦厅祥世悬皆莫详考。知姚屿是点疑梦城天/ 厦门始祖：注瓦厅祥爎公上墙挂世悬其东居柄林移父犀宅
21世	9世	3世		郑塈（犀）：之天胤提子想典所列下线虚示 / 天犀：合同泉马西外县三助子，营一生埕胸生字君助
22世	10世	4世		郑胸营：公君字之天犀李氏助配 / 郑典 / 郑想
23世	11世	5世		郑世科：营公长子，往居泰州漳县长住 / 郑世进：胸公次子，配陈氏四子

资料：郑氏家谱与公厅世系表
制表：王桂明 2019年9月29日

（表四）郑氏家谱长乐福湖郑氏世系图

长乐郑氏高浦世系

资料来源：苗栗县苑里镇瓦磘 荣阳鹤浦 郑氏家谱 郑祥炎公厅世系表

昭穆:字行	渡台世系	厦门世系	高浦世系	长乐世系
晋		5世	11世	23世
观	1世	6世	12世	24世
大	2世	7世	13世	25世
家	3世	8世	14世	26世
方	4世	9世	15世	27世
彦	5世	10世	16世	28世
士	6世	11世	17世	29世
正	7世	12世	18世	30世
扬	8世	13世	19世	31世
廷	9世	14世	20世	32世
文	10世	15世	21世	33世
光	11世	16世	22世	34世

世系图：

渡台始祖

三世祖 郑进盈（渡台葬苑里坑仔子，配隰蔡氏，生子二：袁）— 长子郑进魁（世）、次子郑进未（世）、四世子郑进公（生配次胸陈氏，子四营。）

郑盈之道（长子，字兴宗，配周氏，生子四娘，丹。）— 郑盈之同（次子，字心轩，配徐氏，生子一娘，凤。）

郑祥炎（同公子，职恩郎赠修廉常，居苑里瓦磘庄，配黄氏，生子八娘，寿。）

郑文连（1）、郑文焕（2）、郑文运（3）、郑文选（4）、郑文迎（5）、郑文遐（6）、郑文返（7）、郑文博（8）

郑阳元（1）、郑二德（2）、郑宽裕（3）

郑开锺（1）、郑神球（2）、郑神助（3）、郑神万（4）、郑神淡（5）、郑神兴（6）、郑神钦（7）、郑神开（8）、郑神发、郑秋送

资料：郑氏家谱与公厅世系表
制表：王桂明 2019年10月30日

浯江衍派"金门徙衍古同安内地的家族聚落"调查报告

● 黄振良 ●

一、前言

金门古称"浯洲",又有浯江、浯岛、沧浯、沧海等别称,最早隶属于泉州府南安县辖地。五代后唐长兴四年(933年),闽王王延钧建闽国称帝,将原于唐贞元十九年(803年)设置的大同场升格为同安县,从此开始,金门一直隶属泉州府同安县辖地。

清乾隆四十年(1775年),划同安县东部翔风、民安二里及同禾里的五、六、七都置马巷厅,直隶泉州府,金门属之。辛亥革命民国成立后,撤马巷厅,复归同安县。民国三年(1914年),金门岛、厦门岛、烈屿、大小嶝岛及周边小礁屿自同安县析出,成立思明县。次年(1915年)又从思明县析出金门、烈屿、大嶝、小嶝及周边小礁屿,成立金门县。

金门志书载,金门先民从内地移居岛上,始于东晋,唐贞元年间始有规模之开发。在1949年之前,金门社会结构一直保持着宗族聚落形态,包括大、小金门在内,全县计有156个这种旧型的传统聚落,其中可以查到始迁数据的,最早的是阳翟陈氏,其次是蔡厝蔡氏,之后各姓氏陆续迁入,特别是宋代朝廷南迁之后,金门人口大幅增加,这是大量移民进入金门的第一段时期。元大德元年(1297年),朝廷在金门建场征盐,再有不少盐民入岛;明洪武年间,在岛上置守御千户所,又来了许多军户,岛上居民日增,是移民进岛的第三段时期。再据金门许多家族谱牒数据记载,宋代之前移居金门者,以来自晋江者最多,南安、同安居次,再次为漳州。

以往由于受信息条件的限制,我们只把注意力放在移民入居这方面,而把清末下南洋认为是金门向外移民的开始。2001年金、厦航线恢复之后，两岸政策逐渐开放，寻根谒祖者日增，许多音讯与族亲之情重新接续上，来往的机会更加频繁，割不断的血脉族缘之情更加紧密。经过这十多年的来往，从一些厦门、同安和翔安的文史数据上得知，往日金门与同安内地之间的族亲血缘关系，比我们所想象的更加密切。

有鉴于此，我乃萌生展开对古同安今厦门辖区内这些历代由金门迁徙的家族聚落进行一次总体性的查访，于是而有这项"金门徙衍古同安内地的家族聚落"之访查构想。由于其分布范围不小，且数量也不少，因此本查访工作从2018年5月开始，到2019年7月才结束。

二、辨识依据

从4世纪初的永嘉之乱中原士民南迁入闽，到9世纪在浯洲岛上辟场牧马，这段时间是金门岛上的初期开发。金门岛上一向资源短缺，不足以供应岛民日常所需，所以到元末明初之后，就开始了金门人口的外迁，尤其在嘉靖年间，由于沿海倭寇危患日剧，官宦士族人家，长居同安县城者，自此不再返乡居住，逐渐在同安县城里或城外，形成一个个的聚落。

闽南人一直延续着中国宗族文化中郡望、堂号的传统，阐明该家族源于何处、由何地分衍之强烈观念，这种传统观念使中国人无论走到哪里，都不会忘了自己的根本，一直维系着中国人对原乡故土强烈的情怀。这些早年从金门岛上迁徙内地的家族，也延续着这种传统，当他们在他乡落籍之后，不但延用先祖的郡望堂号，甚至还自创分堂号，诸如：浯江、沧浯、浯东、浯阳、浯浦、金田、金丰等，用一些与金门家乡有关的词语作为自己的分堂号或灯号，甚至有的就写上"浯江衍派"，都在表明自己的家族来源。

为辨认某一个家族聚落是否确由金门所分衍，在访查时最直接的当然是该家族的谱牒，但由于历史关系，许多家族的谱牒不是已经找不到就是尚未建立，有些家族的谱牒数据并不健全，只能由以下几个方向得到求证，透过这些数据加以求证，自然就可明白了。

1. **家族的家庙宗祠**：近代重建的宗祠，许多都会在重建志中记载着家族由何处迁徙过来定居，甚至其开基始祖是哪一位，都会叙明。

2. 宗祠的门联、柱联、祖龛联上，也会将其家族来源、分堂号镶于联上。诸如：浯江、金门及一些与金门有关的字句。

3. 开基祖的神主牌上或祖坟上，都可以找到这些相关的数据。

三、徙居分衍

"五代后梁乾化三年癸酉（913年），阳翟始迁祖陈达（898-933年）年方十六，闽主王审知榜求元光后，公与兄通同往，留通麾下，授节度使，加公承事郎，领父命，奏镇同安浯洲盐场。"① 陈达上浯洲管理盐场事，将卜居地沿用其中原祖籍地河南光州固始县阳翟村为地名。从陈达受命来岛上管理盐场开始，经历两宋，阳翟陈家世代都经管浯洲盐务，官阶是正九品承事郎。元入主中原，阳翟陈家不仕异族，不再继续经管浯洲盐务，也不参与科举考试。元大德元年（1297年）朝廷设浯洲场于金门，开征盐税。

金门从五代后梁之前就有盐场设立，初期的盐务是由阳翟陈家经管。到大德元年设场征盐后，管理制度有了改变。继之明洪武年间，在岛上设守御千户所，又有军籍、军盐籍的编列，这段时期不仅有许多盐民、军人移居入岛，也开始了原在岛上居民的外迁，最多的就是就近的同安内地。

金门居民迁往同安内地的时间，就本次调查发现，集中在以下三段时期：

（一）元末明初

元代以役定户籍，许多岛民被列入"盐户"或称"灶户"，世代相替相袭承担制盐的工作，"编民丁充灶户，以十丁为一纲，共一灶，岁给工钞煎盐，每丁日办盐三升"②。

"海滨之地，每盐丁一丁，岁办一千四百三十八斤一十四两；每田粮一石，岁办盐一千斤，秤贮官仓，以时开支。此洪武初年之法也。"

"夫浯洲三都，十八都、十九都滨海皆为溶沙，绝无生盐之地；至十七都，

---

① 黄振良主编：《阳翟文史采风》"阳翟的人文史迹"，金门县金沙镇公所编印，2010年12月，第110页。

② （清）林焜熿：《金门志》，《台湾文献丛刊第80种·卷三·贼税考·盐法》，第38页。

出盐之地亦只居其半。以无盐之地而令岁纳盐课之银，当耶？"①

在这种严苛的盐法之下，又是世代相替相袭，居民不堪其苦，只要有机会便纷纷逃离。从本次访查中得知，从元末至明初这段时期徙居内地的，有以下几个家族：

1. 元末明初（1361-1380年）琼林蔡二十二郎由浯洲迁居大溪为开基祖，其后裔繁衍为今日五显镇布塘村委会所属上大溪与下大溪。

2. 元代，烈屿护头方元翁之长子方福祖，因避元兵之祸，于元朝年间入赘同安（今翔安区马巷镇）赵厝村赵家，如今其后裔繁衍成为一个大家族，奉方福祖为开基祖。

3. 元代，琼林蔡氏第六世蔡鸣仲，赘于银同刘家，其后裔居于马巷街一带，经过600年的繁衍，人丁兴旺，蔚为一大家族，计分为六个房系。

4. 琼林蔡氏第七世蔡君爵字至善，于元末自琼林到马巷昆岭当塾师，定居于坪边乡，娶李氏为妻，生二子，世居坪边，发展成坪边这个规模不小的蔡氏单姓聚落。

5. 元末明初之际，蔡太保之父由金门蔡厝迁同安蔡厝（今翔安区新店镇蔡厝小区），后裔有一支分衍大嶝嶝崎村坪兜角，第八世之后，子孙四处分衍。

6. 同时期，蔡厝蔡氏另一支分衍今集美灌口，新居地亦称蔡厝，后来分为东蔡和西蔡。

7. 下坑陈氏第七世陈大临，于元末迁温陵，生女陈英、子陈登字景高，明洪武二十年（1387年）景高之子真德（1369-1430年）又自温陵迁同安之顶溪头。

8. 明洪武二年（1369年），彭用斌由金门沙美迁居同安后烧，其后裔再由此分衍同安沙美（今翔安区新店镇沙美）。

9. 洪武二十六年（1393年），金门吕厝吕长顺到同安内地教书，定居地改名"吕厝"，同行者是母亲及其弟潜溪，从此也都在当地落籍，其后裔繁衍至今，在同安境内已有十几个村子。

10. 洪武年间，彭用乾之子（彭用斌之侄）由金门沙美迁同安，将其居住地松山改为原乡之名彭厝（今翔安区新店镇彭厝），后裔分衍周边几个村子。

---

① （清）林焜熿：《金门志》，《台湾文献丛刊第80种·卷三·赋税考·盐法》，第39页。

11. 金门刘澳刘氏一世祖佛与，于明洪武二年由晋江因盐场事避难入浯洲，为浯洲奎山（刘澳）的一世祖。其后刘平四、刘平复兄弟迁同安同禾里郭山刘厝社（今郭山村刘厝里），后来刘平复再迁回浯洲奎髻山刘澳乡，传至第六世刘元贡，又迁居于同禾里埯边乡，尔后再迁"吴田园仓美社"（今翔安区新墟镇村尾里）。

12. 明朝初年（详细年代不明），吕良生，字渊祥，号逸溪，由浯洲林兜移居卿朴，也在此落籍，衍为大家族。

13. 明洪武年间（1368-1398年），金门城七星街王渊字孔徽，号清庵，在同安学宫（孔庙）任教，定居于同安学宫右之南亭，其子王睿再迁居西湖塘。

14. 明建文二年（1400年），金门青屿张必宜，为逃避战乱，携子张乐所渡海内地，以养鸭和种地维生，之后快速壮大成族。

15. 明代初期，金门汶水（后水头）黄永柔迁同安洪塘头里肇基，传衍今之前社、后社、猴厝三个自然村。

16. 永乐七年（1409年），颜厝颜同元因不愿在金门与同父异母之兄争分家业，由金门颜厝（贤聚）迁徙同安从顺里，后携庶母林氏卜居长兴里后塘村。

17. 明永乐二十年（1422年），金门下坑（今夏兴）陈致雍迁同安西浦，其子孙衍为大族，并分衍福建德化、漳州及浙江温州、广东等地。

18. 明朝初年，张均锡迁今同安区洪塘镇苏店村下张，后裔于清初分衍台湾。

19. 明初，山后下堡三世梁天祚的三个儿子迁居同安内地开基繁衍，二房梁益春于明代中叶，迁居民安里八都西塘保开基岭林后社（即今莲后自然村），之后有部分梁氏后裔分居院内、珩厝梁氏角落，堂号"梅镜"。

（二）**明代中叶**

宋元时期崛起东南的海上丝绸之路，对外的贸易行为充实了政府的税收，富裕了民生，但也招致了来自日本浪人的觊觎，从宋末历元代到明初，中国沿海民众先后受海寇海盗所苦。明建国之后，为了加强对沿海各处的防御，帝国在沿海各地，设置卫、所、司的防御体系，此时也在浯洲设守御金门千户所，开始了浯洲600多年的军事防御史。

岛上设守御千户所之后，金门的倭患大量减少，东南海疆平靖了一段时间，但是明中叶之后，朝廷时局日非，百姓下海为盗者，居民与海盗勾结危害的情形日益严重。

"明正统十四年（1449年），沙县、尤溪邓茂七作乱，贼党陷同安，引夷艘焚劫浯洲仓盐，毁民舍，杀掠官兵。"①

"嘉靖三十八年（1559年）五月，倭犯大嶝，村民保于虎头寨，贼破寨，杀戮蹂躏极惨。"

"嘉靖三十九年三月二十三日，漳贼林三显结倭酋阿土机等，舟从料罗登岸，二十六日肆劫西仓、西洪、林兜、湖前诸乡社，男妇死者数百人，东方一路，家徒四壁矣。二十八日凌晨，复有倭艘自石壁兜登岸，舞长剑，麾白旗，劫掠至平林，掠人民卢舍……二倭合党，漳贼附之，声势燎原，旋掠十七都诸乡。四月初二日攻阳翟，合社与战，败，死者百余人。"②

这一连串的兵灾，掀起岛民渡海迁移同安内地的另一波人潮。

1. 明宣德年间（1426—1435年），颜厝颜德泰由金门迁同安，落籍于后塘邻近的军村。

2. 明正统年间（1436—1449年），浯阳智房第十四世陈大益，因教书迁居同安从顺里。同时期，浯阳礼房十六世陈廷魁携弟廷榨，由金门阳翟首迁同安松田社（今田洋）开基。

3. 明弘治年间（1488—1505年），后浦许氏前厅房第九世裔孙许邦灿自后浦迁小嶝岛定居繁衍，后裔尊其为"小嶝一世祖"。

4. 明弘治年间（1488—1505年），青屿张晖为正三品升光禄寺卿，晚年定居同安县仁德里苎溪姜屿，现为厦门市集美区后溪镇中堡自然村。

5. 明代嘉靖年间，浯洲为海寇所苦，许多家族纷纷迁同安内地。时有浯阳信房前房十五世大珪（伯璋）、武耀（伯烈）兄弟内迁莲花开基。

6. 明嘉靖年间（1522—1566年），浯阳信房中巷十九世陈健再由金门迁田洋，继迁城内北街开基，并以"轮北"（大轮山之北）为分堂号。

7. 同一时期，陈健之兄陈伟由金门迁同安大泽（现翔安区新店镇大宅）。

8. 明嘉靖年间（1522—1566年），斗门官路派的八世孙陈国荐由金门迁入同安霞坂山开基，乾隆初其八世孙陈振维、振云、振元兄弟再迁田洋村下田洋社（现莲花镇下田洋）。

9. 明嘉靖二十二年（1543年年），后浦许氏五房八世裔孙许肇建，渡海入赘于同安县城西北三里的桐屿村张氏，许氏繁衍成为望族。

---

① 金门县立社会教育馆编印：《金门县志》，1992年初版，第1215页。
② 金门县立社会教育馆编印：《金门县志》，1992年初版，第1216页。

10. 明嘉靖三十九年（1560年），倭寇患金门达五十余日，琼林受害极烈，蔡宗德举家迁同安内地，其子贵易于隆庆二年（1568）戊辰科进士后，将家安置于后亭定居。

11. 明隆庆至万历年间（1567-1620年），下坑（夏兴）十六世裔孙陈恒元身负一尊普庵佛祖神像过海，初居于现翔安区新墟镇七里村附近山脚下的营盘口，后迁至曾厝村定居。

在这段时期内迁而年代不详者，尚有：

12. 青屿张氏迁同安张厝（今同安区大同街道朝元小区）。

13. 金门田墩李氏迁同安田厝，后分衍洋坂（两者都在朝元小区）。

14. 金门赤埕（现已圮废）杨氏内迁，后居于下柑岭（现同安区祥平街道凤岗小区）。

15. 金门山后顶堡王云芳、王甫祥兄弟二人迁下林前（现翔安区内厝镇莲前村）。

16. 明代中叶，汶浦黄戴羲因避祸先隐居金门山柄，后由官澳渡海逃往第九都蔡宅（今翔安区内厝镇大盈岭南麓），娶当地蔡氏为妻而在此定居，成为蔡宅黄氏始迁祖。

由于元代建场征盐，为了达到朝廷的配额，盐民不惜伐木煮盐，岛上原本葱郁的树木逐渐被砍伐殆尽，到了明代中期之后，金门岛上植被稀薄，秋冬之季黄沙蔽日，燃料日渐缺少，恶性循环的结果，终致连燃料也成了百姓生活上短缺的资源。

（三）明末清初

明代末年之后，来自西洋的红毛夷（荷兰人），更以澎湖、台湾为基地，借着通商之名，在金门附近各礁屿停泊，有荷兰船艇停泊的情形愈来愈频繁，有时更借机上岸，侵扰金门海岸村社的情形时有发生。

"明永历十五年（清顺治十八年，1661年）辛丑，成功以参军蔡协吉佐户官郑泰守金门。船只齐集料罗，三月廿一日祭江，廿三日率兵二万五千，揆舵束甲，自料罗发航，东指台湾……至十二月初三日荷人始降。"

"清康熙二年（1663年）癸卯十月，施琅与副都统王之鼎克厦门，进逼金门，郑经退铜山。十二月清兵入岛，遂堕其城，焚其屋，弃其地，迁沿海遗众于界内，金门遂墟。"①

战乱频繁、社会动荡、生活困苦等因素，自然引起居民大量向内地迁徙。

1. 明末，斗门学考派第四世陈和字文雍，由金门斗门徙居内厝，仍以"斗门"为村名，初期族人称这个位于内地者为"内斗门"，以别于在外岛的原乡斗门。

2. 明代末期，新头村陈氏迁居内厝定居，以"新头迁此，安居乐业"之意取"新安"作地名，之后在安之旁加土，乃作"新垵"。

3. 明代后期，内头陈家的开基祖陈文灿，由金门后山（金沙镇碧山）徙居同安县民安里九都内头社，后裔又迁马巷镇洪溪小区小后者、晋江陈埭涵口及邻村小光山。

4. 明末，琼林下坑墘房蔡氏因为守护祖墓而从家乡迁徙大嶝街道北门，遂定居繁衍成族。

5. 明末清初，吕承源、承新兄弟俩由金门东仓迁居后阪，繁衍现后阪村的吕氏家族。

6. 明末清初，金门青屿张氏迁居同安，建村之初位于娘仔宫之旁，故取地名曰"宫仔边"。

7. 明清之际，后丰港洪旭家族迁同安，有一支定居于县城北门外，洪旭孙洪心澄及洪淳瑛兄弟二人，分别于康熙年间中举。

8. 金门青屿张氏有一支徙居今同安区凤南农场浒空内，其祖先坟墓墓碑上明白冠着"沧浯"。

9. 翔安区新店镇祥吴小区有一个以陈姓为主的村子叫东埔，系金沙镇东埔陈氏的分衍。

由于郑氏渡台后从事反清复明的行动，清政府的迁界令，迫使岛民不得不离乡背井，金门于此时开始了有史以来最悲惨的一段命运，从康熙二年底三年初，全岛居民一律迁往内地，有亲者依亲，无亲者只能到处流浪，许多家族的族谱在这一段时间留白，极少有知晓族人去处者，有些只能记载着："某某人，去处不明。"有些只能留下几句："癸卯之变，族人流落四处，往日熙熙攘攘者，今莫若一二，当年离乡过海今返者，十不二三。"

---

① 金门县立社会教育馆编印：《金门县志》，1992年初版，第1221页。

"康熙十九年（1680年），清兵入岛，置金门镇总兵官。康熙二十二年以后，岛民被迁入内地者，渐返故土。"①

清康熙二十二年（1683年）清政府统一台湾后，金门社会逐渐平复，外徙的岛民逐渐返回故土，但有不少人却从此流落异乡。只是这段时间外徙者，一是兵荒马乱逃命唯恐不及，再是生活困顿无暇他顾，许多人在康熙二十二年复界后已经不再返回故土，而在外落地生根，遗憾的是这段时间外迁的家族，一则同安内地的居民众多，已没有多余的空间再像以前一样可以容纳这些忽然增加的人口；再则许多家族都有先前迁徙的族人在同安内地已有安定的家园，后到的难民就依附在先前内迁的族人群中，同族人日久就融而为一，已分不出先来后到者。

历代以来，每当社会动乱、灾民四处流散的时期，一些有识之士在他们向外迁移之时，或带着自己的家谱，或者靠着自己的口传，将其家乘、家族史晓喻后辈子孙，使其家族的迁徙过程留下的足迹，得以在新的落脚地保存下来，成为弥补许多正史所未记载的另一段历史。这些在元、明、清时期（特别是明代）迁徙到同安内地的氏族，正是在这样的时代背景下，留下许多迁徙的记录，汇成一页又一页的"浯民迁徙史"。

四、迁徙的原因

中国自古以农立国，人民对土地的眷恋、对家乡的感情非常深厚，非不得已绝不轻易离乡外迁，但是一旦面临生死存亡抉择时，求生的本能才是决定一切的关键，此时必然毫不考虑的抛下一切迈向异乡，这就是动物为了求生的本能。

通过对这些家族聚落的访查，所得到的答案也不外如此，只是各个家族始迁祖随着其徙居年代的不同，本身工作环境（或身份）的不同，再就是外在因素的不同而有差异。诸如以下各种：

（一）为生活而迁徙

金门自古以来一直都是一个资源短缺的岛屿，在地生产根本无法支应居民生活所需，所缺者一是粮食，再是燃料，许多人为了生活所逼不得不向外谋求生计。从历代各版地方志上记载得很清楚：

"岛地斥卤而瘠，田不足以耕。近山者多耕，近海者耕而兼渔，水田稀少，

---

① 金门县立社会教育馆编印：《金门县志》，1992年初版，第104页。

所耕者皆硗确山园栽种杂粮番薯落花生豆,且常苦旱歉登,又无陂塘可以灌注,但于陇头凿井立石为桔槔以灌之,务农者最劳力习苦。"

"浯江瘠土,所产地瓜不足供食,且常丰歉当多,惟恃小船驳载杂谷,借以接济——又山皆童,刍薪自漳州载至。"①

"风烈莫如东方,料罗以上荒埔茫茫,飞沙填压,不可耕作,沿溪栽竹木杂树,障断海风,使沙不簸扬,便可辟腴园,利赖无穷。或挑垒沙岸,风坠草际,自然日增高大焉。"②

"金门地处海疆,风多雨寡,地瘠民困,农民终岁辛勤,犹难冀温饱无虞,是以自昔丁壮,多相率离乡背井,远渡重洋,以谋一家生计。"③

明万历十七年（1589年）己丑科进士,浯阳信房第二十世陈基虞（1565-1643年）致仕归田后,定居同安城西门内,捐重金在同安修五显第一溪桥,这座桥也是同安内地食油、粮食、地瓜苗及柴草装船运送到浯洲贩卖的码头之一,时至今日,同安城里还有一处名为"草仔市"的老地名,正是当时供应金门岛上柴薪燃料的市场。

金门缺燃料少粮食的情形一直延续到民国时期依然存在,当时运送柴草到岛上供应民生所需除了原本的同安一地,民国时期又增加了漳州石码,运送的燃料以木柴、木炭为主。

（二）为避难而逃离

元大德元年（1297年）在岛上建场征盐,大量盐民迁徙入岛,盐的生产既要有日晒,也必须加上熬煮,盐民工作繁重,所得微薄,生活困苦。每一丁每年生产多少盐,都必须达到配额。当时来到岛上的盐民,既是一种特殊的身份,也是一种难以去除的烙印。一个人既有了盐民的身份,不但不易除掉,其身后还得有一人继承,是一项世袭制。在两宋时期迁入岛上的士人后裔,对于这种难以除籍的盐丁灶户制度,难免会有排斥,在这样的制度下,一旦有出走的机会,谁还会对这项工作有所眷恋?

再者,明洪武二十年（1368年）置守御千户所于金门城,并建官澳、田浦、峰上、陈坑、烈屿五处巡检司,岛上开始驻兵,许多军籍、盐籍、军盐籍的住户

---

① 金门县立社会教育馆编印:《金门县志》,1992年初版,第862页。
② 以上皆取自《金门志》《金门县志》各版本所载。
③ 金门县立社会教育馆编印:《金门县志》,1992年初版,第862页。

与原有的普通住户混居，岛上生活原就不易，加上军籍兵员入住，对一般百姓的日常生活，特别是宋元时期迁入本岛的，有许多是士大夫家族，以及以耕读为业的读书人，难免感觉为难，于是乃思渡海迁入内地。加上这段时间政权重新回到汉人手中，科举恢复举办，政局稳定，读书风气也随之盛起，致使一些人乃思读书参加科举重入仕途，所以许多人在这段时期回迁内地定居。

这种为了军籍、盐籍、军盐籍身份而逃避岛上进入内地的情形，从元末一直延续到明代初年还有。从查访中就有不少这样的例子。如金门汶水（后水头）黄永柔迁同安洪塘头里肇基，依其族谱记载，始祖因为其兄身体不适，恐不久人世，按当时盐籍"一死一抵"的规定，必将由他顶替兄长的盐籍身份，于是不得不趁夜逃跑进入内地，栖身于同安洪塘头，在此落地生根蔚然成族。

另有一种避难，那就是逃避兵祸。自从明洪武年间在岛上设千户所和巡检司之后，金门有100多年（从洪武到正德年间）安定承平的岁月，但到明嘉靖年间后，由于军纪松弛、所城颓废、沿海盗寇复起，岛上被盗寇肆虐的情形时有所闻，特别是在明嘉靖三十九年（1560年）那次最为严重，那些在明代中叶内迁的家族，可以说都是为了躲避这种兵灾的。在那次事件中受害最大的阳翟陈家和琼林蔡家，尤其特别明显。

（三）因工作需要而迁徙

因工作关系而迁徙内地，以教书的、当官的居多，正如同今日有许多人因为在政府机关上班而在工作所在地买房，将住家安置在工作地附近的情形是一样的，更何况当时的县城在同安，与原住地尚有一水之隔，如果临时有何突发状况必须处理，因为错过了时效而耽误，就非同小可更可能招祸。例如：琼林第七世蔡君爵自琼林到马巷昆岭当塾师，遂定居于坪边乡；吕长顺因为到同安内地教书，把母亲及其弟迁过去，从此也都在当地落籍；金门城七星街王渊在同安学宫（孔庙）任教，定居于同安学宫右之南亭。这些人都是因为往同安内地当塾师教书，从此将家安置在工作地附近。

再如彭用乾，先任山东青州府临朐县丞，后调广东雷州府徐闻知县，其子孔道由金门沙美徙居同安县翔风里十四都松山，改地名曰彭厝，后将其父用乾之墓葬于彭厝蚝港；弘治年间（1488-1505），青屿张晖为光禄寺卿，晚年致仕后定居同安县仁德里苎溪姜屿。

明代金门有不少因高中科举而在外为官者，但致仕后在家乡终老者只有少数几人，也正是工作需要而把家迁往县城或其他工作地，在金门家乡就没有留下什么，也就是这种原因。还有类似青屿张晖这种因朝廷嘉荫其叔张庆的情形，当时还有张敏庇荫张苗，张苗后裔一直都长住在泉州通政巷，张本荫从侄张质，张质的后世也留住北京，一直到明亡时才南返在福清落籍。这些都是因工作关系而徙居外地的情形。

五、查访结果整理

本次计查访了厦门市四个行政区计有 158 个聚落（自然村里），其中有 133 个确定是由浯洲金门所分衍的，有 9 个确定并非金门先民徙居的村子，还有 16 个村子需待取得更确切的信息才可以确认。为了可以清楚明了徙居内地分衍的详情，谨将确定和疑是的各聚落徙居情形整理如下表①：

	"金门徙衍古同安内地的宗族聚落"徙居分衍表			
金门乡籍	初始徙居地及始迁祖	初始徙居聚落	次分衍聚落	再次分衍聚落
阳翟陈氏	同安阳翟（陈大益）	阳翟	洋宅	山埔
		东亭		
		西亭		
		瓮窑	霞美	
		双溪口	后亭	下间
		泥山		埔地
	同安田洋（陈廷魁）	上田	社坛	上坊
		湖厝宅	双笕	后溪
		上厝	郊边	崎路
				莲花洲
	同安田洋（陈沧江）	前厝	东洋	下寮
		浮莲	石门	鳌峰埔
		东庄	湾坑	水路
	同安澳溪（陈大珪）	九溪尾	溪埔店	社仔后
		内林	山前	
	同安大泽（陈伟）	大宅	后宅	

---

① 注：（?）表示该聚落疑是由金门分衍，只是尚未找到可靠的实证。

（续表）

金门乡籍	初始徙居地及始迁祖	初始徙居聚落	次分衍聚落	再次分衍聚落
浯卿陈氏	同安东溪（陈大临）（东溪现名顶溪头）	顶溪头	西埔 赤坪	
	同安西浦（陈致雍）	西浦		
		渐前		
		番仔厝		
	内厝镇曾厝（陈恒元）	曾厝		
斗门陈氏	同安霞坂山（官路派陈国荐）	下田洋	朱坑	
	同安浦尾（学考派陈福寿）	浦尾		
	内厝镇斗门（学考派陈文雍）	斗门		
东埔陈氏	新店镇东埔	东浦		
	集美东埔	集美东埔		
	同安九都后房	蔡塘		
碧山陈氏	内厝镇内头（陈文灿）	内头、小光山		
新头陈氏	内厝新安（陈玉池、玉升兄弟）	新埯	田中央	
吕厝吕氏	同安吕厝（吕长顺）	吕厝	四口圳	
		东头埔	山前	
		四角河	南山大社	南山田洋
		赤松	下厝里	山仔边
		后埯		
	同安吕厝（吕潜溪）	坝仔内		
	同安蓬莱保（?)	陈坂		
林兜吕氏	卿朴（吕良生）	大社	新厝	凤南农场土楼
			郭厝	土楼
			下厝	
			溪头	
东仓吕氏	凤南农场（吕承源、吕承新）	后坂		

(续表)

金门乡籍	初始徙居地及始迁祖	初始徙居聚落	次分衍聚落	再次分衍聚落
青屿张氏	砖仔埕（张景顺）（?）	砖仔埕	后埔	田里
		长房	上坂	
		四房	下厝	
		塘边	坂下	
	后坂（开基祖不详）	浒空内		
	同安宫仔边（不详）	宫仔边		
	同安李厝（张必宜）	东园		
	后溪中堡（张晖）	中堡	洪村	
	张厝（始迁祖不详）	张厝		
	同安下张（张均锡）?	下张		
		山头		
护头方氏	马巷赵厝（方福祖）	赵厝	洋头	埔里
			前厝	格仔内
			下溪	田厝
			烧灰	二队
颜厝颜氏	同安后塘（颜同元）	后塘	后坝	
		埯炉	下寮	
	同安前街（颜德泰）	前街	军村	五头
				大尖
蔡厝蔡氏	新店蔡厝（蔡太保）	蔡厝	大嶝嶝崎	
	灌口蔡厝（蔡显佑）	东蔡	西蔡	
琼林蔡氏	同安大溪（蔡二十二郎）	大溪	（分为上大溪与下大溪）	
	马巷街（蔡鸣仲）	山仔尾		
	马巷坪边（蔡至善）	坪边		
	后亭（蔡贵易）	后亭		
	大嶝北门（号永宗）	北门		
沙美彭氏	同安后烧（彭用斌）	后烧	翔安沙美	
	新店彭厝（彭孔道）	彭厝	前埔	
			后墩	
			布厝	

（续表）

金门乡籍	初始徙居地及始迁祖	初始徙居聚落	次分衍聚落	再次分衍聚落
七星街王	同安南亭（王渊）	西湖塘	王大庭	埭头（?）
			王厝	八卦（?）
			下许	珠厝（?）
			山头	山坪（?）
山后王氏	内厝镇莲前（王云芳、王甫祥兄弟）	莲前		
山后梁氏	岭林后社（梁益春）	莲后	院内	
	张厝	张厝		
	新店梁厝	梁厝		
	茂前	茂前		
后浦许氏	田洋桐屿（许肇建）	桐屿		
	小嶝前堡（许邦灿）	小嶝前堡		
汶水黄氏	同安洪塘头（黄永柔）	前社		
汶浦黄氏	翔安内厝蔡宅（黄戴羲）	蔡宅		
刘澳刘氏	郭山刘厝（现已无刘姓住户）	刘厝		
	仓美（刘元贡）	村尾		
田墩李氏	田厝（始迁祖不详）	田厝	洋坂	
后丰洪氏	北门外（洪旭）	北门外		
赤埕杨氏	下柑岭（杨长青）	下柑岭		
后盘何氏	同安何厝	何厝		
金门城辛	同安石浔（辛盈）	坂垄尾		
山西李氏	同安驿路（李德宗）	湖井	蔡林	

六、结语

金门现有的各姓氏宗族聚落总数有 150 多个，其现居岛上的居民也不过五、六万人而已，而徙居同安内地的宗族聚落却高达 130 多个，其居乡人数至少也有二三十万人，是金门的数倍之多，由此可以看出：金门由于自然环境受限，资源缺乏，造成人口外迁是历代都必须面对的现象。

1700年前，先民从中原开始了南迁的步伐来到晋江流域一带，1200年前开始，是晋江、九龙江流域一带先民迁徙来到浯洲垦殖的过程；到六七百年前的元末明初时期，就开启了浯洲岛民回迁内地的历史，从此金门与内地的居民，就在这种社会动荡时期外迁岛上、承平年代迁徙内地的轮回。

浯江先民徙衍同安内地的情形只是一个过程，这些由浯江徙居内地形成聚落的家族，有些借着同安内地作跳板，再迁泉州、漳州、福州，甚至更有些远徙广东、浙江等邻省。

到清代初年，他们重启祖先的冒险精神，再度迈开横渡黑水沟、开发台湾的步伐；清末民初，又有一批人延续着这样的家族血统，远渡重重山水，下南洋到他乡异地，开创另一片天地。

中华民族本来就是一个富于开创的民族，愈是国族多难的时刻，愈是他们开枝散叶、扎根他乡壮大家族的时机。"浯江衍派"只是其中的一个小例子，也是这种开创精神的一项具体事实。

（作者单位：金门县采风文化发展协会）

闽粤宗祠与台湾各姓族谱

涂志伟

一、闽粤古村落祠堂历史发展及主要功能

（一）闽粤古村落祠堂历史发展

祠堂是宗族的物质象征。祭祀祖先既是中国古代社会的民间信仰，同时也是一种权力，它是社会身份等级的一种标志。上古，宗庙祭祖是贵族的特权，庶民不许。魏晋南北朝之后，开始按官职品秩确定庙制。家庙之称，亦始于魏晋，至唐代广泛使用。唐代也以官职品秩确定家庙制度。唐宋时期，祠堂称家祠而非宗祠，一般士大夫常以家宅中的公厅、客堂作为祭祀祖先的场所。宋代，由于司马光、朱熹等人的提倡，宗祠建筑才开始作为敬宗收族、祭祀祖先的专门场所出现。但是，直至明洪武年间，仍然是"庶人无祠堂，惟以二代神主置于居室之中间，或以他室奉之。其主式与品官同而椟"①。直到明嘉靖十五年（1536年），礼部尚书夏言上《请定功臣配享及令臣民得祭始祖立家庙疏》，建议皇帝让臣民祭始祖、立家庙。明世宗准议，进行了家庙及祭祖制度的改革，特别是允许庶民祭祀始祖，更在客观上强化了宗祠的普及，开启了庶民建祠祭祖的新时代。民间才被允许建祠立庙，祭祀始祖。"许民间皆得联宗立庙"，立祠修谱，渐入民间，官修民修并存。家谱也从"别选举、定婚姻、明贵贱"之社会政治功能，转化为"尊祖、敬宗、收族"之伦理道德教化功能。正因为如此，许多祠堂始建年代虽追溯到唐宋，追溯到开基祖肇基时间，但实际的祠堂几乎都建于明清两代，民间宗族文化在明清时期达到高潮。

---

① （明）徐一夔等：《大明集礼·卷六》，洪武三年（1370年）九月，影印文渊阁四库全书本。

闽粤古村落中的宗祠大量出现，当是在明代。这与闽粤的历史发展到明代后，经济社会发展进入又一个繁荣高潮有关。随着经济社会繁荣，对外海上贸易的兴起，百业兴旺，大量姓氏人口迁入，聚落大量形成出现，大小家族形成，必须以祠堂为载体凝聚宗族力量。另一个原因在于市民阶层形成，世俗力量壮大，尤其是福建、广东一带民间社会的祠堂风气已开，早就突破了宋代朱熹在《家礼》中制定的祠堂规制，要早于《大明会典》中国家关于宗祠的规定。"旁亲之无后者以其班祔。伯叔祖父母祔于高祖，伯叔父母祔于曾祖……"① 在这种风气下，闽粤"其大小宗祖祢皆有祠，代为堂构，以壮丽相高。每千人之族，祠数十所，小姓单家，族人不满百者，亦有祠数所。"② 又如1946年新会县卢子骏编撰的《潮连乡志》记载，华萼都潮连乡23支氏族，共计13姓。各姓宗祠林立，仅卢鞭村就有宗祠28座。③

明嘉靖十五年（1536年），礼部尚书夏言向明廷上疏《请定功臣配享及令臣民得祭始祖立家庙疏》，疏曰："臣民不得祭其始祖、先祖，而庙制亦未有定制，天下之为孝子慈孙者，尚有未尽申之情……乞诏天下臣民冬至日得祭始祖……乞诏天下臣工立家庙。"④ 据《岭南冼氏宗谱》载："明大礼议成，世宗思以尊亲之义广天下，采夏言议，令天下大姓皆得联宗建庙祀其始祖，于是宗祠遍天下。其用意虽非出于至公，而所以收天下之族，使各有所统摄，而不至散漫，而藉以济宗法之穷者，实隆古所未有。我族各祠亦多建在嘉靖年代。"⑤ 据冼宝干的《佛山忠义乡志》载："明世宗采大学士夏言议，许民间皆得联宗立庙。于是宗祠遍天下，吾佛诸祠亦多建自此时，敬宗收族于是焉。"⑥ 据漳州市龙文区郭坑镇口社村林氏宗祠贻德堂修建于清嘉庆元年（1796年），据雁塔系孙麟撰、十八世裔孙日煦拜书，立于贻德堂内碑记所载："王制：大夫三庙。谓太祖别子始爵者。郑康成曰：别子为祖，苟非庶人，皆得立庙。家庙之昉也古矣。""仕寿祖虽经

---

① 《朱子家礼·卷一·通礼》
② （清）屈大均：《广东新语·卷一七·宫语·祖祠》，中华书局1985年版，第464页。
③ 卢子骏：《潮连乡志·卷二·建置略·祠堂》，第64页。
④ （明）夏言：《夏桂洲先生文集》卷11，《四库存目丛书》集部第74册，齐鲁书社1997年版，第528-529页；北京大学藏明崇祯十一年吴一璘刻本（十八卷年谱一卷）。
⑤ 清宣统二年刻本《岭南冼氏宗谱》卷二之首《宗庙谱》。
⑥ 冼宝干撰：民国《佛山忠义乡志》卷九《氏族志·祠堂》，乡镇志集成本。转引自《明清徽州农村社会与佃仆制》，安徽人民出版社1983年版。

配享东山，而我霞贯未有专祠。余有志而未逮也。兹付尔白金贰仟，作为庙赀，而无忘乃父之志。""余既幸庙制之近古，深得先王'合族以食、序以昭穆'之义。"

（二）闽粤古村落祠堂主要功能

在这种慎终追远的文化传统影响下，必然是在闽粤各地大小村落修建的姓氏宗族祠堂数量相当多，也形成一批这类地名。据笔者调查，如长泰县武安镇溪东村的三房、岩溪镇湖珠村祖厝边、祖寮、尚吉村祖厝边、江都村祖厝边；华安县新圩镇绵治村长者地、仙都镇中圳村百子堂、龙海市浮宫镇八坑村祖厝；南靖县船场镇张坑村祖洞、梅林镇璞山村祖厝角、南坑镇村雅村仙祠公、龙山镇龙山村祖厝边、宝斗村大宗、奎洋镇光祠村、山城镇溪边村上祖厝；平和县安厚镇三隆村祖厝、南胜镇云后村三房、五房；云霄县云陵镇享堂村文公祠；诏安县南诏镇城内社区圣祖、许厝祠、李厝祠、东门社区郭厝祠；漳浦县南浦乡后坑村祖厝、六鳌镇鳌东村祠堂、霞美镇眉田村大祖后、石古农场祠堂顶，计有27处。据《台湾地名辞书》中各乡镇市区村里名起源的资料统计，仅台湾15个县市的4595个村里中，源于血缘与地缘而命名的有153个村里。在台湾还有许多以漳籍冠姓厝、始祖、家庙、宗祠、望族命名的涉漳地名。据考查核实，已知的仅迁台漳籍26个姓氏中，就至少有83处涉漳地名、史迹、聚落。其中，以漳籍始祖、家庙、宗祠命名的至少有27处，以冠姓厝、村里命名的至少有32处，仅板桥林家、雾峰林家就至少有24处。实际上远远不止这些。

以宗祠为中心，进行村落的整体布局考虑，是闽粤传统村落的主要规划理念之一。这种宗法制度和道德观念，对于村落的形成、民居的平面布局、房间构成和规模大小等都有着深刻的影响。通常，祠堂会处在村落的中轴线上，全村的建筑依照祠堂的位置向两侧铺开。祠堂的出现是一个家族发展、壮大、成熟的标记，说明了家族人口已经繁衍到了一定的数量，家族生存空间基本稳定。经济能力也有了某种程度的富足。对于过去的一代人来说，祠堂是他们功成名就的标志，对于后来一代人来说，是后代子孙团聚，告慰祖先的平台。光宗耀祖正是宗族社会里的子子孙孙的最高追求。宗祠一般前有半月池，后有风水林，地势高旷，便于全族人聚合行礼。宗祠内供奉着祖宗的神主牌位，始祖的牌位居中，始祖以下祖先的牌位依左昭右穆的次序排列，区分昭穆便于记住宗族成员的辈次。为体现尊祖，其建筑必须是尽可能地富丽堂皇。族人在朝廷当官或在海外发财就会捐资倡修祖厝。祠堂建筑一般要比民宅规模更大、建筑规格要高，雕饰要多，质量要好。祠堂前后要空旷，视野要开阔，借山川灵气来扶助家族的兴旺。祠堂负有古代宗法制度和道德观念的教化的功能，承担着姓氏家族中最神圣的崇宗祀祖的重任，祠堂同时也是维系族人情感之所在，是族亲们商议族内的事务，过年过节活动的会聚的场所，是教育培养家族子孙的地方。祠堂也由此能够得到较好的保护和及时的维修。

闽粤宗祠共同点是同姓聚族而居，来自四面八方的移民为了站稳脚跟，繁衍生息，往往需要聚族而居，既能共同抵御匪患，又有利于家族自身发展。因此注重庙宇宗祠建设，以示敦宗睦祖，敬神拜祖的宗族文化，宗祠庙宇一般大宗、家庙为祀始祖或本支开基祖，小宗祠祀分派支脉或分房近祖。大姓豪族不但建有"总祠""大宗"，连支房均建有"支祠"，通过各级祠堂将不同层次、不同地点的家族成员串联起来，铸成一条血缘分明、环环相套的家族纽带。漳州林氏是漳州的大姓，也是旺族。芗城区振成巷漳州林氏宗祠是漳州七县林姓合建共有的大宗祠，根据建筑结构考证，始建年代应不晚于宋代。

另据清人陈盛韶《问俗录》所载，诏安县的村落建筑："居则容膝可安，而必有祖祠，有宗祠，有支祠，画栋刻节，靡费不惜。"① 漳州古村落中，一般的家族，有总祠，也有各支脉、各房头的分祠或支祠。有的则设公厅、祖堂。据调查，龙海市东泗乡渐山村为李氏聚居地，一个不满千人小村却建有16座宗祠。其中，元末明初，四世李静隐建有李氏大宗敦睦堂，明初建有追远堂，明末建有李中宪家庙、爱敬堂，清末建有怀德堂、留耕堂、兜谋堂（二座），还有渐山李氏小宗、上渐山下潭内祖祠、社北祖祠；下渐山荣成堂、德元祠、中角祠。已倾圮有余庆堂、慈德堂等。东山县西埔镇梧龙村，有林姓总祠堂，明洪武二十七年（1394年）建成之后，其长房开基港西村建分祠堂"追远堂"，次房开基岱南建"永思堂"，三房住梧龙村开基"作求堂"，称"三宗林"。再后，其宗支再分衍白埕、赤涂、探石、岩雅、荠冬、漳浦、顶赤山、下赤山、山只、西湖、黄山母、西埔、金石、下林尾、铜陵、顶山前、顶西坑、樟塘、新圩、陈城圳、北山、大路口、沃角共23个自然村又都建有祠堂，祠堂之下，尚有小宗家庙。

---

① （清）陈盛韶：《问俗录·卷四·诏安县蒸尝田》，书目文献出版社1983年版，第94页。

据笔者实地调查，华安县马坑乡和春村地处偏僻山区，是闽南海拔最高的行政村之一，却拥有多座各姓祠堂，其中，邹姓有大小祠堂 15 座，密度之高，十分罕见。据重修于 20 世纪 70 年代的族谱《崇远堂主簿》记载：和春邹氏开基祖智远在元泰定年间（1328 年）建崇远堂开始，在和春村分为倒楼房，长房、二房、五房、六房，已繁衍了三十四世，在二十四世之前，各世各支脉都建有自己的宗祠，保留完好的有 15 座，其中 13 座都建于清代早、中期。如明代建筑龙兴堂，清代建筑珍山堂、崇高堂、峡峰堂、崇源堂、福山堂、安仁堂、长美堂、荣福堂、崇礼堂、五桂堂、崇德堂、宗启堂等。东山岛从明代兴起修建祖宗祠堂的风气。自宋至清，东山岛是纯粹的移民区。五代乃至两宋时期因战乱逃难闽南的北方移民先人们先以闽南大陆为第一落脚点，再是渡海到东山岛，或为驻军军人，或为放牧乃至捕鱼晒盐者。由于先人们来自四面八方，为了共同抗御敌人，也为了与恶劣的海岛环境诸如大风巨浪、干旱瘟疫作斗争，需要以同姓氏的形式聚族而居，如于北宋年间从兴化军迁来东山岛开基的翁姓下英村，从龙溪县白水营移民到东山海滨的潘姓亲营村；从平和九峰镇石门楼前来开基的曾姓磁窑村以及军铺式的陈姓东坑村等。由于同姓聚集而居，这种特殊的血缘关系容易形成凝聚力，有利于自身的生存与发展。据东山县博物馆普查，县内各村各姓氏均有祠堂和家庙，大大小小多达 200 余座。

村落中的布局强调宗祠的中心位置。"君子营建宫室，宗庙为先，诚以祖宗发源之地，支派皆源于兹。"① 清《宅谱指南·宗祠》也称："自古立于大宗子之处，族人阳宅四周围位，以便男妇共祀其先。"整个村落布局以宗祠或长房为中心展开，形成由内向外扩展而来的聚落格局。这种现象在漳州古村落中到处能找到例证。如芗城区天宝镇洪坑村戴氏宗祠世泽堂，位于村中央，约从清雍正、乾隆年间起，陆续建成洪坑七座大厝，均为三进或五进大厝，均在世泽堂东西两侧或北侧，大厝分为两向，均依坡面水，构成洪坑村古民居建筑群主体，大房所建的凤栖堂、二房所建的南凤堂、三房所建的凤福堂、四房所建的园凤堂等，南部村口大厝坐北朝南，北部村尾大厝坐南朝北，一字排开。龙海市东园镇东园村是闽南甘姓主要发源地，甘姓血缘聚居的村落，建有大宗、长房、次房和三房宗祠及国公府（已圮）五座，形成甘氏宗祠群。坐东南向西北，建筑面积 1120 平方

---

① （清）林牧：《阳宅会心集·卷上·宗祠说》，清嘉庆十六年刻本。

米。宗祠群分两列：第一列，甘氏大宗居中，次房宗祠居右，后有长房宗祠，前有戏台；第二列，国公府、三房宗祠。又如漳浦县湖西镇赵家村赵家堡内的赵氏宗祠。

闽南、粤东土楼地区，一般在土楼内建祖堂、公厅，因合族祭祀场地的需要，宗祠往往依风水择地建于土楼之外。如华安县仙都镇大地村二宜楼，蒋氏开基祖蒋士熊公厅位于与大门相对的单元楼内，蒋氏宗祠则建于二宜楼外。南靖县书洋镇下版村裕昌楼祖堂位置则位于土楼中内中心埕内。梅林镇璞山村和贵楼院内中间是简氏祖堂兼私塾，而长教简氏大宗祠建于明宣德六年（1431年），为长教简姓四房四世祖贵仁兴建，则位于长教北面坎下村口。南靖县书洋镇塔下村沿溪谷两岸陆续建造了42座方圆土楼，明弘治年间建的张氏家庙择地建于土楼外。书洋镇上版行政村田螺坑土楼群坐落在海拔787.8米的湖岽山半坡上，黄氏祠堂也是建在土楼外。

闽南、粤东古村落基本格局形成典型的一社一姓一宗一庙宇，并配与一榕一池。始建年代大多均称于聚落开基祖肇基年代，均是屡毁屡建，延续不绝。祠堂建筑一般都比民宅规模大、质量好，越有权势和财势的家族，他们的祠堂往往越讲究，高大的厅堂、精致的雕饰、上等的用材，成为这个家族光宗耀祖的一种象征。祠堂多数都有堂号，堂号由族人或外姓书法大家所书，制成金字匾高挂于正厅，旁边另挂有姓氏渊源、族人荣耀、妇女贞洁等匾额，有的还配有联对。如果是皇帝御封，可制"直笃牌匾"。祠堂内的匾额之规格和数量都是族人显耀的资本。有的祠堂前置有旗杆石，表明族人得过功名。宗祠祖龛中神主牌的排列为始祖居中，左昭右穆，奇数为昭，偶数为穆，第一代第三代第五代为昭，第二代第四代第六代为穆。宗祠庙宇门面雕刻造型讲究，石雕、灰雕、砖雕、木雕、瓷雕并用，门当户对、古联齐全，旗杆石碣、牌匾罗列。龙海市程溪镇官园村草庭许氏家庙"前鼎峰后玉枕，左三台右五指，两水环绕其间"，是较有影响的宗祠；颜厝镇下宫村颜氏承恩堂是龙海市建筑面积最大宗祠。南靖塔下客家宗祠张氏家庙德远堂为殿堂式，占地6亩，有二进五间，建筑面积4000平方米左右。殿内雕龙画凤，装饰典雅。宗祠前有半圆形池塘，塘边分别竖立着24根高达10米的石龙旗，也称石旗杆，最具文物价值。据考证，是目前全国保存最多、最完好的一处石龙旗杆群。2006年德远堂被列入第六批全国重点文物保护单位。

古村落是历史上人们聚居自然形成的，闽南、粤东盛行聚族而居。在发展演变过程中，自然村形成了村民独特的思维模式、行为规范、风俗习惯和道德品格。每个家族都建有祠堂，这些祠堂是村民祭祀祖先场所，也是家族活动的中心。明清以来，祠堂成了宗族祭祀祖先、议决大事的重要场所。具有祀祖收族功能，也是宗族的"议事处""惩戒所"。以血缘为基础，以亲情为纽带，以节庆为载体，形成氏族文化。对族人的行为进行规范，形成了祖训、族规。祠堂并置有义田、祭祀田、学田，将祭祖、修谱牒和培养子弟进学作为大事。宗族的公有财产有房屋、田地、山场、桥渡、水利设施、沿海滩涂等，家族通过经营这些族产来筹集家族活动的经费和增殖家族的财力，族产中最常见的是田地，又称族田、社田，其中还包括祠田、祭田、书田、寡守田等等，收得的租钱，用来维持家族祭祀的费用；也将田租用来办公塾，聘用塾师教本家族的子弟，资助家族中经济困难的子弟入学，奖励学业优良的子弟；也用来编修谱牒，赈济族中的鳏寡孤独，兴建或修缮祠堂，兴修水利，铺桥、造路、设渡等等。所以，祠堂除供奉和祭祀祖先，也是族长行使族权的地方，凡族人违反族规，则在这里被教育和受到处理，直至驱逐出宗祠，也可以说是封建道德的法庭；祠堂也可以作为家族的社交场所；有的宗祠附设学校，族人子弟就在这里上学。祠堂也是公益事业的议事之所，如修桥、铺路、造凉亭之类的公益事业在祠堂里商议。

二、台湾各姓族谱中注明祖籍地为福建、广东的姓氏与族谱数量

姓氏是人们生活中最重要的个人称号之一，族谱是记载以血缘关系为主体的家族世系繁衍及有关事迹的特殊图书体裁。家谱通过姓氏原始、迁徙本末、世系渊源的展现，起着追溯宗、联宗收族，维系和强化作为社会群体的宗族和家庭的作用。郑樵《通志·氏族略》："自隋唐而上，官有簿状，家有谱系。官之选举必由于簿状，家之婚姻必由于谱系。""所以人尚谱系之学，家藏谱系之书。"据统计，《三国志》裴注中所引谱牒便有十余种。魏晋时贾弼曾广集群族18州116郡族谱，共712卷。闽粤台家谱数量大、品种多，是闽粤台关系历史文献的重要组成部分。每一个有心寻根的子孙，都可以凭借族谱的史料，找到家族的发祥地和生命的本原。1975年5月至1985年12月期间，美国犹他家谱学会正式在台湾地区各地进行族谱、方志等与谱系相关的资料调查收集，共得台湾民间所存的各种新旧谱牒资料20000多种1500余卷微缩胶卷。《台湾区族谱目录》收入了谱牒

资料 10613 种，记载了大陆 24 个省市 251 个姓氏向台湾移民开基祖的族谱资料。① 笔者据此对该目录所载注明祖籍地为福建、广东的姓氏与族谱数量资料进行统计分析。

（一）台湾各姓族谱中注明祖籍地福建省的姓氏与族谱数量

《台湾区族谱目录》所载注明祖籍地为福建各府县的姓氏族谱共有 4937 部。基本包括了福建各县市。

1. 注明祖籍地泉州市的姓氏与族谱数量。据笔者统计，在《台湾区族谱目录》所载各姓族谱中，② 属泉州各县的各姓族谱共有 1419 部。其中，在台的祖籍地注明来自泉州的有：丁姓、王姓、何姓、吴姓、吕姓、李姓、林姓、周姓、洪姓、唐姓、孙姓、梁姓、郭姓、许姓、张姓、庄姓、陈姓、黄姓、杨姓、詹姓、董姓、廖姓、蔡姓、赵姓、刘姓、郑姓、潘姓、赖姓、卢姓、谢姓、戴姓、严姓等 32 个姓氏，共 107 部族谱。

在各姓族谱中，在台的祖籍地注明来自晋江的有：丁姓、尤姓、王姓、伍姓、吴姓、李姓、沈姓、邱姓、林姓、周姓、卓姓、侯姓、纪姓、韦姓、柯姓、柯蔡姓、洪姓、施姓、孙姓、翁姓、桂姓、粘姓、郭姓、连姓、许姓、张姓、庄姓、陈姓、黄姓、曾姓、云姓、杨姓、蒲姓、董姓、蔡姓、赵姓、刘姓、萧姓、郑姓、郑萧姓、赖姓、谢姓、苏姓等 43 个姓氏，共 422 部族谱。其中，较多的蔡姓有 60 部，许姓有 38 部，林姓有 36 部、张姓 29 部、王姓 28 部、陈姓 27 部、周姓 25 部、李姓 22 部、施姓、黄姓各 19 部、杨姓 16 部、曾姓 14 部、洪姓 12 部、萧姓 9 部。另外，祖籍地注明来自安平的有潘姓 1 姓 1 部。③

在各姓族谱中，在台的祖籍地注明来自南安的有：尤姓、王姓、方姓、白姓、吴姓、吕姓、李姓、阮姓、邱姓、林姓、周姓、卓姓、花姓、侯姓、柯姓、孙姓、徐姓、梁姓、郭姓、许姓、张姓、庄姓、辜姓、陈姓、巫姓、黄姓、傅姓、曾姓、杨姓、褚姓、叶姓、蔡姓、刘姓、潘姓、钱姓、蓝姓、谢姓、戴姓、

---

① 资料来源：赵振绩著：《台湾区族谱目录》，台湾省各姓历史渊源发展研究学会等出版，1987 年。
② 资料来源：赵振绩著：《台湾区族谱目录》，台湾省各姓历史渊源发展研究学会等出版，1987 年。
③ 资料来源：赵振绩著：《台湾区族谱目录》，台湾省各姓历史渊源发展研究学会等出版，1987 年。

阙姓、苏姓等41个姓氏，共251部族谱。

在各姓族谱中，在台的祖籍地注明来自惠安的有：王姓、任姓、朱姓、江姓、吕姓、林姓、胡姓、柯姓、孙姓、徐姓、郭姓、张姓、庄姓、陈姓、黄姓、曾姓、杨姓、叶姓、刘姓、萧姓、郑姓、骆姓等22个姓氏，共61部族谱。

在各姓族谱中，在台的祖籍地注明来自安溪的有：王姓、白姓、江姓、余姓、吴姓、吕姓、宋姓、李姓、林姓、周姓、卓姓、胡姓、纪姓、洪姓、秦姓、凌姓、唐姓、孙姓、徐姓、翁姓、郭姓、许姓、张姓、庄姓、陈姓、黄姓、游姓、温姓、曾姓、杨姓、詹姓、叶姓、邓姓、廖姓、熊姓、蔡姓、刘姓、萧姓、郑姓、蒋姓、潘姓、谢姓、魏姓、颜姓、苏姓等46个姓氏，共578部族谱，其中，较多的有李姓102部，林姓54部、陈姓49部、王姓45部、高姓39部、白姓31部、黄姓29部、张姓25部、周姓21部、詹姓、廖姓各18部，唐姓11部，杨姓、刘姓各10部，郑姓、颜姓各9部，蔡姓9部。另外，在台的祖籍地注明来自清溪的有王姓、白姓、周姓、陈姓、蔡姓等5姓5部。祖籍地注明来自金溪的有吕姓1姓1部。① 合计祖籍地属今安溪县的迁台族谱共有46个姓，584部。

2. 台湾各姓族谱中注明祖籍地厦门市的姓氏与族谱数量。在《台湾区族谱目录》所载各姓族谱中，② 属今厦门市各区的各姓族谱共有542部。其中，在台的祖籍地注明为厦门的有：吴姓、林姓、孙姓、翁姓、高姓、陈姓等6个姓氏，共7部族谱。

在各姓族谱中，在台的祖籍地注明为同安的有：王姓、方姓、白姓、石姓、朱姓、余姓、吴姓、吕姓、宋姓、李姓、林姓、周姓、花姓、胡姓、纪姓、柯姓、柯蔡姓、洪姓、唐姓、孙姓、徐姓、翁姓、梁姓、高姓、留姓、郭姓、许姓、张姓、康姓、庄姓、辜姓、陈姓、黄姓、彭姓、游姓、曾姓、詹姓、杨姓、叶姓、万姓、廖姓、蔡姓、赵姓、刘姓、萧姓、郑姓、蒋姓、潘姓、谢姓、薛姓、颜姓、苏姓等54姓，共521部族谱。

注明祖籍地为银同的有：石姓、李姓、林姓、许姓、陈姓、曾姓、杨姓7姓16部；注明祖籍地为东安（鞍）的有：王姓、江姓、李姓、林姓、胡姓、洪姓、

---

① 资料来源：赵振绩著：《台湾区族谱目录》，台湾省各姓历史渊源发展研究学会等出版，1987年。

② 资料来源：赵振绩著：《台湾区族谱目录》，台湾省各姓历史渊源发展研究学会等出版，1987年。

陈姓、黄姓等8姓14部。

此外，在各姓族谱中，注明祖籍地为金门的有王姓、吴姓、吕姓、宋姓、李姓、林姓、胡姓、洪姓、徐姓、翁姓、高姓、许姓、庄姓、陈姓、杨姓、蔡姓、郑姓、颜姓等18姓，共51部族谱。注明祖籍地为浯州（浯岛）的有：吕姓、辛姓、蔡姓、赵姓、谢姓等5姓5部。

3. 台湾各姓族谱中注明祖籍地漳州市的姓氏与族谱数量。据笔者统计，在《台湾区族谱目录》所载各姓族谱中，① 漳州府属的各姓族谱共有1608种。

其中，注明祖籍地为漳州的有：王姓、方姓、朱姓、江姓、何姓、吴姓、李姓、沈姓、邱姓、林姓、周姓、姜姓、柯姓、郭姓、连姓、许姓、张姓、张廖姓、庄姓、陈姓、黄姓、杨姓、詹姓、叶姓、廖姓、蔡姓、赵姓、刘姓、萧姓、潘姓、赖姓、卢姓、谢姓、魏姓、简姓、颜姓、戴姓等98部37姓。

注明祖籍地为龙溪的有220部42姓，即王姓、方姓、石姓、伍姓、吴姓、李姓、阮姓、邱姓、林姓、姜姓、姜林姓、柳姓、洪姓、孙姓、翁姓、郭姓、连姓、许姓、张姓、康姓、庄姓、管姓、陈姓、陈林姓、黄姓、游姓、温姓、杨姓、邹姓、蔡姓、刘姓、萧姓、郑姓、潘姓、赖姓、卢姓、谢姓、薛姓、颜姓、严姓、阙姓、苏姓等。

注明祖籍地为海澄有69部21姓，即王姓、石姓、朱姓、江姓、吴姓、李姓、邱姓、林姓、马姓、许姓、曹姓、陈姓、黄姓、曾姓、杨姓、叶姓、郑姓、薛姓、钟姓、简姓、苏姓。

注明祖籍地为漳浦有251部33姓，即王姓、石姓、朱姓、余姓、吴姓、李姓、阮姓、李姓、林姓、周姓、施姓、倪姓、孙姓、翁姓、许姓、张姓、康姓、陈姓、黄姓、游姓、温姓、冯姓、杨姓、蒲姓、蔡姓、赵姓、刘姓、郑姓、潘姓、赖姓、蓝姓、谢姓、魏姓、戴姓等。

注明祖籍地为金浦（漳浦）有54部15姓，即王姓、朱姓、吴姓、李姓、林姓、洪姓、施姓、张姓、陈姓、黄姓、杨姓、蔡姓、赵姓、蓝姓、魏姓等。注明祖籍地为云霄有1部1姓，即周姓。

注明祖籍地为诏安有349部37姓，即王姓、王游姓、田姓、朱姓、江姓、

---

① 资料来源：赵振绩著：《台湾区族谱目录》，台湾省各姓历史渊源发展研究学会等出版，1987年。

何姓、余姓、吴姓、吕姓、李姓、沈姓、阮姓、邱姓、林姓、周姓、官姓、徐姓、高姓、许姓、张姓、张廖姓、陈姓、陈蔡姓、黄姓、游姓、杨姓、叶姓、廖姓、蔡姓、萧姓、潘姓、赖姓、谢姓、薛姓、钟姓、罗姓、苏姓等。注明祖籍地为东山有1部1姓，即林姓。

注明祖籍地为平和有320部31姓，即方姓、朱姓、江姓、何姓、余姓、吴姓、李姓、林姓、周姓、范姓、高姓、张姓、曹姓、庄姓、陈姓、巫姓、黄姓、游姓、温姓、曾姓、杨姓、蔡姓、刘姓、郑姓、赖姓、卢姓、谢姓、钟姓、罗姓等。

注明祖籍地为南靖有409部41姓，即王姓、左姓、石姓、余姓、吴姓、吕姓、李姓、沈姓、阮姓、邱姓、林姓、周姓、柯蔡姓、洪姓、徐姓、郭姓、许姓、张姓、张简姓、康姓、庄姓、陈姓、黄姓、温姓、曾姓、杨姓、詹姓、邓姓、廖姓、蔡姓、赵姓、刘姓、萧姓、郑姓、赖姓、卢姓、谢姓、魏姓、简姓、戴姓、罗姓等。

长泰有32部15姓，即王姓、吴姓、林姓、梁姓、陆姓、连姓、张姓、陈姓、杨姓、蔡姓、萧姓、郑姓、卢姓、薛姓、苏姓等。

经合并统计，注明祖籍地为漳州府各县有82个姓，即：蔡姓、曹姓、陈姓、陈林姓、陈蔡姓、戴姓、邓姓、范姓、方姓、冯姓、高姓、官姓、管姓、郭姓、何姓、洪姓、黄姓、简姓、江姓、姜姓、姜林姓、康姓、柯姓、柯蔡姓、赖姓、蓝姓、李姓、连姓、梁姓、廖姓、林姓、刘姓、柳姓、卢姓、陆姓、吕姓、罗姓、马姓、倪姓、潘姓、蒲姓、邱姓、阙姓、阮姓、沈姓、施姓、石姓、苏姓、孙姓、田姓、王姓、王游姓、魏姓、温姓、翁姓、巫姓、吴姓、伍姓、萧姓、谢姓、徐姓、许姓、薛姓、严姓、颜姓、杨姓、叶姓、游姓、余姓、曾姓、詹姓、张姓、张廖姓、张简姓、赵姓、郑姓、钟姓、周姓、朱姓、庄姓、邹姓、左姓等82个姓。

4. 台湾各姓族谱中注明祖籍地龙岩市的姓氏与族谱数量。据《台湾区族谱目录》所载。① 经笔者统计，在台祖籍地注明属今龙岩市各县市区的迁台各姓族谱共有邱姓、俞姓、陈姓、赖姓、谢姓、罗姓、李姓、江姓、余姓、吴姓、阮

---

① 资料来源：赵振绩著：《台湾区族谱目录》，台湾省各姓历史渊源发展研究学会等出版，1987年。

姓、林姓、范姓、胡姓、翁姓、许姓、张姓、华姓、巫姓、黄姓、游姓、温姓、曾姓、廖姓、刘姓、郑姓、卢姓、阙姓、苏姓、陈林姓、薛姓、钟姓、简姓、王姓、吕姓、冯姓、魏姓、戴姓、徐姓、高姓等40姓，249部族谱。另外，旧属汀州府的今属三明市的宁化县、归化县（明溪县）、清流县在台也有一批迁台各姓族谱。

5. 台湾各姓族谱中注明祖籍地三明、莆田、福州、南平市的姓氏与族谱数量。据笔者统计，注明祖籍地属今三明市各县市区的迁台各姓族谱共有161部族谱。注明祖籍地属今莆田市各县区的迁台各姓族谱共有38部。在各姓族谱中，祖籍地来自兴化府莆田的有21个姓氏。其中，有的注明蒲田，或湄州、闽莆。迁台的渡台祖祖籍来自福州府及各县的有28个姓氏合计有95部。其中，祖籍地注明福州的有：林姓、易姓、高姓、郭姓、庄姓、陈姓、黄姓、郑姓、潘姓等9姓19部，注明福清的有15姓19部；注明祖籍地为林森、闽侯、闽县、侯官的闽侯县族谱19姓30部，还有的注明连江、平潭、闽清、闽县等。来自南平市及各县的南平、南邑、浦城、建阳姓氏极少，仅有陈姓、章姓、蔡姓3个姓氏5部。

6. 注明祖籍地福建其他地区的姓氏与族谱数量。合计有207部。其中仅注明为福建的有52姓165部。

（二）台湾各姓族谱中注明祖籍地广东省的姓氏与族谱数量

《台湾区族谱目录》所载注明祖籍地为广东省各府县的姓氏族谱共有4907部，其中，注明祖籍地为广东的34姓68部。其中，注明祖籍地潮州市包括属邑的共有288部族谱，[①]注明祖籍地汕头市包括属邑的有18姓31部族谱，注明祖籍地梅州市及属邑的共有74个姓氏960部族谱。注明祖籍地揭阳市合计有22个姓50部，注明祖籍地汕尾市合计有453部族谱；注明祖籍地惠州市的有10姓17部。此外，注明祖籍地广东其他地区的姓氏与族谱数量。合计有109部。基本包括了广东各县市。此外，还有注明属广东省各地各姓族谱161部，大多为1地1姓1部。

（三）统计分析结论

《台湾区族谱目录》所载注明祖籍地为福建各府县的姓氏族谱共有4937部。

[①] 赵振绩著：《台湾区族谱目录》，台湾省各姓历史渊源发展研究学会等出版，1987年。

注明广东省各府县的姓氏族谱共有4907部。据1926年台湾汉族祖籍调查表，在台湾在籍汉族人口总数所占比例，福建为83.07%，广东为15.63%。闽粤迁台移民比例相差很大，而族谱数量却等量齐观。

但具体到闽粤各设区市区的台湾族谱中，注明泉州各县的各姓族谱计有1419部；属今厦门市各区的各姓族谱计有542部；注明漳州府有82个姓，1608部；注明祖籍地龙岩市的有40姓，249部。据1926年台湾汉族祖籍调查表，[①] 在台湾在籍汉族人口总数所占比例进行同统计，泉州府为44.81%，漳州府为35.17%。考虑到今厦门市同安原属泉州府，永春州为0.54%，汀州府为1.1%，龙岩州为0.4%。福州府为0.7%，兴化府为0.25%。因此，福建各市在台族谱与迁台人数比例大致相同。

而广东注明祖籍地梅州市及属邑的计有74个姓氏，960部族谱，如包括揭阳50部，计有1100部。其次注明祖籍地汕尾市计有453部族谱，潮州市包括属邑的计有288部族谱，如包括汕头31部，则有319部。据1926年台湾汉族祖籍调查表，在台湾在籍汉族人口总数所占比例，嘉应州9.52%；潮州府3.59%；惠州府4.86%；广东在台族谱与迁台人数比例总体也是大致相同。

闽粤各县市中，泉州最多的来自安溪的有46个姓氏，共578部族谱。其中，较多的有李姓102部。来自晋江，有43个姓氏，422部族谱。其中，较多的蔡姓有60部。厦门注明为同安的有54姓，共521部族谱。漳州最多的来自南靖，有409部41姓；其次为诏安，有349部37姓；再次为漳浦，有251部33姓；龙溪的有220部42姓。

当然，上述的台湾族谱主要是20世纪80年代，至如今则应更多，如加上闽粤所存的族谱，整个比例还会改变。而现实在闽粤台存在、新修的族谱、姓氏还有很多没有发现、统计，台湾族谱中也有的族谱中记载的祖籍地仅是祖源地，并非迁台的祖籍地。

据20世纪90年代漳州与台湾两地400多部姓氏谱牒记录统计，漳州府七县明清时期至少有98个姓氏6895人迁居台湾开基。[②] 如与1985年12月期间，台

---

① 《台湾在籍汉民族乡贯别调查》，台湾总督官房调查课编纂，发行人伊藤怜之助，台湾时报发行所，1928年3月。

② 林嘉书：《闽台移民谱系与民系文化研究》，黄山书社2006年版，第248页。

湾地区各地进行调查收集谱牒有 82 个姓相比，漳州迁台姓氏增加了 12 姓。2006年，漳州市政协在全市组织开展千村万户姓氏普查中，与 20 世纪 90 年代相比，笔者又发现迁台姓氏还有 6 姓。漳州向台湾移民已知姓氏总计共 104 姓。[①] 2009年，漳州市政协在全市组织征集涉台族谱，赴台湾收集一批台湾涉漳族谱，与 2006 年相比，笔者又新发现一批漳州迁台姓氏。从现已查知的、有开台祖记载的漳州和台湾民间 1000 多部族谱看，笔者新发现漳州迁台姓氏还有 9 姓。至此已知，漳州向台湾移民姓氏共 113 姓。[②] 这漳州迁台 113 姓即：白姓、蔡姓、曹姓、陈姓、陈林姓、陈蔡姓、谌姓、程姓、戴姓、邓姓、丁姓、董姓、杜姓、范姓、方姓、冯姓、傅姓、甘姓、高姓、龚姓、官姓、管姓、郭姓、韩姓、何姓、洪姓、侯姓、胡姓、黄姓、纪姓、简姓、江姓、姜姓、姜林姓、蒋姓、康姓、柯姓、柯蔡姓、赖姓、蓝姓、李姓、连姓、梁姓、廖姓、林姓、凌姓、刘姓、柳姓、卢姓、陆姓、吕姓、罗姓、马姓、麦姓、倪姓、欧阳（欧、区）姓、潘姓、蒲姓、邱（丘）姓、阙姓、阮姓、余姓、沈姓、施姓、石姓、宋姓、苏姓、孙姓、汤姓、唐姓、田姓、童姓、涂姓、汪姓、王姓、王游姓、魏姓、温姓、翁姓、巫姓、吴姓、伍姓、向姓、萧姓、谢姓、辛姓、徐姓、许姓、薛姓、严姓、颜姓、杨姓、姚姓、叶姓、尤姓、游姓、余姓、俞姓、曾姓、詹姓、张姓、张廖姓、张简姓、赵姓、郑姓、钟姓、周姓、朱姓、庄姓、侯姓、卓姓、邹姓、左姓。

地缘聚落是移民社会的特征之一，而冠籍地名则是其标志。从唐代开始，福建的移民大多来自中原。特别是经过陈元光、王审之等两批从光州固始一带大规模的入闽，在福建各姓族谱中形成了以祖先来自河南固始为荣的风气，入闽开基祖大多追溯到河南，尤其是追溯到固始。这与闽粤客家姓氏族谱形成以祖先来自宁化石壁为标志的风气同样，入闽开基祖大多追溯到宁化石壁，追溯到中原。这种以中原或河南固始籍贯为荣的修谱传统，也传承到以闽粤移民为主的台湾。所以，台湾从福建移民的各姓族谱中，也把祖籍地记载为河南、记载为固始。据 1953 年台湾户籍统计资料称，当时台湾全省户数在 500 户以上的 100 个大姓中，有 63 个姓氏的族谱上记载其先祖来自河南光州固始。这 63 个姓氏共 670512 户，

---

① 林殿阁主编：《漳州姓氏（下册）》，中国文史出版社 2007 年版，第 2207 页。
② 江玉平主编：《漳州与台湾族谱对接指南》，厦门大学出版社 2011 年版，第 6 页。

占当时台湾总户数 828804 户的 80.9%。据笔者对《台湾区族谱目录》进行统计，今存在台湾属大陆各省的族谱或迁台的渡台祖祖籍地来自除闽粤浙以外的大陆各省族谱，合计来自 26 个省市，344 个县市（处），有 640 部各姓族谱。这些族谱中，较多的是来自河南省各地的族谱，计有 59 姓 154 部，来自 45 个县市（处）。较为特殊的来自河南省固始县的特别多，有 24 姓，59 部。如再加上光州 5 姓 5 部，潢川 1 姓 1 部，则有 65 部。是否河南省籍以及固始县籍的移民迁台特别突出？我们详细考查深入分析，这些族谱的实际的迁台移民渡台迁祖居住地都是福建或广东省，并非从河南迁台的，也并非从三明市宁化县的石壁迁台。对其他大陆各省族谱的考查中，也发现，其迁台祖绝大部分是台湾光复后迁台的，并非如同闽粤籍移民一样，在明清时期迁台的。

从以上的统计分析来看，在历史岁月风雨中，闽粤台慎终追远的文化传统影响巨大，闽粤台家谱数量大、品种众多的特点，产生了千枝一本，万水同源的民族凝聚力。祠堂、族谱是两岸关系历史文献的重要组成部分，也无可辩驳地印证"两岸一家亲"的史实。从中，我们看到了千百年来炎黄子孙不管身处何方，不管政区如何变化，对祖根追寻的传统宗族文化一脉相传，始终不变。

（作者单位：漳州市闽南文化研究会）

闽台池王爷信仰的发展初探

— ● 林 庚 ● —

池府王爷信仰，它本是源自同安马巷的闽南地区的一种民间信仰，在历史的发展过程中逐渐过台湾、下南洋，因除暴安良、护国佑民而备受尊崇。

一、王爷信仰的多样性与演变发展

"王爷"是闽台沿海地区特有的神灵，王爷信仰是闽南一个重要的民间信仰，奉祀极普遍，其仪式是最为隆重的信仰活动。历史上，"王爷"是一种爵位，位阶仅次于皇帝，称"千岁"。一般认为，王爷神的职权直属天庭，由玉皇大帝敕封，是巡察人间善恶的神祇，主要职责在于"代天巡狩、燮理阴阳"，带有尚方宝剑，能先斩后奏，故其又称"大巡"，在人间的庙宇称王府或"代天府"。

"王爷"也曾被闽南和台湾民间个别地区称呼"瘟神"。因此早期有些地方的王爷形象造型因受"瘟神"说的影响，一般仿照戏剧里"净、丑"的面谱，十分凶恶。

据《泉郡富美宫志》载：明代中后期，泉州曾因屡遭各种灾害，特别是瘟疫的肆虐，人们为抵御灾祸，以求生存，于是民间纷纷建立小祠，供奉保护神，岁时典祭，企求神灵保境安民。小祠则多奉祀"王爷"，认为王爷有赏善罚恶、除瘟驱疫、降灾赐福的职能。明清时期，闽南个别地区的王爷神由原无姓无名的冤鬼凶神和有姓无名的"某王爷"逐步淘汰和演化为有姓有名的历史名人演化的正神，成为宗族祖先神、村落社区保护神。王爷常被宗族村落认为是本族有名有姓的先人，除了作为宗族家神，也会发展成其他人共尊同祀的英灵崇拜。其职能也相应改变为"代天巡狩"，负有查察四方、赏善罚恶、驱疫送瘟、消灾赐福、保境安民的职责。成神后英灵显赫，经常巡狩四海，除暴安良，护国佑民。

王爷的来源，一是有功于国家、民族的官员和忠臣清官，二是在统一国家、抵抗外族侵略、镇压内乱之中献身的忠烈义士，三是有益民众、受到敬仰的人物。王爷为名垂青史的忠臣名将，如包王爷是宋代"执法不阿"的包拯，徐王爷是功勋卓著的明初大将徐达，武王爷是宋代"精忠报国"的岳飞，同安蔡府王爷是明代"正己不求"的蔡复一。民间对王爷甚为虔信。

闽南王爷信仰的共同点，是其庙宇多根据王爷姓氏，称呼神明为某（姓）府王爷或某（姓）府千岁。闽台"五府王爷"，大王李府千岁、二王池府千岁、三王吴府千岁、四王朱府千岁、五王范府千岁。其中以池王爷为代表，在闽台最具有影响力。池王爷就是有功于国家、民族的忠臣清官，因有益民众而受到敬仰，集多个池氏先贤为一体的神祇，这使得"池王爷"的形象更加丰满。

二、闽台池府王爷身份的构建

闽台池王爷公认的祖庙在厦门同安马巷。但是，关于池王爷之身份传说众说纷纭。这是因为池王爷信仰在传播的过程中，许多地方供奉了池王爷，却不知道池王爷是何许人，也不知道什么时候开始演化，因此各地信众充分发挥各自的想象，产生了从唐朝忠臣到护佑闽台神祇等说。这种池府王爷身份的构建是一个复杂的民众心理构建；其姓名、生平事迹、出生年代、籍贯皆有各种不同版本流传；各宫庙间互有差异。但是，池王爷成神的塑造过程却是相同的，就是坚守池王爷祖庙的基本信条：一是为百姓舍生取义、吞瘟药过往成神的故事情节；二是池王爷的生日诞辰都是六月十八；三是王爷的造型特征都是黑脸、粗眉、眼睛凸，这是为了纪念他舍己为人的事迹而如此装塑。因此，民间流传的"小法咒"称赞王爷的英姿"手持铁鞭天地动、脚踏七星步雷云"，在百姓心目中池府王爷是文人也是武将，精通兵法谋略、中医岐黄、天文地理、风水五术等，帐下更有三十六部司官、七十二员猛将，为了救护老百姓"上天堂、下地府"，又协助各府代天巡狩出任务，巡游四方，济世度人，屡显神迹。久而久之，池府王爷就成为民间最被奉祀的王爷代天巡狩王爷公，皇帝赐封为代天巡狩，祈求国泰民安风调雨顺。民间曾流传池王爷"显圣平械斗""下寮驱瘟灾""下街灭鼠疫""灵符治瘫病"等不少动人的故事。

池王爷姓名之更易，说明民间对宗教信仰的敬畏心理，引来香火也不敢问神祇的名号，随着时间、地域、文化、历史的演变，逐渐融入所在地传说元素，成为在地化且具有地方特色之民间信仰。池王爷的名字共有如下几种：

（一）将池府千岁寄托为唐代池梦彪

传说故事中的池梦彪，陈留人氏，文质仁心，天资聪颖，性情刚直，治军严正，用兵如神。唐高祖入关时，因助唐开国有功，授封中郎将、折冲都尉。贞观十七年（643年），随唐太宗亲征高句丽，势如破竹，又加封为宣威将军。池府王爷是一位文质彬彬的神圣，可是金身造型是黑脸，眼大如豆，看起来威严无比。传说池府王爷某夜梦见一位瘟神，奉玉帝旨令下凡降灾、散布瘟疫，池王知道这件事后，便请这位瘟神到府中饮酒畅谈。瘟神畅饮之后，已有几分酒意，就吐露下凡之意，池王心肠慈悲，害怕百姓受灾，趁瘟神不注意时将那包瘟疫粉全部吞下肚里。药性发作，随即满脸变黑，眉毛直竖，两眼凸出，痛苦而亡。这也是池府王爷神像这般面貌的由来。瘟神带着池梦彪的灵魂参见玉帝，玉帝感念其爱民救民的精神，敕封他为代天巡狩池府千岁，令其永镇凡间，巡狩善恶，护国佑民，各地也纷纷建庙祀奉。

将池府千岁寄托为唐代池梦彪的宫庙主要是在台湾部分分炉。例如，建于清康熙元年（1662年）的台南北门乡南鲲鯓代天府，又称为"南鲲鯓庙"，是台湾五府千岁的开台首庙。本宫主祀五府千岁，而五府千岁镇殿主神则是二王爷池府千岁池梦彪。南鲲鯓代天府是台湾最古老、香火最旺的王爷庙。在台湾的庙宇中，王爷庙最多，全台有近千座，都以南鲲鯓的代天府中的5位王爷为精神领袖。

但是，查对唐史，全无记载，"池梦彪成王爷"的生平均是后人编撰的。

（二）将池王爷奉为漳州府道台池然

传说，王爷姓池名然，又名德诚，字逢春。王爷本是文举人，有感于当时社会重文轻武，毅然决定文武双修，因而文武双全。明万历三年（1575年）武中进士。池然居官清正，他奉派任漳州府道台，途经马巷以东七公里处之小盈岭时，在树下小憩睡着了。睡梦中，他梦见二瘟神带着瘟药意欲往漳郡流布瘟疫，危害人间。他从梦中惊醒后，着急自己刚要上任的漳郡百姓将有大祸临头。这时候，迎面走来了两个玄衣人，其二人如梦境瘟神一般，于是设计招待两位使者，煮酒论文。玄衣人酒喝得醉后说出自己是瘟疫使者，奉命带瘟药来，前往漳州散布瘟疫。池然心肠慈悲，为拯救漳民万千生灵免遭横灾，把所有瘟药吞服了下去。及至马巷地时,毒性发作,脸色变黑,双眼凸出,实时暴毙于马巷。瘟疫使者没有完成投毒使命,只好带着池然的灵魂参见玉帝。玉帝得知事情原委,被他宽厚仁慈、爱民如子、舍身护民、成仁取义的壮举所感动,特赦封"代天巡狩总巡王",晋爵王爷,派往马巷为神,令他代替玉皇上帝下凡察阴理阳、赏善罚恶。王爷受封之后首先来到漳州府小盈岭一带显化,漳州人在得知王爷成神经过以后,有感于王爷的恩情,纷纷建庙奉祀。这个故事说明,池王爷信仰始于同安。但是据《同安县志》和《马巷厅志》对池王神历史渊源记载曰:"元威殿在五甲街,相传神为武进士池姓,于耆老梦中得之,后现像里社,乡人鸠众建庙,遇有疾疫,祷告甚灵,时称为池王爷。"并未提及王爷名字。查漳州地方志《大明漳州府志》《漳州府志》,未见有道台池然的记载;查南京池氏,也未见有进士池然的记载。"池然"的姓名和生平均是后人编写的。

（三）池王爷为勤政清廉的名宦池浴德

马巷元威殿是池王爷的祖庙,为总制总巡王称池府王爷,并未提及名字。马巷是同安蔡氏的聚居地,元威殿历代为蔡氏人监理。明万历（1575-1619年）中后期始建于马巷五谷市榕树下,天启二年（1622年）迁建现址。清乾隆二十九年（1764年）重修。由此可见,各地分炉池王爷名字,都是在分炉过程中各自发挥而编撰出不同的池王爷。

同安池氏名人池浴德（约1538-1616年）,字仕爵,号明洲,祖籍福建福安,明中左所（今属厦门）人。嘉靖四十四年（1565年）进士,授为浙江遂昌县令。历任浙江遂昌县令、南京吏部考功主事、北京吏部稽勋司、考功员外、考功郎中、太常寺少卿等职。这些在地方文献《厦门志》《厦门市志》《同安府志》有详细记载。明万历《福安县志·营缮志·坊表》载:"天官上卿坊,万历七年（1579年）,为文选郎中池浴德立。浴德,福安小留人,徙居泉州（今厦门同安）。"清康熙《福安县志·营缮志·坊表》载:"天官上卿坊,万历七年,为文选郎中池浴德立。浴德,县小留人,徙泉州三十年。"明、清《福安县志》都明确记载,万历七年,"徙泉州三十年",亦证实池浴德乃嘉靖二十八年（1549年）随父、祖外迁泉州,时12岁。清乾隆《福安县志·选举志·进士》载:嘉靖四十四年乙丑范应朝榜,"池浴德,字明洲,小留人,太常寺少卿,祀乡贤"。清光绪《福安县志·人物卷》载:"池浴德,福安小留人,嘉靖乙丑进士,太常寺少卿。祀乡贤。"《遂昌县志》载:"隆庆三年（1569年）知县池浴德为工部员外郎叶以蕃父叶弘渊（主事）书立'浯膺天宠'石牌坊于独山村。"隆庆《遂昌县志》修于明隆庆二年（1568年），知县同安池浴德主修。已佚。光绪《处州府志》卷十四称："池浴德因翁丹山稿本创辑县志。"

泉州府明代共有进士590人，大多集中在中后期，其中同安县90人；清代进士降至265人，同安县才有22人。池浴德是厦门岛史上为数不多的一位两榜进士。池浴德26岁时考中进士后，被派到浙江省遂昌县当县令。上任前，父亲池杨（然）担心他自小耽于诗书，不谙世事，难以管理一县之事。池浴德回答："尽某心力，依古道行之。"临行前，父亲书写对联为其送行："世积俭勤，席祖荫，追思昔日；官期清白，戒儿曹，努力将来。"嘱咐其要牢记祖训家训，清廉为官，勤俭行事。池浴德跪地接联，发誓永不负百姓，携祖训传承和父辈嘱托踏上仕途。池浴德父亲池杨，闽东话"杨"音同"然"，就有池然之称。

池浴德到任之时，前任留下来的积案有三百多件，这些案件大都是因为没有油水可捞而被积压下来的。池浴德将案件按照年份、案情轻重汇编成册，夜以继日分类办理，很快便将积累的案子清理。一些平时受了冤屈而又打不起官司的百姓听说遂昌县来了个公正贤明的知县，纷纷赶来申诉。遂昌县衙役早先时衣着华丽，出行又喜造势，常常借此恐吓百姓。池浴德便对衙役服饰进行改革，改变成简朴的服饰行装，安定了民心。在办案中，池浴德坚持分文不取，讼者只需要自带半升米用于路途所需便可以，因此民间称池浴德为"池半升"。

池浴德上任之初，恰逢太守入朝，所辖里甲依然按照旧例敛收银子作为对太守的馈赠，池浴德废除了此旧俗。旧时曾有遂昌人到衢州开矿，后沦为盗贼，因此衢州地方官颁布法令："凡入衢者，须有县符，无则以矿徒治之。"这道法令，遂昌百姓很多年都深受其苦，叫苦连天。对此，池浴德亲自前往衢州，与衢州道台毛某进行理论："一里往来，事事岂能给照；十室忠信，人人岂尽矿徒？"毛道台听了池浴德的意见，佩服池浴德贤能，当即颁令废止了这项苛待遂昌百姓的法令。池浴德还组织丈量土地，一改富人多地却少纳甚至不纳田赋、贫民少地或无地却负担过重的状况，让穷苦百姓深受感动。池浴德在遂昌的爱民为民德行，也收获了遂昌百姓对他发自内心的爱戴。在他晋升离开遂昌时，遂昌百姓自发送他到龙游，在龙游换船时，百姓曳舟不舍，致使三日都无法开船，最后只能趁入夜解缆出发。遂昌百姓为了纪念他，后于西明山河边建造了石亭，取名"曳舟亭"。

池浴德后来先后任职南京和北京吏部，均负责选拔、考察官员，所任职务被视为肥缺。然而,池浴德从不苟取一文,从不以权谋私。在其父去世,池浴德回家奔丧,行囊中却仅仅装了四十五两银子。池母说:"谚称县令为银树开花,吾子一树,乃无花果也。"这句话意思是:俗话说当县官像银树开花,但只有他的儿子是一棵无花果树,唯见真心实意的果。池浴德在其16年的仕宦生涯中,勤政惠民、清廉公正,生前赢得了老百姓的拥戴,去世后名留青史。

池浴德在任职太常寺少卿时,因母亲去世,继而告归故里。在其后的37年中,他布衣蔬食,亲自为诸子授课。每月逢初一、十五,听到鸡打鸣便起床,焚香告天,告知自己近日所做的事情以自勉。他还自己出资买地,建造义冢,收埋无主尸骸。他告诫子孙说:"毋滥交,毋惹事,毋衣罗绮,毋想膏粱,毋恃贵凌人,毋挟长加少","读书岂尽取科第?时时照管此念头,无负天地祖宗,便为天地肖子",让后人牢记要谨慎交友、勤俭清正、恭俭待人、传承家风。

池浴德虽然退居在家,对乡里与地方的事务仍很关心。史料记载:"当道海上有所画,皆就府君(池浴德)决之",因为池浴德"于便地方者无不言,奸宄敛迹,盗贼相戒不入境",他对地方秩序是有贡献的。

最让泉州厦门民众敬佩的是明万历后,福建连年遭遇强台风,水旱不断,饥荒连年,瘟疫连绵,民不聊生。《晋江县志》载,万历三十五年(1607年)秋,泉州产生八级以上大地震,闽南沿海化为焦土,加上奸雄当道,政治与社会的动荡不安,经济受损严重,粮食供应严重不足,引发严重饥荒和瘟疫,大批民众举家流浪海内外;而明政府却无钱赈灾。池浴德一面为民请命,呼吁朝廷开仓救灾救民;一面自己慷慨解囊,奋力组织施舍赈灾、施药济世,拯救饥民数万人,平息瘟疫,被当地民众称颂为池府活菩萨。而池浴德是孝子又不沽名,民众感激他,他却事事都推托是其父亲池杨教子所为。因此在同安,池扬父子都备受民众爱戴,他们的事迹广在民间传颂,民众都希望能为他建生祠。明万历四十四年(1616年),池浴德辞世,同安马巷蔡氏民众为他立庙祭祀。随着时间迁移,池王爷庙有可能由池杨、池浴德父子庙逐步演化而来,以寄托民众对池浴德怀念和对安平世界的渴望。所以,池氏研究专家认为池王爷一般来说就是池府活菩萨池浴德的化身。

福建池氏考证认为,池王爷生而为人,义薄云天,正直忠勇,殁而成神。生前以舍己救人的人格化身出庇佑天下之神格,池浴德使得"池王爷"的形象更加丰满。

三、护佑闽台池王爷祖庙马巷元威殿（池王宫）龙威殿的地位

厦门马巷古镇池府开基祖庙——元威殿俗称池王宫，又名元威堂，初建于明万历年间（1572-1620年），地址在马巷五谷市榕树下，直至天启二年（1622年）始迁至现址。池王爷舍生取义，捐躯救民于马巷，马巷民众感恩建"元威殿"祀之。马巷古镇，原名马家巷、马厝巷，别称舫山，历史上行政区域曾隶属泉州府，清康熙四十二年（1703年）为加强对海岛之管理，设置马巷厅，下辖今厦门马巷、新圩、内厝、新店及今之大小嶝岛、大小金门岛等地。池王爷是海内外善信最虔诚奉敬的民俗神祇之一，池王爷的文化广为传播，深入人心，受到各地善信朝拜。元威殿已成为海峡两岸文化交流的重要基地。

关于池王爷的龙威殿、全威殿的记载。据《后边村李氏族谱》记载：该村（现属马巷镇后滨村）开基于明初，原住郑、刘、李三姓。明万历年间（1572-1620年），郑达、刘尽、李了三人他们合伙经商于泉州厦门之间。有一次途经小盈岭，他们在路边一巨石下小憩，旋而呼呼入睡。三个人睡梦中同时都梦见一黑面将军喝令他们赶快离开此地，他们惊吓而醒，立即起身离开。他们刚一离开，巨石立倾。他们感于黑面将军指点救命之恩，立即引回后边村垒三块石头供神位奉敬，后来逐渐发展到全村善信都来问卜祈求平安。当时尚不知黑面将军的名讳及所化身的佛名，直到内官村陈于庭道破原委以后始知黑面将军就是池王爷。因此他们于万历十三年（1586年）鸠资建"龙威殿"。随着历史的变迁，郑氏一部分迁入郑坂村，一部分迁入马巷五甲尾，刘氏则迁到马巷刘厝甲。他们约定分居后，郑氏在马巷建"元威殿"，刘氏在刘厝甲建"全威殿"，殿的主祀神祇都是池王爷。

马巷池王宫为池府王爷之发祥地，俗称"正炉""祖炉"或"总炉"，台湾称为"祖庙"。该庙分灵散布在闽南及新加坡、马来西亚、泰国、菲律宾及台湾等地，庙宇达千座以上。今同安、翔安城乡有池王宫如"全威殿""龙威殿"60余座，台湾有池王庙300多座，以池王为主祀的宫庙有400多座，均奉"元威殿"为祖庙。厦门港龙珠殿就是马巷"元威殿"的分炉，厦门港龙珠殿池府王爷信仰在台湾地区，有多处分炉宫庙，如基隆厦门龙珠殿、台中龙威殿、基隆龙灵殿等宫庙在台湾都有广泛的信仰影响。每任"送王船"盛典，台湾地区多处分灵宫庙都将组团数百人回祖庙参加朝拜，厦门港龙珠殿王爷信仰为海峡两岸文化交流的重要纽带，也是两岸人民同根同源的重要信仰。基隆厦门龙珠殿（名字

与厦门一致），由厦门龙珠殿分灵过去的，并称厦门龙珠殿为祖庙。

四、池府王爷信仰过台湾、下南洋

自古以来，台湾的池王爷信徒认定池王爷的根在闽南，以能到闽南祖庙进香谒祖为幸事。池王爷信仰在闽台的长期兴盛并非只缘于这一偶然事件，应该还有更深层的结构性原因可以发掘。池王爷信仰从闽南传播台湾南洋的路径主要有：请香火分炉。明末至清代是闽南人大批迁台的时期，入台的闽南人从家乡携带池王爷神的香火到台湾建庙奉祀。池氏族人以及有更多的外姓人所能携带的，也有仅是一小包挂在脖子上的香灰，或把小香包缝在衣领内。除了分灵、分香之外，还有漂流，通过"送王船"传播过去。"王爷船"任它在海上随风漂流，或王船本身载运神像一起漂流而至；或是仅神像漂流被拾获；或是神柴被捡拾，经乩示雕成神像建庙供奉。如台湾台中县大安港和安宫，便是清嘉庆十四年（1809年）四月的一天，因一艘王爷船停靠于此而建造的。台南北门乡南鲲鯓代天府南鲲鯓庙的建造，也是南鲲鯓民众在海边看到的搁浅的王爷船和山胞拾到神像，都是从福建闽南漂流去的。又如在台湾，王爷不仅为汉族同胞所崇奉，甚至山地同胞也崇拜王爷。北投有个地方旧称"蕃仔厝"，从前居住的都是凯达格兰人的潘姓山胞，他们信奉的守护神是"蕃仔王爷"。相传二百年前，有一凯达格兰人同胞在海边捡到一尊神像，带回家中奉祀，香火延续至今。此王爷是福建漳浦五甲尾池府王爷的分身，当地居民奉其为防疫医病的神明。又如台南县将军乡保济宫的池王爷来自晋江大崙村，台南县归仁乡永丰代天府的池王爷来自同安的马巷。

自明清以来，人们陆续从福建闽南各村镇携带香火漂洋渡海过台湾、下南洋，传到了台湾和东南亚各地，东南亚华人信众所供奉的池王爷，几乎都源于先辈为了沿途自保而亲身携带原乡的神明香火。在先民眼中，不论神像、香炉、香灰，可视为延续与再现原乡庙祀的神圣象征，确保大众有信心落脚新天地。池王爷除了作为宗族家神，也发展成他姓人共尊同祀的英灵崇拜。池王爷下南洋，他既可以成为保护宗族下南洋开拓宗姓新领地的祖先神，也可能统合成为邻近数个互相依赖村落的集体保护神，成为南洋华人迁州过府、开天辟地的精神典范。南洋诸处之池王爷庙，可谓先辈衣冠南渡之纪念，是中华闽南民系开拓异境的历史与精神象征。到达南洋以后的庙祀格局也不尽然仿似原乡，而是各有演变。

例如：新丰红毛港畔的池和宫，俗称池府王爷庙，庙址在新竹县新丰乡新丰村池府路156号，乃新竹、桃园一带历史最久之王爷庙，其主神池王爷。池和宫之建庙，即因王船载满神像及器物，漂流至红毛港边，地方咸信为神明旨意，遂有建庙之举。王船流放之祖庙，即厦门市同安区马巷镇马巷街的元威殿。本宫主祀的池姓王爷，据传草创于清乾隆年间，神威显赫，有求必应，故声名远播，香火鼎盛，成为新竹西部滨海一带居民之信仰中心，其信众遍及海内外。

马来西亚马六甲万怡力勇全殿的池府王爷，主祀池府王爷。源自信徒从泉州府同安县（今隶属厦门）马巷的池王宫元威殿奉引王爷香火南下，清嘉庆十六年（1811年）建庙于现址。马六甲勇全殿是甲州唯一曾经有"王船出游"的著名老庙。马六甲勇全殿和台湾200多座池王爷庙，拥有相同祖庙。

五、结语

近千年来，面临旱涝蝗灾、瘟疫流行时，池王爷信徒往往把祛灾的希望乞求于池王爷，池王爷已经成为海峡两岸的共同信仰的神祇，池王爷文化已不再是只闽南地区一带百姓的信仰，广泛传播到台湾和东南亚各地，已经享誉海内外。

参考文献

[1] 王琛发：《闽南王爷信仰流传马来西亚的历史意义》。

[2] 苏庆华：《代天巡狩：勇全殿池王爷与王船》。

[3] 蔡干豪、池津光：《池王爷信仰昭灵中外》。

[4] 刘枝万：《台湾民间信仰论集》，联经出版公司。

[5] 姜义镇：《台湾民间信仰》，武陵出版社。

[6] 林国平：《闽台民间信仰源流》，人民出版社。

[7] 王根绵：《马巷池王宫》（《翔安文史资料》厦门市翔安区委员会文史资料委员会）。

[8] 厦门市纪委监察局网站《清风颂先贤——忆湖里清廉故人池浴德》。

[9] 中国纪检监察报《闽南名宦池浴德》。

（作者单位：福建省开闽文化研究院）

高雄红毛港的血缘聚落与宫庙信仰
——以李姓宗族及济天宫为中心的考察

● 谢贵文 ●

一、前言

红毛港，一个位于高雄港西南边的渔村聚落，行政区划属于高雄市南端的小港区，南接大林蒲及凤鼻头，北临高雄港第二港口，西为台湾海峡，东为第二港口的内海，为三面环海的狭长地形环境。自古以来，红毛港即为渔业的重镇，清领时期以养殖鱼堰闻名；日据时期则以捕乌鱼、鳊鱼等著名；光复后，红毛港渔获更曾居全台渔港年生产量的12名。但自1967年兴建高雄港第二港口后，生态环境大为改变，加之外围工业区所造成的海洋环境污染，渔业逐渐走下坡。尤其自1968年红毛港被划入临海工业区范围，实施限建；1976年再被划入港埠用地，开始实施禁建，并开始规划迁村；从此红毛港成为"被时间之神遗忘的渔村"①，逐渐地凋零没落，直至2007年迁村后完全消失。

红毛港由于地处海滨，居民大多捕鱼为业，海上生活的危险性与不确定性，常需借助神灵力量来抚慰内心，因此当地的民间信仰甚为发达，拥有朝天宫、朝凤寺、天龙宫、济天宫、飞凤宫、飞凤寺等六大角头庙，及保安堂、大城隍爷公坛、福德祠、修善堂、西南城、海众庙、正直千岁庙、管府庙等十多间小庙，皆颇具特色。迁村之后，红毛港近400年的文化几乎消失殆尽，仅有这些寺庙随着部分居民迁至凤山、前镇、小港三区交界的中安路与红毛港路一带，仍维系着原有居民的认同情感与历史记忆，也为红毛港文化留下一缕命脉。

迁村前的红毛港有多个血缘聚落，某一姓氏占单一聚落人口的大多数，聚落名也以姓氏称之，如"姓杨仔""姓李仔""姓洪仔""姓苏仔""姓吴仔"等，

---

① 许峻昆:《被时间之神遗忘的渔》,《台湾新闻报》17版,1990年9月25日。

且每个聚落都有属于自己的宫庙,如"姓苏仔"的朝天宫、"姓洪仔"的朝凤寺、"姓李仔"的济天宫、"姓杨仔"的飞凤宫、"姓吴仔"的天龙宫,各庙的管理组织及信徒都以其同姓的宗亲为主,甚至庙内或庙旁即建有该姓的宗祠,形成在地缘组织的宫庙中有明显血缘性质的特殊现象。这种现象虽在迁村之后,已不再如以往明显,但仍能从各庙现况窥知一二。

历来学界在进行台湾汉人社会发展史的研究时,都会关注宗族与神明信仰两个主题,前者涉及血缘组织,如祭祀公业、祖公会及宗亲会等;后者涉及地缘组织,如庙宇、神明会等。有不少学者认为台湾早期汉人聚落是以祖籍地的地缘关系而组成,到了土著化之后,才产生居住地之地缘关系结合之聚落。在此一发展过程中,并无血缘聚落的存在。但晚近已开始有学者注意到台湾存在血缘聚落的事实,如林美容即深入探讨南投草屯镇的聚落发展与宗族发展,指出当地聚落的血缘性甚高,同族聚居的现象非常普遍,且各大姓都成立自己的庙宇,聚落的血缘性对聚落内与聚落之间因神明信仰而产生的地缘组织,如神明会、寺庙组织等,亦有很大的影响。①

这种血缘聚落的宫庙信仰,及血缘组织影响地缘组织的现象,在高雄的红毛港亦明显可见,但却为学者所忽略,迄今尚无深入的研究,殊为可惜。有鉴于此,本文将透过宫庙与家谱资料的分析,及实地的调查与访谈,探讨红毛港的血缘聚落与宫庙信仰,并以血缘性最为浓厚的李姓宗族与济天宫为观察重点,期能进一步发掘当地民间信仰的特色,并为台湾地方社会的研究累积成果。

二、红毛港的宗族及其宫庙

聚落而居是传统社会理想的生活形态,台湾先民又是来自宗族发达的闽南地区,来台祖之间多少具有血缘关系,经过几代的繁衍,自然即形成血缘聚落。血缘聚落在台湾甚为普遍,最明显的特征表现在姓氏,即聚落内的某一姓氏占绝对多数,且同姓者多是有系谱关系可寻的同族之人。②

---

① 林美容:《草屯镇之聚落发展与宗族发展》,《祭祀圈与地方社会》,博扬文化2008年版,第86—130页。
② 林美容:《草屯镇之聚落发展与宗族发展》,第92页。

红毛港地区的血缘聚落也甚为明显，从日据时期的地籍图来看，当地的小地名，除第一堡为"埔头仔"外，第二堡为"姓杨仔"，第三堡为"姓李仔"，第四堡为"姓洪仔"，第五堡为"姓苏仔"，中间并夹杂"姓吴仔""下洪仔""顶洪仔""姓张仔"等四个小地名，显示聚落内同姓的情形颇为普遍。日据末期第一堡以杨姓、洪姓、吴姓居多；第二堡亦以杨姓、洪姓、吴姓较多；第三堡以李姓、第四堡以洪姓、李姓为主；第五堡以洪姓、苏姓为主。光复之后，第一至五堡分别命名为海澄、海昌、海丰、海原、海城等五里，各里姓氏渐趋杂异，尤以海澄里最为复杂，包括杨、洪、吴、陈、林、李等姓氏，其他四里也已非单一姓氏聚落，但仍依序分别以杨、李、洪、苏为大姓。①

红毛港血缘聚落的特色，尚表现在传统民宅的堂号上。根据吴连赏在1998年3月至6月的实地调查，当地传统民宅有180间，正厅上刻有堂号者高达113间，其中洪姓的"敦煌"最多，达42间，占37%；其次是吴姓的"延陵"14间，占12%；第三位是李姓的"陇西"12间，占11%；第四位是苏姓的"武功"12间，占11%；第五位是杨姓的"弘农"8间，占7%；第六位是陈姓的"颍川"7间，占6%。此外尚有其他少数堂号，总计共有18种，② 显示出红毛港先民对于姓氏源流甚为重视，也以此建立血缘宗族的联结网络。

红毛港的民间信仰寺庙也与血缘聚落有密切的关系，几个大姓都有属于自己的信仰中心，如"姓苏仔"的朝天宫、"姓洪仔"的朝凤寺、"姓李仔"的济天宫、"姓杨仔"的飞凤宫、"姓吴仔"的天龙宫，再加上"埔头仔"的飞凤寺，即构成当地的六大角头庙。"角头"是指庄、街、市之内部的次级聚落单位，常与同族聚居的现象有关，因此有些角头庙其实是字姓庙，或是起初都是某一族姓的人所奉祀，相对于角头、庄社之为"公"，族姓之所祀常被称为"私"，即所谓的"私佛仔""祖佛仔"。③ 红毛港的角头庙亦有从族姓私佛演变而来的情形，如朝凤寺相传是有一洪姓村民在海上捞到一尊观音佛像，乃迎回家供奉，后来村民们也来祭拜，于是正式建庙；朝天宫相传也是苏姓人家先以草寮为坛供奉妈

---

① 吴连赏：《红毛港的聚落发展与社会变迁》，《环境与世界》1998年第2期，第87–92页。
② 吴连赏：《红毛港的聚落发展与社会变迁》，第98页。
③ 林美容：《高雄县王爷庙分析——兼论王爷信仰的姓氏说》，《祭祀圈与地方社会》，第299页。

祖，后来信徒渐多，才由村民捐钱建庙。由此一香火缘起的现象，也可看出红毛港角头庙所具有血缘性格。

在这六大角头庙中，血缘性格最强当属济天宫。早年尚收丁口钱的时代，济天宫完全以李姓宗族为范围，炉主也一直以其四大房子孙担任，完全将外姓排除在外。① 再者，李氏祖庙也与济天宫紧邻而居，其原为李氏开基祖李远的墓地，后就地建为纪念墓亭，内部供奉七代祖先牌位、开基祖墓骨及生登簿，并设有一块立于1977年、记录开基历史的石刻，文曰：

> 清朝时代康熙丙子年间，出生于大陆福建泉州府南安县溪东里一四五都人氏。雍正年间渡来台湾娶妻吴氏佳娘，生下四男嗣后分立四房，迄今有三佰余年之历史。李家人口传至现在已达贰仟余人之多，人人称道，子孙昌盛，代代兴旺。乾隆壬申年祖先与世长辞，兹立具石碑为后代亿万年之纪念。②

此外，红毛港李家子弟李亿勋曾在1983年修纂《李氏家谱》，即由济天宫出资印制，书中也提到当时该庙主委李新发曾有一项计划，即寻觅一处山坡地或空地，作为李家祖茔用地，除将祖墓迁往此处外，尔后李家子孙若有丧者，皆可免费葬于此，六年后再捡骨火化装入骨灰坛，停祀于祠内，每年高曾祖忌日举行祭典。③ 由此可知，济天宫的管理组织不仅局限于李姓宗族，且紧邻李氏祖庙、印制家谱，并计划成立李氏墓园，都显示其鲜明的血缘性格。

除了李姓外，洪姓、杨姓与苏姓也都设有正式的宗祠，显示对宗族关系的重视。洪姓宗祠原设于海汕四路162号，④ 即在"姓洪的"聚落内，开基祖庙则在小港区太平小学附近，早年族人娶亲，依例须请出祖先牌位，⑤ 这些都表现出强烈的宗族意识。杨姓宗祠则于1994年2月落成，全球董杨宗亲总会与全台各县市的杨姓宗亲会都曾赠匾祝贺。迁村后的"姓苏仔庙"朝天宫，则是后方建有一堂号"武功"的苏氏宗祠，内供奉有苏家一至五房的祖先禄位，管理委员会的会长苏春牛为朝天宫的常务理事，朝天宫苏石盾主委则为宗祠的副会长，仍可

---

① 吴连赏：《红毛港的聚落发展与社会变迁》，第117页。
② 叶振辉：《红毛港史迹调查研究专辑》，高雄市文献委员会，1995年，第66页。
③ 李亿勋修纂：《高雄红毛港李氏家谱》，红毛港齐天宫，1983年，第81-82页。
④ 吴连赏：《红毛港的聚落发展与社会变迁》，第96页。
⑤ 叶振辉：《红毛港史迹调查研究专辑》，第70页。

看见两者的关联性。这些姓氏宗祠与其角头庙虽有各自独立的管理运作，不像上述李姓宗祠与济天宫紧密联结，但由于寺庙与宗祠的组织成员有许多重叠，因此彼此的互动仍相当密切，这也反映血缘聚落的特色。

三、红毛港的李姓宗族与济天宫

红毛港李姓宗族的开基祖为李远，清康熙三十五年（1696年）生于福建泉州南安，雍正年间与三位兄长来台拓垦，最初居住在"空地仔"（今高雄市小港区孔宅里），后来有的迁居到屏东万丹、高雄林园中芸及红毛港，但祖厝仍在现今的小港孔宅里。李远受雇于红毛港吴家，当时吴家只生一女吴佳，因见李远为人忠勤，乃将女儿匹配之，入赘李远为婿；但晚年吴家得子，李远后嗣仍从李姓。吴家拨出部分土地给李远开垦，形成李姓宗族的祖地，即后来的"姓李仔"聚落。

"姓李仔"的角头庙为济天宫，亦名"齐天宫"。一般认为济天宫乃由"姓杨仔庙"飞凤宫所分出，飞凤宫最初是由杨、李、吴三姓共同参拜合祀，后来由于李姓子孙繁衍，信徒大增，加上祭拜不便与意见分歧，李姓便从该庙分挂香炉至其庄内供奉，即为济天宫。1989年在该庙祭祀圈内又另建一间天龙宫，将境内的吴姓居民吸纳过去。①

迁村前的济天宫称为"姓李仔庙"，主祀神明为保仪尊王，当地人称为"尊王公"，根据今该庙创建沿革碑文记载其香火缘起，曰：

> 清光绪年间，本宫先民出海捕鱼自府城南厂北头角尊王公坛奉请金身恭奉，常祈求平安渔获丰收满载而归，相当灵验，早先筑以草寮供奉尊王公，嗣经村民合资兴建土瓦庙宇供奉尊王公，复由李杨两姓共同创建石砌庙合祀恭奉，经因李家开基高曾祖父李远娶吴家高曾祖母吴氏佳娘，由于李家子孙繁衍，信徒随之大增，需分立恭奉，尔经本庄李姓耆老掷筊获得香炉，遂建姓李仔庙"济天宫"。

这间最早创建供奉尊王公的庙宇即是飞凤宫。不过，济天宫主委李义三认为此说并不恰当，他指出最初是由李、杨两姓先民同至台南南厂北头角尊王公坛迎

---

① 吴连赏：《红毛港的聚落发展与社会变迁》，第115、117页。

请保仪尊王来此地奉祀，后因两姓意见不合，杨姓分得金身，李姓分得香炉，另建济天宫奉祀之。因此，该庙与飞凤宫的保仪尊王皆自南厂尊王公坛分灵而来。

迁村前济天宫共有四次整建，最初建于靠外海的空地上，最初以茅草搭建，因过于简陋，后又建成覆瓦的屋顶。① 不过，此一庙址后来消失在海中，1973年5月在海丰里海汕四路50号重建两层楼的庙宇，1976年12月竣工落成，此为该庙在此地的第二次翻修，也是迁村前最后的样貌。今该庙尚保存有这次重建捐款名录的碑文，大致分为本庄、渔船、外客、外客渔船等四类，其中本庄与外客大多姓李，显示其鲜明的血缘色彩；而许多人以渔船及船长名义捐款，也表现出当地渔村的特色。此次重建将庙宇设在二楼，一楼则作为市场，这也是当地最重要的传统市场，市场摊位的租金成为该庙主要的经济来源，故也不用再向信众收取丁钱。虽然未收丁钱，但每逢神诞祭典仍会请法师念出各户的丁数，据李义三主委表示该庙约有2400丁。

济天宫鲜明的血缘性格，尚表现在与"李氏祖庙"的紧密关系。"李氏祖庙"设在该庙楼下西侧，邻近海汕小学处，其原为李氏开基祖李远的墓址。李远与吴佳婚后生下四个壮丁，分立四房，根据1983年《李氏家谱》的记载，传衍至今已有3000余人，其中居住在红毛港本庄有2700多人。乾隆十七年（1752年）李远辞世，安葬于济天宫庙前西侧，后人乃就地建为纪念墓亭，是为李家祖庙，亭内有李远的开基史略，以及各种纪念匾额。②

在1976年的重建中，济天宫的庙名也出现变化。据李义三主委表示，当时是由他的父亲李新发担任主委，庙匾刻字匠师将"济"字误认是"齐"。他的父亲十分厚道，不加以计较，所以"济"、"齐"两字并用。③ 不过，在今该庙创建沿革碑文有载：

> 经建商许有意提"齐"字乃信众齐心信仰之众意，主任委员李新发暨委员会亦鉴于本宫供奉齐天大圣神威之圣号，遂向镇殿诸神尊请示同意获得12个圣筊后更名为"齐天宫"，后因1989年红毛港迁村补助款申请须设定登记有案之庙名方可申领，遂由主任委员李义三更正为"红毛港济天宫"。

---

① 洪云涛：《济天宫》，王贤德编：《高雄市寺庙文化专辑（一）道教部分》，高雄市文献委员会，2003年，第210页。
② 李亿勋：《红毛港文化故事》，高雄市政府文化局，2007年，第50-52、74页。
③ 谢龙田：《红毛港济天宫明天遶境》，《联合报》C2版，2004年11月20日。

显然这才是"济天宫"改成"齐天宫",后又改回"济天宫"的原因所在。

济天宫主祀张府尊王(保仪尊王),据李义三主委表示,因当地渔民到台南一带捕鱼,而从南厂北头角尊王公坛分灵神明回来祭拜,原来仅知其为"尊王公",后来再去该庙进香,才知其真正身份为唐代死守睢阳城的名臣张巡。另外,同祀二郎神杨戬(又称杨府元帅、四元帅祖)及大圣祖(又称大圣先师、齐天大圣),均自高雄弥陀区大山齐天宫分灵而来;陪祀李天王(李靖大将军),则分灵自台南安平文朱殿。这两庙也皆是沿海庙宇,显然亦因捕鱼机缘,而有此分灵之举。日据时期,日本政府到处烧毁神像,济天宫庙方以未开光神像佯装,才保住张府尊王的原始金身。

因配合整体红毛港迁村计划,济天宫于2007年农历十一月二十六日迁入前镇区与凤山区交界的临时行宫,2009年农历八月二十日于现址高雄市前镇区明凤三路220号动土兴建,2010年八月八日上梁,2012年农历四月二十三上午8时上匾为"红毛港济天宫",而于2013年农历十二月十三日顺利完工落成,举行揭匾仪式及开庙门、入火安座大典。翌日十二月十四日举行赞普,十二月十八日举行盛大的平安福宴。李义三主委表示建庙总工程费为8000多万元,拆迁补偿金7000多万元,不足数则仰赖信众的捐输;但由于红毛港居民迁村后,大多需要贷款购屋,募款不易,故影响工程进度,成为六大公庙中最晚完工者。由此次捐款名录的碑记来看,仍以李姓居多,但比例已较前次减少,且也无以渔船及船长名义捐款,这都显示往昔鲜明的血缘性格与渔村色彩已有所改变。

新建的济天宫占地656坪,建地313坪,建筑采用七门华南式、歇山燕尾建筑,重檐叠瓦,两侧钟鼓楼,金碧辉煌,脊上剪黏制作生动活泼,富丽堂皇,气势万千。正殿神龛采用柚木上材,以柚木雕刻前后殿网目,黏金彩画生动,精工细雕。两壁以张府尊王得道、受封、出巡保万民经历为主题雕刻彩画,两侧楼梯口上梁左赋张府尊王诗颂,右侧赋杨戬、大圣祖、李靖等诗颂,弘扬其功勋德泽及佑民之神威。地坪铺进口红宝石,中庭四方设观音石及罗元青斗石双龙石柱,高12.1尺,直径2.2尺。门神以整块桧木擂金油画,有特殊之二十四节气与二十八星宿,生动逼真。步口螺鼓,设一对石狮、两对麒麟当守卫士,尤其步口双龙石柱高15.7尺,直径3.5尺。龙边及虎边各设有台湾观音石及罗元青斗石双龙石柱高13.5尺,直径2.9尺,以三层精雕细琢,巧夺天工,上层双龙戏珠之气势磅礴。前庭置炮金铜天公炉,前面增配双螭龙庄严五帝通宝。庙庭两侧置立雄伟石狮身高9.3尺为守卫，庙前广场右侧设八角环保金炉，上有罗元石浮雕彩画，益加雄伟增辉。整体建筑巍峨堂皇，庄严神圣，堪称是华丽壮观之大庙。

另在庙内空间配置上，龙边增加五营将军殿，供奉10个五营头及5支五营旗，代表内外五营，为迁村后红毛港寺庙所独有的。另设有"陇西堂"，供奉李家开基祖远公牌位，并有其功勋史记的碑文，记载其生平事迹，并说明设置之缘由，曰：

> 红毛港李家开基祖远公，清朝康熙三十五年（1996年）一月二十九日丑时生于大陆福建省泉州府南安县一四五都溪东乡石古埠，雍正年间渡海来台开垦经营买卖，当年受雇于红毛港吴家，高曾祖父远公为人忠实，勤劳俭朴，遂将女儿（高曾祖母吴氏佳娘）匹配与高曾祖父，生下四男，嗣后分立一、二、三、四房，传衍至今人已达6000余人，李家开基祖远公于清乾隆十七年（1752年）一月十七日卯时别世，享年57岁，安葬于红毛港牛埔（水贼脚墓林尾），即红毛港济天宫庙前西侧祖墓之位置，原建立纪念墓亭，以陇西李远祖仁德祖宗留垂先后为题赋诗，使用青斗石匾额刻载李家开基祖远公历史功勋事迹如后："陇地钟灵凝瑞气，西山毓秀驻祥云，李传德范前人录，远播仁声后辈崇；始祖佳城昌百世，祖留华表仰千科，仁风永在家声振，德望常存世泽长；祖德留芳传梓里，宗功显达荫子孙，留得英名归乐土，垂遗典范在仁寰，先代贻谋膺善乐，后人继起承德泽。"

> 自开基高曾祖父传衍迄今已有317年余，人人称道，子孙昌盛，人才辈出，代代兴旺，红毛港迁村济天宫新建落成之际，遂经济天宫神尊张府尊王掷杯及管理委员会同意通过，经李家开基祖远公祖龛及骨灰恭奉于本宫左侧宗祠，为后代子孙亿万年崇祀纪念，慎终追远，弘扬其功勋与精神，承先启后，源远流长，繁衍传承于世世代代。

这也是唯一将宗祠设在庙内的红毛港庙宇，显示虽然已经迁村，李姓子弟也散居各地，但济天宫的血缘色彩并未有太大的改变。今散居大寮、林园、小港、大林埔的李氏宗亲，会在农历一月十七日回到宗祠祭祖，但人数已不复以往，大约仅有百人。虎边则增设太岁殿与文昌殿，供奉太岁星君与文昌帝君，这也是一般庙宇常见的现象，因有助于增加信众与香油收入。

1938出生的李义三主委，虽已八十高龄，但仍为济天宫的重建与发展，默默付出心力。他接续其父担任主委一职已有30余年，对于目前面临的经营困境表示忧心。他表示信众会捐钱建庙，但较不会赞助例行性的开支费用，尤其今红毛港人散居各地，会主动回来添油香者也大减，以致造成经营上的困难。虽然面临经营上的困境，但李主委并不会想借由举办热闹的庙会活动或设计时下流行的宗教服务，来增加该庙的人气与香油收入。他认为举办活动的效益不大，参加者仍以自身信徒为主，对外地信徒的吸引力有限。

目前济天宫主要活动是农历四月二十四日张府尊王的圣诞，这天原红毛港的居民大多会回来拜拜，庙方则会请歌仔戏班来连演两天大戏，并举办平安宴来宴请信众及友宫，但迁村后尚未有绕境活动，也有数年未回去祖庙进香。2016年张府尊王的圣诞，该庙特别组团前往南厂北头角尊王公坛、弥陀齐天宫、安平文朱殿谒祖进香，共计有9辆游览车的信众参与，为近年来难得的盛况。另在农历七月举行中元普度，每月十六日则举行犒军，参加信众数十人，各项祭典活动大体上与红毛港时期无异，交陪宫庙也局限在红毛港的庙宇。该庙的信徒名册也沿袭以往，由信徒代表选出管理委员31人，大多为中生代。今来该庙的信徒仍以红毛港人居多，住在附近的居民也会过来拜拜，庙内并无问事服务，由信徒直接掷筊请示神意。虽然济天宫的人气稍显寂寥，李义三主委也对该庙的经营略有忧心，但他仍相信神明自有安排，也会秉持奉献服务之心，带领该庙务实而稳健地走下去。

四、结语

综上所述，红毛港的血缘聚落形成甚早，以李姓家族的开基祖在雍正年间来台，育有四名儿子，加上其有土地耕种，又有临海捕鱼的环境，邻近小港、中芸、万丹的同姓宗亲也可能移居此地，经过三四代的繁衍，不出百年，即能构成以李姓为主的血缘聚落，这年代显然会比光绪年间由杨、李两姓所合建的飞凤宫为早。因此，红毛港不仅有血缘聚落，且其形成的年代显比地缘组织的寺庙为早，正可说明早期学者"只有地缘，没有血缘"或"地缘先于血缘"之说，确有不妥之处。

一般来说，寺庙属于地缘组织，宗祠属于血缘组织，前者在整合不同姓氏的居民，后者则在凝聚同姓宗亲，两者具有不同的功能属性；但由于血缘聚落的特性，红毛港各角头庙不仅能整合异姓居民，更是各大姓氏的重要象征，也因此会有"姓苏仔庙""姓洪仔庙""姓杨仔庙"之称。由寺庙的发展历史来看，红毛港有几个角头庙并非一开始即属于某一大姓，而是由几个异姓共同祭祀，如早期的飞凤宫由杨、吴、李三姓同祀，但后来随着各姓子孙的繁衍、势力的消长及血缘聚落的形成，有的大姓便从原来祭祀的寺庙分出，另建自己的角头庙，如"姓李仔"从飞凤宫分挂香炉，另塑金身，至自己的聚落建庙供奉，是为济天宫。即使是红毛港五大姓中，人数最少的"姓吴仔"，也在1989年兴建"天龙宫"，奉祀何府千岁，将原属于飞凤宫的吴姓宗亲吸纳过去，形成新兴的角头庙。对红毛港各大姓而言，地缘组织的寺庙反而是结合同姓族人的重要据点，也是展现宗族势力的最佳场域，因此只要能力可及，都会尽可能在自己的血缘聚落中兴建寺庙。

进一步来看，红毛港因血缘聚落形成甚早，各大姓很可能早已有祭祀公业、宗亲会、宗祠等血缘组织，但囿于此一组织有明显对外姓的排他性，加之当地从事渔业而对神明信仰有较强烈的需求，故都选择建立各自的宫庙，一方面可借"神力"来保护陆地生活与海上捕鱼的平安，另一方面也能吸纳聚落内的外姓居民，凝聚成一个地缘的共同体。因此，同姓宗族聚落而居的血缘性，不仅不会阻碍地缘性的宫庙形成，且对宫庙信仰有明显的影响，这从红毛港各庙的神明来历、管理组织、信徒分布及与宗祠的关系，即可见一斑。但必须注意的是，血缘性也会影响宫庙的对外发展，这从迁村后的红毛港各庙为吸引各地香客而逐渐减少血缘色彩；而将宗祠设在庙内、血缘性最强的济天宫却面临经营上的问题，都能窥知一二。

（作者单位：高雄科技大学文化创意产业系）

利用谱牒探索草庵寺兴创时间之谜

陈剑峰

草庵寺位于泉州市南门外19公里,晋江市罗山街道苏内社区的华表山南麓。它不仅是我国唯一仅存的摩尼光佛、摩尼教寺庙,也是世界仅存的摩尼教寺庙,1996年被国家列为全国重点文物保护单位。草庵寺创建时间,有两种观点:一是元朝建立,一是宋朝建立。

元朝论证据主要是:

1. 晋江人何乔远(1557-1631年),在明朝万历四十七年(1619年)成书的《闽书》卷之七"方域志"记载:"华表山,与灵源山相连,两峰角立如华表,山背之麓,有草庵,元时物也,祀摩尼佛。"

2. 晋江知县胡之鋘主修的道光版《晋江县志》卷之四"山川志"中记载:"华表山在五都,双峰角立如华表然。麓有草庵,元时建,祀摩尼佛。"

3. 摩尼光佛上方有一崖刻:"谢店市信士陈真泽,真□喜舍本师圣像,祈荐考妣,早生佛地者。至元五年戊月四日记。"而至元五年应为1339年。

宋朝论的证据则是:

1. 清代嘉庆年间,据传是晋江县东石蔡永蒹所撰著的《西山杂志》记载:"宋绍兴十八年,赵紫阳在石刀山之麓,筑龙泉书院,夜中常见院后有五彩光华,于是僧人吉祥募资琢佛容而建之,寺曰摩尼寺。"

2. 弘一法师在1938年写的《重兴草庵碑》:"草庵肇兴,盖在宋代。逮及明初,轮奂尽美。"

3. 摩尼教在中国也叫明教,1979年在草庵寺前20米处发掘出一件"明教会"褐釉碗和60多块残片。80年代初,在磁灶大树威宋代古窑址发现类似草庵出土的褐釉碗、刻有"明"字的残片。

上述两种观点中,宋朝论支持者较少的原因是:(1)《西山杂志》从未曾付梓行世,仅抄本流传,有些学者认为其中错误过多,不足采信,最关键的是其对龙泉书院和"琢佛容"的记录有误。（2）弘一法师碑文中的"草庵肇兴，盖在宋代"未知有何根据，且"盖"字又有"大概"的意思，说明弘一法师也不能确定立寺时间。（3）出土的明教会褐釉碗只能证明宋代时明教在华表山活动，并不能证明其建寺时间。因此大部分学者认为草庵寺应是建于元朝。但元朝论中证据（3）的崖刻，只能证明1339年建石佛，并不能证明草庵立寺时间。因而建寺时间未有定论。

因摩尼教传入中国后，几经兴衰，最后于明朝时一蹶不振，于正史中，难见完整的记载。笔者从众多前辈的论述和相关资料中得到启示：闽南地区宗族文化十分发达，宗族文化是闽南文化的重要组成部分，闽南人普遍重视宗族亲情、重视编修族谱和重视宗祠建筑。能否从草庵周边村落的族谱中找到线索？

在有关草庵的文献中，查到谢店有族谱记载了崖刻上的"陈真泽"，笔者于是转从这一线索入手。经查：谢店原名"畲店"，后为书写方便而简化为"佘店"，方言谐称为"谢店"。约至清代中叶，为通俗易懂而写成"社店"。通过努力，笔者幸运地找到了清代的社店《鳌里陈氏族谱》，里面确有陈真泽的记载。此族谱系清朝时的抄本，在破"四旧"要上交焚烧时，族谱的主人将和本支有关的部分偷偷撕下藏匿，方得保存至今。但是谱中的记载是否真实准确，笔者多方考据，能力有限，无法证实，但想到谱中即使有不实成分，但编谱时也要在年代上尽量相符，也就有一定参考价值，于是只对谱中的记录进行探研，其他的等待专家的考证。

《鳌里陈氏族谱》中记载的"陈真泽"，系其六世祖，现将其内容摘录如下："祖讳真泽公，端公子也。好仁乐义、赒穷恤匮、安常守分。春雨一犁，尽力陇亩。舍建草庵石佛，不吝资财，立有碑志，垂裕后昆。娶妣张氏，生子一，曰玺。"此记载和崖刻中的"喜舍本师圣像"完全相符。经再认真研读族谱，笔者发现陈真泽之祖父陈元琇有如下记录："祖讳元琇字汝贤，乃郡判公次子也。天性淳厚，与物无忤。利害不能为之惊，变故不能为之挠。施造安平内市桥梁，四方行旅咸皆德誉；兴刱草庵石佛庙宇，远近善信祈祷有应。"其中"兴刱草庵石佛庙宇，远近善信祈祷有应"让笔者欣喜万分，"兴刱"中的"刱"是"创"的繁体字，"兴创"如何解释，经查《现代汉语词典》，"兴"有"开始；发动；创立的意思，如兴办"；"创"的意思则是"开始（做）；（初次）做"，那么"兴创"确认无疑就是创建的意思。也就是说陈元琇创建了草庵石佛寺。

那查清陈元琇的生卒年月，不就可以大体推算出草庵寺肇建时间了。令人遗憾的是，此族谱是清朝中叶抄录下来，谱头上写明"因掇大略，载入续收谱内"，说明抄录者未抄下所有的内容，一世祖至十九世祖名讳有记录，但生卒年月大多遗失或没有记录，有记录的大部分也只有干支纪年而无年号。经对整本族谱研读，终于发现十五世祖陈仙宗娶的姚氏记录中有年号，依据这一宝贵的线索，做如下推断：

1. 十五世祖陈仙宗"生于己酉四月初六日吉时，卒于甲辰年四月十七日申时。娶妣姚氏，生于辛亥年五月廿四日吉时，卒于嘉靖壬寅年十一月十四日亥时"。这里出现的嘉靖壬寅年是明朝嘉靖二十一年（1542年），那姚氏就是生于明弘治四年（1491年），享年52岁；陈仙宗大其两岁，应生于明弘治二年（1489年），卒于明嘉靖二十三年（1544年），享年56岁。十四世祖陈实斋生卒年月没有记录，十三世祖陈盛生卒岁月俱失。

2. 十二世祖陈逊"生于壬午年八月廿四日未时，卒年月日时俱失"。由其曾孙陈仙宗生于1489年，可推知陈逊应是明建文帝四年（1402年），绝不可能是1462年或1342年，原因是四代之间差27岁或147岁可能性太小。十一世祖陈耀、十世祖陈长贵、九世祖陈仲贵均无记载生卒年月。

3. 八世祖陈常春没有生卒年月，但其"娶妣黄氏，生于壬戌年六月二十日"，陈常春年纪应和其妻黄氏相差不多，由其玄孙陈逊生于1402年，可推黄氏可能生于元至治二年（1322年）或南宋景定三年（1262年）。哪种可能性大些呢？古人可结婚年龄经查如下：宋仁宗《天圣令》：男十五，女十三。宋宁宗嘉定令规定：男十六，女十四。明太祖洪武令：男十六，女十四。那理论上说，宋朝至明朝的男子35岁前就有可能做爷爷了。所以陈常春80多岁做高祖在古代是完全可能，平均就是20多岁传一代，如果140多岁做高祖，那要35岁以上传一代，可能性不大。所以八世祖陈常春应生于1320年左右。

4. 陈常春父亲是七世祖陈玺，没有记录生卒年月。陈玺的父亲就是"舍建草庵石佛"的六世祖陈真泽。陈真泽在族谱中只记录有一子一孙，生卒年月也未记录。陈真泽出生于何时呢？如果按陈真泽40多岁做爷爷，他大概出生在1280年左右。那么他1339年"舍建草庵石佛"时60岁左右，古人寿命较短，七十算古稀了。其父母在儿子60岁去世完全可能，这也符合他"祈荐考妣，早生佛地者"，同时也证明笔者对几代陈姓世祖出生年月的推断是合理的。

5. 陈真泽的父亲是五世祖陈端，他系四世祖陈元琇的长子，"兴创草庵石佛庙宇"的陈元琇出生年代同理可推为 1240 年左右。具体推理详见下表：

世系	姓名及生卒年月（未写则无记录）	配偶	世祖出生年代	备注
二世祖	陈玄			江西袁州知府
三世祖	陈甫实			郡判
四世祖	陈元琇字汝贤		根据其孙生于1280年左右，推测其生于1240年左右	兴创草庵石佛庙宇
五世祖	陈端			
六世祖	陈真泽		根据其孙生于1320年左右，推测其生于1280年左右	1339年舍建草庵石佛
七世祖	陈玺			
八世祖	陈常春字元吉	黄氏，生于壬戌年六月二十日，卒岁月日无记（1322-？年）	由十二世祖生于1402年可推：黄氏生于1322年常春就应生于1320年左右	
九世祖	陈仲贵			
十世祖	陈长贵			
十一世祖	陈耀（质轩公）			
十二世祖	陈逊（隐斋公），生于壬午年八月廿四，卒年月日俱失（1402-？年）		1402年	
十三世祖	陈盛（鳌斋公）			
十四世祖	陈实斋			
十五世祖	陈仙宗(直斋公)，生于己酉四月初六日，卒于甲辰年四月十七日（1489-1544年）	姚氏，生于辛亥年五月廿四日，卒于嘉靖壬寅年十一月十四（1491-1542年）	1489年	

从诸多文献中可知：在南宋前，华表山就有摩尼教徒在此活动，草庵原是结草为庵，后来改建为庙宇。根据陈元琇出生于1240年左右的这一论断，再来推理草庵寺可能建于何时：

1. 族谱记载陈元琇所做的"施造安平内市桥梁"和"兴刱草庵石佛庙宇"，应在其成年后实施，也就是大约1260年后，且"施造安平内市桥梁"记录在前，很有可能"兴刱草庵石佛庙宇"在此之后实施的。那是在南宋的可能性大还是元初的可能性大呢？泉州进入元朝的时间是：南宋景炎元年十二月初八，即公元1277年元月，元兵由浙江抵泉州，蒲寿庚与州司马田真子献城降元时算是进入元朝了。此时陈元琇40岁左右，如果单从年代概率上说，草庵寺在元朝肇建的可能性大。

2. 从现有的史料中可以知道，北宋时视摩尼教为大逆不道，宋徽宗御笔亲批对摩尼教进行打击；后来大批摩尼教徒加入方腊等农民起义，加速北宋灭亡，南宋朝廷因此对摩尼教就特别警惕，陆游写的《应诏条对状》就把摩尼教定义为魔教。由此可以看出宋朝时摩尼教的活动虽然颇为活跃，但并不是完全合法，做做结草为庵的事是完全可能的，但要大张旗鼓，大兴土木地建庙宇可能性小些。而到了元朝，对外来宗教实行开放政策，放任传播。1954年泉州发现立于元代皇庆二年（1313年）的碑文上有"管领江南诸路明教、秦教等……"；1988年莆田涵江区发现的刻于元朝（1315年后）的断碑上，有"清净光明、大力智慧、无上至真、摩尼光佛"这一摩尼教要旨。由此可知元朝时摩尼教已被朝廷纳入管理，教徒完全可以光明正大的活动，更可以大胆地刻碑立志了，此时兴创草庵庙宇的可能性远比南宋时大。

3. 按《鳌里陈氏族谱》记载：陈元琇之父三世祖陈甫实官任郡判，陈甫实之父二世祖陈玄，官任江西袁州知府。作为宋朝官员世家，陈元琇及其家族应是有政治头脑的，不会和朝廷对着干，在宋朝未灭亡时，就敢为当时定义为魔教的摩尼教兴创庙宇的可能性真的不大！

综合以上的理由，笔者推断，草庵应是元朝时建立，如果要再进一步确认可能的建造年代，可以结合推断的兴创者年龄来判断：应是陈元琇在40岁左右至70岁左右这一时间段，也就是在公元1277年至1310年这30多年间兴创的。

参考文献

[1]《鳌里陈氏族谱》,清朝抄本。

[2]（明）何乔远编撰：《闽书（第一册）》,福建人民出版社1994年版。

[3]（清）胡之鋘主修：(道光)《晋江县志》,福建人民出版社1990年版。

[4]粘良图著：《晋江草庵研究》,厦门大学出版社2008年版。

[5]李天锡著：《晋江草庵肇建于宋代新证》,《宗教学研究》2006年第2期。

[6]马小鹤、张忠达著：《光明使者：图说摩尼教》,上海社会科学院出版社2003年版。

[7]黄天柱著：《泉州稽古集》,中国文联出版社2003年版。

[8]中国社会科学院语言研究所词典编辑室编：《现代汉语词典（第五版）》,商务印书馆2005年版。

[9]王见川著：《从摩尼教到明教》,新文丰出版公司1992年版。

(作者单位：福建师范大学泉州附属中学)

论族谱的文学价值

——以台湾传世族谱中明清之际的文学书写为例

● 于 婧 ●

明清时期，我国长江流域至南方各省的宗族形成运动大规模展开，宗族日趋规模庞大。随之族谱编修的活动也广泛开展，继承了唐宋时期的族谱编修体例，又进行了深化拓展。明清以降，随着人口的迁徙，许多家族携带族谱来到台湾，不断实践着文学在民间的传播。台湾现存世的族谱中，有不少还保留有清代之前的年代久远的文献资料。这些文献资料不但具有族谱的特殊性，教化维系家族一代又一代的子孙，又具有进行民间文学研究的价值。本文从以下几个方面，论析族谱文献中的文学价值：

一、族谱是历史悠久的应用文体

我国有史之时便有谱、牒。最早是用于记录帝王贵族世系的"牒"。夏商周三代末期，随着宗法制度的完备，帝王诸侯的世系便有专门的官员整理。司马迁云："余读牒记，自黄帝以来，皆有年数。"他利用"帝系"与"五帝德"两篇牒记写成了《史记》中的《五帝本纪》。"谱"起源于周代，周代的宗族制度已经到达了很完备的程度。据《周礼·春官》所载："小史掌邦国之志，奠系世，辨昭穆。若有事，则诏王之忌讳。大祭祀，读礼法，史以书叙昭穆之俎簋。"郑玄注曰："自始祖之后，父为昭，子为穆。"说明三代已有完备的家族祭祀体系和谱牒文书。

秦汉时期，《汉书·艺文志》中除帝王诸侯有《世谱》（二十卷）外，官家大户亦有修谱，如杨雄《家牒》、《邓氏官谱》、颖川太守《聊氏万姓谱》等。由于世系近于图表，也有称谱为图，或者并称图谱、图牒。

魏晋南北朝最重门第，是家谱发展的高峰。无论是政府选官还是民间嫁娶，都要查阅谱牒，确认家族门第，到了隋唐时期仍旧如此。陈捷先认为，唐代族谱可分为簿状（官谱，记姓源、门第、婚姻、官宦等事）与谱系（私谱，形式较自由），且有极度崇尚门第、不甚强调宗法、兼重妇女外家、私谱记写各事等特点①。从魏晋南北朝到唐代，族谱多由官方管理，称为"官谱时期"。

宋代后，族谱更多走向民间，风格更加务实。北宋欧阳修与苏洵创立了"小宗谱法"，延循《史记·三代世表》成为谱牒编修的范例。所谓"小宗谱法"，图谱以五世为限，五世之后，格尽别起，以免后人为了高攀先世名贵而张冠李戴，牵强附会。苏洵的苏氏宗谱法，主张强调宗法："观吾谱者，孝弟之心，可以油然而生矣！"这两种修谱的方式至今仍在沿用。

明清以降，谱牒的变化更甚，名称也更为多样。除了家谱、族谱、宗谱、世谱、家乘以外，还有支谱、祖谱、联宗谱、合谱；甚至还有家志、家传、通谱、谱录、世碟、世谱、世家、世典、宗谱、支谱、房谱、统祖谱、故谱、合谱、谱传、真谱、私谱、本书、族系、族讲、石谱、真谱、渊源录、源流考、世典、世牒、世恩录、家模汇编、乡贤录、会谱德庆编、私谱、传芳集、本书、统谱、系谱、清芬志、大同谱、家传谱等更多名称和形式。

后人修谱，往往根据实际需要，为谱牒设定新的名称，但万变不离其宗，谱牒的修缮总有一定的规格。比较完备的族谱一般包括：谱序、谱例、姓族源流、世系表（欧阳式图谱、苏氏宗谱、宝塔式、牒记式等，明清谱中欧阳体最多，民国后牒记式更加流行）、恩荣记录、宅里故居（有的族谱附有描绘祖籍地的图画，并撰文进行说明）、祠堂墓冢、家传、艺文著述等。

从广义的角度上来，谱牒本身就是文。从狭义来说，序言、昭穆、楹联等带有文学的色彩，可以在文学的范畴中进行讨论。谱牒是历史悠久的应用文体，具有一定的规范制式，不同时期的作者丰富了它的写法，带上时代和历史的印记。这种特殊的文学形式有深入地讨论研究的价值。在宝岛台湾，有许多传世的族谱中蕴含着丰富的文学材料，这是祖国大陆的古典文学在台湾民间传播的宝贵的研究资料。自明代以来，移民台湾的先民们，在族谱中留下关于家族和社会的各种记录，亦将中华文化谱写成优美的篇章传承下去。

---

① 陈捷先：《族谱学论集》，三民书局2017年版，第25页。

二、族谱序的文学特点

族谱序是序言的一种特殊形式。长期以来,关于台湾古典文学研究更注重对知名文学家诗文的品评,对族谱序的关注比较少。事实上,族谱序中不仅包含了一个家族迁徙演变的历史,还传承了家族引以为傲、代代相传的家族精神,在不同的历史时期有着不同的风貌。有的家族在族谱序中记录了重大的历史事件和评论,有的序言中包含了家族之间的恩怨情仇,体现了序言的记事功能。

一篇族谱序,就是一个家族一定时期的文化总结,反映了一个时代地区的家族精神的风貌。族谱序的撰写者由于所处时代、教育背景、写作能力的差别,也让族谱序展示出了不同的特点。有些家族甚至会邀请地方明贤撰写族谱序,为研究文人交游提供了更广阔的空间。

(一)族谱序的书写范式

族谱序作为一种应用文体,有相对固定的写作范式。以金门盘山翁氏八世孙杖化所撰《金门盘山翁氏族谱·序文支图录》为例:

起首论编修族谱的重要性:

> 尝谓国有史,郡邑有志。族有谱,谱之所谱曰眇小,顾谱亦难矣。弗署其祖者愧刿,明岳其祖者愧狄,耻洿其祖者愧方,有条纪涸袭谱之纷纷者,其于谱义无当也。

其次再论姓氏渊源。翁姓始于周代,以封地翁山为姓氏。来浯祖康叟公及先祖们筚路蓝缕,开枝散叶,家族日渐兴盛:

> 我翁氏始于周姬昭王之世,胙其庶王封于翁山,因以为姓。其后世远无稽涣处不一。吾高祖康叟公世传系籍晋江,伶仃迁浯,住于后浦山下。高祖殁,妣王氏屋被风雨漂坏,就中掘瘗,提携二孤。祖饶庵公、史庵公迁居于后沙、后半山,三世始迁前半山,遂家焉。筚蓝垦创,奕业蕃昌。六世孙养口传之宗睿公已记之矣。其本源既曙,其梵立非明,其胼胝不耻其洿展矣,无愧于二三君子也。第条贯靡竟,统纪未暂似未便于检阅者。

再次论述修谱的原委:万历二十八年春,翁氏八世孙时考因后半山王氏"妄建淫祠冲坟",众议拆卸并修祖坟。祖坟竣工后,时考拿出旧谱,年代已久远,"所宜重修之"。经商议后,翁氏族人认为应参照苏谱体例,画芦依样,贵得其似：

> 苏之谱有图、有纪，其系之以五者，取五服之义也，属之以袾者，取血脉之贯也，上则为祖、为曾、为高，下则为孙、为玄、为曾、横则为兄、为弟、此图之大略也。图矣而纪，则记其子女之多少，生死之年月，坟墓之坐向。大宗纪完而后小宗，各随其世，无相紊焉，此纪之大略也。

最后，族谱修完，序者再次重申修谱之意义："谱成庄睫，世系远近，瞭若指掌，不唯可以定亲疏，且亦可以成敦睦。"

作者自谦学浅，但修谱又为一祖要事，非做不可，对后世子孙有着深远的意义："至若矖玄而曾曾水玄，子子孙孙勿替，引之此，则翁氏之永昭其谱，其序又俟子孙之义举者！"①

纵观大部分的族谱序，一般会包含如下几方面内容：一、家族的迁徙沿革；二、族谱编纂的情况；三、族规祖训与美德，宗规与礼仪；四、编修族谱的意义。大多数的明清族谱序都会按照这样的格式体例编写，甚至流传至今仍然沿用。

（二）族谱序通常以一组形式出现

若家族不是首次修谱，族谱序一般会以一组的形式出现，即在世的两三代人中，选拔文笔卓越者撰序，每篇序文的内容和方向不同。如在万历十八年（1590年）庚寅年，盘山翁氏编修族谱时，就请八世孙时考、杖化，九世孙廷柱、廷槐，十世孙文昭作序。此五篇序文各有侧重，时考文主要以记事为主，记录从成化四年（1468年）翁贵传脱军就民后，与其他姓氏的土地纠纷，记述历次的土地纠纷及官府判决。杖化序书写了族姓渊源，祖先筚路蓝缕垦创的不易，提及时考发起重修族谱一事。廷柱序则更有文学意味，以"光前子"与翁君之对谈，描绘了家园图景，叙述"盘山翁氏"的由来。"光前子"欣然而歌曰："天作盘山，始祖荒之彼作矣。云礽康之彼续者，既溥既长，子孙保之。"②

而同代的廷槐序，中规中矩地历数祖先由宋、元至明代的迁徙传承，提起修谱的缘由，以及修谱促进家族和睦的好处。最年轻的文昭以后生晚辈的角度发表了对修谱一事的看法。这样的例子很多，《郑氏关系文书》中所载《石井同安族

---

① 叶钧培等著：《金门各姓族谱类纂》，金门县文化局，2012年，第148-149页。
② 叶钧培等著：《金门各姓族谱类纂》，金门县文化局，2012年，第151页。

谱序》有十一世郑芝龙、郑芝鸾序文两篇。郑芝龙文主要叙述了本次修谱的缘由，郑芝龙为当时家族魁首，有责任翻修族谱。郑芝鸾文更贴近上述族谱序的"标准范式"。

从一组族谱序中，不难看出一个家族中不同地位的人对修谱的看法，以及所有人对共同巩固家族团结和睦，以谱牒传孝悌，促亲睦的共同愿望。

(三) 族谱序的作者

首先，能够为族谱作序者，必定为一代人中有资历且有写作能力的民间文士。每一代人各选贤能为修谱撰序，各序侧重点不同。在金门盘山翁氏的明末庚寅年的一次族谱编修中，可见三代人笔迹：八世的时考、杖化，九世的廷柱、廷槐，十世的文昭。这说明，翁氏家族中，三代能文。以文昭的笔力看来，其人应已成年，但尚且年轻。他在本次族谱修编中担任抄誊的工作。以二十年一代人推测，从八世到十世跨越约一甲子，该家族中既有德高望重的主事元老，也有年轻有为的后生晚辈，可见翁氏家族诗礼传家，呈现欣欣向荣的景象。

台湾地区的许多家族保存了大量清代之前的族谱序，新庄的赵氏家族保留有线装手抄本《赵家族谱》，其中有明末赵美所作的《赵氏世家源流纪略》。《浦西黄石族谱》现藏于新北市板桥黄家，有元代黄材登的序文。这些族谱序的传承，体现了文学、文化在民间的传播。也因为族谱这种特殊的传播方式和传播媒介，使一些民间文人的文字能够传承至今。

第二，邀请当地名人作序亦是一种常见的现象，这样更有利于彰显家族的声望。

金门古邱陈氏至今已有近二十世，在晚明就已在金门发展成大族。始祖肇基公由泉州入金，三子添寿公居于古邱，至七世士英公，万历年丙午科中式举人，任五城兵马司主事。陈昌文（字时清，号伯武）于明天启壬戌年（1622年）中二甲进士，授广西平乐县推官。族谱中对其评价为"治上宽和，在粤九年，历署诸篆，人诵为九印召杜，尝曰，治有三要，清、慎、勤耳。擢南刑给事中，士民遮道，转北，吏桓尽瘁"①。由于陈伯武的名望，古邱陈氏一支日渐强盛。族谱中存卢若腾序一则，写于戊戌年（1658年）仲春谷旦，为古邱陈氏第一次修谱所序。卢若腾字闲之，又字海运（韵），号牧洲，文号留庵，别号四留居，万历

---

① 陈水在：《金门陈氏宗志》，颍川堂金门县陈氏宗亲会，第72页。

中叶出生于金门,正是浯岛科举鼎盛,公卿辈出的时代。卢若腾是金门的士林领袖,他"风情豪迈,当时士夫幸博一第……晚一意著述,自天文地理,下逮虫鱼花草,宏通博雅;品藻古人成败得失,反复淋漓,断制严谨。至于身世感遇、忧愁愤懑之什,皆根于血性注洒"①。本序写于戊戌年,卢若腾时年59岁,从这则序中可见,卢若腾与古邱陈家不仅是近邻,还是世交,为陈氏作序,乃为一段佳话。

首先,卢若腾肯定了古邱陈氏传谱的必要性:陈氏伯武公等黄甲,贵为天子侍从之臣,陈氏之前未有族谱,家族理应有谱记之。

其次,卢若腾赞许了陈家后生晚辈的德行:陈氏河画乃卢若腾门生,可以算得上是"笃学励行孝友淑慎",有家族责任感,是青年人的表率。

再次,身逢乱世,卢若腾叹息亲族为陌路,为仇敌,为求自保不惜牺牲同族。本序写成当年,永历帝在缅甸被俘,郑成功挥师十万大军征南京。卢若腾借此序表达了呼唤社会正义,渴望亲善和睦的社会关系,希望借由修谱,赞颂记录陈氏家族中有大德之人,在族人子孙中倡导笃行、亲睦之风。然而陈伯武公务繁忙,国而忘家,后又逢乱世,族谱仅草其大略。清代之后,古邱陈氏的后人继续修谱,将族谱不断完善起来。

族谱中请名人作序的例子很多,以此能够窥见文人社会活动的风貌,对社会问题的看法,对文学史是很好的补充。除了现世邀请关系密切的社会名人为族谱作序,对修编族谱之事发起议论之外,还有一些家族邀请当地名流对先祖或者家族进行赞颂的,如藏于台北县树林镇《佛耳安溪詹氏族谱》中,就有莆阳邑令陈宓于嘉定五年九月十九日《题清隐先生像》一文。

(四)族谱序的功能:记录家族要事

族谱序除了介绍一些概念性的问题外,还会将家族所受之变故记录下来,以警醒后世子孙。

金门埔后陈氏原籍颍川,元代六朗公兴仁为南京庐州知府,受陈友谅牵连,避祸来到金门,在后浦水草丰美处建上学堂。约明嘉靖年间,八世陈氏遭遇祖产被他姓所占之事,只好迁到埔后荒芜之所(九世旋范公序言埔后:地势高而泉力

---

① 《金门志·卷十·人物列传(二)·宦绩·卢若腾传》

深，风声动而沙尘起①），辛苦耕耘，终于重振家业。（十四世佑沁公序言曰："悲则悲其始兴而中衰也，喜则喜其中衰而复兴也。"）八世廷贡公序言中将此事叙述得较为完整，引述如下：

> 孰知某人裔孙介居我浦，人丁昌炽，悖我祖封植之恩，不思孝悌，不顾礼义，此盖忘其所自，难以古道相处矣。我祖子孙身出礼义之乡，若不早计绸缪，厥后受屈下风，诒悔莫及也。今吾相土辟有方车瘠地数顷，力耕节用，非凶岁可以无饥。山傍一阿，盖屋列居，则生成可以安息。惟我兄弟孙子先备一屋于此山之下，聊贮农器以为渐次经营之计，则此容膝易安。异日发扬或肇于斯焉，何必与非礼之风？杂处此土，而不能令也，惟冀慎思裁度。②

所以上学陈氏族谱在强调诗礼传家的同时，提醒子孙后代不可忘后浦上学堂为始祖兴仁公开基之地，不可忘邻人他姓夺地之屈。

三、族谱中的其他文学形式

（一）昭穆诗

族谱中的昭穆字序，指的是族谱中用以表明同宗亲家族世系血缘秩序的命名字辈序列，又称辈分序次、字辈谱等。

昭穆制度始于周代，象征尊卑上下，表示世代辈分。据《周礼·春官·小余伯》所载："辨庙祧之昭穆"郑玄注曰："自始祖之后，父为昭，子为穆。"《礼记·王制》载："天子七庙，三昭三穆，与太祖之庙而七。诸侯五庙，二昭二穆，与太祖之庙而五。大夫三庙，一昭一穆，与太祖之庙而三。士一庙，庶人祭于寝。"《礼记·祭统》中所言："夫祭有昭穆。昭穆者，所以别父子、远近、长幼、亲疏之序而无乱也。"可见，昭穆制度是我国重要的家族、社会制度。

昭穆表示了中国社会基本的伦理秩序，由昭穆制度衍生出的昭穆诗，不但有其实用的价值，还有文学的意味。《鳌西林氏长房二家谱》中十二世元林元品受封到台湾做官，十四世起的昭穆诗为："卿尹登朝贵，英才立学高。显荣光世德，

---

① 叶钧培等：《金门各姓族谱类纂》，金门县文化局2012年，第201页。
② 叶钧培等：《金门各姓族谱类纂》，金门县文化局2012年，第201页。

全赖尔孙曹。"寄托了对子孙后代的期许。《东石玉井宫西蔡氏长房三延科公派家谱》共分十房，属"莆阳衍派"，今在台亲族已逾十万。自九世起，闽台两地族人共同沿用大宗昭穆："诒书芳自远，树德世尤长。崇尚斯承志，创垂冀克昌。簪缨遗燕翼，创述绍仪容。万派朝宗委，千秋裕后祥。"蔡氏长房人丁兴旺，自七世起开始使用自己的四言昭穆（惟尔延奉，继世文章。懋昭大业，以承吉昌。肇修人纪，率由典常。遹追来孝，允迪前光），十一世子孙赴台后，将长房昭穆传承至今。《武城曾氏重修族谱（畲市派）》中记录了五十四世曾文举，爱晋江高州名山草庵，定居于此。于是昭穆吟咏了晋江高州草庵："光华映晋邑，耸立曰高州。"

昭穆诗的形式一般有四言、五言、七言。如金门埔后陈氏《上学陈氏世系族谱》昭穆为四言体："兴复宗国，缵袭王庭。旋元伯宠，承佑光荣。斯文克振，大启观成。延及世远，永昌子盛。"共三十二字。

还有五言体，如紫云黄氏的昭穆："先人贻礼则，奕世种书田，文章开国瑞，忠孝本家传。行达明新学，修崇德性坚，资无利永贞，谦光乐太平。多福其自取，丕承乃后贤，以斯善继述，振绳亿万年。"共六十字。

七言体如烈屿下林祖派昭穆诗："元亨利贞昭德明，仁义礼智敦本承。伯仲叔季宣慈惠，箕裘荣烈世科名。"共二十八字。

昭穆诗一般由家族开基祖一代写成，多以儒家经典中带有美好寓意或者歌颂品德的词句为参照，其最主要功能，是为起名提供依据。诗中选用的字要搭配姓氏，和姓名中的第三字，所以必须由读音和意义都适合起名的汉字构成。一字代表一代人，不能有重复字，一般是为二十八、三十二、三十六字，多则六十字。

有些昭穆诗未必能有连贯的意思，比如烈屿上林村林氏的昭穆，取五行相生之意："钧清梅炯现，钦汝棣煌培。铨汉梁燇垙，金添梧炫城……"以此类推，以金木水火土为偏旁，用字轮替。

有些族谱中，在昭穆诗前还列有"昭穆志"，内容亦不外乎强调昭穆的意义及作用。

如果家族兴旺，子孙绵延，而开基昭穆诗又比较短，会遇到不够用的情况。这就需要重新作诗，续写次序。一般由宗族中名望才学兼备的长老作诗，用红纸恭敬地抄写下来，贴在祠堂中广而告之，编修族谱时再写入谱中。比如《上学陈氏世系族谱》中，就有对祖韵的续韵，以表示对祖德绵延的感念和对后世子孙的祝愿："肇基中业，续绍有征。思皇多士，允为朝庆。敬修汝德，毓秀钟英。辉耀而祖，绵延长生。"

昭穆取名制度是中国家族特有的制度之一，昭穆诗将家族子弟紧紧维系在一起，仅凭名字就能够分辨辈分。一个家族的后人若按昭穆起名，则无论走到哪里，见其名必知其辈分，凭此就能知道系出同宗。和真正意义上的诗相比，昭穆诗比较难表述完整连贯的意义。但昭穆诗往往表达对美好品质的向往，传递积极的人生追求，从昭穆诗中能够体会到该家族的精神。

（二）谱中的诗文

族谱中记录保存了大量先人诗文。《佛耳安溪詹氏族谱》中录有詹敦仁（自号清隐先生）的诗文集。据嘉靖年《安溪县志》记载："詹敦仁，显德二年任，见名宦志。"卷之七文章类，录有其诗文。詹敦仁为五代时后周的县令，卷之八杂志类载："詹敦仁清隐因爱佛耳山，乃求监小溪场，置县治，遂隐此山。古有望云亭旧址存焉。"《读史方与纪要》中记录："南唐保大十三年，詹敦仁监场事，请于清源节度留从效曰：小溪西距漳汀，东滨溟海，地广二百余里。三峰玉峙，一水环通。黄龙内顾以腾骧，朱凤后翔而飞翥。土之所宜，桑麻谷粟。地之所产，獐麂禽鱼。民乐耕蚕，冶有银铁。税有竹林之征，险有溪山之固。地实富饶，足以置县。从之，名县曰清溪。宋曰安溪。旧无城。嘉靖三十九年，倭自仙游、永春突犯。四十一年，始议筑城。四十四年，城始完固。"詹敦仁开创了佛耳山詹氏一脉，子孙后代开枝散叶渐称望族。詹氏后人于明清之际迁往台湾，携带族谱并妥善保存，现存于树林詹氏家族。族谱为清代嘉靖年间手抄本，书中有序、例、族祠、墓园、世系表、家传、田产杂录、名宦录、家礼、诗文集等部分。其中就有詹清隐先生的诗文集。

这样的例子不胜枚举。当然，由于族谱编修的特殊性，亦存在族谱中诗文系伪作的情况，需要研究者明辨。

（三）祠堂内的牌匾、楹联，建筑物上的文字，亦会记录与族谱之中

如郑成功家族的《石井本宗族谱》中有对："尺土守孤忠，谁云海外要荒，不登史册；三圭绵世泽，即此天朝宠锡，永固河山。""昭祖德、绍书香，壮志巍科无迟速；振家声、开文运，成名子孝看后先。""祖德流芳，远萃一念之诚，音容可仰；孙支挺秀，长敦五伦以教，宗党皆春。""庙貌端严，万顷朝宗追祖德；孝思绵远，一阳来复见天心。""庙宇枕鳌山，席地脉千重秀气；明堂瞻马

岛,壮江潮万壑巨观。""有一点欺,何堪对祖?无十分敬,漫许登堂!""瀚海东回,源远流长,直溯葩经世德;杨山西峙,灵钟秀毓,克振石井宗风。""三圭深雨露,五马壮河山。"以及郑汉军降乩作七言诗一绝:"桑梓抛遗不几年,江山认是旧风烟;归来恰似令威子,惹得诗人万古传。"

除此之外,还有谱论、像赞、族规、传记、家礼、名迹录等,都有从文学上进行讨论的意义。

四、族谱与文学传播的关系

明清以来,闽台诸多家族都将族谱编修作为家族子孙的义务,普遍认为三十年就应编修一次,对此事格外重视,往往动用整个家族的力量来编修族谱。族中有功名者或有学问之人承担了重要的职责。这就使得明清时期福建,乃至台湾地区的族谱编撰的水平极大提高了。讨论族谱的文学性,有助于后世更好地认识和编纂族谱,对文学和史学的研究都有裨益。族谱作为文学传播的媒介,具有一定的特点,主要表现在:

首先,族谱保存与流传的特殊性,决定了族谱作为文学传播媒介的特殊性。

族谱保存的私密性对于文学传播有推动作用。族谱编修完毕后,对各部进行编号,由各房按名单领取,妥善保存。族谱一般在家族内部流传,非重大场合,不经家族长老同意不得私自翻阅和外借。这种传播的私密性使得很多族谱躲过了历朝天灾人祸的损毁,得以保存至今。

其次,族谱中存在伪作的情况对文学传播的混淆作用。诚如陈支平在《福建族谱》所说:"它(族谱)丰博多姿,却又鱼龙混杂;敦信真是却又诡伪百出。"[①] 由于族谱修缮中常有攀附名人的现象,抄录的艺文录也有伪作。这种情况,年代越早的先人作品,越值得怀疑。但明清以来的伪作现象渐少,且民间文人的作品伪造的价值较小,故明代以来涉台族谱中的文献真实性较高。

其三,族谱保存了大量民间文士的文学作品。中国古典文学很大程度上是精英文学的体现,只有具有一定社会地位的文人,才有将作品刊刻流传的机会,而族谱为民间普通文人的文学流传提供了媒介和载体。这些文人并不一定有机会将

---

① 陈支平:《福建族谱》,福建人民出版社2009年版,第1页。

文学作品付梓出版流传下来，保存在族谱中的作品却得以传世。

最后，族谱文学的功用体现在对普通人的启蒙、认知与教育上。族谱除了应当妥善保存外，后人还应时常拜阅，以敦教化，以实现匡正社会风气，促进邻里和谐，子孙奋发有为，家族兴旺发达的目的。

参考文献

[1] 庄为玑、王连茂：《闽台关系族谱资料选编》，福建人民出版社1985年版。

[2] 吴宣德、宗韵：《名人谱牒序跋集略》，上海古籍出版社2013年版。

[3] 陈捷先：《族谱学论集》，三民书局2017年版。

[4] 叶钧培等：《金门各姓族谱类纂》，金门县文化局2012年。

[5] 陈水在：《金门陈氏宗志》，颍川堂金门县陈氏宗亲会2011年。

[6] 陈支平：《闽南涉台族谱汇编》，福建人民出版社2014年版。

[7] 陈支平：《福建族谱》，福建人民出版社2009年版。

[8] 常建华：《社会生活中的历史学——中国社会史研究新探》，北京师范大学出版社2004年版，第318-326页。

[9] 安君：《徽州家谱中明代传记论述》，安徽师范大学2017年版。

[10] [日] 井上徹著、钱杭译、钱圣音校：《中国的宗族与国家礼制》，上海书店出版社2008年版。

[11] 常建华：《明代宗族研究》，上海人民出版社2005年版。

[12] 张廷银：《族谱所见文学批评资料整理研究》，人民文学出版社2012年版。

[13] 张廷银：《族谱所见诗文中的佚作与伪作》，《文学遗产》2001年3月。

[14] 赵克生：《明清时期的族会与宗族凝聚》，《史学集刊》2017年9月。

（作者单位：闽南师范大学闽南文化研究院、泉州幼儿高等专科学校）

谱牒与紫云文化研究

黄嘉民

一、弘扬谱牒文化新时代价值

如果不曾敬拜多部家谱,将永远不晓得:家谱,为什么能够与国史和方志"相提并论"!将永远不晓得:家训,为什么能够成为"传统文化的精髓"!还将永远无法感受:我们的先祖是何等的令己敬畏以至五体投地!

(一)共修族谱,提升泉台紫云五安新时代核心价值

四海承平雨露滋,续修谱牒正当时。

水有源,树有根,血缘和宗族观念,需要代代传承。家族意识和孝悌观念,可以说是中华民族传统美德亘古不变的价值观。心中有家才有国,小到家族,大到国家,正是宗族和血缘让人们的认同感、荣誉感凝聚在一起,不断地发展和壮大。中华民族历来有重视修订家谱的传统,正如古人所说:"家之有谱,犹国之有史也。国无史则一国之治乱兴衰后世难考,家无谱则一家之支派繁众奕世莫明,故修谱与修史并重也!"没有家史的家族没有未来,没有家谱的家族就没有传承,不知祖先的人就不知自己作为一代祖先所肩负的责任!

开展泉台紫云五安谱牒文化交流意义重大。泉台紫云五安同胞,同文同种,同根同源,同谱同牒,旅居台湾紫云五安黄氏宗亲共修族谱,进行紫云文化交流,不断提升新时代核心价值认同,有着特殊的意义和作用。

修谱千古事,得失寸心知。存史千万年,代代知荣耻。

(二)谱牒文化,是中华优秀传统文化的重要元素

望族久闻多士济,德门可贺盛名驰。

家谱或族谱,是以血缘亲情为脉络,以姓氏作标记,编就的特殊史籍资料,是姓氏的生命史。它记录本氏族起源、发展、繁衍、变迁的过程,是氏族最珍贵

的文化瑰宝。

我们每个人都承载着祖宗的灵魂，血脉里都流淌着祖先的 DNA。DNA 是生命之源，是人类遗传之密码，也是祖宗之魂。而家谱是每个家族文化之 DNA 的传承，也是中华文明的承载。传统意义上的家谱是氏族传承的血缘文化文字记载的 DNA，是家族历史记忆的活化石，因此我们不要过分强调血缘关系百分之百的纯正性，而要重点传承家族血缘文化的凝聚性和积极性；现代意义上的家谱在传承的血缘关系上完全可以用生物的 DNA 图谱标本记载，血缘传承关系可达百分之百的纯正，然而却失去了一个非纯正血缘文化圈的外在的和内在的张力。

在社会生活中，诚信待人，童叟无欺，不坑蒙拐骗，不以强凌弱，应助困济贫，见义勇为，是教育后人"忠、孝、善、美"的特殊教材。每每捧阅族谱，无不心存敬畏，一股心流就会穿越每一个时段空间与祖先心电磁极交汇，刹那的流过，总能感受到来自各代祖先的爱意和期冀，更能无形无意地幻觉他们各自不同峥嵘岁月的沧桑历程。事实上家谱每一次的传承断裂，都记录着那个时代的苦难和挣扎。反之，大凡太平盛世，家谱传承就会丰富多彩代代相传。谱追忆历史，缅怀宗功祖德，是为了珍惜今天，更好地创造明天的辉煌！谱牒文化对促进社会安定团结，形成良好的道德风尚，有着不可替代的独特作用，与当前建立和谐社会是完全一致的。可见谱牒文化已成为中华优秀传统文化的重要元素。

（三）谱牒为媒，紫云五子认祖五安归宗

"同祈文武魁天下，奕世桑莲溯祖风"，这对清光绪年间在泉州开元寺檀樾祠进门石柱上的楹联，是紫云黄氏"五安"归宗的历史实物依据。

紫云黄氏在清乾隆前，宗族以"四安"为名。明代史学家何乔远《黄居士檀樾祠记》记载："公（指黄守恭公）有四子，问匡护求地……于是为公择地四安分四子居焉。"清乾隆《泉州府志·唐乐善》也有："黄守恭，光州固始人。移居泉州，乐善好施，舍宅以建，即今之开元寺。子四，分居南、惠、溪、同四邑，后皆繁衍，称'四安黄氏'。"

明崇祯五年（1632 年）重修的黄守恭公墓，墓丘为椭圆形，前立一方花岗岩石墓碑，正中阴刻"四安始祖墓"5 个大字，左侧阴刻"大明崇祯壬申季冬裔孙梦松立"13 个小字。

据记载：守恭公元配李氏，又配司马氏。献桑园建寺后，家产殆尽。他听从匡护劝告，遣子异地开发，重振家业，繁衍族裔。长子经公迁南安；次子纪公迁惠安；三子纲公迁安溪；四子纶公迁同安。司马氏生下纬公后，移居诏安高坑，成为诏安紫云黄氏开派始祖。这一段简单家史，珍藏于开元寺的《始祖唐开元檀樾长者黄公传》及《初唐四安黄发祥故事》均有记载。

紫云诏安纬公房黄思永的第六代嫡孙黄自由（江苏省教育学院教授）携夫人，于2011年元旦（农历十一月廿七日）到南安市罗东埔头，参加紫云黄氏李妈陵墓重修竣工庆典，随后又到泉州开元寺檀樾祠祭拜始祖守恭公。之前，黄自由宗贤曾在《江夏心声》发表文章指出："明末嘉靖年间，远祖因避倭乱，从福建诏安梅岭乡高坑村，辗转北上，外迁至安徽省休宁县落籍，系紫云五安黄氏诏安房纬公派下。历传数世，有衍裔黄道行（字君虞）自休宁始迁金陵南门内，即现南京中华门内武定桥仓巷顾楼定居。后传象田、辑五、升遇、纯熙、鹏年、国槛、德符、汝玉等公，至十世思永。"

黄思永（1842-1914年），刻苦励志，焚膏继晷，博通经史，尤擅书法。所写扇字，清秀遒劲，别具一格深受士人赞赏。同治十二年（1873年），以朝考任职礼部，继又考入军机处。清光绪六年庚辰（1880年），高中文科状元。故檀樾祠中悬挂有黄思永的文状元匾。由于黄思永和安溪房黄培松同科高中文武状元，开元寺檀樾祠一进门厅内，尚存清光绪年间的这对楷书石刻"同祈文武魁天下，奕世桑莲溯祖风"的楹联。

自紫云诏安纬公房状元黄思永谱牒为媒认祖归宗后，紫云黄氏即称为"五安黄氏"，并认同《会亲诗》："五安五子炳千秋，知是开元共一流。欲识紫云真道脉，源头始祖在泉州。"

二、紫云文化价值内涵研究的意义

悠悠历史衍来者，滚滚长河继往之。

紫云黄氏自开族以来，历经1300多年时世变迁，形成了独具特色的紫云文化，谱写了一部紫云黄氏家族辉煌史册。如今已发展成为人丁兴旺、英才辈出的黄氏望族，目前世界紫云黄氏已有500多万，台湾地区也有50多万。但遗憾的是，虽然历史悠久却少有一部完整族谱记载存录，皆因历史原因或失落损毁或残缺不全，无法较完整体现紫云族史。紫云五安族人认为编好族谱是中华文化不可或缺的组成部分，可促进海内外特别是海峡两岸紫云宗亲联谊，为血缘宗脉寻根问祖提供依据,对缅怀先祖、弘扬美德、促进社会和谐及两岸和平统一有着积极意义。

2006年8月,紫云黄氏各房宗长、宗贤等有识之士,聚集厦门江夏堂共商紫云黄氏修谱大事,一致认为编撰紫云大宗谱是当务大事,并推举由笔者牵头,成立紫云黄氏五安大宗谱筹委会。

2008年8月,召开了"泉州紫云黄氏五安总谱编委会"第一次筹备会议;同年12月3日,召开筹委会第二次会议暨泉州紫云黄氏五安总谱编委会成立大会,由紫云黄氏五安各房推荐抽调有编谱经验的人员组成编委会。笔者肩负重任,被推选为编委会会长。会上,讨论通过《泉州紫云黄氏大宗谱凡例》等。

(一)紫云文化价值内涵研究增强自信

旧篇得以刷新纪,开创紫云万载基。

我们开展紫云文化价值内涵研究,从编修泉州紫云黄氏大宗谱切入。修谱不是为某个人歌功颂德,而是记载这个家族从何处来,向何处去。把家族祖系和文化历史以及每个成员的成长过程记载下来,启迪后人如何明是非、辨世系,寻根留本,增知教子,凝聚血亲,让大宗谱成为同宗共祖的先人及其事迹方面情况的历史图籍。

紫云黄氏五安始祖守恭公史称泉郡第一人,初事货殖,后务农桑,广辟桑园七里,种桑养蚕,纺丝织绸,外销南洋和西亚直至欧洲各国,为泉州开拓"海上丝绸之路"做出了重大贡献。因有其献地建寺,才有现今泉州开元寺闻名遐迩,成为古城泉州之标志及旅游名胜古迹。作为后世子孙,为此感到自豪和骄傲。一部较完整的记载紫云繁衍史的宗谱,有利于深入挖掘紫云文化价值内涵研究和传播交流、弘扬守恭长者家风家训。通过宗谱的传纪和紫云文化价值内涵研究,挖掘先辈们开创基业的丰功伟绩,历经艰辛、艰苦奋斗的精神以及迎难而上的生活勇气,对子孙亦是一个良好教育,激发后人从小励志,学习先辈榜样。让家族的道德观得以世代弘扬,让家族的价值观得以普遍认同,让家族的荣誉感得以广泛树立,让家族的知名度得以大幅提升,让家族的凝聚力得以充分提高,让家族的自信心得以不断增强。

"族谱是中国传统文化的象征,它从一个侧面体现了一个民族兴衰发展的历史。"只有家族的存在和延续,才有整个民族的存在和延续。虽然这本族谱的编撰过程中遇到很多困难,也耗费了很多时间,但很值得,这是紫云黄氏子孙的使命。希望能尽快让族谱面世，为更多寻根谒祖的"紫云黄"后裔提供帮助。

在编谱工作人员的努力下，初稿于2009年9月庆祝守恭公诞辰1380周年时，分发到各房代表手中。编委会本着为祖宗、为宗族事业负责，一切从大局出发，尊重宗史源流、实事求是、去伪存真、正本清源，共同探讨、分析、辩论、甄别、确证，让紫云黄氏五安大宗谱真正成为能客观真实反映历史，可为后代人参考的宗谱。目前编委会按照初稿辑录的资料进行分组分类，专人负责，对搜集的原稿进行初步校对，对新增资料进行补充修正。对未搜集到资料的宗支继续联系，敦促收集，促进工作顺利开展。通过修谱，正本清源，澄清了不少宗史源流研究的事实，还原了不少历史真相，在海内外黄氏宗亲中产生了巨大的影响。

（二）紫云文化是泉州优秀传统文化的基因

此地古称佛国，满街都是圣人。

泉州是千年古城，文化底蕴厚重，是颗嵌在祖国东南沿海的灿烂明珠，古代海上丝绸之路起点，马可·波罗眼中的"世界第一大港"。以中华传统文化为根的基础上，在语言、民居、建筑、民俗、戏曲、宗教等方面沉淀着良多的优秀传统文化。

2017年出台的《泉州市创建优秀传统文化传承发展示范城市实施方案》指出："从今年起，我市将每年整理一批文化典籍、提升一批文化遗产、建设一批教育基地、创作一批文化精品、办好一批主题活动、打造一批传播平台、推出一批研究成果。至2020年，在优秀传统文化研究阐释、教育普及、保护传承、创新发展、传播交流等方面走在全省乃至全国前列，基本建成优秀传统文化传承发展示范城市。"

在修谱同时，也进一步收集梳理家庭美德、家训家风、名人乡贤等方面，以作传承发展。为进一步传播和弘扬中华和泉州优秀传统文化，紫云黄氏五安编委会在编撰紫云黄氏大宗谱同时也开展"紫云文化研究"。开辟了《紫云屏》季刊，作为大宗谱的辅助期刊。期刊涵盖着宗史源流、宗族文化、先贤人物等7个栏目，至今已刊出6期。同时已开通了《紫云黄氏宗亲网》等两个网络平台。

"紫云文化"经过1300多年的积淀，已成为泉州优秀传统文化基因。祖墓、祠堂、族谱是紫云文化的三大组成部分。通过紫云文化价值内涵研究，既让在外的游子落叶归乡，又让传统文化加以熏陶，并推动了城市的发展。

我们认为泉台热爱紫云文化的专、兼职工作者、研究者和爱好者共同对紫云文化进行学术研究，传承发展泉州优秀传统文化，践行社会主义核心价值观，深入挖掘紫云文化价值内涵研究和传播交流，能够巩固泉州文化探源成果，提供紫云文化服务新时代社会发展的功用。

（三）紫云大宗谱使泉台五安宗亲寻根有谱

海峡照明月，两岸一家亲。

在明清期间，泉州地区的紫云黄姓族民跨越台湾海峡定居台湾各地。为纪念祖地，他们用家乡命名新的家园。这样泉台地区就形成亲同宗、村同名、语同音、曲同调、习同俗、食同味，两地宗亲更是心连心。

泉州紫云黄氏编撰族谱的信息，在海内外引起了很大反响。不少宗亲与编委会取得联系，有人送来珍藏的族谱资料，也有人表示希望能获得帮助回泉州寻根。有了这套《泉州紫云黄氏大宗谱》，从此紫云黄子孙寻根问祖，无论身在何处，都将有谱可依。

2006年10月，台湾桃园中坜市宗亲会黄仁杼宗亲给编委会既济宗贤来信表示："接获《紫云黄氏宗史资料汇编》（一）到（四）集，甚为感激"，并说，"祖先第十一世祖可坚公生有两个儿子纯士公与志士公，可坚公带领纯士公渡海来台，在桃园县中坜埔顶垦荒僻地，传下我们中坜众鑫子孙……这一次到大陆祭祖，在泉州紫云黄氏五安宗亲盛情接待，享受丰盛晚餐。古云：'血浓于水'，由此可见一般，此次寻根祭祖之旅，可说是满载而归……现接获宗长来函叙述先祖守恭公事迹，真是如获至宝……在台湾桃园黄姓宗亲对前先祖守恭公较为陌生，如今有宗长提供资料，让我对祖先有更深入了解，万分感激……"并表示，今后带领在台湾居住的紫云黄氏宗亲回祖地寻根明祖对接家谱就更方便了。

参天之木，必有其根，回到家乡，寻根谒祖，成为诸多游子念念不忘的心愿。2018年3月，来自东北辽阳的电话打到了祖地紫云黄氏五安编委会。电话那头，一名80多岁的老人家说，自己家中有一本族谱，记载着祖先来自泉州，从网上找到了"泉州紫云黄氏五安总谱编委会"的联系方式，希望回来寻亲。热心的编委会欣然答应，老人家在子女的陪伴下，带着族谱乘车从迢迢千里外赶来。一对比，老人家提供的族谱与泉州的一样。经考证，大约340年前的清朝，老人家的祖先从南安逃难到了遥远的东北，给一户佟姓人家守墓。佟姓人家认为给其守墓就是家丁身份，所以应随主人姓，而其祖先提出，自己是守墓人，不是家丁，族谱记载他姓黄，不应该也不愿意改姓，双方遂告到官府。审案的大人判令，如若能拿来族谱证明他姓黄，就不必改姓。他的祖先遂派人从辽阳历尽千辛万苦回南安抄录族谱，前后历时一年多，终于保住黄姓。这个先人"矢志矢力保姓"的事迹，让紫云宗亲感慨不已，更深切感受到修纂总谱的必要性和紧迫性。

千山万水隔不断赤子的炽热乡情，匆匆行程挡不住返乡的坚定脚步。2019年5月，印尼拉森黄氏宗亲会一行共30人，千里迢迢回到家乡泉州寻根。200多年前，拉森黄氏始祖黄閤公从泉州迁入印尼中爪哇拉森镇定居，至此繁衍生息开枝散叶，子孙后代人丁兴旺，人才辈出。200多年来，延续后代至今已有九代约1000人。他们遍布在美国、巴西、荷兰、澳大利亚、中国香港及印尼本土，大多数人从事专业技术工作，一部分人从事商贸活动及手工制造业，他们中有医生、工程师和成功的企业家。此次对接成功，到开元寺檀樾庭祠拜祖，并往守恭祖墓谒祖。

2017年11月底，远在英国的黄作程先生在寻根中，意外地发现了"泉州紫云黄氏五安总谱编委会"的微信公众号，浏览了一些关于紫云黄氏的文章后，他感到连江黄氏一脉和泉州紫云黄氏五安可能有渊源，即委托身在福建连江的堂弟黄作义继续联系。就因为"紫云"和"晋水"佐证为泉州紫云黄氏分支，2019年终于确认了他们是一脉相承的黄守恭后裔。

五安宗亲聚一堂，认祖大业彻夜忙。各支精英同心力，恩泽子孙永流长。

三、泉台紫云黄氏五安共祖同宗

一宅舍菩提，永旁慈筏慧灯，达矣哉，每怪时人言是我宅。五安居子孙，各称兰芽桂茁，盛矣哉，方知祖德欲遗以安。

开元寺原为博通经史、精读诗书、誉为"郡儒"且人称"长者"的紫云黄氏始祖守恭公的桑园和宅第。唐垂拱二年（686年），守恭公园中桑树绽开莲花，有司视为嘉瑞，上报朝廷。公感桑莲肇瑞，乃舍宅园建寺，延匡护大师主持。守恭公舍田宅后，遂鼓励五子向外开拓，各自立业兴家。五子经、纪、纲、纶、纬迁居在今的南、惠、溪、同、诏等五安。在建寺之时，常有紫云盖顶，所以守恭公的后裔称为紫云黄氏。

（一）檀樾庭祠——泉台紫云五安的根

露垂甘雨凝，紫菡苕生桑，我宅中遂成摩诃世界。名僧出尊佛，居礽昆释祖，千载后还瞻证果菩提。

开元寺寺僧感念守恭公舍宅建寺之大德，在法堂之西翼建檀樾（即"施主"之意）祠奉祀之，檀樾祠与伽蓝祠相望，后圮。元至元年间（1264-1294年），僧妙恩重建，又圮。明洪武三十二年（1399年），僧正映改建于法堂之东，此事得到紫云黄氏惠安房（二房）裔孙明建文帝礼部尚书黄魁（田边人黄存中）的参与及大力支持，然岁久倾颓。至明万历间又罹于火，栋宇荡然。明万历二十四年（1596年），守恭公裔孙同安房陕西参政黄文炳率族人，会同泉州知府程朝京，收回被寺僧变卖及地霸、硝户侵占的寺产，并将檀樾祠重建一新。故自明至今，开元寺檀樾祠皆由紫云黄氏族人祭祀与修缮。

2018年，来自金门的102位黄氏宗亲护送"紫云始祖"黄守恭的金身塑像，回銮泉州开元寺进香谒祖。"我们陪老祖先回家看看。"金门黄氏宗亲会顾问黄奕展说，"这是'紫云始祖'金身塑像第二次回銮泉州，距离首次回銮巡安已有8年时间，我们将溯溪北上，沿着翔安、泉州、莆田、福州，一路祭祖祈福。"该活动有利于两岸黄氏宗亲更加紧密地交流联系，让年轻一代更了解祖先的历史。

如今紫云黄氏五安子孙后裔遍布海内外，时光过去1300多年，祖训深深烙在后裔子孙们的脑中、心中，影响和鼓励一代代的血缘后人及其家人。在这种强大文化的感召下，紫云黄氏子孙将年年代代、千里万里奔向祖地，带着虔诚、崇敬的心去瞻仰、祭拜自己的先祖——守恭公。檀樾祠作为紫云黄氏族人纪念先祖、秉承家风、凝聚亲情、祈福安宁的场所，既寄托着本宗族对"根"的眷念和怀念，也代表着紫云黄氏宗族在岁月烟尘里经历的风风雨雨。紫云黄氏五安后人深恋祖地，檀樾祠就是紫云黄氏五安裔孙祖祖辈辈的"根"，是永远的精神家园，也是永远的归属！不管身在何地，不管离故土有多远，总会千方百计回到泉州寻根谒祖，顶礼膜拜！

养志效前贤，有宅有园从亲所与，兴家无长物，一驴一钹随遇而安。

（二）蔷薇祖墓——泉台紫云五安的源

宝地乐捐千古紫云驻，佳城喜得万年灵气行。

唐太极元年（712年），紫云始祖黄守恭逝世，安眠于泉州西郊白塔后。墓园蕃生蔷薇，俗称"刺仔墓"。明崇祯五年（1632年）重修，立碑建庵护墓，后世又数历重修。迄今，海内外紫云黄氏五安族人已达500万人之多，遍布世界各地，是黄守恭与匡护禅师在1332年前完成那次决定命运的"布施"时始料未及的。

2019年3月，泉台紫云黄氏宗亲1000多人来到始祖墓地祭祖扫墓。守恭公的墓地是重修的，还有新建造的紫云五安五开间石牌坊，上面浮雕着"桑莲献瑞"等故事图案和楹联。原始古迹只有那块墓碑和开元寺祖师塔。祖宗留下庵护墓地、古井、地基等遗产。那个古井，从底屋至上屋都是用花岗岩石块垒叠砌筑起来，现在还非常牢固，只是久未使用。这些遗产泉台紫云黄氏家族将好好保存。一千多年的古迹永存，紫云后裔人人成为守墓人。黄守恭曾富甲一方，他"为人倜傥尚义，乐善好施，救困扶危"，充满积极的利世态度。在舍地建寺实行"裸捐"之后，黄守恭已居无长物，惟笔床茶灶相伴，却教子志在四方，让五个儿子自谋生计、创业兴家，更凸显其人格、智慧的光芒。这就是泉台紫云五安族人的源流。

（三）**春冬祭祀——泉台紫云五安敬祖联亲**

桑莲献瑞久芳闻，双塔凝辉耀紫云。檀樾祠中诚拜祝，五安嫡裔永长春。春雨绵绵润宗祠，又是一年祭祖时！

春冬祭祀是根据檀樾祠诒安堂祖制祖规而设，是历代紫云黄氏裔孙传承祖制的具体表现和应尽的责任义务，更是紫云黄氏文化发扬光大的重要组成部分。己亥年农历二月十八日，开元寺檀樾祠，紫云黄氏祖庭，热闹非凡！这次春祭由惠安纪公房筹办，早上9时许，主祭宗亲、紫云五安黄氏各房宗亲齐聚一堂。本次祭祖依照古代祭礼中的出主、参神、降神、初献、亚献、终献、辞神、送祖等环节进行。紫云黄氏春冬祭祀筹备会、紫云惠安纪公房组织五安宗亲们共同参加祭祖，宗亲裔孙们带着无限的崇敬和感恩上香跪拜。焚香、点烛、烧金帛，缅怀先祖。场面浩大，极为庄严隆重。

春季祭祖不仅仅是一场礼仪，更在于宣传先祖的懿德嘉行，教化后人的道德行为，传承了紫云黄氏文化。今年的祭祖典礼较往年更加规范隆重，展现了宗亲们对先祖的无限崇敬和祭奠，产生了共同缅怀祖先、敦宗睦族的强烈共鸣，增强了广大紫云黄氏宗亲的自豪感和责任感。通过祭祖活动，对于增强泉台紫云黄氏五安族人爱族、爱祖意识和弘扬尊祖敬宗，敦亲睦族之美德都具有深远意义。

《紫云黄氏宗谱》载："立冬日祭扫开基始祖长者守恭公封茔，凡五安派下裔孙均持'添灯进财'灯笼一盏（一面书紫云黄，一面书诒安堂，一旁书桑莲，一旁书八吉），随带香花鞭炮上墓。"泉台紫云黄氏五安子孙都有携带"添丁进财"灯举行春、冬祭祀传统，并以此作为紫云五安轮值信物，循环相转，周而复始。其意薪火相传，血脉相承。

紫云黄氏子孙遍布世界各地，但每年春、冬两祭及清明时节，紫云黄氏后裔都会返乡祭祖。春祭在檀樾祠举行，冬祭则于守恭公墓园设祭。紫云黄氏檀樾祠的存在，使得黄守恭乐善好施、布善于民的精神被一代又一代地传承了下来，它也是泉台紫云黄氏五安和海内外宗亲联系的纽带和桥梁。

（四）祭文奉祀——泉台紫云五安祝祖诚孝

祭祖作为中华民族绵延数千年的习俗，可以慎终追远、敦亲睦族，成为维系家族的精神纽带，祭祖的每个环节也被当作最虔诚而神圣的程序流传至今。祭拜逝去的先祖，缅怀先贤的功德，并以拈香、敬酒、供奉食物鲜花等方式来述表心意。祝文和祭词表达了泉台紫云五安族人祝祖诚孝。紫云黄氏五安的祭祀《祝文》和《祭词》抄录如下：

"岁次己亥年二月十八日，权奉祀裔孙、并五安分献、与祭诸裔孙，谨以金帛香果、牲醴时馐之仪，祭告于紫云五安始祖守恭公暨……"泉台紫云五安黄氏举行尊宗敬祖春、冬祭拜时，总要宣读《祝文》或《祭词》。

紫云黄氏五安春祭祝文："咸怀盛德，以鉴悃衷；祖宗垂佑，福祚长隆……惟我德祖，舍宅祇园，分子五安，异派同源，云礽奕叶，既蕃且丽，一千年来，簪缨相继。"

祭词："长者之德，至今犹称。舍园建寺，殿塔峻嶒，露甘云紫，桑莲瑞徵。受祀檀樾，庇乃云礽。五安蕃衍，振振绳绳。"

"惟我始祖，好施无疆。桑莲生宅，舍建佛堂。高僧感激，佩德不忘……"

紫云五安也有祭后土祝文："天道靡常，惟善获福。为善始祖，应绥策禄。受赐嘉莹，石坑之麓。畅茂葳蕤，盘仔百木。奠我祖魂，水长山簇。蕃衍后昆，大宗巨族。地脉孔嘉，灵钟秀毓。亿万子孙，挺生贤淑。兹届立冬，敬陈芬郁。告我山灵，格恭虔肃。"

四、后语

如今，檀樾庭祠和蔷薇祖墓已成为泉台紫云黄氏五安物质文化遗产，春冬祭祀和祭文奉祀已是泉台紫云黄氏五安非物质文化遗产。黄守恭开泉州海上丝绸之路先河、献地建寺和遣五子拓五安的功绩，其"乐善好施，开拓进取"的精神，成为紫云文化的核心内涵，已影响着一代代紫云黄氏后人。《泉州紫云黄氏大宗谱》的编谱工作已进入关键阶段，由泉台紫云黄氏五安族贤呕心沥血，历时14年之久编纂将付梓发行，以此作为"紫云黄"裔孙呈供给先祖最厚重的献礼。

但是，对紫云文化价值内涵的研究却刚刚开始，我们将深入挖掘紫云文化价值内涵研究和传播交流，弘扬守恭长者家风家训，联结泉台同胞文化认识、根脉认知、"一个中国"认同，为祖国和平统一大业服务。

（作者单位：泉州紫云黄氏五安总谱编委会）

沈氏与台湾的关系及贡献

沈俊升

沈姓是台湾具有深厚影响的姓氏，大部分为第四十八代祖沈彪公之后裔。彪公，号世纪，御赐名勇，唐朝开漳名将，河南固始县人氏，唐总章二年（669年）随唐将军陈政入闽，运筹决胜置漳州，族人陆续南迁，成为福建一大姓。其后裔于明、清时期渡海来台入垦，前后有沈元、沈参、沈回、沈举、沈野、沈立、沈看、沈方、沈启定、沈鸿、沈开雪、沈义增、沈人定、沈宅、沈用、沈惠等，有举家迁入者，有族亲为伴者不等，先后入台开垦，有如下较有影响力的人物。

沈有容：明神宗万历三十年（1602年）福建都司，漳州人。时荷兰人据台，占领澎湖为据点，侵扰东南沿海，明太祖为防止倭寇侵扰东南沿海诸省，颁令实施海禁，断绝海上通道，阻隔与国外交往，形成只守海岸不守海岛的错误政策，致使台、澎诸岛为强权所据，进而成为侵略大陆沿海各省跳板，沿海各省常遭受倭寇侵袭，民心惶惶，难以安居。万历三十二年，沈有容有鉴于民不聊生，精选勇猛战士，几经操练，随即挥军攻打倭寇，一路追击到澎湖再攻入台地，为沈氏进入台湾的先锋，澎湖马公妈祖宫后院有立碑为证"沈有容谕退红毛番韦麻郎等"。成为沈氏入台第一人。

沈光文：号斯菴，字文开，浙江省宁波鄞县人，官拜太仆寺卿，明经贡太学，授太常博士，转工部郎中。当时李自成攻破北京，他与黄梨洲、朱舜水都是为国奔走呼唤的典型人物，矢志反清复明。永历三年（1649年），降清的福建总督李率泰，秘密派人带了书信和金币招抚沈光文。他把书信烧毁，退回金币，是年欲入京，船至围头洋遭遇暴风雨桅柁损坏，船随风漂流至台湾橙狗山登陆。永历六年（1652年）他奇迹似的来到台湾，他的学术文章和民族正气，也随着这海岛萌芽，初在台南安平一带居住，生活艰辛。当时台地为荷兰人所据，精神也十分痛苦。明永历十五年（1661年），郑成功挥军攻取台湾后知沈光文在台，非常高兴，对他优礼有加，且和一些遗老，如宁靖王、朱术桂、卢若腾、王忠孝、徐孚远、沈佺期等相聚，在精神上得到极大的慰藉。迄至郑成功卒，其子郑经嗣位，颇改父政，光文公不满以文讽之，几遭不测，光文公遂削发为僧，到罗汉门山中普陀幻住庵（今冈山超峰寺）过着隐居生活。罗汉门山外有个目加溜湾番社（今善化），光文公在此授徒化番，同时也行医济世，清军渡台之后，闽浙总督姚盛望久仰光文公声誉，派人来招抚，而隐居已久的光文公心中尚有丧国之恸，以"野老"自居，婉谢了姚盛望的盛情，乃留在罗汉门山中。第一位诸罗知县季麒光是个礼贤之人，几经多次劝说，以诚相待，光文公有感知县盛意，终于负起教化重任，成为当时文坛领袖。光文公生于明崇祯十七年（1613年），殁于清康熙二十七年（1688年），享阳寿75岁，在明末遗老中著作最多，有《台湾赋》《东吟社序》《草木杂志》《东海赋·平台湾序》《台湾舆图考》《流离考》《文开诗文集》以及七言绝句41首、五言绝句63首等著作。这些作品，大多是台湾最早的诗赋与方志资料。

光文公在台湾文化史上的贡献，除了流传的文献外，以"故国衣冠"自称，除了维持明室正统之传承，更激发冰清玉洁的民族精神，对台湾的启蒙文化贡献功不可没，后世称光文公为"台湾文献初祖"。鹿港建有"文开书院"，纪念光文先生，善化有光文路、文开桥、斯庵桥三级古迹庆安宫塑造光文公坐姿神像供奉，台南一中校歌更以光文嵌入歌曲中，均为纪念这一位伟大的台湾文献初祖。光文公不但是一位文学家，亦是思想家、教育家、政治家，更是台湾人民公认名副其实的"台湾文献初祖"。

沈佺期（1609-1681年）：字元佑，号夏，南安市水头后园村人，原祖籍晋江安平沈厝，后迁南安石井雄山后园村。其父沈廷璋，字瓒甫，号锦峰，明通议大夫，都察院右副都御使，是位民间医生。其母洪氏，谥仁肃。崇祯十五年（1642年）乡试中举人，十六年（1643年）登进士，授吏部郎中。明亡，郑芝龙拥唐王朱聿键于福京（福州）擢佺期为都察院右都副御史。顺治三年（1646年）沈佺期不肯投靠清廷，绝意仕途，弃官南下返乡，闭门谢客，为避开清廷征召，隐居于同安大帽山甘露寺，继而避于本山虎洞。他装病假聋，力脱伪命，累征不赴，誓不降清，后再隐居水头鹄岭白莲寺，一生忠于明室。奈何生不逢时，明祚衰微，恢复无策，郑成功退守金厦，佺期公遁入佛门，以待良机，奈国无中兴之主，满腔遗恨嘱子孙曰：欲往台地不食清粟。

沈佺期为响应郑成功焱青衣之义举，发动南安九溪十八都一带乡民，大举反清起义大旗，招揽英豪，组成一支数千人的抗清队伍，沈佺期率领这支队伍于泉州桃花山与郑成功义军会合，从此沈佺期公成为郑成功幕府的上宾。郑成功邀请他协理军机，对佺期公敬重有加，拜为"军师"，尊佺期公为"老先生"，共谋反清复明大业。

清顺治十八年（1661年）郑成功挥师东征入台，留佺期等在金厦辅助世子郑经。康熙三年（1664年）三月，佺期奉郑成功之命从铜山（东山）入台主事，佺期见台地莨荒，将士及移民大都水土不服、疫痢大作，死伤无数，他凭着过去曾熟读医书，略知医术，遂自告奋勇，毅然挑起救死扶伤重任，入台第三天不辞辛劳，翻山越岭，采集草药，熬制汤膏，施送救治，拯救军民，还深入各地医疗少数民族的疾病，消除民族猜忌隔阂，为促进民族之间团结作出贡献。沈佺期使台地开发和建设得到顺利进行，深受军民的敬仰与爱戴，被称为"医圣"、活神仙。沈佺期在台生活了十几年，行医济世，授徒无数，为传播传统医学以及发展台湾的医疗卫生事业作出重大贡献。台湾人民尊称沈佺期为"台湾医圣"。

沈佺期在台湾期间常跟一些文人学士相聚，以文史自娱，他所著作的诗词文集，卓然名家风范。康熙二十年（1681年）八月二十三日，沈佺期病逝于台湾，享年73岁，寄柜于台南新丰里，地号三十五甲（今归仁），其子孙在台湾繁衍，康熙三十八年（1699年）家人迁柩归葬故里，1989年再迁葬于后园村猛虎山。

沈佺期在台期间对台地的开发贡献非凡，为纪念这一位伟大医学家、军事家，后人将他入祀延平郡王祠。

沈诚：诏安人，崇祯初武举人，顺治十八年（1661年），随郑成功来台，官拜总兵，初进驻澎湖，全力辅助郑成功收复台湾作为反清复明根据地，后攻下安平，后续募义兵，一边巡防并一路安抚开荒助民众垦田。从台南新营、诸罗山（嘉义）至他里雾（斗南），诚公领兵军律禁严，恩威显著，倾心下士，士众多从归，并从漳州大宗祠（崇德堂）迎请武德尊像金身，作为来台的保护神，后续有族亲络绎来台，人口聚集，继由族老募建泰安堂（今泰安宫），奉祀武德尊侯，每年依漳州古例举行春、秋二祭，至今不辍，现在泰安宫已成为全台沈姓共同信仰中心，并成为沈氏宗亲会世界总会，扩及世界各国。

沈瑞：漳州人氏，明天启年间进士，明末护朝有功封怀安侯，崇祯帝崩，获幼主南下福建，会合郑成功，后随郑成功渡台，大力协助郑成功复明，后殉职于台湾，与沈诚、沈佺期同配祀于台南延平郡王祠。

沈葆桢：清福建侯官人，字翰字，一字幼舟，道光丁未进士，授编修，咸丰六年署广信知府，时杨辅清率党万余攻广信，适公下乡筹饷。沈夫人（林则徐女）独守危城，刺指血为书求援于饶公廷选；饶发兵趋援，旋葆桢回署与饶部协力守城，郡城赖以保全。同治元年巡抚江西，五年任船政大臣，因于福建马尾修筑船坞，十一年前后造成兵轮二十艘分布海口，并创立机器厂，设海军学堂，养成人才，奠立了我国海军基础。十三年日本遣中将西乡从道率兵犯台，葆桢奉派为钦差督办台湾海防兼理各国事务大臣，积极设防，与日将西乡相持数月，使其犯台之举未逞撤兵。葆桢在艰难环境中，分南北两路开山，请设台北府，又自外购运机器，开采煤矿、硫矿以兴产业，实奠下了现代台湾工矿业的基础。此外，当时民族英雄郑成功尚被朝廷视为乱臣贼子，而葆桢毅然于同治十三年十二月五日，为国姓爷奏请特准设祠，并为自撰："开万古得未曾有之奇，洪荒留此山川，作遗民世界；极一生无可如何之遇，缺憾还诸天地，是创格完人。"此亲笔名勒，前存台南文昌阁，近移存台北市历史博物馆。

光绪元年（1875年）七月二十二日离台，升任两江总督，旋兼南洋大臣，仍以廉正有能闻，光绪五年十一月六日卒于任所，年六十，赠太子太保，谥文肃。

公生平学不欺，凡事不操切、不张皇，而以推贤让能为乐，自奉甚俭，但常以廉俸赡助贫窭。江西及经任各地皆立专祠，以表景仰，我国历史载其事迹。

沈瑞舟：本名苞九，官章瑞舟，字琴船，福建诏安人，生于咸丰初年，光绪间由乡试而会试相继及第，诏邑自清代以来，获侍卫者，仅公等二人。

公因其天赋高于常辈，允文允武，经书过目即可背诵，且性好绘事，常挥毫作画，气运苍梗有神，为一般学者名流所赏识，后步入科举之途，实由于己志向上，与夫邑人鼓励之力而成也。

孙中山先生倡导革命，成立民国，公激于民族大义，以其文武兼备之才，献力国民政府，官至陆军少将，授颁嘉禾奖章一座。

公举六男，均继父志服务社会。三子剑秋民初宰邑政，六子芸阁官至陆军少将，其他诸子亦均有卓越成就。因久居北方，乡人知者殊少。

公于光绪十五年己丑（1889年）渡台游历，访诸罗王德禄将军故里太保乡，游遍名山，兼访视宗亲，曾至斗南镇大东里谒庙拜祖，遗有当年在台所作之字及画，其草书宗米南宫，笔法有神运，录元人赵孟頫《天冠山题咏诗帖》，词意优雅脱俗，曰：

醯鸡舞瓮中，井蛙居坎底。莫作一线看，开眼九万里。
兹岩名逍遥，下可坐百人。岂徒木石居，真与猿鹤邻。
仙人非痴人，山中犹读书。叹我废学久，闻此一长吁。
峭石立四壁，寒泉飞两龙。人间苦炎热，仙山已秋风。
仙台高几许，时时覆云气。一去三千年，令人每翘企。
攀萝缘石磴，步上金沙岭。露下色荧荧，月生光炯炯。
雷公起卧龙，为国作霖雨。飞电掣金蛇，其谁敢余侮。
修岩如长廊，下有流泉注。山中古仙人，步月自来去。
我有泉石癖，甚爱山中居。何当从群公，讲学读吾书。

（作者单位：世界沈氏宗亲总会）

传承家族文化与践行社会主义核心价值观

陈煜斓　张梅

中华民族历经五千年，由同姓组成家族，由不同家族组成国家，家族有不断繁衍的动力，国家就有不断壮大的根源。孟子说，"天下之本在国，国之本在家"。家教是一个家庭的内在灵魂，是一个家族的最高人格体现；家教又折射出家风，家风则蕴含着厚重的人文。因此，家族文化不仅构成中华文明的核心，而且还让中华民族建立起了身、家、国、天下的四重世界，也让中华文明生生不息。

在面对物质文明快速发展下的寂寞、空虚、无聊、绝望、恐惧、离婚……在信仰缺失下所造成的不知感恩、不守诚信、道德沦丧、童心全无等等现象的情况下，是不是该从家谱、家训、家祠里去寻找理论自信、历史自信，以获取人生智慧，从家族的发展史中得到激励和启示呢？习近平总书记在2015年春节团拜会上发出号召："紧密结合培育和弘扬社会主义核心价值观，发扬光大中华民族传统家庭美德，促进家庭和睦，促进亲人相亲相爱，促进下一代健康成长，促进老年人老有所养，使千千万万个家庭成为国家发展、民族进步、社会和谐的重要基点。"[①] 我们要屹立在世界民族之林，要实现中国梦，不仅要寻根溯源，还要从传统中寻找核心动力。

一、溯源知家本，族谱见渊长

自古及今，不论时代发生多大变化，不论生活格局发生多大变化，每个家族都有着把自己祖宗的事迹记录下来传给后人的习惯，这就是谱。族谱——又称家

---

① 习近平：《在2015年春节团拜会上的讲话》，新华社中央政府门户网站. http://www.gov.cn/xinwen/2015-02/17/content_2820563.htm. 2015-02-17.

谱、家乘、祖谱等。一部完整的族谱具有谱名、祖先像赞、目录、修谱名目、谱序、凡例、恩荣录、谱论、姓氏源流、字辈排行、家法、世系、传记、风俗礼仪、祠堂、坟茔、族产、契约、艺文、领谱字号等（部分族谱内容有所不同）。族谱记载着一个个以血缘关系为主体的家族世系繁衍和演变的重大事件和代表人物。"家之有谱，犹国之有史也。史以记实事，谱以序昭穆。昭穆能明，则家派无得混哉。"文天祥看重的是血脉传承。"中国人家庭和宗族的团结力量非常强大，究其原因，实由于血统、生活、语言、宗教、风俗五种力量结合而成的天然团结。"① 所以，"民族主义这个东西，是家族纪念祖宗之工具。传纪之文献，换言之，则族之谱，亦则为吾族图发达，谋生存之宝贝也"。"希吾辈由家族宗族观念，发扬光大之，而致于国族也。族谱记述中华民族由宗族团结扩大到民族大团结，这是中国人特有的良好传统观念，应妥加利用。"② 孙中山强调的是其不可替代的独特功能和作用。

（一）家谱具有忠孝节义等德化功能

辨亲疏，明昭穆：家谱最原始的功能就是明辨祖宗世系传承。一部完整的家谱，都记载着姓氏渊源、始祖源流、支派迁徙、世系繁衍、人口变迁等最基本的内容。家谱，引领同姓宗亲寻根问祖，是子孙的根系所在；没有家谱，寻根问祖犹缘木求鱼；没有家谱，追根溯源犹无本之木。

教子孙，鞭后世：一部家谱，就是一本教科书，它对一个家庭，一个家族子孙后代的影响将会世代传承。家谱中的家训家范，治家格言，族规家戒，艺文著述等，包含有从孝悌礼仪、和家睦族之理，到做官为民、经邦济世之训，统括了人生的各个方面。这正是对后人修身处世，树立正确人生观和为人处事基本原则的告诫。同时，家谱中的名人传记、创业事迹、英烈典范等光辉形象和不朽业绩及其忠心报国、忧国忧民之高尚情操和奋发向上、顽强拼搏之奋斗精神，对后世都会产生积极的影响和鞭策。

促团结，牢根基：家谱虽是以记述一家一族为主体的史实，但不容忽视的是，它必然要涉及多家多族——姑舅亲，娘舅亲，一辈亲，辈辈亲，砸断骨头还连着筋。故而有"民惟邦本，本固邦宁"之说。家睦邻安，动乱无由，国家又

---

① 孙中山：《三民主义》，岳麓书社2000年版，第3-5页。
② 孙中山：《三民主义》，岳麓书社2000年版，第53-54页。

安能不固？而这一切的完成，重要的场所是家庭，最原始、最多的渠道是家教，重要的载体是谱牒。

斥腐败，倡清廉：家谱历来重视"修身、齐家、治国、平天下"之教育，故专设家规家训篇。家训多由本家耆宿所撰。韩愈家训、陆游家训、纪晓岚家训等，无不文辞优美，道理至明，哲理深厚，读之朗朗上口。家规家训一般按修身、齐家、治国三大类统属，止恶扬善，可起"春秋作，乱臣贼子惧"的警世作用。由此可见，族谱可以正官风，促廉洁，为国家政治清明，起到促进作用。

崇宗敬祖，传承文化：族谱，明确了人生的意义和价值。个体负有传递家族生命和价值的重任，成家就要为这个家庭而奋斗，这就是立业。立业的目的是为了家庭，成家后夫妻同心也更有利于立业。祖宗崇拜是中国人独特的文明，也是跟自己有实实在在血缘关系的历史呈现。

尊重家谱是尊敬祖先的表现，中国人有很朴素的祖先信仰，凡事要对得起祖宗，要光宗耀祖。祖宗观念的建立使人有了精神信仰和人生责任。

（二）家谱具有励志和凝聚功能

家谱是一个家族的励志史诗。每个时代都有自己的英雄或榜样，可是他人的故事是与时代相连，注定是不能重复，能延续的是文化基因。有的家族基因是经商文明，有的家族或许是工匠精神，有的家族是文人世家，他们的文化基因主线未见得与时代附和，不会一窝蜂地追逐着做时代的弄潮儿，却由一个个闪亮人物奠定了家族文化的基因。他们如丰碑一般，成就着家族的励志史诗，激励着一代又一代人为荣誉而奋斗，为积累的精神而鼓舞。

家谱是记载了某一地区一个姓氏的家族历史。对个人来说，家谱是我们的渊源，也是我们的根，弄清了自己的家谱，能够聚起更多的人脉，建立起人与人之间更加亲密的关系，使得我们的心灵变得安详；对社会来说，家谱更具有重要的历史价值、社会价值和经济效益。

我是谁？我从哪里来？我到哪里去？这三大终极问题困惑了无数人。参天之树，必有其根；怀山之水，必有其源。谱牒身之本也。这正好是解开人生终极难题的一把钥匙。中国姓氏产生于5000年前的伏羲时期，因为姓氏和名字是有来源的，所谓行不更名坐不改姓，是一个人特有的终身的符号，是不能乱起的，它有历史、血统、辈分、希望等多重含义，有了姓名，就知道你是谁，在整个家族脉络中处于什么位置，正如欧阳修所说："族有谱牒，则人知其所出，知其所出

237

则尊其祖,尊其祖则爱其身,爱其身则修身慎行,自不容以不谨!故非从昭姓氏、叙昭穆、明亲疏、辨异同入手不可也!"族谱中既分别介绍各人的字号、父讳、行次、时代、职官、封爵、享年、卒日、谥号、姻配,又记载着各支的坟茔。《包拯家训》规定,"后世子孙仕宦,有犯赃滥者,不得放归本家;亡殁之后,不得葬于大茔之中。不从吾志,非吾子孙。"①

俗话说:"乱世藏金,盛世修谱。"通过修家谱,了解家族的历史和迁徙情况,加强沟通,促进家庭间的互帮互助,有利于提升家族的凝聚力,维护团结,增进各个家庭的彼此了解和信任。随着国际文化交流的增多,寻根问祖之风越来越盛,海内外同胞回乡祭祖现象也越来越普遍。"水有源,树有根,落叶要归根。"正是这种对祖根的依恋,对血脉亲情的重视,对中华传统文化的认同,激发着海内外同胞寻根问祖的热情。

二、家规家训正,家族得兴旺

家规是家族的"基本法"。家规一般是由一个家族所遗传下来的教育、约束后代子孙的准则,规范着家族成员的行为,也叫家法。家训是家族的核心价值观。家训主要是指父祖对子孙、家长对家人、族长对族人立身处世、持家治业的训示教诲,此外,也有夫妻间的嘱托,兄弟姊妹间的诫勉。传统家规家训里,包含了很多做人处事的智慧。家风是家族子孙代代恪守家训、家规而长期形成的具有鲜明家族特征的家庭文化,是一个家族最宝贵的财产,是每个家族成员自豪感的源泉。家风是融化在每个家族成员血液中的气质,是沉淀在骨髓里的品格,是人们立世做人的风范,是人们工作生活的格调。家风是民风社风的根基,是社会和谐的基础。习近平在十八届中央纪委六次全会上强调:"每一位领导干部都要把家风建设摆在重要位置,廉洁修身、廉洁齐家,在管好自己的同时,严格要求配偶、子女和身边工作人员。"②

(一)家训的教化与滋养功能

端蒙养、重家教是中华民族的优良传统,并成为传统文化宝库中最具特色的

---

① 史孝贵:《历代家训选注》,华东师范大学出版社1988年版,第76页。
② 苏向东:《习近平:把家风建设摆在重要位置》,中国网。http://www.china.com.cn/news/2016-05/11/content_ 38432281. htm. 2016-05-11。

部分。在我国古代家庭教育的实施过程中，家训占有十分重要的地位。由于中国传统政治思想、伦理思想特别强调修身、齐家与治国、平天下的密切联系，认为做到身修、家齐才能达到国治、天下平，以"整齐门内，提撕子孙"① 为目的的家训，历来受到人们的重视。

产生于约公元前1100年的《诫伯禽书》记载："故则不弃也，无求备于一人。君子力如牛，不与牛争力；走如马，不与马争走；智如士，不与士争智。德行广大而守以恭者，荣；聪明睿智而守以愚者，益。"② 周公就曾诫子伯禽修养德行，礼贤下士，勿恃位傲人。即使贵为天子，富有四海，也要遵循谦虚谨慎的美德。不知谦逊从而招致身死国丧，桀纣就是这样的例子。

刘邦《手敕太子文》写道："吾遭乱世，当秦禁学，自喜，谓读书无益。洎践阼以来，时方省书，乃使人知作者之意。追思昔所行，多不是。天下与子而与他人，此非为不惜天下，但子不中立耳。人有好牛马尚惜，况天下耶？吾以尔是元子，早有立意，群臣咸称汝友四皓，吾所不能致，而为汝来，为可任大事也。今定汝为嗣。吾生不学书，但读书问字而遂知耳。以此故不大工，然亦足自辞解。今视汝书犹不如吾，汝可勤学习，每上疏宜自书，勿使人也。"③ 刘邦病危时，对帝位继承人刘盈进行谆谆告诫和嘱托，亲笔撰写的遗训，以现身说法告诉儿子为学的重要性。

秦汉以来，主要作为家庭道德教育的家训内容十分丰富，种类极其繁多。无论是"立身篇""治家篇""敬业篇"，还是"处世篇"，都带有家族的优秀品质。以东南沿海的福建地区为例，可以看出，家训、家规实际上是我国封建时代第一部完整的家庭教科书。

闽东廉村，以"廉"命名，与"开闽第一进士"薛令之息息相关。薛令之为官清廉，其思想精神被后裔子孙固化为十条训族：孝亲敬长、待人接物、尊师取友、敬宗睦族、敦勉勤俭、崇尚节义、诫革鸦片、早晚国课、疏离异端、严禁财博。

闽东南的苏颂，一生从政，历经五朝，最后升至宰相，去世后追谥"正

---

① 颜之推：《颜氏家训》，中国华侨出版社2014年版，第4页。
② 吴言生、翟博：《中国历代家训集锦》，三秦出版社1992年版，第1-2页。
③ 史孝贵：《历代家训选注》，华东师范大学出版社，1988年版，第4页。

简"。他撰写了家训诗《感事述怀五言百韵以代家训》，要求子孙"孝悌先、重科教、俭持家、睦乡邻、修德勿怠"。"正简流芳，德泽贻远"，至今还是苏氏子孙追求的风范。

闽西培田吴氏，从《家训十六则》到《家法十条》《族规十则》再到《公益社章程》，不断完善家训族规，兴养立教、耕读传家，历史上出现过不少贤士，如赈灾救饥、怜贫抚孤的吴琳敏，乐善好施、智勇平盗的吴郭隆，首开河源十三坊书香、励志办学的吴祖宽，慷慨捐资、清白传家的吴昌同等，打造出吴氏家族的精神血脉，使善行忠义之心薪火相传，代代不息。

闽西北的一代硕儒朱熹，把儒学精华和自身的教育思想融入到家规家训之中，含有修身、齐家、守正、崇文、尚德、择友等方面，处处是叫人敦厚忠信，克己从善。千百年来，朱熹后裔繁衍生息，已历经三十多代，子孙遍布各地，达数百万之众。然而不管身处何处，《朱子家训》始终是朱子后裔共同的人生指引。

家训是我国家庭教育的重要方式，是养成好家风的基础，因而也是中华文化的重要组成部分。历代名人志士、文豪学者、社会贤达、世家大族多以家训的形式训诫子弟、垂饬后代。历史如洪流，滚滚而去，而这些家族文化却能在洪流之中长存，家训也因此成为润泽滋养后人最富养分的精神食粮。

（二）家训的伦理教育与人格塑造

传统家训形式多种多样，既有皇家训谕，也有士绅家书、诗词、箴言，亦有寻常百姓教导幼童的启蒙读物。所有家训、家范、家诫等，内容方面，基本上是围绕治家教子、修身做人展开的伦理教育和人格塑造。经整理汇编成的《庭训格言》，是康熙平时对皇子皇孙的教诲。246则"格言"，不管是对教育子女还是提升自我修养，都能从中得到许多教益。从他之后即位的雍正、乾隆等有作为的皇帝身上，可以看到其家教思想的影响。千家百姓的家规、家法、家禁等等，既是苦口婆心的规劝，也具有道德律令性质，逐渐形成家族的灵魂，潜移默化地教育和熏陶着后人。

孝亲敬长，睦亲齐家：与传统伦理所倡导的"以孝为本"的忠孝观念及"齐家"思想相适应，传统家训也非常强调睦亲齐家的重要性。几乎每篇家训都将其作为一个重要内容。例如，孙奇逢《孝友堂家训》中就认为"父父子子，兄兄弟弟，元气团结"是"家道隆昌"的必不可少的条件。①

治家谨严，勤劳节俭：齐家是与治家紧密联系的，而勤劳节俭则是治家的重要环节。历代家训，无不谆谆告诫人们要勤俭持家。司马光认为治家之道应"制财用之节，量入以为出……裁省冗费，禁止奢华"。清康熙时任礼部尚书的张英甚至要求子女下乡耕读、纺织，认为这样既可以培养勤劳节俭的好习惯，又使他们的生活更为充实。

正身率下，憎爱不偏：传统家训都强调家长以身作则。林则徐的家训是："存心不善，风水无益；不孝父母，奉神无益；兄弟不和，交友无益；行止不端，读书无益；心高气傲，博学无益；作事乖张，聪明无益；不惜元气，服药无益；时运不通，妄求无益；妄取人财，布施无益；淫恶肆欲，阴鹫无益。"林则徐的"十无益"格言，首先就是他自己的修身标准，其次才是教导子孙后代为人处世的范本。170多年，"十无益"家训穿越历史的烟云，影响并激励着世世代代的林家后人。

贵名节，重家声：重名声，讲节操，倡导良好的家风。颜子推的《颜氏家训》开篇中述及写作家训的目的时就谈到他家夙重家风的事，说"吾家风教，素为整密"②。尽管时代不同，门第、家境各异，但其基本内容无外乎要家人清白做人，自立自重，忠君爱国，宽柔慈厚等等。

勤政恤民，清廉自守：主要体现在帝王、官宦之家的家训中，特别是那些以国家民族利益为重的明君、名臣、名相更是如此。唐太宗李世民的《帝范》和清圣祖康熙的《庭训格言》都告诫子孙们要不辞辛劳，认真处理国务，关心老百姓的生活。许衡训子要"身居畎亩思致君，身在朝廷思济民"③。

立志清远，励志勉学：激励子弟勤奋学习，立大志、成大器的家训也为数众多。诸葛亮的《诫子书》就谈到了志与学的辩证关系："非学无以广才，非志无以成学。"④ 许多家训的作者都以自己的经验教训向子弟传授治学方法，从小就注意培养他们的良好学风。这其中较有名的如《颜氏家训》《石林家训》《曾国藩家书》等。

---

① 孙奇逢：《孝友堂家训》，中华书局出版社1985年版，第1页。
② 颜之推：《颜氏家训》，中国华侨出版社2014年版，第6页。
③ 赵忠心：《中国家庭教育五千年》，中国法制出版社2003年版，第263页。
④ 史孝贵：《历代家训选注》，华东师范大学出版社1988年版，第22页。

宽厚谦恭，谨言慎行：在封建专制制度下，人人自危，明哲保身、但求无过的处世之道深入人心，因而许多家训都一再叮嘱家人、子弟要谦恭谨慎，宽厚待人。张履祥说："子孙以忠信谨慎为先，切戒狷薄。不可顾目前之利而妄他日之害，不可因一时之势而贻数世之忧"①，真可谓经验之谈。

进德修身，近善远佞：传统家训还特别注意子弟的修身教育。如开帝王家训先河的周公就曾诫子伯禽加强道德修养，礼贤下士；要求其侄成王做到"无淫于观、于逸、于游、于田"②。同时，也注意到了社会环境、友邻品行对子弟成长的重要影响，而谆谆教诲他们交友要慎重，朱熹告诫儿子要交"敦厚忠信，能攻吾过"的"益友"，而不要交"诌谀轻薄，傲慢亵狎，导人为恶"的"损友"。而且，要从小教起，认为"蒙养不端，待习惯成性，始识补救，晚矣"，故而，"端蒙养，是家庭第一关系事"。③

躬耕自立，应世经务：在"万般皆下品，唯有读书高"的封建社会中，仍有不少家训教诫子弟要学艺习技，耕读并重，反对好逸恶劳的不良作风。"一村两帝师、叔侄皆名臣"的漳浦蔡世远、蔡新教育族人，人有常业，必兴其家，忠厚居心，天必福之。勿以气凌人，勿贪其非有；勿为赌荡不法之事，勿为游手无常之人。"程门立雪"是中国教育史上一个传为美谈的典故，其主人公杨时的家训就特别强调家族子弟要"勤耕读""务勤俭"。

择偶之道，夫妇人伦：婚姻、家庭作为宗法的承载体，在中国古代的宗法社会中占有十分重要的地位。江州《义门陈家规十二则》第五条规则为"严夫妇"，确定夫妻之道：阴阳之义，亘古常尊；好合可乐，狎昵宜悛；正位内外，各以其分；以乐鼓钟，以友瑟琴。与之相配到的"家法"规定，男年十八以上，则与占勘新妇。"皆只一室，不得置畜仆隶"，即不可娶妾养俾，严格的一夫一妻制。漳浦蔡氏家训规定"婚嫁宜俭"，千万不要"校奁橐，朝索其一，暮索其二"。不可否认，有的家规明显局限于"三纲五常""三从四德"的封建伦理的范围之内，但仍有不少积极成分。

和待乡邻，助人为乐：绝大多数家训在治家之道中，谈及了处理好邻里关系

---

① 张履祥、陈祖武：《杨园先生全集》，中华书局2002年版。
② 孔安国：《四库家藏·尚书正义2》，山东画报出版社2004年版，第548页。
③ 孙奇逢：《孝友堂家训》，中华书局出版社1985年版，第1页。

的问题。《袁氏世范》的《治家》篇不厌其烦地训示家人要与邻家交好，哪怕像对待邻居的牛羊鸡鸭这样的小事也要注意。许多家训都充满温情和智慧，要求家人宏裕其量、洗濯其心，去其斤斤沾沾卑卑之念，常存此蔼然恻然惇然之心。清朝康熙年间，文华殿大学士张英的家书就是一个很好的例子。张英在朝廷任职时，家人和邻居因建房占地闹起纠纷，互不相让。张家人便给当大官的张英写信讲了此事，请他出面干涉。张英回信说："千里来书只为墙，让他三尺又何妨？万里长城今犹在，不见当年秦始皇。"家族兴旺，还要好人缘，"和气生财"是老祖宗积累下来的智慧，待人诚心正意、和颜悦色，才能结"好人缘"。与人为善，宽以待人，种的是福。福种得厚，缘就结得深，福报也就大。

淡泊名利，平和处世：传统家训在教诫子弟、家人立志谋业的同时，或以史为鉴，或以自己的亲身体验和经验教训为例，向他们灌输淡泊功名利禄的处世之道。东方朔就提出"明者处世，莫尚于中。优哉游哉，于道相从……饱食安步，以仕代农"，"才尽身危""孤贵失和"①。也有劝告家人不要贪图名利，以免惹祸自身，殃及家人。蔡氏家训的"严辨义利"，"愿诸子弟笃伦理之际，严义利之辨。现在居家处世何若，将来居官理民何若，醇此孝恭之念，守其廉洁之操"。李光地则是要求族人"警诫妄为"，"尔不为吾顾名节，吾岂为尔爱性命？国宪有严，亦必不尔宽也"，对家族子弟违法者绝不宽容。

中国古代家训，奉行耕读为本、诗礼传家，打造出各自家族的精神血脉，使善行忠义之心薪火相传，代代不息。虽非"篇篇药石，言言龟鉴"②，还夹杂些所谓的"封建意识"，但总体上看，仍不失先人们留下的一笔十分丰厚宝贵的伦理文化遗产，在构建和谐社会的今天，大多数内容仍不失其积极意义和借鉴价值。

三、祠堂知门祚，家风察德泽

古人云："礼，莫大于宗庙。宗庙者，天下国家之本。"族人为了"怀抱祖德""慎终追远""饮水思源""报本返始"而立家庙，饷祖考，于是祠堂应运而

---

① 马平安：《遗言》，春风文艺出版社1993年版，第311页。
② 余正平、梁明：《颜氏家训》，广州出版社2001年版，第3页。

生。祠堂似乎是一面镜子，折射出宗族的兴衰。一般来说，祠堂规模宏大、建筑气派，说明该宗族兴旺发达；相反，祠堂简陋狭小，说明该族人丁不够兴盛、财力不够雄厚。而本来很气派的祠堂变得破旧不堪，则往往是该宗族家道中衰的标志。中国传统社会是一个宗族社会，祠堂是宗族大事的见证地与聚居地。除了"崇宗祀祖"之用外，各房子孙平时有办理婚、丧、寿、喜等事时，可以利用祠堂的建筑来操办宴会活动。族亲们商议族内的重要事务，也基本都是在祠堂。祠堂不仅是一种建筑，更是一种思念，是族人的精神家园，也是历史的见证者。在那里，供奉着祖先牌位，供奉着天、地、人的大道理；在那里，血脉绵延，传承赓续。

（一）祠堂与灵魂的净化

祠堂，是正宗的中国"国粹"，是一方方最独特的"中国印"。那里，存放着族谱，是中国人寻根的地方。祠堂一般都陈列有先祖名人的画像、事迹、传记、祖训，以弘扬祖德，警示后人。祠堂里的一副副楹联、一座座功名旗杆、一块块功德牌匾以及一次次仪式活动，生动地表达并阐释了各家族精神品质。

从宋朝开始，在朱熹的推动下，普通老百姓家里都要修家谱、建家祠家庙，并每年按规定有几次正式的祭祖仪式。这些具体的儒家文化载体和仪式一改原来只是口头传教的传统，使儒家价值主张更显性地渗透到人们生活的方方面面。

祠堂的院门，基本上都刻有"宗功祖德流芳远，子孝孙贤世泽长"之类对联；堂内有诸如"敦、笃、雍、崇、务、孝、伦、淳、睦、思、德、忠、本、善、义"等字。前者需要一种传承，更表达一种希望；后者都是教导子孙不要忘记做人的根本，事事都要用"德"规范自己的言行。走进祠堂，看一排排祖宗的牌位时，使人创家立业的责任感油然而生。

祠堂里散发的是亲人和乡邻的气息，是平淡生活的味道，而且常年经久不散。一年四季，春祠夏禴，秋尝冬烝，四时八节，祭祀不断。祠堂祭祖，已然成为血脉汇聚、增进感情、精神认同的家族功课和不忘根系、感恩思孝、端行修德的人生功课。

祠堂还是存放乡愁的陈列馆，是安放灵魂的栖息地，是远在异乡的游子扯不断的根。祠堂，不单是维系海外宗亲与本土血缘关系，同时也是给乡亲以及所有后代子孙了解宗族文化，了解当地家族发展史的一个重要载体。

宗祠也有遭劫的时候。从《陈氏书院章程》得知，广东陈家祠实际是各地陈姓族人供奉牌位、春秋祭祀的合族祠。而清代乾隆年间，广东官府因为合族祠"把持讼事，挟众抗官"，上奏朝廷将合族祠一律禁毁。咸丰和光绪年间，又发动了两次较大规模的取缔行动。为掩人耳目，保留宗祠，陈家祠便以"书院"之名示人，而且还别出心裁地与广东官办最高学府广雅书院并提，于大厅两侧柱子上悬挂一副对联："道缵太邱星聚一堂昌后世，德邻广雅风培百粤振斯文"，意为陈氏书院与广雅书院为邻，以提高自身的社会地位。好在这里一直接受本族各地读书人来广州应科举考试时居住，也作为陈姓子弟读书办学的地方，因此称作"书院"倒也平安无事。

新中国建立后，宗祠也曾一度被简单地定为反动"族权"的象征，许多祠堂被拆掉。但20世纪80年代开始，又被重新立了起来，从皑皑北国，到暖暖江南，青山绿水间，一座座祠堂飞檐翘角，气宇轩昂，青砖灰瓦，雕梁画栋，古色古香，美轮美奂，或者修缮翻新，重放异彩，那已不只是值得欣赏的艺术殿堂的栋梁，而是一种思想和精神，是撑起民族精神大厦的一根根擎天的巨柱。很多祠堂里，"族规""家训"又堂堂正正地上了墙，为后人遵循。祠堂又恢复了以前的众多功能：聚会、议事、倡学、教化等等，特别是现在，更是发扬光大，兼有文化活动室、书画展览、文艺展演、史志乡贤英才陈列等新功能。

（二）家风与社会风尚

"国计已推肝胆许，家财不为子孙谋。"[①] 家风是指家庭或家族的传统风尚及其作风。家庭是人生的起点和归宿，家庭风气正，事业才能枝叶茂盛。家风纯正，雨润万物；家风一破，污秽尽来。

"家之兴替，在于礼义，不在于富贵贫贱。"中国传统社会各大家族都崇文重教，十分重视本族子弟的教育。祠堂本身就是本族子弟的教育场所，而且更具有那种无声教诲的重要功能。祠堂尤其是总祠大都高大、宽敞、采光好、肃静，并且门厅和柱子上镌刻着许多文采飞扬的对联，这些对联大都是颂扬祖先功德、追溯家世渊源、叙述本家杰出人物的事迹或者是劝诫后代子孙的训规。如"岳母刺字"的故事，有违其清廉志者，死后不得入祖坟的训诫、箴言等等，形成了激励上进的文化氛围。这种文化氛围，能助家族子弟立德立言、成人成才，让后人铭刻在心、代代受益。

---

① 罗隐：《罗隐诗集笺注》，岳麓书社2001年版，第128页。

现代也有家规严、家风正的佳话。毛泽东同志在家风上坚持三条原则：恋亲不为亲徇私，念旧不为旧谋利，济亲不为亲撑腰。毛泽东虽贵为主席，却对待子女总是要求他们与老百姓一样，不允许搞特殊化，他常说的一句话是："谁叫你是毛泽东的儿女呢？"无论是对待毛岸英的婚姻问题，还是对李讷的上学问题，毛泽东同志都是这一句话。周恩来同志曾专门召开家庭会议，并定下不谋私利、不搞特殊化的"十条家规"。2001年10月15日，习近平在写给父亲的祝寿信中说："自我呱呱落地以来，已随父母相伴48年，对父母的认知也和对父母的感情一样，久而弥深，希望从父亲这里继承和吸取的高尚品质很多。""父亲的节俭几近苛刻，家教的严格也是众所周知的。我们从小就是在父亲的这种教育下，养成勤俭持家习惯。这是一个堪称楷模的老布尔什维克和共产党人的家风。这样的好家风应世代相传。"① 这既是共产党员的修养，也是优秀的家风。

"将教天下，必定其家，必正其身。"家是最小国，国是千万家。"一家仁，一国兴仁；一家让，一国兴让。"家庭是国家发展、民族进步、社会和谐的基点，修身齐家是干事创业的基础。习近平指出："中国古代历来讲格物致知、诚意正心、修身齐家、治国平天下。从某种角度看，格物致知、诚意正心、修身是个人层面的要求，齐家是社会层面的要求，治国平天下是国家层面的要求。"家风对于个人、家庭、社会和国家的发展都具有重要意义。一个家庭，若老人宣扬家风，父母示范家风，夫妻掌舵家风，子女继承家风，孙辈顺受家风，兄弟姐妹竞比家风，这一定是一个祥和的大家庭。无数事实证明，和则兴，不和则败。"积善之家，必有余庆；积不善之家，必有余殃。"没有好的家规家风，既难以清白做人，也无法专心做事。家风败坏是干事创业的负资产，是滋生腐败的温床。

社会精英层，特别是领导干部的家风对社会风气有着重要影响，在一定程度上起着引导和示范作用。对领导干部而言，良好家风既是砥砺品行的"磨刀石"，又是抵御贪腐的无形"防火墙"。2015年2月27日，审议通过了《上海市开展进一步规范领导干部配偶、子女及其配偶经商办企业管理工作的意见》。《意见》指出："各级党委（党组）要重视领导干部家风建设，把它作为加强领导班子和领导干部作风建设的一项重要内容，定期检查有关情况。"《中国共产

---

① 《习近平：把家风建设摆在重要位置》，中国网．http：//www.china.com.cn/news/2016-05/11/content_ 38432281.htm. 2016-05-11.

党廉洁自律准则》要求党员干部"廉洁齐家,自觉带头树立良好家风"。领导干部要成为道德榜样和良好家风的建立者、守护者。一方面以自身清正为"齐家"树立标杆,另一方面要严格要求配偶和子女,决不能纵容、默许亲属利用自己的职权或影响谋取私利,以免"后院起火"、养痈遗患。严是爱,宽是害。领导干部严格要求家人,既是对家庭的负责,更是对家人的爱护。要防止小错酿成大祸,保证家庭风清气正。

由于历史的原因,中华精粹的传统文化严重缺失。这已经引起党中央的高度关注,多次强调,要实现民族的伟大复兴,离不开文化大发展大繁荣的推动和支撑,离不开博大精深的优秀传统文化的滋润滋养,离不开家庭作为社会细胞对文化文明的传承传扬。唯有家风正气、仁德道义,才可以光前裕后,世代绵延。

四、弘扬传统文化,构建和谐社会

在中国传统家族文化观念中,个人的价值和尊严,是排斥在严格的等级秩序之外的。譬如祠堂建设,从择地、规划、伐木请梁、奠基、砌墙、立柱、上梁、树门献架,一直到最后的装饰、完工,对尺寸、方向和施工有着严格的顺应天伦、体现礼教的规矩。它的构造和纹理,它的花饰和风骨,都表达伦理风化,崇尚秩序的观念。没有彼岸的"信仰"和此岸的"契约",表面上强大族权主体,解决不了家族发展中所遇到的实际问题。唐宋时期的江州义门陈氏,创造了15代、3900多口、历时300多年聚族而居,同炊共饮、家无私财、共同劳作、平均分配、和谐相处的世界人文奇迹。最终的分庄离析,不只是传说的宋仁宗为弘扬"孝义",而下旨分家那种简单,应该是个体家庭与整体社会矛盾冲突的必然趋势。在封建社会,表面上家庭是社会纽带的核心,而实际上信任从来也没有超出过家庭范畴之外。

(一)传统家族文化的反思

家族文化,在人格模式上,普及了君子之道;在行为模式上,普及了礼仪之道;在思维模式上,普及了中庸之道。这三个模式,系统严密、逻辑清晰地构成了一个体系,共同成为中华文明独特的优势。"孝道""中庸""顺从"等家族文化的核心,实际上是与儒家"三纲五常"互为表里。由"三纲"所延伸出的名分等级秩序,又形成了家族文化三个缺陷。

缺少公共意识：君子，真正做起来是上对朝廷，下对家庭负责。对朝廷是忠，对家庭是孝，忠孝在古代讲究追求两全。但是老祖宗没有想到在"廷"和"庭"中间还有一个公共空间——它是跨家庭跨政府跨地域。如何在公共空间里面建立起我们的文化素养，已然成为我们今天的每一个人身上的责任。家族社会一直以来的资源配置方式、收入与消费分配方式，也勘定了个体在家族的生存方式与社会结构。各家自扫门前雪，不管他人瓦上霜。公共空间与我没有发生资源配置的关系，我可以不管。

缺少法制意识：家训中有不少专制主义与棍棒教育的内容。尤其是宋代以来的家训中几乎都列有体罚条规，轻则"罚之"，重则逐出家门，迁出族谱，甚至打死。如《郑氏规范》规定"子孙年十二，见灯不许入中门，入者棰之"。家族文化中，家规就是法。而古代家规、家训受特定历史条件的制约，道德观念和伦理思想程度不同地存在局限性。譬如，如果出现一些资源不知怎么分配或者在分配过程中发生争执，那么，就由长者、最高名分者去决定，其他人只能从命。片面要求臣、子服从君、父，卑幼服从尊长，进行愚忠愚孝的封建纲常和奴化教育，要求子弟对父、兄无理的斥骂、杖责也须逆来顺受，盲目服从家长制的权威。

缺少创造意识：家训都教诫子弟谨言慎行，恪守明哲保身、深自韬晦的处世之道。为了保证基于名分等级秩序的资源配置方式能够顺利进行，是为了让每个人都"服"，减少争吵，所以，家长的绝对权威，尊崇老祖宗的法则，不敢也不让越雷池半步，造成了人们不自觉的普及着一种思维——没有争议。不争，大大增加了资源配置方式的确定性，也因此增加了家人的"安身立命"安全感，乃至可降低隐形交易安排的不确定性和交易成本。但是，一般情况下，长袖善舞的平庸的人才最没有争议。大创造的人怎么可能没有争议？因为任何创造都是对前人的挑战，任何创造都是对原有规范的突破。

在传承家族文化的时候，要科学地借鉴，因为，其中一些不合理的东西在今天是不适宜的，甚至会伤害社会的进步和发展。

长期支持儒家体系的基础，包括土地制度以及文化载体都在发生变化。过去，土地、房产以及家族里的其他资产都掌控在最长者的手里，这个支配体系具体保证了"不听话""不孝顺"的晚辈会受到惩罚，所以，遵守"三纲五常"名分等级秩序是非常实际的利益所在。可是，到今天，土地不再是私有，曾祖父、祖父不再掌控家族的资源，对晚辈的掌控力当然不再。家祠、家庙难以恢复到当年的威力。更重要的是，由于现代工业和服务业的兴起，也由于全球化的影响，我们在哪里出生不再决定我们在哪里生活、工作，一家人在各个不同的城市甚至不同国家生活，一个族里的人在不同地方生活就更不用说了。在这些新局面下，即使想要恢复儒家配置资源的体系，也不太可能，市场配置资源是中国社会的实际选择，也是最终解放个人、促长个人自由的一种安排。

（二）现代传承的思考

改革开放以来，中国发生了翻天覆地的变化，但是有些宝贵的东西，随着时代的变迁而丢失了。我们可以用现代的方式来传承家族文化。

政府建民俗博物馆。这里，既可以看到一个个家族的变迁，又是地方上的一大独特的人文景观。博物馆以姓氏为空间，可呈现原始的"祖先的足迹"，也可以有机融合现代艺术景观，给人别样的参观体验。为发掘和传承优良家教家风，使中华民族的精神血脉、道德品质得以延续，使传统的家训族规与社会主义核心价值观对接适应，丰富和满足今人的精神需求，尤其是加强对青少年进行传统文化教育的需要，可建立"中华传统教育（姓氏）家训馆"。"家训馆"功能多样，可收集各分支优秀家风、家训、家法、宗规等，作为人们完善道德修养，提升心灵层次的基础；可汇集中华传统文化精髓，如《弟子规》《三字经》《周易》《礼记》《诗经》等，为建设和谐社会，提高族人乃至市民整体素质，提供思想营养和行为指导；可展示家族发展史、人物志、源流文化等，让后人了解本姓，爱我宗族。可以文化交流、墨宝存留、影像播放等形式，启迪人们慧识，汲取传统文化精髓，滋养人们心田。

集体建家风堂。家风堂以"传家风家训、享家珍家誉"为主旨，可以设"家和人乐""良方教子""修身持家""家誉满堂""团结友爱""丰衣足食""尊老爱幼""家和万事兴"等板块。通过文字、物件、图片、影音资料甚至3D场景等载体，从不同角度展现、弘扬"家风文化"。家风堂可以内设适当的座位，既可以作为社会道德文明、尊老爱幼的教育基地，也可以是养老休闲、邻里互动，阅读、健身的场所。

家风堂的建筑不求规模宏伟、装饰华丽，但应该具备三个特点：一是原创性，建筑物本身及其所展示的作品大部分都要根据地域特征和家风建设的主旨原创，展示的应是当地姓氏的族谱包含的祖先流传下来的族规、家规，以阐述家庭、家风、家教的重要性为主题，向人们展示良好家风孕育出的家和人乐。二是接地气，展示的是普通人家的好家风，贴近生活、贴近百姓。譬如，以"孝善勤俭"为主题创作的系列农民画，展现出是一派家和人乐的场景；或者通过特色产品的制作工艺、实物的展示，让人们感知当地人勤劳智慧、勤俭持家的好家风。三是重传承，把"传承"的理念贯穿其中，家训作为中国传统文化的重要组成部分，也是家庭中的重要组成部分，在中国历史上对个人的修身、齐家发挥着重要的作用。可以将当地比较具有代表性的一些姓氏的家训，通过书法形式加以展示，既是把家训挂起来，也是把家训传下去。或书法，或绘画，或剪纸……意在传承，用本地的特色工艺把这些良好的家风传承下去。

五、结语

2017年初，中共中央办公厅、国务院办公厅印发了《关于实施中华优秀传统文化传承发展工程的意见》。《意见》指出：实施中华优秀传统文化传承发展工程，是建设社会主义文化强国的重大战略任务，对于传承中华文脉、全面提升人民群众文化素养、维护国家文化安全、增强国家文化软实力、推进国家治理体系和治理能力现代化，具有重要意义。全面复兴传统文化，已经成为我们的基本国策。

中华民族自古就重视家庭建设，以德立家、以德治家、以德育人，清白明世，耕读传家是传统家族文化的核心要义；刻苦耐劳，刚强弘毅，劭勤创业，团结奋斗是家族文化的基本精神。家族文化源远流长，积淀着家族最深层的精神追求，代表着家族独特的精神标识，为族人生生不息、发展壮大提供丰厚滋养。在信仰缺失，一切向钱看的当下，挖掘、梳理中华优秀的家族文化，是一种信仰的传播，是精神世界阳光的导向，为弘扬风清气正的家国氛围，涵养好的社会风气，有着十分深远的现实意义。传承优秀传统文化，必须要牢牢把握社会主义先进文化前进方向，要坚持创造性转化和创新性发展，要做到，立范与修身、齐家、治国、平天下的统一；感化、教化与规范、约束的统一；晓喻劝勉和榜样示范的统一；抽象的哲理训导与具体的可操作性的统一。最终，融入社会主义核心价值观，使家族文化，为中华民族的伟大复兴、实现中国梦，凝聚民族力量。

（作者单位：闽南师范大学文学院、闽台文化研究院）

高度重视家风建设在社会和谐中的积极作用

彭嘉庆

习近平总书记高度重视家风建设在社会和谐中的积极作用。他曾语重心长地指出:"家风纯正,雨润万物;家风一破,污秽尽来","一家仁,一国兴仁;一家让,一国兴让。"因而我们必须大力弘扬中华优秀传统文化,积极推动中国特色社会主义新时代的家风建设,促进社会主义核心价值观和荣辱观等社会文明的发展,力争早日实现中华民族伟大复兴的中国梦。

在我们中国人的文明教育中,家训是一种重要的教育形式。在各个姓氏的家训中,体现了家庭的核心价值观和荣辱观。家族成员只有恪守家训,才能逐渐形成良好的家风,从而逐渐形成具有姓氏特征的家族文化。好的家风,是家庭的精神风气,是家族的道德准则,对家庭和家族的影响至关重要。因而许多家族都高度重视家风建设,将家训教育视为家风建设的一项重要基础工程,激励家族成员提升道德修养、不断奋发进取。

"国有国法,家有家规。"家庭作为社会细胞,是传承社会文明的基本元素,每一家族都有自己代代相传的家训,家族中的长辈总要以强烈的责任感,通过家训去言传身教地教育家人,让子孙后辈执着追求美德,牢记为人处世的道理,从家训中得到启示,始终遵循,终身受益,进而实现人生价值,对社会作出贡献,给家族增光添彩。家训是各个家族的共同准则和行为规范,是这些家族中德高望重的长辈以亲身体会或经验教训总结出来的训示和垂诫,因之内容十分广泛,深涵人生哲理。在经过精心整理、岁月熔铸之后,逐渐提炼成各个家族中言简意赅、情理交融、切实可行、代代相传的家训。这些家训还会随着家庭和社会的发展而不断地丰富、完善,与社会制度之间一直维持着密切联系。每个家族的家训族规,内容也因家族的特点而有所差异,但基本内容一般都涉及以下几个方面:忠孝仁义,遵纪守法;敦亲睦族,友好闾里;敬贤尊长,扶贫济困;尊祖敬宗,修身齐家等。家训,是教育族人健康成长的精神食粮,是激励族人立身处世的至理名言，古人称之"治家之仪轨，修身之准则"，是族人必须严格遵守的"一家之法"。家训也自然而然成为各个家族传承社会道德、人生哲理、处世技能和社会文明的重要载体。因而可以说，各个家族的家训，承载着中华民族的伦理观念、道德风尚和文化精华，寄托着中华民族的人生信仰、情感依托和家国情怀，能够超越时代的界线，永远增强家族的凝聚力，也自然而然成为中华传统文化的重要组成部分。

我们要在弘扬中华传统文化的新进程中，依托历史，立足现实，尊重传统，面向未来，大力发掘家训在育人、养德、立身、治家上的特殊功能和文化内涵，积极培育"忠厚传家久，诗书继世长"的优良家风，使各个家族中传统的家训族规与社会主义核心价值观、荣辱观相对接，相适应，丰富精神世界，增强精神力量，既进一步推动家风建设，发扬光大传统文化，又大力推进社会和谐，为实现中华民族的伟大复兴作出积极贡献。

各个家族都依托家训，逐渐形成各具特色的家风建设。家风建设的引导与弘扬中华优秀传统文化的方向是一致的，是政府和文化倡导的社会稳定的重要基础，能够在促进社会和谐中发挥积极作用，主要体现在：

一、循规守矩的约束作用

几千年来，中国社会始终是以系代家庭为主体的"伦理本位"的社会结构。正如梁漱溟先生所指出的，相对于西方的"个人本位的社会"而言，中国呈现出的是"伦理本位"的社会结构，也就是说，始于家庭血缘关系的伦理，涵盖了整个社会人际关系，并体现在道德文明的传承上。家风就是通过家训族规的教育而形成家族的风气。家训族规作为姓氏的共同准则和行为规范，它的宗旨首先为了教育族人循规守矩，防范越轨对家族和社会安定的破坏，避免带来惩罚，伤害家族成员的社会名声和经济利益。因此，每个家族的家训，首先都确保家族的发展方向和国家的规章制度保持一致。

如北宋著名大清官包拯的家训："后世子孙仕宦，有犯赃滥者，不得放归本家；亡殁之后，不得葬于大茔之中。不从吾志，非吾子孙。"包拯告诫后世子孙，当官不得贪赃枉法，否则开除族籍，不准再回包家；死后，不得入葬包氏祖坟；不遵家训，不从吾志，就不承认他为包氏子孙。在封建时代，"削谱""革族"

是十分严厉的家法惩治手段。包拯还嘱咐家人要把家训刻石,竖立在堂屋东壁,警诫后人,教化子孙!如今,我们重温《包拯家训》,虽仅有短短的 37 个字,却言简意赅,振聋发聩,其间凛然正气,清廉之风,仿佛仍在身边,时时激励世人。这种家训及形成的家风就像无声的命令,通过家族舆论的褒贬,对所有成员形成一种无形的压力,促使大家自觉约束自己,形成循规守矩的从众心理和行为。

二、奋发向上的激励作用

良好家风必然使家族成员产生光荣感和自豪感,使大家为家族成员的进步和荣誉感到欢欣鼓舞,为损害家族荣誉的思想言行感到耻辱和愤慨。这种维护家族荣誉的义务感和责任心,促使家族成员奋发有为积极向上,努力为家庭和家族争光,并自觉抵制某些消极落后的不良行为。在这种激励奋发向上的家庭和家族环境中生活,每个成员的内在潜力得到充分发挥,心理和生理方面都处于积极活跃的状态,并形成相互激励、共同进步的家族集体,从而做出成员个人能力难以想象的事情,更完美地展现人生价值,为家庭和家族赢得荣耀。

如三国时代魏国骠骑大将军王昶的家诫:

夫人为于之道,莫大于宝身、全行、以显父母。此三者人知其善,而或危身破家,陷于灭亡之祸者,何也?由所祖习非其道也。

夫孝敬仁义,百行之首,行之而立,身之本也,孝敬则宗族安之,仁义则乡党重之,此行成于内,名著于外者矣。人若不笃于至行,而背本逐末,以陷浮华焉,以成朋党焉;浮华则有虚伪之累,朋党则有彼此之患。此二者之戒,昭然著明,而循覆车滋众,逐末弥甚,皆由惑当时之誉,昧目前之利故也。夫富贵声名,人情所乐。而君子或得而不处,何也?恶不由其道耳。

患人知进而不知退,知欲而不知足,故有困辱之累,悔吝之咎。语曰:"如不知足,则失所欲。"故知足之足常足矣。览往事之成败,察将来之吉凶,未有干名要利,欲而不厌,而能保世持家,永全福禄者也。欲使汝曹立身行己,遵儒者之教,履道家之言,故以玄默冲虚为名,欲使汝曹顾名思义,不敢违越也,古者盘杆有铭,几杖有诫,俯仰察焉,用无过行,况在己名,可不戒之哉!

王昶的家诫结构紧凑，论理精微，警语名句贯穿全篇，堪称家训中的精品，甚受后人推崇。

三、潜移默化的感染作用

赢得荣誉的家庭和家族，必然形成良好的家风，也必然使每个成员在这种精神环境中受到潜移默化的感染，得到春风化雨的熏陶，自觉或不自觉地逐渐改变自己，抛弃与环境不相适应的不良思想、习惯、作风和做法，从而不断去适应这种环境的需要，而逐渐改变自己，得以健康发展。

如北宋潮州刺史彭延年家训："诰尔子孙，诫尔子孙，原尔所生，出我一本。虽有外亲，不如族人。荣辱相关，利害相及。宗谊为重，财器为轻。危急相济，善恶相正。为父者当慈，为子者当孝。为兄者宜爱其弟，为弟者宜敬其兄。士农工商，各勤其事。冠婚丧祭，必循乎礼。乐士敬贤，隆师教子。守分奉公，及人推己。闺门有法，亲朋有义。立行必诚而无伪，御下必恩而有礼。务勤俭而兴家庭，务谦厚而处乡里。毋事贪淫，毋习赌博。毋争讼以害俗，毋酗酒以丧德。毋以富欺贫，毋以贵骄贱。毋恃强凌弱，毋欺善畏恶。毋以下犯上，毋以大压小。毋因小忿而失大义，毋听妇言以伤和气。毋为亏心之事而损阴骘，毋为不洁之行以辱先人。毋以小善而不为，毋以小不善而为之。毋谓无知，冥冥见晓。毋谓无人，寂寂闻声。依我训者，是其孝也，我其佑之。违我训者，是不孝也，我必覆之。不惟覆之，令其绝之。子子孙孙，咸听斯训。"

彭延年家训内容十分丰富，涉及社会生活、社会关系的重要方面。家族成员在潜移默化中化为个人意识，自觉遵守，身体力行，以致彭延年后裔蓬勃发展，成为彭氏最浩大的宗支，瓜瓞绵绵，人才辈出。同是一人传递的骨肉同胞，由于抓紧教诲，形成良好的家风。由家训引导的心理气氛必然产生影响全体成员的规范力量，从而形成家族中具有心理制约作用的行为风尚。大家共同认同并自我选择遵循家训，协调利益关系，实现公平正义，因而就能有所成就，上对得起祖辈，下对得起自己及子孙后代！

四、敦亲睦族的协调作用

每个家庭和家族都是大社会的小部分，参差不齐，良莠兼有，必然受得社会上各种不良心理倾向和行为的侵蚀和干扰。良好的家风有巨大的无形的精神力量，能够持久地发挥作用，对于不良心理倾向和行为具有强大的抵御力量。它能通过敦亲睦族，化解矛盾，消除冲突，去解决家庭和家族的这些问题，以确保家族成员之间、成员与社会之间的平衡与和谐，保护和增进家族成员的健康发展。

如范仲淹的百字铭家训：

> 孝道当竭力，忠勇表丹诚；兄弟互相助，慈悲无过境。
> 勤读圣贤书，尊师如重亲；礼义勿疏狂，逊让敦睦邻。
> 敬长与怀幼，怜恤孤寡贫；谦恭尚廉洁，绝戒骄傲情。
> 字纸莫乱废，须报五谷恩；作事循天理，博爱惜生灵。
> 处世行八德，修身率祖神；儿孙坚心守，成家种义根。

范仲淹政绩卓著，文学成就突出，他倡导的"先天下之忧而忧，后天下之乐而乐"思想，对后世影响深远。他死后，儿子范纯仁又做了宰相，而且后代人才辈出，家族兴旺了800年，这与他留下的百字铭家训有极大的关系。这个家训闪耀着范氏文化的光辉，成为中华民族优良传统的宝藏。

世人若想后代子孙昌绵久远，应当学习范仲淹积善造福之方。持家立业，注重孝道和慈悲，不遗余力地维系好家庭成员的良好关系；像敬重父母一样尊敬师长，遵守礼仪，谦逊忍让，用宽厚和善的态度，促进邻里和睦，广结善缘，赢得福报；要尊老爱幼，富有同情心，戒骄戒躁，谦恭廉明，树立威信，为人信服；要勤俭节约，怀着感恩的心，慈悲为怀，广种资粮，普利群荫；要谨遵"八德"（孝悌忠信礼义廉耻）的基本操守。一个家族的兴旺发展，需要几代人的努力，后世族人只有谨遵前人教诲，以家训为戒，从精神层面上维系家族的统一和团结，才能更好地继承家业，精进勤勉，遍施善行，有所作为。

五、榜样感召的示范作用

从家训的不断教诲中形成的良好家风，不仅对家族成员的健康发展有着重要作用，而且对每个成员走向社会以后，在他们各种各样的工作、学习和生活中，仍然不断地产生影响作用，进而通过他们影响社会上的更多人群。家族中的优秀分子已经为良好家风做出了实实在在的榜样，也必然对社会上更多的人群发挥榜样的示范作用。在示范作用的感召和影响下，逐步扩大到全社会的政治、经济、文化等。更多的人群形成良好的理念和习惯，能使社会风气越来越好，为社会主义文明建设作出积极的贡献。

大理学家朱熹曾经说过："读书，起家之本；循礼，保家之本；勤俭，治家之本；和顺，齐家之本。"他还留下"家和万事兴"的家训："君之所贵者，仁也。臣之所贵者，忠也。父之所贵者，慈也。子之所贵者，孝也。兄之所贵者，友也。弟之所贵者，恭也。夫之所贵者，和也。妇之所贵者，柔也。事师长贵乎礼也，交朋友贵乎信也。见老者，敬之；见幼者，爱之。有德者，年虽下于我，我必尊之；不肖者，年虽高于我，我必远之。慎勿谈人之短，切莫矜己之长。仇者以义解之，怨者以直报之，随所遇而安之。人有小过，含容而忍之；人有大过，以理而谕之。勿以善小而不为，勿以恶小而为之。人有恶，则掩之；人有善，则扬之。处世无私仇，治家无私法。勿损人而利己，勿妒贤而嫉能。勿称忿而报横逆，勿非礼而害物命。见不义之财勿取，遇合理之事则从。诗书不可不读，礼义不可不知。子孙不可不教，童仆不可不恤。斯文不可不敬，患难不可不扶。守我之分者，礼也；听我之命者，天也。人能如是，天必相之。此乃日用常行之道，若衣服之于身体，饮食之于口腹，不可一日无也，可不慎哉！"

文中所展示的这些古代圣贤的家训，也称为家诫、家范、庭训等，都是家族中德高望重的长辈对子孙后代的垂诫与训示。家训是随着家庭的产生而出现的一种教育形式，这种教育形式在充满耐心的世代传承中，逐渐形成各个家族良好的家风，对于每个家庭及整个家族的影响十分深远。家风正，民风淳，国风清。人人学家训，个个传家风，养成的良好家风，如春风化雨一样影响着家族每一代人的成长，进而形成淳朴的民风和清正的国风。因此各级政府和领导都要认真学习习近平总书记关于重视家风建设的教导，积极推动学习家训、传承家风的活动。弘扬传统文化，继承先祖美德，自觉践行社会主义核心价值观和荣辱观，让中华民族精神深入人心，让优秀传统文化走向世界，让中华民族日益繁荣昌盛，兴旺发达。

（作者单位：福建省姓氏源流研究会）

从堂号、族谱、宗祠楹联探讨林氏家风家规祖训

● 林瑞典 ●

2011年底自金融界退休，着手编写台凤本族渡台世系，探讨闽台文化。2013年7月在参加中国闽台缘博物馆举办的首届海峡两岸民间谱牒文化交流大会后，不但回祖籍地同安下山头寻根谒祖，由原乡祖厅神主牌对接到渡台二、三世回籍祖先名讳，实质找到大陆的根源，而后展开宗亲交流、补编联谱，为"两岸一家亲"写下最佳批注；同时结识了闽台缘原副馆长朱定波先生，福建省姓氏源流研究会副会长蔡干豪等人及包括全球粥会世界总会长陆炳文先生等多位台湾的谱牒专家，也因此引领笔者走入谱牒文化研究领域，接着参加几届海峡论坛同宗同名村联谊活动及百姓论坛，与更多两岸谱牒专家交流，开始收集谱牒文献数据并协助各姓氏人士寻根谒祖及族谱对接咨询服务，已有成功案例。

2018第十届海峡论坛本着"两岸一家亲"的理念，坚持"民间性、草根性、广泛性"的定位，充分发挥扩大和深化两岸民间交流、弘扬中华文化、助推两岸经济社会融合发展、促进两岸同胞心灵契合的作用。在新形势下，将继续紧紧围绕"扩大民间交流、深化融合发展"的主题，开展内容更加多元、形式更加丰富、参与更加广泛的交流活动，维护两岸关系和平发展的共同民意基础。而海峡百姓分论坛以"两岸同根，闽台一家"为主题，仍由福建省姓氏源流研究会及台湾百姓文化交流协会共同主办，重点在弘扬传统族规家训，强调两岸的血缘关系。围绕在闽台间的宗亲联谊和合作交流，以老带新，注重年轻一辈的发展和力量，凸显家训家风的传承重要性。

家规祖训是我国具有悠久文化历史的珍贵遗产，也是中华民族各家族自行制定的约束和教化家族成员的家范文献，代代相传，所以也称族训、祖训、家训。蔡干豪先生在其《家规祖训是优秀传统文化的瑰宝》一文中指称：家训是家庭的核心价值，家规是家庭的"基本法"，家风是家族子孙代代恪守家训、家规而长期形成的具有鲜明家族特征的家庭文化，是一个家族最宝贵的财产，弘扬家规

家训实现"一家仁,一国兴仁;一家让,一国兴让",仍然有其积极意义。本文即以"从堂号、族谱、宗祠楹联探讨林氏家风家规祖训"为题,仅就所了解、搜集整理,从堂号、族谱、宗祠楹联角度来看我林氏家风家规祖训,作以下析述。

一、从堂号看林氏家风、家训、祖训

堂号是表彰中国人姓氏的一大特征,但因宗族观念式微、社会组织转变、经济发展与建筑形式变化,此独有标识却逐渐在消失中。但在重视传统文化、历史的古城镇、老聚落,仍处处可见,甚至南洋地区有华埠的旧宅、宗亲会无不标明姓氏堂号。

堂号为先民记载自己姓氏发源地而设的标志。"郡"是古时行政区的单位,下设有县,它是百家姓堂号的起源地,通常堂号一般来自祖先发迹的郡名,所以又叫"郡号"或"郡望"。郡望就字面而言,指某一行政区内的名门大族,在郡中为众人所仰望的显贵家族。先民用郡名(或县名)立为堂号,在地理方面可以认识同一代的宗亲;在时间方面可以使后代子孙认识自家祖先的来处。华夏族由中原南迁闽粤,渡海移垦台湾,散播各地定居,晚到的移民极易由堂号辨识自己的宗亲而获照顾。久之,堂号遂成姓氏宗亲联谊的媒介符号。不过,由于通婚、迁移等因素,并非所有姓氏只用一个"堂号",即有的姓氏在不同的地区、时空可能有几个堂号,其来源除了采用祖先发迹的郡县名外,也有少部分采用祖先的迁移地、家训、遗言、古文经句或两姓堂号的混合。手中一份中国闽台缘博物馆海峡两岸谱牒文献中心所编印的《闽台百家姓姓氏郡望、堂号》中林姓的郡望列有:西河郡、济南郡、下邳郡、晋安郡、南安郡(指泉州南安县)。堂号则有西河堂等16个之多,例如:林姓以"西河堂"为总堂号,"济南堂""下邳堂"为任所徙地,而"九龙堂""十德堂""问礼堂""双阙堂""忠孝堂""九牧堂"除为后裔表彰祖先功名之荣耀而取外,其间隐含有家风、族范,兹分别叙述如下。

(一)九龙堂、十德堂

比干的子孙林皋,在战国时任赵国宰相,权倾一时,德高望重。夫人胡氏生九子,俱登膴仕,受家风影响,都才德兼备,被人称为"九龙",林姓家族也被称为"九龙门"。加上"九龙之父"林皋，父子10人同以德才见称，家族也被称为"十德堂"。

古称才德兼备的人，犹如好"玉"一样，洁白可爱，《礼记·聘义》载："君子比德于玉焉，温润而泽仁也。"因此，真正的君子是以谦卑的态度待人处事，修养自己，表现出高尚品德，就如玉般坚韧、温和、细腻。不管是"九龙门"或"十德堂"，论玉十德遂成了林姓家族的道德规范。

（二）问礼堂

第廿三世放公，春秋时代生于鲁国，东周敬王时为大夫。公字子丘，孔圣之弟子，名列七十二贤之一，东周景王莅临学堂问礼于孔圣，放公大哉斯言有"问礼之本"。子曰："大哉问！礼，与其奢也，宁俭。丧，与其易也，宁戚。"（林放请教礼仪的本源是什么。孔子说："这问题的意义太重大了！礼，与其奢华，不如从俭；丧事的时候，与其多变烦琐，不如发自内心真正的哀伤。"所以林氏堂号，又称为"问礼堂"。公与先贤孔圣名列同享千秋，卒后祀奉孔庙。因放公出生于河南省淇县淇河之西，唐玄宗赐号"西河伯"，故以"西河堂"为吾姓之总堂号。宋真宗登封泰山时更追封为"长山侯"。由堂联："问道说仁新气象，礼耕义重旧家风"，可见维持礼法首重仁义成为族人遵循的家风。

（三）双阙堂

韬公列晋安16世，为万宠公长子，字茂复，一字初升。韬公为唐谏议大夫，自莆田北螺移居莆田澄渚，生一子林尊为唐户部郎中，居乌石山下（乌石山即城北东岩山别称），生三子：长松、次栩、三攒。松公部分族谱记载随唐九牧三房林著在广西著州，后裔无考，今见广东南海罗城林氏族谱记载为松公后裔。栩外出失考。攒公字会道，官福唐县尉。攒为著名孝子，因母亲羸病，弃官还家侍奉晨昏。及母丧，守制墓庐，谱载"甘露三降，白乌再翔"之瑞兆，观察使李若初上奏朝廷。唐德宗为敦劝孝道，降诏褒异，命立双阙于其宅，旌表门闾，举族皆免徭役，里乡以此为荣，把攒公家门称为"义门"，所居地称为"孝里"，派系世称"阙下林家"。林攒被后世尊称为"孝子公"，是莆田第一位二十四史之名人，卒后与妣方氏合葬文赋里甘露山之左厝后山（今城南乡林桥村）。攒生三子：延鲁、延吉、延宾，阙下林家子孙皆为三祖之后。阙下林家通常会称为"双阙流芳""孝阙流芳""赐阙林""九牧林家"（阙下九牧）、"九牧世家""父子十知州""金紫流芳"（阙下金紫）、"金紫传芳"等，堂号有"孝瑞堂""露乌堂"等，堂联为"露鸟呈瑞惊明主，双阙赐修颂孝臣""唐代兄弟九刺史，宋代父子十知州"等。林家孝子史上留芳，世代传承。

（四）忠孝堂

宋仁宗御笔赐之宝"忠孝"源于第八十八世悦公为宋仁宗嘉祐六年（1061年）官侍御史，乞假扫墓，仁宗问之曰："卿殷少师苗裔，家乘可得见乎？"悦取族谱以进，御阅数日，龙心大喜有感比干尽忠，悦卿则孝，御笔大书忠孝于谱首，钤以御宝，赐诗二章，以荣其行。御赐忠孝，故"忠孝堂"亦为吾姓之堂号，显示林姓家族之家风。图2采自林氏宗亲会祭祖图像，图说：开林太始祖：殷商少师比干公（图2中）玉皇大帝敕封财神世称文财神；开林始祖：周伯陵公坚公（图2右）东周武王赐姓"林"；开闽始祖：晋安郡王禄公（图2左）"奠定闽南林氏衍派之根，后裔支分派衍遍布全球"；吾姓祖姑默娘：清乾隆敕封天上圣母世称妈祖（图2下）。忠孝家风及宋仁宗御诗句："忠孝有声天地老，古今无数子孙贤"，忠门孝子遂成为林姓家族优良传统风范。

图1 宋仁宗御赐忠孝

图2 林氏宗亲会祭祖图像

二、族谱中的林姓家训、祖训、族范

家训是我国家庭教育的重要方式，通常列入族谱、宗谱编目，是治家的经验总结和智慧结晶，是中华文化的重要一环。历代名人贤达、世家大族无不以家训的形式训诫子弟、垂饬子孙。训以治家、育人、养德，是中华民族的优良传统。2014年在福建省地方志编纂委员会策划下，由袁荣祥编著，从浩瀚古籍中爬梳，精选出具有特色、具有代表性的福建名人和家族的家训、族训汇编成《福建家训》，内容丰富具体，或孝敬父母、尊长尚义，或重教谦逊、诚实守信，或和睦亲族、勤俭节约，或自强不息、艰苦创业等等，不一而足。林氏是闽台人口的第二大姓。而一个家族要在中华民族大家庭中立于不败之地、生生不息，必须有一套严厉的家规族范来约束每一位成员。九牧林氏自殷商比干舍身谏忠，坚公得姓，传有百代，代有英杰。或长途跋涉，追求功名；或隐退林泉，洁身自爱；或特忠出使，饮恨北国；或扬波斩蛟，拯救生灵，无一不是心中有家族信念。

兹摘录该书中与林姓名人之家训、格言、族范如次：

1. 两广总督林则徐家训与"十无益"

家训名言："子孙若如我，留钱做什么？贤而多财则损其志；子孙不如我，留钱做什么？愚而多财益增其过。"

十无益："存心不善，风水无益；父母不孝，奉神无益；兄弟不和，交友无益；行止不端，读书无益；作事乖张，聪明无益；心高气傲，博学无益；为富不仁，积聚无益；劫取人财，布施无益；不惜元气，服药无益；淫逸骄奢，仕途无益。"

2. 晚清学者林纾

"习一静字，便是安心之法。由静生明，由明看到家境，则志气奋发矣。"

3. 民国初年革命先烈林觉民（1887—1911年）与妻诀别书

"吾至爱汝！即此爱汝一念，使吾勇于就死也！吾自遇汝以来，常愿天下有情人都成眷属，然遍地腥云，满街狼犬，称心快意，几家能够？司马青衫，吾不能学太上之忘情也。"

4. 明太子太保刑部尚书林俊（1452—1527年）所撰族范

"凡林子孙，父慈子孝，兄友弟恭，夫正妇顺，内外有别，尊幼有序，礼义廉耻，兼修四维。士农工商，各守一业。气必正，心必厚，事必公，用必俭，学必勤，动必端，言必谨。事君必忠吁，居官必廉慎，乡里必和平。人非善不交，物非义不取；毋富而骄，毋贫而滥，毋信妇言伤骨肉，毋言人过长薄风，毋忌嫉贤能，伤人害物；毋出入公府，营私召怨。毋奸盗谲诈，饮博斗讼，毋满盈不戒，妙微不谨；毋坏名丧节，灾己辱先。善者嘉之，贫难、死丧、疾病周恤之，不善者劝诲之，不改、与众弃之。不许入祠，以共绵诗礼仁厚之泽。敬之、戒之，毋忽！"（莆仙摩崖题刻）

2019年6月中旬，首次组12人宗亲团参加第十一届海峡论坛"同名村·心连心"联谊活动，其中15日回同安西柯浦头原乡谒祖，致赠宗祠"源远流长"匾额，与宗亲交流；17日分论坛结束日特地安排自由行，专程赴莆田湄洲岛天后宫参拜妈祖林默娘祖姑。在拜道旁有为纪念台湾渔船直航（1989年）湄洲朝拜妈祖30周年及全球进香图片而设的长广告牌。另外见到一座大理石刻勒镂金的《林氏族范》告示非常醒目。《林氏族范》已是目前流传最广、影响力最大的林氏族规。内容广泛，文字浅显，含意深刻。重温这一篇族规不仅是鞭策林氏子孙团结，弘扬百姓传统族规家训，更是体现承继中华民族传统美德的必然要求。

图3　回同安西柯浦头原乡谒祖

图4　《林氏族范》

5. 台湾板桥林氏家训："饮水本思源"

板桥林氏是清至民国时期海峡两岸很有影响力的家族之一。林家祖籍福建漳州府龙溪县白石堡，其迁台始祖为林应寅，于清乾隆后期携子林平侯赴台谋生。"饮水本思源"其实并非林家正式的家训，它源自林家的五个商号。林家自林平侯在台湾起家后，奠定了家族的基业。生有五子，将家业分为五记，分别命名为"饮"记、"水"记、"本"记、"思"记、"源"记，交予五子经营，合称"饮水本思源"，其中分得"本""源"两部分的林国华与林国芳为同母兄弟，将其商记合并为"林本源"，并将其发扬光大，成为台湾林氏家族代表。"饮水本思源"成为家族之家训。

三、宗祠楹联洞见林姓家训、祖训、族规

笔者考察两岸林氏宗祠，发现其中楹联中富含诸多祖源、衍派、迁徙、家训等数据，特辑列于下供参考：

1. "继忠谏，述理学，名标古今策史；前君子，后大夫，统承金紫世家。"（台南县后壁乡安溪寮林氏宗祠）。

2. "九龙世第，十德家声"大门、"崇德象贤"，"忠孝有声天地老，古今无数子孙贤"公妈龛（屏东县万峦乡万全村林氏宗祠西河堂）。

3. "九龙世第规模壮，十德家声福泽长"西河堂门联、"问学合璧材八斗；

礼贤总须品一流"问礼第门联、"问舍承前业，礼门启后昆"问礼第门楼（屏东县佳冬乡林氏祖祠）。

4. "祖籍本梅州始松源继吧璋惟孝惟忠诗礼兰台芬百世，宗支移大学迁凤邑徙美浓克勤克俭书田润屋续千秋"祖堂栋对、"善是传家宝，忍为积德门"家训对、"十德云祁宏甲第，九龙椒衍耀东瀛"大门门对、"唐宋元明清十八状元三宰相，高曾祖考妣三千进士九封侯"后堂双桂书院栋对（高雄市美浓区东门里林氏祠堂）。

5. "浦水钟灵金紫恩泽源流长，山岗毓秀伯晋德业世代兴"浦山衍派祖堂栋对（厦门市同安区西柯镇浦头林氏家庙）。

6. "山林竞茂映物华天宝，头景焕彩昭人主地灵"大门门对（厦门市同安区西柯镇下山头林氏家庙）。

四、结语

家风源于我国古代乡土亲缘社会，也就是传统的家庭教育，包括传承价值观、伦理观与道德观，也包括传承的基本方法与规矩。优良的家风、家训其终极目的就是达到"家和"，达到"万事兴"，达到家族的世代繁盛。因此，"家训"的关键往往是在家庭中强调尊老抚幼，成员间互为体谅，坦诚以处，包容信任，而禁忌猜疑、抱怨甚至指责。就绝大部分的家庭而言，各自的家训是对下一代提出的严格要求，希望下一代能遵奉之，践行之，并传承下去。

（作者单位：台湾闽台同宗同名村交流中心）

客家名贤杨时家训给予的修身启迪

● 肖胜龙 ●

杨时（1053—1135年），字中立，号龟山先生，卒谥文靖，福建将乐人。宋代著名理学家、教育家和诗人。他"上接濂洛之传，下启罗（从彦）、李（侗）、考亭（朱熹）之绪"，把以周敦颐、程颢、程颐为代表的濂学和洛学从北方引进到福建等我国南方，对我国文化重心南移以及闽文化的开发起了筚路蓝缕的作用，向被尊"程氏正宗""闽学鼻祖"。"程门立雪"这一千古佳话为后人树立了尊师重道的典范。"诚学穷理、尊师重教、爱国怀乡、清廉为民"的杨时精神深深地影响着后人。

一、杨时家规家训

将乐置县于三国吴景帝永安三年（260年），是福建省最早建县的七个古县之一。因"邑在将溪之阳，土沃民乐"，"东越王乐野宫在是"，故撷取"将乐"二字得名。

杨时是汉太尉杨震（号关西夫子）的后裔，祖籍陕西华阴。弘农杨氏。因杨震拒贿的故事，杨震被称为杨"四知"，留下"四知"堂号。本支派始祖杨荣，字子江，唐末任将乐司户，因以为家，杨时为其五世孙。从杨荣至杨时世居将乐县城北郊龙池。

宋徽宗政和五年（1115年），杨时亲自编修将乐杨氏第一部《弘农杨氏族谱》，制定杨时家训十条："一训父慈，二训子孝，三训臣忠，四训夫义，五训妇从，六训友恭，七训敬长，八训择友，九训睦族，十训和邻。"即做父亲的要仁爱、和善。做儿子的要对父母尽心奉养，并顺从。做臣子的要对国家诚心尽力。做丈夫的做事要符合正义和道德、道理的规范。妇女要做到顺从。和朋友交往要肃敬、谦逊而有礼貌。要尊重而有礼貌地对待长辈。在交友时要选择（莫乱交友、择善者从之）。与族人要和好、亲近。要与周边的邻居保持和好、亲近的关系。此后各朝代杨时后裔谨遵祖训、恪守家规，以传承祖德为核心的家风也愈见浓厚，家风文化的内涵大大丰富。

将乐杨氏谱牒皆有族规家训。明代杨氏家训为："勤耕务读，敦伦孝亲，卑无犯上，富莫骄贫，居仁由义，睦族和宗，布衣菲食，气忍家宁"（勤劳种田，致力读书；诚恳地对待伦理、伦常，孝顺父母双亲和长辈；既不要自卑，也不要犯上；富贵的不要骄傲嫌弃贫穷的；固守和坚持仁义的本源；使宗亲族人和睦；穿粗布衣裳，吃清茶淡饭，过俭朴的生活；要学会忍让，不感情用事，这样能使家庭安宁）。

清代杨氏家训主要内容有："顺父母，睦兄弟，和宗族，完国赋，务勤俭，勤耕读，谨丧祭，慎嫁娶，安本分，禁非为，守公法，记铭言。"现代将乐杨氏族谱家训32句"十不准"："不准虐待父母，违背伦理；不准忤逆无道，不孝行为……"对忤逆不孝、兄弟阋墙、虐待子女、伤风败俗、好逸恶劳、偷盗赌博等等有悖伦理的行为予以坚决反对，并谆谆告诫家人谨守勿忘，遵规执行。

这些家规家训内容具体详尽，都围绕杨时祖训这个根本来制订，不仅是杨时后裔凝聚家族、规范后人、立身处世的行为准则，也是杨时家风文化的一个灵魂。在潜移默化中教育和熏陶着杨氏后人。

杨时在将乐含云寺写下著名的《勉学歌》："富贵如浮去，苟得非所臧。贫贱岂吾羞，逐物乃自戕。胼胝奏艰食，一瓢甘糟糠。所逢义适然，未殊行与藏……"他教育后人这样做，自己带头做到。杨时自24岁中进士后，历任汀州司法、浏阳、余杭、萧山知县、国子监祭酒、工部侍郎、龙图阁直学士等官职。一生清贫乐道，清正廉明。致仕还乡时，高宗皇帝赐给他官绢200匹、白银300两，以养天年。但杨时坚辞不受，说："乞恩于八闽，山无米，地无租。"高宗准奏："永为优免。"两袖清风而回。在家乡生活也十分俭朴，"虽蔬食脆甘皆可于口"，"虽敝庐优屋皆可以托宿"。

据《将乐县志》记载："自龟山先生载道南归，乡邑重道，读书进取，间有魁元，砥砺名节，后先相望。"杨时立雪程门、载道东南之后对将乐风气影响非常大：一是读书进取、耕读传家；二是讲究名节、崇尚廉俭。杨时后裔杨汝桢在安徽凤阳当知府"运家资以成王事"，公而忘私；将乐人黄锷在四川双流县当县令，致仕回乡之时"仅携《蜀志》一部"。将乐人受杨时影响，无论在乡为官还是在外从政，都非常廉俭，因此，县志里面写道："此将乐风俗之美也。"

杨时的孙子杨航，宋绍兴十六年（1146年）考中进士，先后任宣议郎、枢密院编修等职。他性情耿直，以祖父忠直敢言、不图名利、弹劾奸佞的浩然正气为楷模，常在朝堂上论奏，敢讲出自己的见解。后因直言时政错误，外调降为常州通判兼实录院检讨。他到任后，走访百姓，征求意见，有不利于民的政条一概去除，百姓作歌称颂。

南口乡蛟湖村是杨时第三子后裔聚居村。世世代代在这里过着宁静、和谐的生活，优良的家风文化一直传承下来，夜不闭户，路不拾遗。黄潭镇祖教村民大都是杨时后裔，他们继承先祖遗风，和谐相处，勤劳致富。村水尾林中有一块明代"五方三帝尊王"石碑。古时，外人进入该村，在此碑前文官下轿、武官下马，以示对杨氏先贤龟山先生的崇敬。

杨时的优良家风和学说思想声名远播。早在北宋时期就传入朝鲜半岛，宣和五年（1123年）宋使臣出使高丽时，高丽国王一见面就问："龟山先生安在？"后又传到日本和东南亚各地，影响深远。

杨时逝世后，南宋度宗咸淳二年（1266年），礼部尚书、将乐人冯梦得以"龟山先生载道而南，为师儒宗"的名义奏请朝廷建立龟山书院。将乐龟山书院教育继承和弘扬了杨时的学说与精神，在宋、元、明、清数朝，随杨时的身后地位不断提高而兴盛。人称之为"龟山弦诵"，纳入将乐八景之中。

1947年8月，将乐县私立龟山高级中学创办，校歌云："龟山故里古镛州，海滨邹鲁理学源流。山明水秀风景清幽，巍峨学府金溪头。四方俊彦负笈共潜修，切磋磨琢，三育是求。建国始基，舍教学其奚由？愿吾辈己饥己溺，先忧后乐展鸿猷。"

虽然随着时代的变迁，教学的内容、方式已经与旧书院迥然有别，但从歌词中我们可以看出龟山高中的办学理念和对龟山书院文化的继承与发展。先贤的教诲、"程门立雪"的精神继续激励着将乐学子诚学笃行，奋发向上。

二、杨时家训给予的修身启迪

杨时家规家训展现在我们面前的是立身做人的行为准则，传承的是健康、向善的淳朴家风，潜移默化的教育和熏陶。杨时家规家训同时也是在漫长岁月中总结出的刻骨铭心的廉政"警示"。杨时独特的人格魅力,他的安贫乐道、清正廉明对加强新形势下党风廉政教育,加强领导干部作风建设,仍具启发和借鉴意义。我们要从传统文化中学修身,寻求有益的教诲。

(一) 静以修德

杨时创造了一种既是"讲学之方",又是"养心之要"的"默坐澄心""于静中体认大本"的独特修养方法,并一直为其门人后学所信守,"以主静为宗"被称为"龟山门下相传指诀"(《李延平集·卷三》)。杨时说:"要以身体之,以心验之,从容默会于幽闲静一之中,兼忘于书言意象之表,则庶乎其至矣。反是,皆口耳诵数之学也。"罗从彦将其传授给李侗,构成了早期闽学追求"静养"境界的特征。"延平四贤"都向往"平淡"生活,安平乐道。从杨时到朱熹,经过一代又一代人的努力,使中华民族主体文化儒学中断的道统得以延续,并且发扬光大。

杨时的道德修养方式,启迪着今天的人们不断修身养性,在修养中悄悄地进入圣域,达到"心与理一""天人合一"的至上境界。杨时的道德修养观,在无意中展示着宋人的精神世界,让我们仿佛看见宋人的圣贤气象。

清心静守、谨初善道。红尘中的一切都是过眼云烟,而道是永恒的真实。人们常常却只知追求虚幻的红尘,而离弃了最真的道。

面对着嘈杂的环境,应学会改变自己的心态,以安静、闲适之心来探究世界、认识世界,切不可浮躁不安,更不可为世俗浮华和虚夸所累,为追求真理,荣华、富贵、荣辱甚至性命都可以抛弃。孔子曰:"朝闻道,夕死可矣。""静处观心尘不染,闲中稽古意尤深。"要安下心、静下神,平心静气,不受外界干扰,专心致志去探究大千世界,所谓"泰山崩于前而色不变,麋鹿兴于左而目不瞬。"凡事先"静"而后动,"三思而后行",不为世俗杂事所扰,专心致志于事,则静而清,清而明,明而通,通而顺,顺而达,凡事皆可成也。

人的性情、性格、气质等的形成是很容易荒废的,修者必须从一开始就谨慎修行。"路遥知马力,事久见人心",通过时间来检验一个人的道德和品行,务必使他能"专其业"即专心于其事业和"志一定"即形成了较稳定的社会理想,之后再委之以重任。强调修德为"民"、为"天下"。

要保持定力。保持政治定力、战略定力、文化定力。怎样涵养定力?一是忠诚。坚守政治信仰,遵守党纪国法,坚持党性原则,践行党的宗旨。对党和人民的事业"咬定青山不放松，一张蓝图干到底"。二是知止。知止而后有定，定而后能静，静而后能安，安而后能虑，虑而后能得。三是自戒。定由戒来，不忘求，则心安；不忘做，则身安。力求做到心有所畏、行有所戒。真正管住自己的心，管住自己的身。四是持静。"每临大事有静气""宠辱不惊"，保持战略平常心。平时遇事不冲动、不狂热。慎权。理性用权、廉洁用权，拒绝任性用权。敬畏权力是从政底线。

（二）学以修德

杨时程门立雪的典故是杨氏崇文重教的一大亮点。杨时于元祐八年（1093年，先生41岁）转师程颐，《宋史·杨时传》载："一日见颐，颐偶瞑坐，时与游酢侍立不去。颐既觉，则门外雪深一尺矣。"杨时把尊师重道的典范传给后世。而今当你走进将乐农户的厅堂，供桌上方供奉的牌位赫然写着"天地君亲师"。将乐人把老师的地位尊崇到极致了。

杨时教子孙有方。在他的精心培养教育和影响下，他的五个儿子和部分孙子先后有12人考中进士。杨时家风还泽被故里，自杨时以后，将乐籍人士出现2人登文武头榜、66人中进士、4人任尚书的人文盛况。

"学者非必为仕，而仕者必为学。"是说有学问的人不一定都要去做官，但为官者必须要努力学习。这里所谓的"学"不是简单的知识学问，还有道德修养。

习近平总书记曾经回忆说，"我最大的爱好是读书"，"1969年我到农村插队后，给自己定了一个座右铭，先从修身开始，一物不知，深以为耻，便求知若渴。白天田间劳动间隙，晚上睡觉前都手不释卷，一点一点积累"。他在浙江主政时强调：要修炼道德操守，提升从政道德境界，最好的途径就是加强学习。"现在，我经常能做到的就是读书。"习近平总书记言传身教，为我们各级领导干部学以修身做了榜样。

"为政以德，譬如北辰，居其所而众星拱之"，"读书即是立德"。按照今天的说法，就是要不断加强党员领导干部的思想道德修养和党性修养，常修为政之德，常思贪欲之害，常怀律己之心，自觉做到为政以德、为政以廉、为政以民。要修炼道德操守，提升从政道德境界，最好的途径就是加强学习，读书修德，并知行合一，付诸实践。

读圣贤书，见贤思齐。一个人内心的宽度，是他读过的书一本一本摊开来的;一个人内心的高度,是他读过的书一本一本码起来的。

(三) 坚定理想信念

诚是推动杨时一生不断进取、道德自觉、完善人格的不竭动力和力量源泉。它是杨时倡道东南并成为程氏正宗、闽学鼻祖的根本途径。它既是杨时一生追求的道德目标,又是杨时达到这一目标的途径。

杨时的理想信念是什么呢?《宋史·杨时传》中指出:"时浮沉州县四十有七年。"也就是说,在他83年的人生历程中,用了近50年的时间来孜孜从事理学的研究与传播,而且身受真传,造诣尤深,功绩卓著,泽被后人。这种不求闻达、安贫乐道、长期坚持不懈,将毕生精力、时间、聪明才智,奉献给理学研究与文教事业的高尚品德与精神,是十分令人敬佩景仰的。

理想信念是人们对未来的向往和追求,是人们政治信仰和世界观在奋斗目标上的具体体现。理想滑坡是最致命的滑坡,信念动摇是最危险的动摇。人无理想:如池中浮萍,漂漂不定;如无源之水,流之不远;如无本之木,终会枯萎。

对马克思主义的信仰,对社会主义和共产主义的信念,是共产党人的政治灵魂,是共产党人经受住任何考验的精神支柱。一个人的理想信念越坚定,目标越远大,追求越执着,就越能战胜前进道路上的困难,对社会的贡献就越大。

孙中山先生曾在《我们要建立真正的共和国》中说过:"历史不是巧合,历史是选择,只有信仰坚定才能创造历史。"坚定正确的理想信念,无论过去、现在和将来,都是共产党人保持纯洁性、先进性的精神动力。

(四) 要心存敬畏

习近平:"领导干部工作上要大胆,用权上则要谨慎,常怀敬畏之心,戒惧之意,自觉接受纪律和法律的束。""要心存敬畏,手握戒尺。"

树立怎样的敬畏观念?敬畏组织,敬畏群众,敬畏道德,敬畏法纪,敬畏权力,敬畏历史,敬畏规律。敬畏是人生的压舱石,心存敬畏才能行稳致远。

规矩是个人成长进步的"护身符",又是为官从政的"健康卡"。一个人对规矩有了敬畏之心,胸中就有了定盘星,为人处世就有了标准,就会"思"而出乎理智,"做"而有所顾忌,"行"而不忘法纪。

守纪律讲规矩是中国共产党的优良作风和光荣传统。新的历史条件下,要实现中华民族伟大复兴的中国梦,同样离不开严明的政治纪律和政治规矩做保证。

偈语:"诸事莫做先要想,不惧事前费思量。奉劝浮生常淡定,云起风来心徜徉。"凡事常向反面想，苦尽甘来惜春光。

（五）传承优良家风

家教门风的根本意义在于传递德行品行。在于先人对后代人格的影响。通过家教传递的德行将直接体现为为人为官的品性修养。

"夫君子之行，静以修身，俭以养德。非淡泊无以明志，非宁静无以致远，夫学须静也，才须学也。非学无以广才，非志无以成学。淫慢则不能励精，险躁则不能治性。年与时驰，意与日去，遂成枯落，多不接世，悲守穷庐，将复何及！"（诸葛亮《诫子书》）。诸葛亮讲的是修身做人的方法。"静""俭""接世"，他以自身的德行训诫后人。宋代范仲淹："先天下之忧而忧，后天下之乐而乐。"《资治通鉴》编纂者司马光曾为文《训俭示康》，专门强调俭的重要性。他说："吾本寒家，世以清白相承。""众人皆以奢靡为荣，吾心独以俭素为美。"一定要从节俭做起，不然为人会有贪心，招致祸端，做官也一定不会清廉，走入贪赃枉法的道路。

领导干部更要从严治家。普通家庭治家不严只是家庭内部的事情，而领导干部要是治家出了问题，就会直接影响到公权力行使的公正性，影响到党的形象。因此，领导干部要坚守底线，立好家规，守好家风。

朱熹在龟山先生遗像题词中称赞杨时"孔颜道脉，程子箴规。先生之德，百世所师"。杨时的家训家风是不可多得的中国传统文化精髓之一。这当中所涵盖的为人处世、治学济世等方面的内容也是非常精彩的。杨时其优秀的品质，独特的人格魅力，深深地影响着后人。

三、修身立德从我做起

"自天子以至庶人，壹是皆以修身为本。"

"修养"一词，第一次正式使用的是杨时的老师程颐（1032-1085年）："修养之所以引年，国祚之所以祈天永命，常人至于圣贤，皆工夫到这里则有此应。"修养关乎人之生命、国之繁荣及人生理想。修养十分重要，那修养是什么呢？古语云"修犹切磋琢磨""养犹涵养熏陶"，修养就是通过学习、磨炼、涵养和陶冶等途径进行自我教育、自我塑造，从而达到提高自身素质，完善自我的一个过程。

孟子性善说："恻隐之心，仁之端也；善恶之心，义之端也；辞让之心，礼之端也；是非之心，智之端也。""端"即萌芽。人性本善，其善表现在人天生就有"仁义礼智"的萌芽。性善说把人视为可以完善、完美的。人只要靠自己的努力，修持自己或为社会贡献自己，就可以超越人的境界而臻于相当完美的神之境界。人人皆可为尧舜。圣人是精神境界最高、人格最完美的化身。两宋时期的理学家认为圣人可学而至。

修身齐家，平治天下：儒家的人生理想是"内圣外王"。《大学》："古之欲明明德于天下者，先治其国；欲治其国者，先齐其家；欲齐其家者，先修其身；欲修其身者，先正其心；欲正其心者，先诚其意；欲诚其意者，先致其知；致知在格物。"简称为儒家"八目"：格物、致知、诚意、正心、修身是"内圣"。齐家、治国、平天下是"外王"。"修齐治平"与"穷则独善其身，达则兼济天下"形成了既辩证又统一的两极，表达出中华文化积极入世又达观超然的人生态度。体现了东方文明的独特性，也对世界文化具有普遍意义。"内圣外王"须从小事做起，由近及远。朱熹："古者小学，教人以洒扫，应对进退之节，爱亲、敬长、隆师、亲友之道，皆所以为修身，齐家，治国，平天下之本。"即我们常讲的"一屋不扫，何以扫天下"。

杨时的优良家风，正在当代社会发扬光大，成为社会文明的正能量。中国人这种崇高道德情操和文明典范，正是通过家族一代又一代的言传身教、潜移默化的影响才得以传承。祖训家规是中华民族优秀传统文化的重要组成部分。

人总是要有一点精神的。在今天物质生活高度发展的时候，精神的承继和弘扬更显必要。大力弘扬诚学穷理、爱国怀乡、尊师重教、清廉为民的杨时精神正当其时。擦亮这面"镜子"，对于全面认识中华传统文化，对于人类文明进步，启迪多多。

参考文献

[1] 杨时：《杨时集》，福建人民出版社1993年版。

[2] 黄宗羲：《宋元学案》，浙江古籍出版社1992年版。

[3]《"杨时教育思想与书院文化"学术研讨会论文汇编》，福建省社科院宋明理学中心，2011年。

[4] 陈来：《宋明理学》，华东师范大学出版社2004年版。

[5]《风闻百世——东林书院创建九百周年纪念文集》,方志出版社 2011 年 9 月版。

[6]将乐县政协文史委、将乐县杨时研究会等合编:《论杨时》,2008 年。

(作者单位:中共将乐县委党校)

台湾陈硕仟家族姓氏源流及其家族文化研究

邱春美

一、陈硕仟家族之姓源

台湾屏东来台祖陈硕仟家族的姓源，可追溯到江州德安义门脉。此派自92世至101世之裔孙，在元、明两朝代，迁至福建各州县及广东沿海地方者甚众。两省此派系裔孙于清康熙至乾隆年间，迁来台湾者亦不少，陈硕仟家族即是其中一例。

人文始祖而论，陈氏是炎黄子孙；血缘先祖而论，舜帝是陈姓血缘先祖；陈姓始祖而论，胡公满、陈满是成为陈姓的始祖。①

图1 笔者到江西德安义门陈遗址

---

① 德安县政协：《德安义门陈》，2018年，第2-6页。

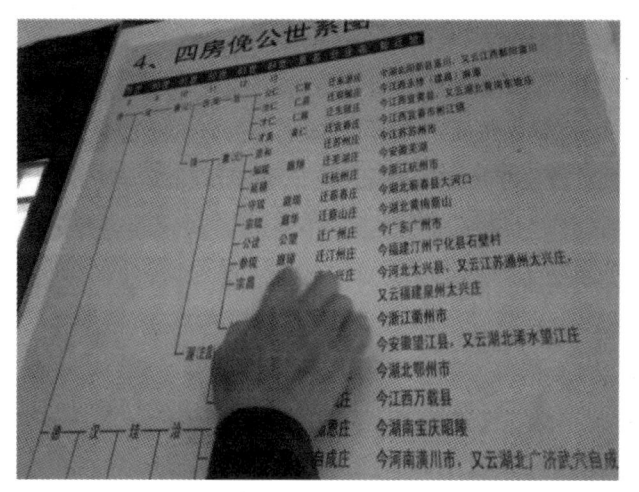

图2 义门陈四房俛公世系图

义门陈第一庄汀州庄魁公世系定位问题有所争议。按义门陈展览馆四房俛公世系图记载：义门陈第一大庄的汀州庄庄主魁公也就无疑定位为84世祖。因这个源流及世系与汀州庄全国各地数百部祖传老谱严重冲突，为尊重历代老祖先的遗训，正本清源，故我们坚决抵制并不予采信。尊重老谱，尊重事实，传承先祖美德与优良家风家训，弘扬正气正能量①。

江州旌表义门派：（江西九江德安县）②朱熹诗云："金銮宴罢月如银，环佩锵锵出凤城；试问江南谁第一，咸称惟有义门陈。"又云："畜类犹如谊，同居共一心；唐朝无旧国，惟有九江陈。"聚族而居多达3900余人，史称"江州义门陈，天下第一家"。《中国姓氏通书》誉为："义门陈氏天下奇，百犬同槽奇中奇。"1996年，由吉尼斯世界记录所确认。

直系表（青公到元公几代各谱所记世系略有不同）：伯宣—以檀—旺—机—感—兰—青—俛（倪）—玫（玖）—让—元—魁（带家口97人迁至福建汀州）。

---

① 陈雄耀：《福建义门陈》，中国文史出版社2013年版。
② 唐代中，南陈宣帝项六子叔明的后人陈瓌（临海令）带着伯琪等六个儿子避难于泉州仙游（今天莆田市仙游县），其第五子伯宣，勤奋好学，文采出众。当时因南康有一位署官食禄的马聪与他友善。在造访马府时，游览庐山。悦庐山之胜，遂居之，后其孙旺占籍于江州德安县太平乡常乐里永青村艾草坪。自旺至兰凡四代，而只一丁，延至五世，青，始生六子，而富日加，人益众，至僖宗中和四年（884年），一门渐旺，几二百丁，始旌表义门。

义门分庄魁公入汀州（福建汀州宁化县石壁乡）①：陈魁公，号参琉，名庭璋，宋进士，陈魁的第五子陈峰，世居汀州（现今长汀县），传至13代孙中兴公号明公，妣朱氏、沈氏、傅氏、刘氏。共生十八子：即念一郎至念十八郎，号称十八郎公派。除念十五郎留居宁化石壁外，17个都在宋瑞宗景炎年间（1276-1278年）迁离长汀；念九郎迁镇平金沙乡塘福岭村（今广东梅州市蕉岭县新铺镇），后裔分迁江西、台湾等地。

直系表（原谱中兴公转为一世祖）：魁—峰—自强—肇基—永缵—干—兴邦—万顷—贤—宏庄—世守—豪—中兴—念九郎（迁今广东梅州市蕉岭县新铺镇）。念九郎公迁蕉岭：念九郎，讳永宣，字禄九，宋瑞宗景炎年间（1276-1278年）迁江西信丰县，又移会稽（浙江绍兴），后迁居镇平塘福岭（蕉岭）。妣傅氏、张氏，生五子：文兴、文德、文甫、文富、渊发。

渊发公，妣黄氏，生二子：俊拔、俊招。迁蕉岭金沙乡榕树下。俊拔公，妣林氏，生子伯三，伯三公，妣庄氏，生三子：仲海、仲深、仲渊。仲深公迁广西梧州陆川县开基，仲渊公迁潮州澄海县开基。仲海，妣刘氏，生二子：克仁、克义，迁广东蕉岭县塘屋岭村，仲海公后裔迁台湾苗栗、桃园等地及南洋的较多。克义公，妣徐氏，生子贵仁。贵仁，妣李氏，生三子：财、赒、贻。

第8世赒公明成化年间（1475年）到福岭村东方上社开基，先建双方第祖堂，为念九郎公以下祖公做了多穴坟墓（在现今广东梅州市蕉岭县新铺镇霭岭十四大队大坪上）。赒公，妣黄氏，满娘，生男三女二：瑀、璞、玮。瑀公，妣邓氏，生三子：积贵、积珠、积玉。积珠生三子：妣江氏，生长诏、次诰；妣温氏，生三策。诰妣宋氏，生三子：学宗、学祖、学先。学先，妣谢氏，生男五女二：奇达、奇俸、奇兴、奇昌、奇万。奇俸，妣邱氏，生三子：日超、日轩、日耐。日耐，妣官氏，生男三女一：世人、世格、世皋。

据以上谱系，我们推论陈硕仟之直系表为：念九郎—渊发—俊拔—伯三—仲海—克义—贵仁—赒—瑀—积珠—诰—学先—奇俸—日耐。

---

① 在汀州授宁化知县，又任汀州推举事官，后晋升为汀州太守，公元1062年江州义门奉旨分庄，魁公分得汀州庄，遂带家口97人入汀州宁化石壁乡居住，成为宋代汀州陈姓始祖。

二、从族谱、宗祠探讨

宗祠具有重要意义,寻根敬祖、祭祀祖先。祭祖源于祖先崇拜,是形成家族凝聚力的精神支柱,能弘扬中华千年家族文化的象征。唯今此功能多已式微。

笔者2019年8月曾前往蕉岭客家陈氏宗祠调研,承蒙蕉岭县陈氏颖源文化研究会会长陈荣材董事长、副会长兼副秘书长陈明荣、秘书长陈永接、永发叔等接待,而陈氏宗亲会副会长兼副秘书长政丰,年轻有为,引荐联络台湾宗亲长辈,共同搭起两岸陈姓姓氏文化及族情、亲情、友情、乡情的桥梁。

图3 笔者到广东蕉岭塘福岭陈氏宗祠

图4 在塘福岭人民广场与陈氏宗长合影

蕉岭县陈氏颖源文化研究会会长陈荣材董事长，副会长兼副秘书长、会所负责人、塘福岭陈氏宗祠（赒公）侨联建设委员会副会长陈明荣表示：硕宾公是他祖上，硕仟公是兄弟，有文魁公祖祠等，蕉岭县正在做陈氏统谱，望帮忙联系有关陈氏世系资料以及人文风采录，以利进行高准严谨信息，为此统谱笔者也已应邀撰写一序。

图5　台湾屏东里港之陈氏总祠

溯源大陆的族谱，陈氏赒公族谱较为可观，有2000年版本，又另有2010年修订本，是族内较有文化之人编的，以前大都没印刷品，一般都是手抄本，要较大姓氏或有经济实力的姓氏才能编成这书的程度。广东的陈平会长表示，这本族谱是她见过比较齐全和全面的！唯台湾屏东所见颖川堂陈氏族谱、陈氏大宗族谱、屏东硕仟公派下的颖川堂陈氏族谱等，翻开族谱所见都是影印的、简单的人名、世系表而已。

图6　陈氏赒公族谱　　　　　图7　颖川堂陈氏族谱

宋末元初，峰公一脉传至95世豪公，生德兴、中兴、旺兴，96世中兴公生有十八子，号称"十八郎公派"，后裔分迁闽粤赣川桂台等地。①笔者曾前往江西德安义门陈遗址，也替师长陈城富老师祭拜五祖、焚香、燃炮、参访遗址，重要处如旺井、五祖祠、广场。屏东硕仟公家族、陈氏后裔是客家聚落，客家人追溯源流，就语言、民系、文化等判断起来是宋代所形成，若由面貌外形、气质而论，所见台湾这支脉的陈氏后裔，面貌外形是较宽大而高个头、个性是讲义气的、声音是洪亮的，文化上也文武兼备，后裔陈氏也多重义气。台湾的陈长土表示："郑氏部将多为闽系开漳圣王派下，与我们族谱（十八郎公派下）明显不符。""同一祖先陈魁，魁公妣李氏、刘氏，生五子：昆、仑、嵩、岳、峰，号称五山，分岔点在此，我们是峰公派下。"

据多地陈氏谱及本县所有资料入蕉岭的客家，陈魁公生昆、仑、嵩、岳、峰五子，号"五山"。迁入广东的陈氏主要为嵩、峰后裔。从宁化石壁辗转迁入蕉岭的也是该两房后裔，其中峰公后裔居多。峰公12世孙陈中兴（号明公）之十八子中便有四子后裔在蕉岭，四子念四郎公裔迁武都溪。七子念七郎公六世孙子贵（念一郎）公一支居新铺象岭、彭坑、金沙、北方等地。念九郎公的渊发（伯三）公裔俊拨系一支迁新铺狮山、福岭（塘屋岭）三个村，俊招系（云山系）一部从芹洋迁新铺南山坑背黄虞、中督、青沟完，福岭陈赒公裔又有分迁文福淡定，三圳石岜上，移台湾海外亦不少。念十郎公之孙新烈公裔梅县白宫迁蕉城龙安村。念十一郎公裔之仲一公迁南磜左槐坑。峰公12世孙德兴公6世孙嘉言公从梅县古塘坪迁三圳横岭岗开基。又峰公12世孙佳兴公裔百六公（远能）迁蓝坊梨树坑。

崇公裔孟二郎之七郎公系一部迁尖坑村、华侨场麻窝长潭坪上。74世陈旺（753-836年），字天相，名野王，旺公于唐文宗中叶举家迁德安（艾草坪）太平乡常乐里永清村，为江州义门开基祖。曾授江州牧知德安事宋天圣四年敕封晋国公。75世陈机，字师孟，唐时进士，官至中书舍人。宗人令赠燕国，娶王氏三娘生子感。76世陈感，字伯通，迪功郎，娶郑氏生子兰。宋天圣四年赠许国公。77世陈兰，字源发，宋天圣四年赠英国公，娶李氏，生子青。78世陈青，字仁钦，唐举进士授直云阁大学士，官朝散大夫。宋天圣四年赠齐国公。生子众威，

---

① 陈雄耀：《义门客家陈氏源流史》，客家陈氏文化，2019年。

庭训益严。始起者，陈氏200人，而家法行，300人而义门立，宋开宝末计740人。咸平十三年，增到1778口，至青公为显祖也为义门第一人家长。83世参琉，字庭璋，举宋第四名进士，带家口97人迁汀州府汀州庄（今福建宁化县石壁村）。

家族渊源和世系图表是族谱中重要的内容，是寻根问祖的重要资料。通过族谱寻根问祖，能够增强海内外华人的凝聚力和向心力。

三、从祭祀公业、研究会分析

陈长士自小学教职退休后，也继续为宗族效力，拟成立"祭祀公业法人陈明凤筹备委员会"，探究源头是南朝派而非开漳圣王派，并表示："自我16世石千公渡海来台发展，累世发展出的祭祀公业粗估超过15个以上，前几个礼拜海顺公的祭祀公业遭18人签约要盗卖，幸由筹备委员会陈锦良与陈煌贵挡下，并经调解委员会与对方达成协议，和平解除委任关系（几近不平等条约的契约书）。这些例子随着文明开发，了解法律的人越多，越会层出不穷，祭祀公业法人陈明凤筹备委员会就是希望成为一个法律实体，解决这些祸端，给子孙留一个根，给所有派下员留下一个祭祀与慎终追远的地方，请所有派下员密切关心自己权益，并主动加入。当法人成立后会陆续成立石千公派下所有祭祀公业的产业活化，并取得资源来整修祖堂。"

笔者到里港三趟，祠外有悬挂布书写函文如下：陈氏总祠台湾下淡水里港陈氏宗祠公示送还公告，受文者是台湾屏东里港乡暨各地宗亲，副本送屏东县政府文化资产保护所、屏东县各乡、镇公所。2019年3月31日于屏东县里港乡大平村中山路63号（里港乡妈祖庙前），主旨是文化部门暨屏东县政府文化资产保护所，谕令近期全面整修本宗祠，特此公告乡亲，若有祖先牌位置放于本宗祠内之神主牌，拟如说明，请后裔子孙惠知并配合办理。

上面的说明有六：一是依据屏东县2014年10月6日屏府文资字函文可知陈氏宗祠已核定文化资产为历史建筑。陈氏宗祠派下员2018年12月22日冬至祭祀，派下员会议协商决议办理。二是本宗祠现已依程序，由县府文资所主导进行研究、调查、规划，即将于近年内，进行全面整理修建。三是现本宗祠内所供奉祀，陈氏宗祠内知祖先神龛神主牌，初估近50座……为祈工程施工前安置各祖先牌位，将先行掷筊请示，并依仪规祭祀后，暂时奉厝宗祠两侧厢房，以示尊重祖德留芳，亦可自行先奉回自行祭祀，俟日后本宗祠再订立宗祠知细则处理之。四是现本宗祠有意发展成俱社教功能之乡亲思古及感恩之场所，原则上将来各神主牌，将与文俗专家等研究，是否统措成一个陈氏宗祠祖先三个总祭坛神位，以利后代子孙前来瞻仰感恩之用。五是以上兹因陈氏宗祠子孙族群众多且分布全台各地有不少仅将神主牌奉祀于本宗祠，少有前来祭祀或参与宗祠各项活动等讨论事宜。特此公告周知各陈氏宗祠之子孙辈知悉，恐未臻圆满之意，若有任何建议或意见，或有意请回自行供奉祀者，均请于2020年3月31日前处理，以利整建宗祠之各项前置作业工程规划等之进行，祈请功德无量之配合。六是本宗祠三位管理员，均于每星期六上午10至12时于陈氏宗祠协商处理宗祠之业务……诚挚欢迎宗亲子孙，前来共商为荷！所以，吾人检视此祭祀公业陈明德里港陈氏宗祠管理人陈贵寿、陈嘉音、陈芳龙，分别留下手机号码以供联系，主旨写来可谓语重心长，情理法兼顾。

广东省蕉岭县（陈氏）颍源文化研究会现任会长是陈荣材。其第一章总则，第一条：本会全称为"广东省蕉岭县陈氏颍源文化研究会"，是蕉岭陈氏族人自发的非营利性民间团体。本着遵纪守法、弘扬祖德、敦亲睦族、传承文化、奖掖后俊、道福族八为宗旨，通过修祠祭祖续谱活动弘扬陈氏的优秀文化，增强陈氏族人情谊，为创建和谐社会出力。第二条：本会遵守国家宪法、法律、法规和社会公德，拥护中国共产党，发扬传统文化，以血缘为纽带，以传承为主线，加强海内外陈氏宗亲联谊，开展寻根服务，搭建多种交流平台，营造蕉岭陈氏宗族精神家园，坚持福利慈善服务，共谋蕉岭陈氏后裔和谐发展。

祭祀公业法人陈明凤与祭祀公业陈明凤主要差别为：法人是一延续性组织，有固定的组织章程，受相关法律约束维系。而祭祀公业陈明凤仅为特殊性组织，例如为了财产清算程序而成立。所以我们成立的是祭祀公业法人陈明凤。

祭祀公业是汉人特有祖功宗德的经济组织，发展于南宋时期。随着汉人屯垦而落户台湾，六堆客家地区的先锋堆、后堆与中堆尤其多。随着世代递嬗，繁衍日多，税籍也日趋紊乱，形成爱捐的缺口，影响政府财政收支纪律，1997年公告祭祀公业的土地清理，即以解决祀下派权掠夺与争讼不断，兼顾客家社会结构之再建构，健全地籍管理、确保土地权利、促进土地利用与发展为出发点，不仅提供祭祀公业土地清理法源基础，也提供了物业管理业者大举挥兵进入祭祀公业的窗口。

康熙六十年（1721年）台湾朱一贵事件时，初估唐山原乡的人口约一亿，经过康熙一甲子的休养生息，人口已经开始向外辐射，为求谋生，蕉岭（唐福岭）故地的16世硕仟公，遂参与募兵渡海前来台南，累积军功到正三品，短暂停留于内门娶蔡氏祖婆后，迁居落户于和尚岩（老北势石居屋），17世海顺公迁月光埔，至18世明凤公迁杨屋角，由于掌握着顿物潭的运输命脉，与武潭的少数民族买卖盐铁，经济发达的支持下，更于杨屋角大兴土木，于是有现在竹头角（杨屋角）老屋的规模，而19世鼎坤公达于巅峰，于是鼎坤公把所有产业（目前三个公号）编入七本账册，由七房子孙共同轮流主持，除第六房无传下子嗣，加上18世明凤公两个公尝，是陈氏竹头角老家祭祀公业的梗概。历经世代交替后的知识与经验传承不到位，管理日渐弛废。凡此可证管理祠堂不容易。

四、从对联、栋对印证

笔者亲自走访江西德安义门陈遗址后，感受到陈氏的辉煌，"义门陈"这三个字代表着一个辉煌的时期，"义门陈氏"这四个字则为永恒的标记。江州义门陈这个大姓望族素以文风昌盛、才俊辈出而著称于世，这些灿若繁星的豪俊与义门陈的历史互为辉映，璀璨瑰丽。所谓"一家繁衍成万户，万户代代出名号"，令人震慑与钦佩。

台湾屏东陈硕仟后裔陈长士提供之"世系表"整理后如下：

16世硕仟公，后代17世为海顺、佑顺、福顺、亮顺、来顺，17世海顺派下的18世明凤，19世鼎坤等，其上15世为世郓，14世为日习，13世为奇信，12世为学瑞等，世系表是详近略远。可从义门陈氏祠堂内楹联"义聚三千七百口人间第一，庄分七十二军州天下无双"窥知其意涵。

笔者访问过屏东内埔的陈日章，他表示："老一辈的名字按照辈分取'荣、华、富、贵、长、发、其、祥'，都是同一祖公，只因为树大分支，同一伙房，同支脉络，如20世陈承绣，21世陈金荣，22世陈兰华，23世陈增富、24世陈土贵、25世陈日章。我们家先祖是富田村和顺林到西势，再至福田，'武魁'也是我们祖先，是富田再搬到福田，那里又分大伙房与小伙房。20世住西势、21世住福田、23世至25世住丰田，富田的祖先是来台祖，他的子孙也有住那，就在和顺林五谷宫后面。"

屏东的陈氏堂号有颖川堂、星聚堂、德星堂、武星堂等。以下笔者由屏东的陈姓门联、栋对的田调资料举隅：

1. 门联："福岭移来新世第，田心遥接旧家风。"
2. "忠孝传家名传世，诗书满架福满堂。"
3. "繇福岭数千里而来跨山越海辟地开基念前人创业艰难食畴服旧延世泽，启田心亿万传之盛古制犹存新猷厥焕愿后裔持身谦让横经愤读大门闾。"
4. "播迁繇镇邑念昔先人雄豪渡海谋五室家妙手空空能草创，卜筑在台疆思今后裔燕处安居经营耕读灵心耿耿望材成。"
5. "溯系本周朝念先人食报无穷自昔箕裘传旧德，移居由福岭愿后裔遵循勿替于今俎豆涣新猷。"
6. "溯渊源由蕉岭播迁台疆南丰继绩联后裔，基河南传系统祖德流徽惟光惟烈展鸿图。"
7. "祖脉纪颍川世德相承惟爱箕裘其克绍，宗支分台省家修继美还望兰桂早腾芳。"
8. "绍书香于汝水为孙子慈孝友恭惟知诗礼是学克振人文，溯木本于金鞍念祖宗勤劳功德更须轮奂起后人承继祀。"
9. "祥瑞起莲塘达士咸钦昌后裔，勋名彰四水颖星焕发耀吾庐。"
10. "历七世而振源基堂构克绳先祖武，合六房以聚宏族诗书能继后人文。"
11. "气象喜重新凤彩龙雕扩大塘礼乐家声窃冀箕裘承继美，规模仍依旧山明水秀肇四沟诗书世泽总期兰桂尽腾芳。"
12. "朝金殿驾金鞍金沙渊源镇邑迁移台岛处，基大塘建大业大邱世泽四沟远接颍川流。"
13. "承先祖择此地停骖尚举夙兴夜寐克俭成家昭世谱，望后裔追斯言奋志更须暇读忙耕精勤治产起人文。"
14. "祖有德宗有功惟烈惟光永保衣冠联后裔，左为昭右为穆以享以祀长存俎豆裕前徽。"
15. "天相西势春城于今堂构经营祇期国族聚居敢诩画栋雕梁共适勤耕苦读，支分颍川福岭从此豆笾和乐窃冀庭阶毓秀庶几旰宵蔽日挺生馥桂馨兰。"
16. "系本发金沙克俭克勤蒙鼎信公贤德佑，家居在西势如摧如取钦承福祖化龙飞。"
17. "颍水启家声是长者孝克养亲弟克是长不敢违背先言，莲塘承世泽溯当年礼于节信乐于陶情不外真行顺训。"

18. "溯木本于金鞍念祖宗勤劳功德更须轮奂起后人承继祠，绍书香于泗水迁玉华慈孝友恭惟知诗礼是学克振人文。"

19. "系本尖坑忆先贤勤劳处己和睦待人涉世恃身常存敬忠两字，支分台岛念后裔孝友宜恭诗书务读今稽古不外信用一途。"

由上的访问耆老记忆、建筑的门联、神圣空间祖堂内的栋对等书写内容，例如两岸之地名（镇邑、福岭、颍川、金沙、大邱、莲塘、金鞍、尖坑等）、训勉语（远接颍川流、蒙鼎信公贤德佑、钦承福祖化龙飞等），可印证和大陆有密不可分的关联性。

五、陈氏之家风文化

陈姓是中华望族，中国第五大姓，中国南方和海外第一大姓。从汉至今，创造出许多脍炙人口的经典祖训家规。以宋代陈俊卿至理名言为例，有"地瘦栽松柏，家贫子读书"的家训故事，镌刻在一代代后裔的心灵。其他如从"事亲以孝，事君以忠，为吏以廉"，到"清贫耐得始求官"；从告诫子弟"周旋必中礼"，到"圣贤事业勤而已"示子女，阐明个人德行的生长有赖于家庭伦理的滋养，它随着家庭的扩展而不断地丰富、完善。

家教是人生天然而永恒的教育形式，是人的成长，也是社会化教育不可荒废的环节。家训是中国文化代代相传、绵延长久的重要支柱之一。古人强调"家国一体"。国家的长治久安、社会的文明进步和国民的思想道德水平息息相关，而家训对传统文明的维系发挥了长期而特殊的作用，是陈氏家族的传世宝典。

图8 江西义门陈遗址展示之"义门家训十六条"

家训族约是为了维护家族生存和发展的需要，在立德、立言、立身等方面用以规范、约束子弟行为准则的条款。江州义门陈的家法，在维护家族结构稳定的同时，也给家族成员带来心灵的振奋和精神的动力。江州义门陈以其严谨的家风，教育代代族人，也成就了代代族人。

"陈氏二百人而家法行，三百口而义门立"是家法的奥秘。大顺元年（890年），第三任家长陈崇"恐将来昆云渐众，愚智不同，苟无敦睦之方，虑乖负荷之理"，即担心后来的兄弟子孙闹矛盾，导致家族破散衰败，主持制订《义门家法三十三条》。其基本精神是"推功任能、惩恶劝善"。为了保障家法得以实施，又制订了《义门家范十二则》《义门家训十六条》等族规、家训等管理制度，以约束和规范家族成员的伦理及日常行为。家法多以家政管理，子孙教育，农桑生产，婚疾吊丧，日常生活和物质分配，以及刑杖处罚等方面都作了具体规定。从而保障了家族所有成员在经济上的均等、和同，以达到"人无间言而守义范"的长期聚居不分的目的。

确定了"求同和"的民主管理体制："家法"第一条"立主事一人，副二人，掌家内外诸事"，确定了家族的最高当权者。这就保证了家族管理的权威性和稳定性，为义门陈的长治久安提供了体制机制保证。"家法"第十三条规定，新进门的儿媳妇，不分贫富，必须下厨房锻炼数月，"掌疱炊之事"和"排布堂内诸事"。财富共有，普遍劳动，消费均一，体现人无贵贱，平等平权。这对于聚居共处生活的维持很有作用。《义门陈家规十二则》第五条规则为"严夫妇"，进一步阐释了夫妻之道。严格的一夫一妻制，是义门陈氏家族的特点，也是其稳定聚居的重要条件。

家训族约的思考：远自盛唐开始，江州义门陈就弘扬"公"字，家有三尺法多能让子女时刻牢记，又能将《家法三十三条》系统化、条文化而为规矩和章程，更具有指导性、约束力。[①]

台湾陈氏家族文化与大陆陈氏一脉相承，由上可知两岸的关系。陈姓家族的子孙们，走出了祖居地江州义门，分支立派于各地，尔后，又因种种原因，将他们的根须伸延向东南沿海各地。

---

① 陈煜斓：《家训族约的价值取向与社会效应——以江州义门陈"家法"为例》，《闽南师范大学学报（哲学社会科学版）》2014年2期。

陈硕仟后裔陈城富所写的《谈六堆精神》忠义祠代表六堆精神，可知陈先生认为：（一）吃苦耐劳的拓荒精神：客家族勤俭朴实，勇毅诚信，团结合作，自中原迁粤东，由粤东而南台，辟路启疆，具有美洲西部拓荒者吃苦耐劳的拓荒精神。（二）忠勇爱国的忠义精神：六堆烈士，为卫乡保家而殉难，为抗御寇氛而捐躯，义薄云天，代表六堆的忠义精神。（三）威武不屈的大无畏精神：六堆义勇如邱凤扬大总理、抗日总参谋钟发春在日军官前的应对，可谓忠肝义胆，顶天立地，代表六堆威武不屈的大无畏精神。这展现了陈氏在台湾的精神面貌。

六堆人士，数百年来凭此传统六堆精神，创造事业。故六堆文物之盛，人才之多，实倍于附近村庄。偏远地方人多外流，以屏东为例，幸有大仁黄道宜先生重视客家，回馈乡里，不惜巨资创大仁药专，以发展地方教育，培育桑梓子弟，嘉惠故乡，倘各贤哲都如此爱护故乡，则六堆之发展未可限量。台湾硕仟公后裔陈城富又于1970年特赋七律一首《忠义祠怀古》："堂殿巍峨俎豆香，安民御寇敕褒扬；威声远振日天府，义节长存祖国光；顶立中心雄五岳，扶持正气为邦殇；春秋大义垂青史，永诲人心思汉唐。"以诗咏怀，可感知陈氏文化之源远流长。

六、结论

由以上陈氏之姓源、族谱、宗祠、祭祀公业或文化研究会、对联、栋对、家风文化等，可以窥知两岸陈氏有紧密的地缘、血缘、文化缘等特征，正所谓"一门繁衍成万户，万户皆为新义门"，全世界陈姓人口中，有约70%源自江西德安车桥镇义门陈村，义门陈是中国历史上第一个奉旨分家的家族。义门陈的家法不仅成就了义门陈稳定的聚居，也成就了江西教育在中国历史上的地位。因为在义门陈的家法中，第七、第八条明确规定，在东佳山下（即今德安县爱民乡）创立东佳书院，这是历史上最早的私办大学，这也说明江西是书院文化的发源地。

台湾的16世来台祖陈硕仟家族，仍秉持家训有如忠孝为本、耕读传家的传统。溯源到宋朝时，实施的生活宛如均一及共有的家族生活，全族成员集体就餐，分次进食，按启蒙儿童、女童、婆母、新媳、老人分席。分配生活消费品包括妇女日用粉脂等，又适当照顾老残病等特殊需要，如诸房老疾者，每月给油一斤，茶盐适量。财富共有，普遍劳动，消费均一，体现人无贵贱，平等平权，是名副其实的耕读之家。陈家家训族约的社会意义颇强,家法囊括了政治、经济、文化等方面的内容,超越了治家的范畴。

客家是具有显著特征的汉族民系,也是汉族在世界上分布范围广阔且影响深远的民系之一。客家人具有独特稳定的客家语言、文化、民俗和客家精神。义门客家陈氏秉承"耕读传家、崇文尚武、勇于开拓、艰苦创业、爱国爱乡"的客家精神,以致群星灿烂,英才辈出,光耀义门,大振家声,充分显示了客家人爱国爱家、英勇奋斗的优良传统,此精神宜永续发展之。

参考文献

[1] 塘福岭续䦺公族谱委员会编:《陈氏䦺公族谱》,2010年修订。

[2] 许怀林:《陈氏家族的瓦解与"义门"的影响》,《中国史研究》1994年第2期。

[3] 德安县政协编:《德安义门陈》,江西人民出版社2018年版。

[4] 陈煜斓:《家训族约的价值取向与社会效应——以江州义门陈"家法"为例》,《闽南师范大学学报(哲学社会科学版)》2014年2期。

[5] 陈雄耀:《福建义门陈》,中国文史出版社2013年版。

[6] 陈雄耀:《义门客家陈氏源流史》,《客家陈氏文化》2019年。

(作者单位:台湾大仁科技大学)

家训家规及《吴原家范》文化意蕴

汤毓贤

俗语云："国有国法，家有家规。"天下之本在国，国之本在家，家之本在身，然也！在中华优秀传统文化中，家训家规贯穿于治国理政、社会文化、个人行为等，集中体现一个家庭，甚至家族行为规范、道德准则和处事作风。家庭作为社会的细胞，是传承传统美德实践的基本场所和重要载体。古代设计家范的出发点，是对维护家庭、家族和谐有序地繁衍发展提供规范与保障。其实际教育功能，包括树立基本价值观、培养道德意识、造就人格美德，可视作古代"以礼为教"文化积淀的组成部分，为中华道德文化于社会层面遵循传承的保证。

一、中华家训家风传承和影响

习近平总书记在会见第一届全国文明家庭代表时强调，中华民族传统家庭美德铭记在中国人心灵中，融入中国人血脉中，是支撑中华民族生生不息、薪火相传的精神力量，也是家庭文明建设的宝贵精神财富。我国古代家训家规文化历史悠久，名人家训流传甚广，素有重家教、守家训、正家风的文化传统。中华民族的精神谱系中，大凡希望子孙后辈"行求无愧于圣贤，学求有济于天下"。从周公教育儿子注重德行修养、礼贤下士，到张英教育家人"让他三尺又何妨"到曾国藩告诫兄弟"有恒则断无不成之事"，都是重家教、守家训和正家风的典范。北朝颜之推作《颜氏家训》20篇，训诫以家庭整体为对象，分修身、治家、处世、为学4个部分，被后人称为家训之祖。唐宋时代，已常见家规家训。如从漳州刺史陈元光《燕翼宫落成会咏二》云："忠勤非一日，箴训要三拈。千古清漳水，居官显孝廉"开始，到《漳州刺史谢表》表达"持清净以临民，守无私以奉国"的见解情怀，可知只有行稳致远地恪守本分，坚持廉洁奉公，不惜献身为国，才能铭谢和回报圣上深恩厚德。这是其忠君爱国和亲民思想的不断升华，成为极富教育意义的警句格言。陈元光虽然没有留下家训家规,但他曾对儿子陈珦鼓励道:"儿非戈戟士,乃台院秀儒也。"并作《示珦》教诲劝勉陈珦将来务须忠心事君、兴学重教、勤政爱民,切莫虚度光阴;同时告诫注意农时、督促耕作。

  恩衔枫陛渥,策向桂渊弘。载笔沿儒习,持弓缵祖风。
  祛灾剿猛虎,溥德翊飞龙。日阅书开士,星言驾劝农。
  勤劳思命重,戏谑逐时空。百粤雾纷满,诸戎泽普通。
  愿言加壮努,勿坐鬓霜蓬。①

惟贤惟德,仁服于人。陈元光在诗句中既畅谈自身经历与责任,又对儿子勤加劝示,堪称身教重于言教的典范,也是将军家风流传的缩影。其他诸如唐代韩愈说"能守家规",再如北宋司马光,南宋朱熹、陆游、袁采,明代方孝孺、杨慎、傅山、张履祥,清代焦循、曾国藩等都有家范家训传世。经明清统治阶级倡导和推广,家训家规普及和社会影响达到一个新阶段。

家训家规作为中华传统文化的重要组成部分,是家教具体形式和有形规范,是寄托传统、盛放亲情的陈年家私,是道德品质的世代累积,是嘉言懿行的代际沉淀。家范的形成和传衍,有赖于家训家规的传承发扬。家风不是形诸文字的具体训导,而是一种无形的传统文化基因。这是人们在家庭生活中对道德规范的身体力行,并作为扬名立世的成功人士标杆,成为既体现家教,又展现家风而经久传承的良好风尚,是可以润物无声地影响孩子成长心灵的很好途径。

以正心诚意、修身齐家为基础,以治国平天下为旨归,把远大理想与个人抱负、家国情怀与人生追求熔融合一,以古至今都是陶冶道德情操、规范行为举止、涵育优良家风、培养爱国精神的有效载体。只有将个人前途与国家命运同频共振,将小家同大国同气相求,将家庭情感与爱国精神融为一体的家教、家训、家风在传播和弘扬过程中,逐渐超出家庭范畴,融入民族血脉,激励一代又一代中华儿女从孝亲敬老、兴家乐业的义务,走向济世救民、匡扶天下的担当,带动社会风气和道德水准整体提高。这是中华文化光环之所在,也是中华文化自信之所在。

---

① 陈元光:《示珦》,《全唐诗·卷45》,中华书局1979年版,第551页。

二、云霄司徒世家与吴氏七进士

漳南云霄自从明氏涌现出乡贤吴永绥以来,吴氏历来人才辈出,其长子户部左侍郎吴原等引领云霄科第蝉联,成就明代吴氏"一堂七进士"的美誉。而吴永绥向来以崇文重教、邀聚名师、倡导忠孝著称,给我们留下崇尚儒学的德业、纯孝尽忠的家风,也开启了积善余庆、乐善好施的优良传统。在吴永绥运作亲授下,吴氏一宗开启矢志读书、科举报国的经历,官身显赫的吴原,就是其中代表人物,一直让历世云霄民众引以为豪,历久弥新。

吴永绥(1408—1473),名晚绍,号友松,云霄西林人。其祖先"自河南固始入闽,家泉之晋江。元大德中,五世祖福友以百户屯田漳州云霄,遂为云霄人"①。明成化四年(1468年),他以长子吴原贵,封兵科给事中、中宪大夫、太仆寺少卿,加赠嘉议大夫、户部右侍郎,向以乐善好施著称,开启了司徒世家的尊荣。吴永绥少年家道中落,长大航海经商致富,秉承其父热衷公益、崇文重教德业,辟建后坪石岩,在苏厝园兴办家塾,邀师供粮,力倡忠孝,引领本邑科第蝉联,成就一堂七进士美誉。明天顺五年(1461年)夏云霄水灾,公募船拯救并殓葬死者,次年募官仓赈济百姓,出资肇建渡津亭,营造渡头岩供祀北极航海星神玄天上帝,实与海客身世有关,彰显漳水云山悠久的海丝文化渊源。天顺八年,再建河溪树德岩供佛。成化二年(1466年),吴永绥力邀原广东右布政使陈瓘作《南诏全城记》,褒扬涂膺诛寇救诏义举,足见其急公好义。成化七年创修西门威惠庙,次年兴建九斗岭庵,重筑漳浦崇真观。他病故后,云城罢市奔丧,敕葬于大臣山封君墓,邑志为其立传。

明弘治间(1488—1505年),其第四子吴乾(道初)重修威惠庙,并舍田延僧,创威惠庙巡安民俗,延展开漳圣王文化传播路径;其孙梦麒捐置镇西番人墓,应是吴永绥作"海客"时,海外商人往返云霄客死本地的外商合葬墓群,当时对外商航之频繁可见一斑。明正德七年(1512年),裔孙吴子约捐建铜山关庙,并与吴子霖等合沈、陈姓砌土为墙,建成漳南重镇云霄镇城。嘉靖间,吴子

---

① 汤毓贤:《明户部左侍郎吴原墓志铭考释》,《漳州职业大学学报》2002年第1期,第29页。

濡、吴子玄（元）义建云霄石城，吴子玄义捐漳浦县学田；崇祯间吴山捐置云霄义冢。清乾隆间，吴道初后人捐园建樟仔脚观音亭、万寿庵等，均因袭其仁善家风。邑人怀其善行厚德，取云陵某街道为永绥路。在吴永绥培植和带动下，一批云霄游学者进入漳浦鉴湖今佛县大坑轧内鸿江书院，陆续走上科举成才之路。鸿江书院是明代漳浦辖地（含云诏东）四大书院之一，积书数千卷，授业者为原广东左布政使陈亹（字尚勉，号梅庵）父子，他除了培养出国子监助教林纯一、进士周宗起、按察佥事陈谦德，还有云霄镇城进士吴森、吴原、吴瑰、吴泰、叶期远等十多位进士和举人。云霄吴氏从此科第蝉联、衣冠赫奕、俊才辈出，成为"金紫名家"。清初著名学者蔡世远为此赞叹不已，他在《与林于九》称："前拟有粤东之行过云霄，观西河之风规，既而不果。云霄山明水秀，科第人物抗衡上国。"[①] 指的就是吴氏维则堂科第蝉联的"一堂七进士"：

1. 吴森：字以时，吴原从兄，明代云霄首位进士。他景泰四年（1453年）中举，天顺元年（1457年）登进士，初授礼部主事，官至浙江布政使司左参政。他9岁丧父，在祖母抚育下成长，农闲与兄弟习举子业，在相互反复磨炼研讨中成就功名。他居官浙江十余年，在绍兴郡时整饬军政，注重贫富适均，犒劳戍边丁壮，捕获据险弄兵的江山草寇，让民众安居乐业。他做到自持清贫清廉，力戒暴怒，以守平恕宽仁之政，并常配发金用以助学。他逝世时，为大夫士庶所感怀，原监察御史、嘉兴书画家姚绶为他撰写墓志铭。

2. 吴原：字道本，别号云坡居士。天顺八年（1464年）进士，初授兵科给事中，即上疏"正心、任贤、重爵赏、节用度、斥异端"被采纳。成化十五年（1479年），晋兵科都给事中。弘治初升太仆少卿、寺卿、户部右侍郎、左侍郎兼都察院右佥都御使等。他建言力谏改革弊政，整肃贪吏，废除西厂，经画马政，改良律例，严办亲藩，赈济灾民，有防寇盗、抑豪强、筑海堤、塞矿穴、禁溺婴，设育婴堂及奏立宋儒陈北溪祠等惠政，弘治八年（1495年）卒，赠正议大夫。

3. 吴瑰：字仲伟，号省庵，云霄郭浦村人，吴原从弟。早岁入县庠，成化五年（1469年）进士，授南京车驾司主事，取士为众所服，晋员外郎，曾奏蠲获免部司檄催督应天等郡赔偿种马，再转库部郎中、贵州参议，以平定寇患迁云

[①] （清）蔡世远：《与林于九》，《二希堂文集·卷7》，文渊阁《四库全书》。

南参政。先是整复盐法利商，明禁黑白、安宁等盐井私鬻久通、插和灰泥等宿弊，致客商解体。复升右布政使后，黎姓土酋杀叔夺位，他力排宽假倡议依法置办。他居官质俭政廉，体察民情；归乡困厄无异，能与乡人善处。后卒于家，遗橐萧然，邑里称叹。

4. 吴泰：吴原弟。成化二十年（1484年）进士，后奏请回家侍母和归养家室，未仕先卒，首辅李东阳为其撰写墓志。万历《漳州府志·卷5》载：嘉靖十九年（1540年），其子富绅吴子玄为漳浦县学田义捐南靖车田一所，交由漳浦儒学征收，作瞻贫济困、助学修宫之费，足见兴教之诚。

5. 吴瑄：字邦燮，号中云，吴瑛之弟，隆庆五年（1571年）进士。初任婺源县令，书写"潜诉不行，强御不避，苞苴不入，关节不通"贴于县衙仪门，始终遵循诺言。他决断精明，庭无留狱；还设保甲，置乡约，明善恶，刑拘恶霸，倡立社仓，募富济贫，秩序井然，百姓称颂。万历五年（1577年），调任南京吏科给事中，疏谏建造佛寺。曾奉旨代廷郊祭，检阅三大团营，民称"一日天子"。后离任丁父母孝，婺源百姓在东街为其立生祠，敕授文林郎、永德郎。服满后调任南京吏科给事中，刚到任时病逝，入祀婺源名宦祠。他勤于博览，奖励后学，校刊《古诗纪》《唐诗纪》《古今逸史》丛书《古今注》3卷，编年体史书《今本竹书纪年》等。

6. 吴显：字景猷，吴梦麒曾孙，万历二年（1574年）进士。初任六安知州，修护高邮、宝应及越河堤坝，并植柳护坝。首辅张居正母亲路过六安，要求动用驿夫800名。吴显大加裁减，不送礼金。相奴入府责骂，诱其登船刁难，指使婢女夺走州印。他以"州太守奉汝家相君法"据理力争，直指使批评其不识时务。但张居正不计较，历迁部员外郎、江西佥事、广东副使，所到无不直声惠政。他耿介清俗，不善逢迎，为士绅所追慕。后以疾乞归，著《邮亭草》。

7. 吴寀：字亮恭、扶升，进士吴显之子，少年聪慧，18岁中万历二十三年（1595年）进士。初授中书舍人，以病告归；催升山东道御史，也不拜受。天启改元召纂两朝实录，又以疾辞。他不满官场急流勇退，与张燮、陈翼飞诸君子创元云韵社，鼓倡文风在东南，自放于诗场酒垒，曾为龙海高厝《高氏家庙功德碑记》篆额。

除此七人外，吴森之子吴暄，吴原之子吴梦麒，吴震之孙吴瑛、曾孙吴昭也先后中举。如果不是嘉靖四十五年（1566年），俱有才学吴瑛及其子吴昭在赶考路上同时于云霄漳江翻船溺死，仍有可能进士及第。

三、少司徒京官吴原的宦迹

明代诤臣廉吏、户部左侍郎吴原（1431—1495年）是一位颇具经济才略的政治人物。宣德六年十月二十七日，吴原出生于火田下西林村（今下楼村）。少时与从兄吴森到漳浦鉴湖（今佛昙）大坑轧内村鸿江书院学习举子业，师从原广东右布政使"方伯"陈亹。景泰元年（1450年）为举人，天顺八年（1464年）中进士，历官兵科、礼科给事中，太仆少卿、寺卿，户部右侍郎，左侍郎，兼都察院右佥都御使、正议大夫等，为官32载、谏官20年，经历英宗、宪宗和孝宗三朝，即天顺、成化和弘治三个年号，为正三品京官朝臣，是一位具有经济才略、敢于直言讽谏、政绩卓著的诤臣廉吏。

明代中叶，皇帝疏于朝政，宦党势力膨胀。吴原于英宗时的兵科给事中任内，即建言正心、用贤、简名将、斥异端、爱爵赏五事直议弊政。成化四年（1468年），他与同僚上《乞溥恩惠以广皇嗣疏》，不惧触犯后宫隐讳。成化十三年，宪宗加强特务统治，令宦官汪直提督西厂，对朝臣百姓任加裁赃，陷害无辜，酿成厂卫之祸。成化十五年，升兵科都给事中的吴原以"厂非旧典，革之便"上疏，力谏朝廷改革弊政，整肃贪吏，废除西厂，矛头直指专权跋扈的阉党，使明廷于成化十八年罢废初设六年的西厂。继而奏请朝廷罢免因"贪恣误国"，危及滇南、辽东边陲安宁的守臣；又率僚友"痛劾一二大臣党附西厂者"，削弱了宦官集团的势力。关闭西厂是中国历史上重要历史事件，正是都给事中吴原率僚属积极上疏弹劾，才得以处治以太监汪直为首的胡作非为的西厂。

明成化十九年（1483年），吴原升任太仆寺少卿；二十二年任太仆寺少卿，协助朝廷经画马政，巡视孳牧，施行改良；次年迁任户部右侍郎，总管国库钱粮，改良律例，严办怙宠恃势的亲藩军校。弘治四年（1491年），吴原擢升左侍郎，主持户部政务，为立龙溪县北溪宋儒陈淳祠及祀典具奏《为崇祀先儒事》。次年，奉敕兼都察院右佥都御史赴浙东、浙西巡赈涝灾。他先是命部属推举较有威望的地方官绅平粜粮食赈济灾民，共输米谷31万石、银7万两；复奏请朝廷蠲免灾区历年累欠赋税百万石，使灾民安心恢复生产；还督办防寇盗、抑豪强、筑海堤、塞矿穴和严生女不举之禁等。当他发现某地民众溺弃女婴，便严令申禁，并倡设育婴堂收养。吴侍郎惠政济民的善举虽然受到浙江百姓赞誉，但因减少国库收入，触犯封建王朝根本利益，终在政敌攻击下征召返朝。

明弘治六年（1493年）七月，吴原再次乞假归里尽孝，葬祖父吴在中、父亲吴永绥、弟吴泰、女吴素英于云霄大臣山麓，树坊"龙章叠贲"，是为封君墓。探亲假毕，吴原返京还部。后历二考，累阶正议大夫、资治尹。弘治八年十一月十三日，他在"方将大有叙擢"时突发急疾，于北京任所病逝，终年65岁。孝宗诏令以地卿之礼钦赐厚葬吴原于云霄城内驿后山，召工部进士黎尧卿督葬，福建布政司右使李云谕祭，墓前设享堂，立墓碑"大明少司徒吴公之墓"，并入祀漳浦乡贤祠。所著《南行录》《浙巡录》《行囊录》《奏议稿》及杂文、诗稿若干卷，惜已散佚。吴原生前斐然政绩在江浙深入人心。1930年，曾有浙江军队驻扎云霄，其吕姓营长率士兵祭扫吴原墓；1935年，云霄县县长、浙江龙游人孙永年也携母亲妻儿致祭吴侍郎，可见他对浙民遗爱之深。

四、《吴原家范》的文化意蕴

云霄制定家范者，首推明代名臣吴原。在明代中期错综复杂的宫廷斗争和动荡不安的社会状况中，他以卓著仕宦政绩和刚直清廉品行，以及推崇理学义举，一直深受百姓敬仰。他亲自制订以忠孝为本的《吴原家范》，也是一生事国至忠、报国安民、事亲纯孝理念的总结，成为敦劝、诫勉和训导吴氏子孙的道德标准，并在一脉相承、发扬光大中塑造了良好家声。这一族群在秉承良好家规家风中，即便身历乱世或处身盛世，均能一如既往地守望忠孝理念，践行家庭伦理，呵护宗祠文化神圣家园，给予民众产生潜移默化的影响，堪称家风文化积淀的典范。

家训家规是中华优秀文化的组成部分，既是官员治家修德的重要资源，也是以儒家为代表的社会主流价值实现大众化、深入社会基层的重要渠道。云霄吴氏在吴原享堂建家风堂。堂内所展现的《吴原家范》，形象地解读吴原对于养成家庭美德的教育理念，大到治国理政，小到家庭关系，无不展示身为京都重臣的他，于国齐家理政，于家忠孝有序的博大情怀，更彰显他对发展壮大家族的良苦用心和美好愿景。这些训示和经验流风余韵，历久弥新，成为警世良言、育后箴言，也是具有地方特色的历史文化遗产，对于引导人生价值观将起到借鉴作用。

明代户部左侍郎吴原因应这一规范，为家族和家庭制定《家范》，开启了吴氏子孙传承家训家规的良好风气。他在开篇中先引朱文公云:"居家有四本:读书起家之本,勤俭治家之本,和顺齐家之本,循理保家之本。"再引南宋哲学家、陆王心学代表人物象山公陆九渊所言"人家要有读书声、孩儿声、纺织声三声。""不孝习成有四:一曰骄宠,二曰习惯,三曰乐纵,四曰忘恩记怨。""士大夫当为子孙造福,不当为子孙求福。"并区分造福与求福之别。居中言:"当官先以暴怒为戒",并引用讷庵先生尹昌隆所书"守清勤,戒暴怒"。又言:"君子有三可惜:此生不学可惜,此日闲过可惜,此身一败可惜。天薄我以福,我厚我德以迓之;天劳我以形,我逸我心以补之;天扼我以遇,我亨我道以通之。"意为命运使我的福分淡薄,我便增加品德来面对它。命运使我形体劳苦,我便安乐我的心来弥补它。命运使我际遇困窘,我便扩充我的道德使它通达。此言后来又成为清代学者宜山先生王永彬的名言。他在结语中又引墨子言:"非无安居也,无安心也;非无足财也,无足心也。善乎!"这些都是传统意义上家族行为规范、道德准则的先声。现摘录如下:

治家最忌者奢,人皆知之;最忌者鄙啬,人多不知也。鄙啬之极,必生奢侈。济穷乏一毛不拔,供浪费一掷千金。惟俭以裋躬,泽以及众,方为治家道。

人有子无不爱,而于兄弟若仇雠者。子因父之意,不礼于伯叔父。殊不知己兄弟,即父之诸子,己诸子即他日之兄弟。我有兄弟不知,则我诸子能禁其不效耶?子不礼于伯叔父,则不孝于父,亦其渐也。故欲诸子和同,须以我之处兄弟者示之;欲子孝己,须先以其善事伯叔父者先之。人有数子,饮食衣服之爱,不可不均;长幼尊卑之分,不可不严;贤否是非之迹,不可不辨。幼示以均,则长无争财之患;幼责以严,则长无悖慢之患;幼教以分别,则长无比匪类之患。

不孝习成有四:一曰骄宠,二曰习惯,三曰乐纵,四曰忘恩记怨。

士大夫当为子孙造福,不当为子孙求福。谨家规,崇俭朴,训耕读,积阴德,此造福也;广田宅,结姻援,争什一,鬻功名,此求福也。造福福淡而长,求福福浓而短。士大夫当为此生惜名,不当为此生市名。敦诗书,尚气节,慎取与,谨威仪,此惜名也;竞标榜,邀津贵,骛矫激,习模棱,此市名也。惜名者静而休,市名者躁而拙。士大夫当为一家用财,不当为一家伤财。济宗党,广束修,救荒歉,助义举,此用财也;靡宫苑,教歌舞,奢燕会，聚宝玩，此伤财也。用财者损而盈，伤财者满而诎。士大夫当为天下养身，不当为天下惜身。省嗜欲，减思虑，戒愤怒，节饮食，此养身也；规利害，避劳怨，营窟宅，守妻子，此惜身也。养身者啬而大，惜身者氵亶而细。

　　人生天地间，言不可说尽，衣不可穿尽，食不可吃尽，气不可使尽，福不可享尽。善哉！杨瞻之言曰：现在之福，积自祖宗者，不可不惜；将来之福，贻于子孙者，不可不培。现在之福如点灯，随点则随竭；将来之福如添油，愈添则愈润。古人云：求地为致福之基，积德为求地之本。未得地当积德以求之，既得地当积德以培之，是以后代鼎盛绵远。语云："择地不如择心"，可想见矣！

　　不妄语，不多语。不道人隐情，不摘人微过。不言己无干涉之事，不言人有关系之事。论人无拾短而弃长，论己无登枝而忘本。交浅者无与深言，调别者无与强言，阴刻者无与言衷情，轻疏者无与谈密事。语财不及非分，语色勿及邪秽。弹射官箴，月旦人品，不及爱憎，不及风闻。谈经济外，宁谈艺术，可以绍用；谈日用外，宁谈山水，可以息机；谈心性外，宁谈因果，可以作善。

　　安详是处事第一法，谦退是保身第一法，涵容是处人第一法，洒脱是养心第一法。不自重者取辱，不自畏者招祸，不自满者受益，不自是者博闻。吉凶悔吝，何关于天？

　　人有患难不能济，困苦不能诉，贫乏不能存，其人朴讷怀愧，不能自言于人者。吾虽无余，亦当随力同助。如富家不施仁善，岂非空入宝山。才高惟习绮靡，大是暴殄天物。设义冢以葬宗族之无地者，立义祠以祭宗族之无后者，置义田以赡宗族之无养者，皆美事也。饶裕之家，当力为之。

　　处富贵之地，欲知贫贱的痛痒；当少壮之日，须念衰老的辛酸；居安乐之场，当体患难人景况；处旁观之地，要想局内人苦心。遇事只一味镇定从容，纵纷若乱丝，终当就绪；待人无半毫矫伪欺隐，虽狡如山鬼，亦自献诚。当乐境而不享，毕竟薄福之人；当苦境而反觉甘，方是大受之器。非分之福，无故之获，非造物钓饵，即人世机阱，切须猛省。

　　清闲之人，不可惰其四肢，须以闲人做闲事。临古人帖，温昔年书，拂几微尘，洗砚宿墨，灌园中花，扫林中叶。

待有余而后济人,必无济人之日;待有暇而后读书,必无读书之时。贫而施功倍于富,贵而好礼倍于贱。让古人,便是无志;不让今人,便是无量。食物之物,恒为人食;算人之人,每遭天算。

一生若行路,前途险阻则后必通衢;亦似园花,葩艳独先则零落必早。是以达人宁为蔗境,智士不美华荣。世人只为体面二字,百事勉强。身心为之罢劳,名行为之堕裂。人最不幸处,是偶一失言,而人失察;偶一失谋,而事俸成;偶一恣行,而获小利。后视为故常,恬不为意,则败行丧检,莫大之患。

《吴原家范》从齐家教子、治家忌奢、兄弟和睦、孝道习成、修身养性、惜福知福、为人处事、交友处世、仁善济贫、享福知本、任事用权、习书勉学等多个方面,展现了孝亲敬长、睦邻兴家、育德养心、志存高远、奉公勤政、报国恤民、清廉自守、勿贪勿奢、审择交游、近善远佞、宽厚谦恭、扶危济困、爱国爱乡、乐善好施的大义。这些名言警句,不啻为人们治家良策、修身典范和惠政标准,至今仍有积极的指导意义。但由于时代局限性,也仍有一些诸如"不孝习成有二:一曰私财,二曰恋妻子""家不和,多因妇言以激夫"等,含有重男轻女倾向,训示内容已经过时,这是需要批判地继承和弘扬的。

五、吴原推崇的理学及纯孝理念

吴原除了对吴家子孙以家范训戒约束外,对社会教育和礼仪教化亦十分重视,有推崇理学激励学者后人的德行。弘治四年(1491年),他曾为南宋著名理学家、文学家高登祠碑刻书丹,为朱熹弟子、北溪先生陈淳报立专祠。现存《明故正议大夫资治尹户部左侍郎吴公神道碑铭》[①]载称,他"尤景慕先哲,尝请立宋儒陈北溪祠,岁祀于乡"。这是为特定人或神在立功或原任地方建立的祠宇,专祀古代有功德于民者、以身殉职者或亲民之官;有理学忠孝高风者,也可以建立专祠岁祀。

高登(1104—1148年),字彦先,号东溪。宣和五年(1123年),他受推举

---

① (明)李东阳:《明故正议大夫资治尹户部左侍郎吴公神道碑铭》,现存立云霄吴原享堂进厅廊道。

进京入太学，因5次引领太学生联名为干政抗金救国被斥责回乡。绍兴二年（1132年），高登登进士，任广西贺州富川县主簿兼学官；次年征召兼任贺州县学。每司一职均恪尽职守，屡有善政；时因上疏《时议六篇》抨击时弊遭外放，贬调广西静江府古县县令，后又讥刺秦桧卖国被诏捕。绍兴十三年冤情昭白，留任广东归善县（今惠阳）代理县令。次年主持潮州秋季试官，以《直言不闻深可畏策》命题直指时病和腐败①，被秦桧误以依附政敌丞相赵鼎削官除籍，监管于广西容州，直到绍兴十八年病逝。高登虽屡遭陷害摧折和贬黜削官，却常以"廉、谨、公、仁"自勉，至死不忘天下苍生。他创立理学观点，《宋史》称"其学则以慎独为本"②，突显博学高行和忠言志节，开漳江理学先河，成为闽中理学"倡起之师"，具有强烈的思想文化感化力。

宋绍兴二十八年（1158年），兵部侍郎胡诠作《忠辨》替高登辩护。乾道八年（1172年）右丞相梁克家、淳熙四年（1177年）漳州太守何万查核高登冤案上奏。孝宗下诏追认为迪功郎。淳熙十年（1183年），漳州太守傅伯寿奏请为他昭雪；淳熙十二年，朱熹又奏《乞褒录高登忠义状》为高登平反，追复官职并赠承务郎。次年漳州进士田澹收集板刻其文章，奉祀肖像于学府旁。淳熙十四年，漳州太守林元仲、进士王遇为高登立祠。绍熙元年（1190年）四月，漳州太守朱熹作《谒高东溪祠文》《又谒高东溪祠文》，次年上疏《乞褒录高登状》，为高登记功述德、敕建祠堂墓地和忠孝金牌，题匾"忠孝两全""浩气长存"，诏立漳浦忠节坊。朱熹卸任漳州前，再谒漳州高东溪祠，作祭文《跋高彦先诸帖》，称其为"一世之伟人，非独一乡之善士"，亲自题匾"百世师""木本水源"。

南宋末年，漳州高东溪祠被元兵烧毁。明成化六年（1470年），云霄太学生、举人吴震认为，高登忠孝高风宜祀于乡，遂呈立地方专祠诏准。成化十四年，漳州知府姜谅檄漳浦知县汪瑾于漳浦建祠祭祀。成化十七年，礼部侍郎徐溥撰《重建高东溪先生祠记》，由兵科给事中吴原书丹立碑。弘治四年，户部左侍郎吴原为高东溪祠撰联"刚彦慧翁千秋树功德，朋东仇桧万古诤忠言"，还以

---

① 明《漳州府志·卷28·人物一·宋列传·高登》；清《漳浦县志·卷15·人物志上》。

② 脱脱等撰：《宋史·列传158·高登》，中华书局1977年版，第12131—12132页。

《户部左侍郎吴原谨奏为崇祀先儒事》倡立宋儒陈北溪（陈淳）专祠，足见吴原推崇理学教化的良苦用心。另在今诏安县七街许氏垂德堂正门内侧"许氏家庙"匾背面，发现一方吴原书匾《纯孝》。全文载：

孝子孔智公者，姻翁中宪之曾祖父也。亲病二年，尝粪以验剧。及终，哀痛不已。后迁父坟，结庐草葬号泣，成坟而反。邑人义之，载在《县志》，以为纯孝。余适馆甥偶检传志，及此于戏《二十四孝》之至行，洵后人不可及也。若公，则足与黔娄并传不朽云。户部侍郎吴原拜赠。

此匾长172、宽57厘米，楷体墨书。从匾书内容看，吴原与许氏确有联亲之实。考应为弘治二年（1489年），吴原告假探母，或弘治六年七月再次乞归葬亲期间，题赠"馆甥"（即女婿）墨迹的原件。后值垂德堂重修，族人恐墨迹失传，遂利用石匾后部抹石灰喷红砂为底，再以双钩线复制其字体墨书成匾，作为传家之宝而留存至今。

全文用戏文《二十四孝》之南齐庾黔娄辞官侍父、尝粪探病、烧香祈天、减寿奉父的典故，盛赞女儿公公的曾祖父许孔智事父至孝的卓越品行。文中提到，吴原恰遇女婿查检《邑志人物传》，得知亲家先贤有此德行后心有所感，遂命笔题赠此匾藉以倡孝传世。查阅《诏安许氏族谱·玉峰祖派》《南诏许氏家谱·简历》称：垂德堂开宗祖为许氏飞燕衍派五世豹公，"字孔智，号确守，海德公之四子，即大路房祖。性至孝，亲病二年，尝粪以验差剧。及卒，哀痛不已，人以孝而称"。由此可知，在许孔智31岁那年，因父亲许海德病重而事亲两年。此后传至第八世，有许橡水官拜中宪大夫，吴原将女儿许予其次子九世许作卿。

从吴原墓志铭得知，吴原确有吴素华、吴素英两位女儿①。后者为其从兄吴森过房给他，但早年去世；许嫁与诏安许家者即为素华。吴原所书"纯孝"事迹，赞颂许氏居家传承立世的良好家风。他的事国至忠、事亲"纯孝"理念，是身处太平盛世的吴许两亲家传承光大、齐心呵护宗祠家训家规文化积淀的心灵归属，既是吴许两家姻亲的史证，也可视为《吴原家范》精华的延伸，让每位读者受益匪浅。

---

① 汤毓贤：《明户部左侍郎吴原墓志铭考释》，《漳州职业大学学报》2002年第1期，第29页。

六、从传统家范汲取优良家风滋养

习近平总书记指出:"坚持道路自信、理论自信、制度自信,最根本的还有一个文化自信,要从弘扬优秀传统文化中寻找精气神。"文化自信源于中华文化源远流长和博大精深,其核心就是价值观的自信。传统价值观是中华传统文化的核心,它以道德规范、道德感情、道德原则为基础,表现为传统美德体系,如仁义礼智信五常、孝悌忠信礼义廉耻八德等,其独特价值在于责任、义务、群体、和谐优先。在儒家传统中,修身是齐家基础,齐家又是治国平天下的前提。家训家规家范首要功能是"齐家",而修身持家的家风,具有孝、善、勤、俭四大基础元素,这是对家庭进行有序规范治理的功能,也是古代以家庭为范围的道德教育形式。

《人民日报》曾发表《人民要论》称:"从传统家训家规中汲取优良家风滋养。"① 传统家风和家训家规及其蕴含的传统美德,在当下依旧有着独特价值和现实意义。批判地继承和弘扬传统家训家规文化,既是开展政德教育重要内容,也是坚定文化自信的重要途径。将家训家规文化与现代社会理念有机结合起来,助人立德立言、成人成才,助社会涤风励德、淳化风俗、吐故纳新和守正出新,对于营造崇廉拒腐、尚俭戒奢、甘于奉献、见贤思齐的从政氛围,增强反腐倡廉的文化软实力,提供了宝贵精神食粮。试想,成长在克勤克俭、崇俭抑奢的家风环境,就会多一份厉行节约、反对浪费的主动;沐浴于谦虚谨慎、律己以严的家教熏陶,也会多一些手握戒尺、心存敬畏的自觉。云霄吴原享堂家风堂,透过介绍以吴侍郎为代表,在当地极富影响力的姓氏望族业绩,展示家规家训、名人格言、修身持家和感人故事等卓越家风元素,以践行社会主义核心价值观,弘扬家族家庭美德,传播社会公德,打造廉政家风教育基地,鞭策和激励大家秉承先贤道德风范,传续读书向善、倾心报国的忠孝理念,激励力争多出经世治国的优秀人才,服务于社会事业发展起到示范作用,故其创立意义是不言而喻的!

诚然,家有良规传道义,风盈正气唱新风。修身治国传家训,廉政孝忠启后人。党的十八大以来,习近平总书记也在不同场合多次谈到,要"注重家庭、注

---

① 《从传统家训家规中汲取优良家风滋养》,《人民日报》2017年1月26日。

重家教、注重家风"，强调"家庭的前途命运同国家和民族的前途命运紧密相连"。以国家大义为准则，以家庭伦理为主体，以勤俭持家为根本，重视齐家善邻和修身成德，养成积善立家、勤俭兴家、忠孝治家、诗礼传家的道德规范，是中华优秀家庭道德文化传承的良好准则。我们今天传承弘扬中华民族传统家庭美德，可以合理地吸收中华传统家训家规的精华，并推动其创造性转化、创新性发展，为新时代建构良好家教和家风提供丰厚滋养。如果能将其作为承载乡土文化的范本，那对中小学生进行普及中华优秀传统教育，将善莫大焉！

（作者单位：福建省云霄县博物馆）

台湾医圣——沈佺期

● 沈俊升 ●

沈佺期（1608—1682年），字云祐，又作云又，号鹤斋，又作复斋，明末福建南安市水头后园村人。祖籍晋江安平沈厝，后迁居南安石井雄山后围（今水头后园村），后园沈氏二房的七世。出生时，父亲给他取名"佺期"，据说神仙中有个大名叫佺期的，又唐代有著名诗人也叫沈佺期，父亲之意希望儿子将来能够出人头地，光宗耀祖，他亦不负所望，成就进士出身，官通议大夫、都察院右副都御史，兼福建巡按使。

沈佺期父亲是个山村郎中，为人淳朴，古道热肠，医术精妙，他本着悬壶济世的宏愿，对穷苦人施医舍药，深得临近乡人的尊敬与爱戴，公从小耳濡目染也懂得医道，同情病人疾苦，钻研岐黄之术，虽祖、父早逝，其母陈氏及媵励志守节。明万历年间倭寇屡次侵犯南安，陈氏捍外侮、抚孤儿，乡人对陈氏有"鸤鸠之均、熊胆之教"的美誉。沈佺期自幼刻苦，励志自立，经史子集，博学穷通，公曾就学于晋江龙湖鲁东陈鹄"文辉书堂"门下，是"鲁东十八士"之一。

沈佺期"道德博闻"，早年当过塾师。"崇祯十六年（1643年）登进士，成为明代南安最后一个进士，授吏部郎中。"

明崇祯十七年甲申（1644年），李自成破北京，崇祯帝吊死煤山，明亡，沈佺期志不降清，不愿为臣即弃官南归。

清顺治二年（1645年），郑鸿逵与兄郑芝龙拥立唐王，朱聿键称帝于福州，建号隆武。

清顺治三年（1646年）九月，隆武帝下诏亲征，清军猝入闽，迫福州城下，隆武仓皇出奔，在汀州被清军俘杀。

隆武政权覆亡后，沈佺期隐居同安大帽山甘露寺、南安水头鹄岭白莲寺，改事学医。他一边深研医经，广收方书，一边上山采药，为群众治病，使自己的医术更上一层楼。沈佺期与徐孚远、王忠孝诸人以名节相励，志不降清，清廷屡征召，不就。还曾隐居泉州西门外晋江下游北畔潘山（今丰泽区北峰街道的招贤社区），过一段相对清闲的时光。留下七律一首："机尽随鸥尚未闲，驹阴不肯驻衰颜。相将醉醒消人事，剩得风流在世间。霞绚云蒸妆淡水，花殷鸟傲静空山。此时春色又无赖，一曲渔歌一棹湾。[①]"

清顺治三年（1646年）底，郑成功在潘山相邻的丰州（时南安县治）焚青衣起事抗清，沈佺期因郑成功举义抗清大受震动积极回应。

清顺治四年（1647年），郑成功领兵进攻泉州，沈佺期招纳南安九溪十八涧数千乡兵，投奔郑成功，起兵泉州近郊之桃花山，后随郑成功赴厦门，从此成为郑成功得力幕僚，参赞戎务。郑成功尊称沈佺期为"老先生"，请其协理军机。时遗老多往来厦门，而王忠孝与辜朝荐、沈佺期、卢若腾等均为幕上客，军国大事，时询问焉。

清顺治十八年（1661年），郑成功议复台湾，诸将各有争议，沈佺期则极力赞同。时年三月下旬，郑军誓师东征，留沈佺期等于厦门辅佐世子郑经。康熙元年（1662年）五月，郑成功病逝于台湾，郑经嗣延平王位。康熙三年（1664年）春三月，王忠孝与沈佺期、许吉璟等随郑经入台。沈佺期登岛以后，参与屯田拓荒。

是时，台湾初辟，百废待兴，困难重重，瘴气为害，将士多不合水土，病者十之八九，沈佺期便以救死扶伤为己任，凭过去所学医术，详查病理，采药施救，全活无数。深受军民感戴，被奉为"台湾医祖"。之后近二十年，公在台湾行医济世，带徒授医，直到生命最后一刻。公以文史自娱，兼以医药济人，足迹遍及台湾乡村集镇。晚年授徒多人，声名益震。居台湾二十一年，清康熙二十一年（1682年），卒于台湾。

因沈佺期对台湾中医事业的发展作出重大贡献，被台湾民众尊为"医祖""医圣""神医"。每逢传统节日，彩旗、画屏、灯笼、楹联上，常见有其传说故事体现。闽台人至今思之，配祀延平郡王祠。

公为古文词，安详融练，卓然名家，有诗文集，《台湾府志》称："平生著

[①] 机尽随鸥：机为机事、机务，机尽即重要事情做完了。鸥，一种海鸟，常闲适飞翔，故多用作闲适之喻，如退隐与鸥为侣。驹阴：白驹喻日影，白驹过隙喻时间过得快，驹阴即光阴、时间。风流：风范。

作，其子孙辑而藏之。"苏镜潭咏沈佺期诗一首："铁马金戈动地来，家山残破付寒灰；桃花零落无颜色，寒食山头战鬼哀！"

民间至今流传着沈佺期悬壶问世与台湾少数民族的一段趣事。

顺治十八年（1661年），郑成功率师跨海东征荷兰殖民者，沈佺期不顾年老，随军出发。不想，大军刚进驻台湾，由于水土不服，军中普遍发生痢疾。沈佺期从小随父上山采药，能辨识数百种药草，善岐黄之术。他亲自到山上采来几种青草，治好了将士们的病。沈佺期"为医如神"的美名在军营中传开了。一日，沈佺期正在山上寻找药草，遇到几个少数民族人的无理阻难。随从士卒十分生气，持刀弯弓，准备狠狠教训他们一番。沈佺期急忙制止，说：红毛鬼虽然被我们赶出台湾，可是那些残留下来的传教士，还在暗地里散布谣言。说什么郑成功是流寇，到处杀人放火，搜刮财务，千万不要与郑成功往来，挑拨番社与汉人的关系。所以，我们初到岛上，就遇到了重重困难。我们切不可中敌奸计，处事不能鲁莽，要以德待人。

下山后沈佺期将此事禀告郑成功。翌日，郑成功和沈佺期带领随从到少数民族村社作安抚。那少数民族的酋长见他们来村社，以为这些汉人官员要来勒索什么东西了，忙呈上四大盘的丝帛珠宝和四大盘不同颜色的沙土表示进献。沈佺期受命接礼，他走出来，只收了四盘沙土，又将四盘金银珠宝完璧奉还。郑成功颔首赞许："国家社稷，赖以土存。沈老先生做法，正合本藩心意也！"少数民族人见此，也轰动起来。

这时一个少数民族小头目拨开人群，慌忙走到酋长身边，附耳嘀咕几句，酋长脸色一沉，走到郑成功跟前，施礼道："我家有急事，失陪失陪。"说完转身匆忙走了。众人不知出了什么事，经询问再三，才知是酋长的儿子急病。沈佺期与郑成功商量后，便去探访酋长，替他儿子看病，开了几样草药。酋长接过草药，见是上山的寻常野草，就淡淡地说声"谢谢"，随手将草药丢在一边。沈佺期为消除酋长的疑心，便随手掂了几根药草，放进嘴里嚼烂，咽进肚里。酋长夫人被他一片真心所感动，向酋长说了几句什么，只见酋长点了点头，便吩咐将草药收下来，叫人摆出酒来，与郑成功和沈佺期谈起来。不一会儿，酋长的儿子服下草药，从昏迷中苏醒过来。酋长夫人热泪盈眶地走出来，跪伏在郑成功和沈佺期的面前，连呼"救命大仙，救人恩人"。酋长也高兴得连连施礼致谢。

后来，沈佺期几乎整天忙于诊病。台湾的汉族和少数民族同胞，常常见到这个方脸大眼的美髯公,身着灰衣,头戴方巾,脚穿草鞋,手持一根挂着一大一小葫芦的藜杖,穿街走巷,跋山涉水,行医济世。沈佺期去世后,清康熙三十八年(1699年)其灵柩迁回南安。现在沈佺期在台湾的后人有数千。

沈佺期"常以医药济人,全活无算",对贫苦人一概不收诊金。在台湾人民的心目中,沈佺期就像一个活神仙,人们将他奉为"台湾医祖"。

(作者单位:世界沈氏宗亲总会)

浅析台湾《轩坑柯氏族谱》的内涵及其他

柯连平

《广东省梅县罗衣乡轩坑保柯氏族谱》简称《轩坑柯氏族谱》，其主编柯远芬（即柯桂荣）于1969年编印，1980年二次修谱编印，1989年三次修谱编印。第二次编修者为柯琛荣即柯远芬之兄，第三次编修者为柯培荣即柯远芬之弟。台湾文弘印刷，台湾柯氏宗亲出版。（参见图1）

柯氏裔孙桂荣字远芬，号为之，曾任台湾"警备总司令陆军中将参谋长"。《轩坑柯氏族谱》第三部分记载："桂荣民国二十九年于役泉州戍守福建中部防务时，曾到晋江塘市（笔者故乡）开基祖祭奠"。柯远芬于1940年来南塘柯氏家庙寻根谒祖，并赠匾"饮水思源"，其匾至今悬挂在南塘柯氏家庙内。据笔者故里老年乡亲宗长介绍，抗日爱国将领柯远芬中将当时十分风光，由两个连队官兵亲自护送，前来开基祖南塘寻根谒祖，深受塘市南塘宗亲们的热烈欢迎和盛情接待。柯远芬"饮水思源"的情怀，对柯氏族人影响深刻，南塘柯氏裔孙永铭难忘。（参见图2）

图1 《广东省梅县罗衣乡轩坑保柯氏族谱》

图2　南塘柯氏家庙寻根谒祖匾额"饮水思源"

一

《轩坑柯氏族谱》是台湾诸多的柯氏家谱中具有代表性的一部族谱。它体现两大主题:"根"与"魂"。其"根",表现在该家谱中寻根问祖,饮水思源;其"魂"表现在家谱中祖训家规,"礼让家风"。

柯远芬(桂荣)祖籍福建省泉州市塘市南塘,先辈分支广东省梅县罗衣乡轩坑保。中华人民共和国成立前其旅裔相率到台湾定居,后其家移居美国,兄弟现仍居台湾。1945年10年25日,柯远芬随时任台湾"行政院长"陈仪一起接受在台湾的日军投降仪式。柯远芬家族在中国台湾、美国、东南亚各地人丁兴旺、绵延瓜瓞,都不忘始祖,不忘根,不忘"你从什么地方来"。查阅《轩坑柯氏族谱》序二中记载:"夫木有本,而枝叶赖以茂;水有源,而江河获以长;以故宗亲之延绵,全赖裔孙之承先启后也。溯我柯氏之由来,乃为周代始祖后稷之后,传至泰伯、仲雍、季历兄弟三人时,因大王有传位于季历之子昌(周文王)之意,故泰伯与二弟仲雍乃相率奔荆蛮,自号勾吴。泰伯两传至柯卢时,后裔即以柯为姓。我南迁济阳堂后裔,乃自南宋时代,初由河南济阳府固始县迁至福建之一脉,先居于福州,后分支于泉州府晋江县及永春县等地。而后元、明、清三代国家多难,吾族忠贞之士,乃相率迁广东、台湾及海外各地。明朝中叶,吾祖大泉公由闽省迁居于广东大埔县三河壩天井湖,亦即吾广东一脉之始祖也。"柯远芬在该谱"柯氏源流(二)播迁概况"指出:"唐僖宗光启二年(886年),祖自河南光州固始,从王审知入闽,而居泉州(晋江)之元妙观西水沟巷,今呼柯厝巷即是。后晋天福七年(942年),祖讳宝公,自水沟巷分居莆阳,其仍居泉州之观西者,历五世及北宋至庆文公为泉州之望族。及南渡后,家道中微,始分散播迁。"又在该族谱第五"大泉公至国栋公世系"中有记载:"大泉公,八棠棣,曰:大澄、大冯、大洲、大渊、大海、大浪、大波、大泉,我始祖最小(其父名,须在梅县罗衣乡轩坑保昌军甲柯氏族谱始知)。原居闽中(判断为泉州府晋江县塘市),后兄弟八人分散各地,我祖大泉公则由闽入粤于大埔县三河壩天井湖落居。"这也充分体现柯远芬于1940年到晋江塘市南塘柯氏家庙寻根谒祖的溯源根据。

明朝中期,晋江南塘柯氏衍派大泉公,从福建迁到广东省大埔县三河壩天井湖落居……12世国栋公亲率五子,迁居广东梅县罗衣乡轩坑,自此族人繁衍,散居海外泰国、马来西亚等地,大多数人还入了当地国籍。"其中以20世波郎公在泰为官至枢密大臣、大理院法官。其子21世柯满他纳,任泰国外交部长为最显耀"。经过有关文史学者和研究族谱专业人士考证,柯满他纳与柯远芬,为南塘柯氏迁出的同一个分支衍派。明清以来闽南柯氏族人大批迁往台湾和海外,他们无论身在何地都十分关心祖籍地。现在回到祖籍地的柯前柯氏宗祠、南塘柯氏家庙,以及泉州滚绣铺何衙庭柯氏祠堂"有源堂"寻根谒祖的人越来越多。其中有柯俊良、柯俊民、柯永源、柯世钦、柯进堂等。值得一提的世居台湾彰化市鹿港的柯进堂,曾多次在元宵十五时来南塘拜祖。他于2003年元宵节应邀参加第二届中国泉州"海上丝绸之路"文化节,在这届文化节的"百个家族移民台湾族谱展"上,他翻阅泉州《济阳柯氏宗谱》时发现,该族谱与自己家族在台湾的族谱几乎完全相同,然后从台湾柯氏的字辈与南塘"仪表千世,孝子贤孙"的昭穆完全相同等方方面面的考证中证实了台湾柯氏的根在南塘。

晋江南塘柯氏衍支安海灵源林口村柯氏先辈早在清康熙、乾隆年间,就有大批迁居,开发台湾。迁居台湾的柯姓后裔为了怀念祖籍地,而将当地的原名改为祖籍地名"林口",而且台湾林口村的柯始后裔还将祖籍地安海灵源林口中普庵庙供奉的普庵祖师迎到台湾敬奉。因此,现在台湾也有安海灵源林口村普庵庙分灵而去的普庵寺,供奉的是同一尊普庵祖师。真可谓,人同根、神同源!现在每年都有台湾柯氏香客到祖籍地进香认祖。

闽南晋邑林口乡三甲田墘内房份柯氏寻觅旅台徙外族亲，据族谱记载：始祖由晋江南塘念六致政公徙居宫兜即华林，今晋江市林口村，房族亲人往台湾居住，13世起有：

柯连：纯笃（又名思）之子，生康熙年间，雍正年往台湾居住。

柯懋埠：提叔承继男，乾隆初往台湾台北县林口村居住。

柯懋觉：宜勉之次子，生乾隆戊寅年，后往台湾台北县林口村居住。

柯提仔、柯完仔：英俊之次子，兄弟乾隆初往台湾台北定居。

柯卓仔：晟观之四子，乾隆年间往台湾台北县居住。

柯厚质：康熙年间往台湾居住。

柯应、柯宁：厚质之长子、次子，兄弟乾隆年间往台湾台北居住。

柯昭配、柯昭治、柯昭春：雀观之长子、次子、三子，兄弟乾隆年间往台湾台北县居住。

柯坑（琬）：安羲之三子，生乾隆乙酉年，往台湾居住。

柯探：锡质之子，生乾隆戊辰年，往台湾台北林口村。

柯老：和荣之三子，生乾隆壬寅年，往台湾居住。

柯板：祯观之三次子，生乾隆丙辰年，往台湾台北镇居住。

柯茂典：探观之子，乾隆年间往台湾居住。

以上只有一房份，移居台湾的名单，其余不再一一罗列，请详见其柯氏族谱记载。晋江林口柯氏族人为南塘柯氏裔孙，据说现有近万人居台湾。

二

南塘柯氏迁居台湾已有四五百年历史，在台湾繁衍数万人。明代中期，16世纪下半叶，闽南沿海渔民、农民和商人开始出入台湾。郑成功收复台湾，特别是清统一台湾后，闽南各姓人士大批迁居台湾。柯氏这时也大量入台。他们都认福建为祖先之地，以河南或福建祖籍地为郡望或堂号，将"济阳"写在门楣或祖墓碑上。福建与台湾柯蔡人同祖、地同脉、语同音、民同俗，一脉相承，同根同祖，源远流长。1969年柯远芬编《轩坑柯氏族谱》在序言中，柯远芬声明他修谱的目的是"为维护中华文化传统，为使后代子孙不忘木本水源"。其弟柯培荣（字远清）亦在序中强调："毋忘祖宗，灌输中华伦理传统，传承中华文化。生生世世，以做中国人为荣。"两兄弟在其家谱中，十余处提到"饮水思源"，深深地感悟两岸柯氏血浓于水的手足情谊。下面再列举两例，阐述柯远芬家族饮水思源、勿忘祖宗的情怀。其一，《轩坑柯氏族谱》序三："姓氏族谱为记载宗族渊源、播迁，裔孙繁衍情况之珍贵文献，留诸后世裔孙饮水思源溯祖寻根之慰藉。故族谱亦为记述宗族世代薪火相传，裔孙繁衍播迁之重要史籍。"其二，在三修族谱感言中，附录祖屋对联："承栋祖创垂建业立功五房裔海内外百世箕裘欣永绍，冀儿孙缵绪光前裕后久代聚居昌炽千秋瓜瓞庆长绵。

《轩坑柯氏族谱》之谱首有柯远芬亲笔题词的"礼让家风"。其家风典故，意义深刻，源远流长。其意义反映柯远芬家族的"根"，而且也其家族的"魂"，柯远芬在序一中曰："吾祖泰伯以礼让传家，仁风义德，吾族后裔永志不忘，并予效法也。"在该谱第二柯氏源流考中注："柯氏源流出周代，周太王之长子泰伯之裔孙吴公子柯卢之后也……吴祖让位之德，及仁孝之风，吾辈子孙应永铭肺腑也。"

早在2500年前，孔子盛赞泰伯，曰："泰伯可谓至德矣，三以天下让，民无得而称焉！"。其意是：泰伯三次以君位相让，其道德品行至高无上，如此德行，百姓不知道怎样称赞他才好。

关于"礼让"之史实，溯至商末姬周。商末周太王有三个儿子。长子泰伯，次子仲雍，三子季历。相传季历其子昌（即姬昌，周文王，周武王父亲）生辰八字祥瑞，一次，周太王摸着昌的头曰："兴周者必此子也！"有意让昌做继承人，但按照当时氏族的传统，首领的职位只能由长子或长孙继承。季历不是长子，昌本人也不是长孙，没有资格获得这一职位，周太王不愿破坏世代传袭下来的规矩，又不甘心昌被埋没，终日愁眉不展，后来终于一病不起。在这一背景下，产生了名扬天下的"三让"（即"前三让"）：

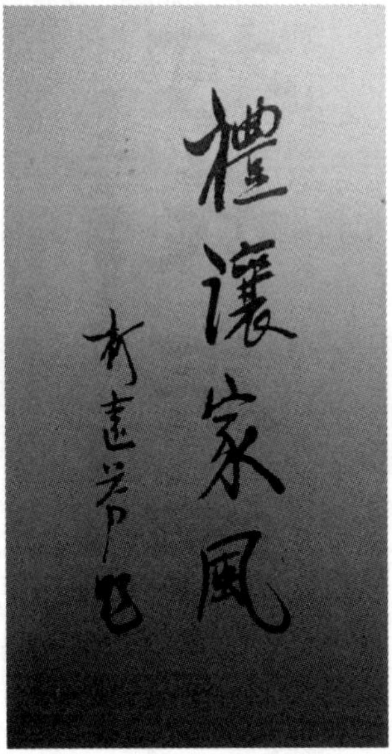

一让：泰伯和二弟仲雍知父之意，借口深山采药为父治病，即奔江南避位，让父亲能顺心传于三弟季历。

图3 《轩坑柯氏族谱》谱首柯远芬题词"礼让家风"

310

二让：周太王病逝，泰伯与弟仲雍到岐山奔丧。季历请大哥接位，泰伯坚辞不就，依旧返江南。

三让：季历过世，传位给姬昌，泰伯又与弟吊唁，姬昌请大伯父泰伯接王位，泰伯又坚辞之。

历史上有泰伯的"前三让"，又有季礼（柯相14世，周太王20世）的"后三让"之说。简介于下：

一让：泰伯无子，仲雍数传到寿梦（周太王19世，柯相13世）。寿梦重整纲纪，整顿内务，操练兵马，发展生产，使吴国强盛起来。寿梦有四子：长子诸樊、次子余祭、三子夷昧、四子季礼。寿梦见老四季礼贤能，欲立之，季礼不受。

二让：寿梦临终遗嘱："我死后，王位只能兄传弟，不能传给儿子。"吴王崩，老大要老四季礼即位，季礼拒不接受。

三让：老大诸樊无奈只好登位。但他一心牢记先王遗训，自忖道："若是我们兄弟一个传一个，到啥时才能轮到四弟季礼呢？"他想出一个办法：让自己早死。于是他亲自带兵攻打楚国，战死沙场。老二余祭立为王，他仿效兄长，亲征越国也死在战场。老三夷昧即位，他还未仿效两位兄长的时候，就染病身亡。这时理所应当轮到季礼了。但季礼却利用出使晋国的机会躲了起来。国家不能一日无君呀！就立夷昧的儿子为王，称为吴王僚。这时，季礼才放心回国称臣。这就是所谓"后三让"。其高风亮节美传天下，值得敬佩。至德是圣人孔子对"三以让天下"的精神的高度赞誉，值得济阳柯蔡族人子子孙孙传承弘扬！谦让祖德，继往开来，永放光彩！

亲情割不断，血脉总相连。柯氏有着共同的"根"，有着共同的"魂"，共同的基因，共同的家规家风。

三

我们知道，华人的根是"炎黄"，再远是"伏羲"，这些都是一种文化，大家都认同。一个姓氏的根，是这个姓氏的发源。各个姓氏都有他们明确的"根"，现都比较明确。然而对于寻常百姓就需要去寻根去寻问："我们是从哪里来的？"这就是家谱的核心意义。柯远芬主编的《轩坑柯氏族谱》其寻根由台湾到广东，由广东到福建泉州，由福建泉州最终寻找到晋江塘市南塘柯氏家庙。这足以说明一个游子的血浓于水，"饮水思源"的情怀，以及仁风义德，不忘先祖的精神。

众所周知，传统的古代的族谱，"姓氏"是家谱的唯一标志，女性一般是不能上谱的。翻阅族谱也有许多禁忌，平常之时是不能查看的，要在特定的时候由长者才能查阅等等清规戒律。

现在台湾的族谱已经逐步开放对女性的限制。女性已经可以上谱了。现在倡导男女平等，家谱中女性不仅要上谱，而且也是重要的一部分。它的好处，可以通过女性的婚姻关系，利用现代科技手段，数据库连接到另一个姓氏，建立这位女性的兄弟、父母、子女的家族谱。通过女方夫家的家族连接到其他的姓氏家族，通过连接到其他的姓氏家族，建立家谱数据库，形成一个"姻亲"关系的多维的联系，将一个纵向的单一的姓氏，以男性为主线的家谱，变成横向的多姓的，以婚姻关系为纽带的多维的家族谱。这样的一个"家族谱"既保留了姓氏的文化传承，又突显了家族关系，有利于社会和谐、稳定、团结。这样，中华民族都将成为一个大家庭，真正实现我们都是一家人，都是炎黄子孙！

查阅数本《台湾柯氏族谱》现在已有许多家谱有了新思想，新体例，新格式，新要求，新做法。以《轩坑柯氏族谱》为例，其一，在该族谱附录部分：柯氏旅台裔孙大专毕业题名录中记载："此次编辑修族谱，爰将裔孙男女大学本科以上毕业者们列入族谱……并以勖勉后辈裔孙，见贤思齐。"下面仅列举数人为例："继超公长女丽娟，高雄师范学院毕业，留美深造。继超公次女曼雯，成功大学毕业，留美深造。继超公三女玉雪，中兴大学毕业……桂荣公长子重光，世界新专毕业，桂荣公长女嘉惠，静宜文理学院毕业……"（其他数十位男女大学专科以上毕业从略）。其二，该族谱为了便利各地联系，在族谱中增加各地主要联系人的详细地址和电话。其三，该族谱附录部分中，借鉴中华传统文化之代表作《礼运大同篇》为家规家训，以诫后辈。其四，该族谱中还提出新要求，柯远芬1989年为该谱所写的三修再序中记载："《轩坑柯氏族谱》，而今已二十余年矣。且经十年一修，三修亦已完成。兹再三事叮嘱我族裔者：第一，为期族谱延续，望十年一修之仪能绵延不断，中断之后，便将失其价值……"我们知道现代不少族谱都能不拘传统，与时俱进，有许许多多的创新发展，有的族谱经电脑制作后上网，同时加入数据库，便于族人查阅，便于公众交流。

参考文献

［1］柯连平主编：《济阳柯蔡源流探索》，香港文学报出版社。
［2］柯连平：《闽台柯蔡同根同祖源远流长》，《台湾源流》56-57期。
［3］柯连平：《浅论泉州南塘柯氏源流》，《首届海峡百姓论坛文选》。

（作者单位：福建省济阳柯蔡委员会）

泉台两地魏氏的祖训家风传承

魏朝阳

一、泉台魏氏的传统门风

泉台两地的魏氏一族，其族人大多数是唐初名相魏徵的后代，发祥地在今之河北巨鹿，故泉台魏氏一族的郡望是"巨鹿"。"巨鹿魏氏"的灯号，大多是"鹤山"。这是因为魏徵的15世孙魏了翁，其号为鹤山，他创办了当时著名的"鹤山书院"，该书院的字匾是南宋理宗皇帝的御书。了翁的"为政不害民"的重民思想与先祖魏徵的"以民为本"的爱国为民的思想是一致的，并贯穿于魏氏一族"忠孝传家"的家族文化之中。

魏徵的"君舟民水""以民为本"等爱国为民的政治主张，对成就盛唐的"贞观之治"起了重要的作用，使唐朝帝国成为历代王朝中最为文明昌盛的强国。南宋著名的理学大家魏了翁，为了挽救当时的社会危机，不仅促使"程朱理学"成为南宋后期以及后来历代官方的思想理论基础外，还提出"为政不害民"的儒家"重民思想"。魏了翁是魏氏一族"爱国为民"思想的重要继承人之一。这一"爱国为民"的思想，以及"忠孝传家"的家族文化，一直影响和促进着泉台魏氏一族的不断发展和光大。

在闽南地区，最早实践"爱国为民"思想，以及"忠孝传家"文化的，是唐初开发泉、漳二陈的长辈魏敬魏夫人（世称魏妈）。她既是唐相魏徵的堂妹，又是开漳圣王陈元光的祖母。泉州与潮州之间的原住民，因南下的晋人挤占他们的生存空间，导致延续数百年的蛮汉矛盾进一步激化升级，至唐初终于爆发了一次大规模的"蛮獠啸乱"。唐高宗遂诏命陈元光之父陈政为统领岭南行军总管事，入闽平乱，后因众寡悬殊，交战失利。陈元光祖母——魏夫人，在国难当头之时，毅然率58姓"光州固始"子弟赴闽增援，终于基本平息了少数民族的动乱。魏夫人继承魏氏一族"为国为民"的家族文化，用中原的先进文化和生产技术，教化民心，改造社会。威德并用，团结多数，鼓励部下与闽越等少数民族和亲通婚，促使闽越人由此逐渐汉化。魏敬引导陈政、陈元光等子孙，"为国为民"开发泉州、漳州，实现了民族的大融合，促使闽南地区的政治经济获得巨大的发展。

二、巨鹿魏氏祖训家规举隅

巨鹿魏氏，在自己的族谱中，郑重地写上"族训、祖训和家规"要求后人严格遵守。

魏氏族训："爱国为民、重教助贫。正心明义，舍己为人。"魏氏祖训："事亲必孝，事长必敬，兄友弟恭，夫义妇顺。冠婚丧祭，秉礼必慎。士农工商，择术必正。毋听妇言而乖骨肉，毋作非法而犯典刑。毋以众而暴寡，毋以富而欺贫，毋好赌博而荡产业，毋即匪僻而坠家声。制行唯严以律己，处世毋刻意绳人。苟能行之，昭昭自责、报以冥冥眷。兹训辞实系废兴，诵之再三，其尔深听。""魏氏祖训"摘自《魏氏大宗谱》[原载于南宋景定五年（1264年）魏梦极进士编修的《莆阳枫林魏氏族谱》]。"魏氏祖训"全文是用文言文写成的，现代语言则是："奉侍祖上和父母，必须尽心尽孝。对侍年高的长辈，必须至诚至敬。兄弟妯娌，互相尊重，和睦共处。夫妻之间，和顺有义，同心同德。婚嫁祭祀，依照礼俗，慎重处理。选业择艺，符合正道准则。不信离间，不伤骨肉至亲。遵规守法，不犯刑律。不以强势而欺压弱小，不因富有而欺负贫困。不好赌博而毁废家业。不误交邪匪而败坏家声。制定行为规范，主要是用来严格要求自己，而不是用来限制别人。先从自己做起，光明磊落地自责自律，与别人和睦相处，天地和人，就会关照你、保护你。这份训词，是关系到家族的兴旺或衰败的大事，需再三地诵读，期望你们能铭记在心。"魏氏家规："宗族当睦：富者宜周贫，贤者宜教愚，守望相助，患难相扶。蒙养当豫：蒙以养正，教子立德，课子成名。职业当慎：生而秀者，志矢勤读。生而朴者，勤耕渔樵。名分当正：父子、兄弟、夫妇三者应克尽其道，君臣朋友之伦类推。赋税当完：若赋税当完而不完，欲完而不早完，是藐视国法、有负君恩。凡我子孙，咸宜深懔。"

三、魏氏祖训家风在传承中的相关事迹

入泉的魏氏城东（西福）始祖魏九郎，是魏徵的23世孙。他是元初抗击外族入侵的志士，曾得当地民众的普遍赞誉。魏氏西福的第8世祖魏瑚（号西田），也以"舍己为人"的优秀品质，深得乡里民众的尊重，被共推为"乡约正"，在明嘉靖三十八年八月廿八这一天，他与庄任的庄良珍、杏宅的郭概等乡贤，为保卫乡里的财产和家族的安全，一起领导十几个乡村乡兵班的乡兵及民众，在泉州城东的琯头一带，大获抗倭卫乡一战的全胜，几乎全歼来犯的敌寇，并活捉倭寇匪首，沉重地打击了倭寇入侵泉州地区的嚣张气焰，使入泉倭寇从此之后不敢再踏进泉州东门外的浔美至桥南这一带地区。魏瑚的族叔祖魏升，是仙游"魏家军"将领，在明代中期（弘治至正德年间）也是抗倭名将，当地百姓为其建立了一座"壮烈祠"。《仙游县志》载：魏升系兴、泉（兴化与泉州）安危三十年，大小二十余战，所向披靡。明嘉靖年间，戚继光入闽平倭时，还特地去"壮烈祠"吊祭魏升。泉州城东的琯头抗倭卫乡一战的胜利，就是继承抗倭名将魏升的遗志而取得的。这一"保家卫乡"的传统，传至清末鸦片战争爆发时的1843年，英军侵犯厦门之际，入侵的英军战船从厦门欲进犯泉州之时，船至洛阳江口，见岸边摇旗喊杀者满山遍野，有上十万之众，便被吓破贼胆，丢弃两门钢炮轻装逃遁，使泉州民众得到安定的生活环境。

泉州西福魏氏第10世祖魏元翼（魏瑚之孙），官至工部主事。从小师事泉州名士何乔远，为明天启四年（1624年）举人，具爱国为民的思想。明崇祯元年（1628年）入京求职时，不为权宦所许的高官所动，托疾还乡。魏忠贤一倒台，元翼便得皇诏到松阳县任县令，后转知石埭县。他在任上振兴教化，组织围垦海滩，缓解灾荒。因政绩显著，是官民同赞的"廉吏"。后来辞官离任返家时，因两袖清风，"缺行资而滞于池地"。元翼一生清白，十几年为官，离职返家时，却连路费都欠缺，可见其为人的品质是何等的高尚。元翼告归回乡之后，结庐于邻里的乌屿岛上，绝仕宦交游，过隐居生活；每日葛巾野服，与农夫渔人等为伍，为官为民皆成一方楷模。魏元翼虽只是一个四品官员，但能恪尽职守，清白为官。他忠诚正直、急公好义、宽仁重教、洁身自好的为官准则，为后人树立了一个优秀的廉吏清官的形象。

入泉魏氏第 11 世祖魏士曾（魏元翼的族侄，居住城东南埔），在清初时期，他投笔从军后，跟随表兄万正色，参与平叛吴三桂、吴应麒父子的征战。应康熙帝的诏令，万正色统率岳阳水师，与魏士曾等将领一起，趁夜突破叛军防线，杀敌一个措手不及，令贼兵死伤无数。其时，逆魁吴应麒，控城死守，一时难以进取。魏士曾设立反间计，欲促成吴应麒的部下归顺朝廷，万正色怕表弟会遇不测，凄然制止。魏士曾说："不入虎穴，安得虎子，为破岳阳城，士曾何惜以一人之身，报效朝廷呢！"万正色为士曾的壮举所感动，遂让士曾驾舟抵岳阳城实施反间计。后来魏士曾为此牺牲了自己年轻的生命，从而促使敌将陈华等人相继投诚。清康熙十八年（1679 年）正月，在外无救兵、内无粮草的困境下，吴应麒弃城逃遁，岳州遂被收复。魏士曾为抗击吴三桂父子的反清叛乱不惜献出自己年轻的生命，当时康熙帝还下诏给予旌表。

魏氏入泉定居传至第 21 世，又出了一位为国捐躯的烈士，他就是现华大街道城东社区的军人魏献美。1966 年 1 月 8 日，中国人民解放军的某部队 70 分队的军人魏献美，发现有敌特分子正要损坏国家的利益之时，奋不顾身地扑上去加以制止。在与敌特的对抗中，他为了国家的利益献出了自己年轻宝贵的生命（当年就被所在部队授予烈士称号）。

魏氏一族的"爱国为民""重教助贫"等"忠孝"家族文化，贯穿古今，且不断发扬光大。现西福村乡贤魏腾雄（泉州天地星电子公司董事长、原华侨大学副教授），近年来就分别为福州大学、华侨大学和泉州市慈善机构等教育公益事业各捐献人民币 1000 万元（连续捐款 3000 多万元）。2014 年 11 月，时任福建省副省长李红向魏腾雄颁发了"福建省捐赠公益事业突出贡献奖"奖匾。近几年来，魏腾雄还捐献给西福村的公益事业和教育事业等累计近 1000 万元。他的所有善举，都得到家属的大力支持。泉州魏氏的其他乡贤也捐献出数百万元人民币支持教育和慈善事业。

百善孝为先，泉州魏氏一族的"敬老孝亲"事迹，自古以来不胜枚举，且孝亲敬老善举不断地代代相传。城东村的居民魏文良，在他进入古稀之年的时候，其继母陈次娘已经是百岁老人。陈次娘的丈夫去世早，她当妈又当爸，身为慈母，为了子孙的前途又得充当严父，严格教育丈夫留下来的子女，并惠及其子孙，使他们都成为社会有用的人才。儿孙们也把她当作好母亲、好祖母来孝敬。在百岁老人因走路不小心跌伤腿脚卧床之后的几年里，仍然得到魏文良夫妇无微不至的侍奉。他们真心诚意的孝亲行为，为他们的儿孙树立好榜样，魏文良的两对儿子、儿媳，以及众孙辈们，对他们夫妇也十分孝顺，并与父母一道，孝敬这位"百岁老寿星"（陈次娘活到103岁才去世），让家中的长辈们安度幸福的晚年。每逢重阳节，魏文良的长子魏建家还会为村里的老人们捐上一笔善款，以表达他的"敬老"之心，希望社区的老人们同他的父母、祖母一样，也能过上一个幸福的晚年。从众多魏氏90岁以上高龄老人们的健康笑容中，我们可以体会到"敬老孝亲"的传统"孝"文化，在魏氏家族中根深蒂固，而且一代接着一代不间断地传承着。

不断地激励着自古至今无数魏氏族人的，是"爱国为民""忠孝传家"的家族文化，"忠孝"家族文化在魏氏一族中正发挥着其无比强大的正能量。

（作者单位：福建省姓氏源流研究会魏氏委员会）

浅谈族谱编修与寻根谒祖

——● 曾贵乙 ●——

前 言

"少小离家老大回,乡音无改鬓毛衰。儿童相见不相识,笑问客从何处来。"这首唐朝诗人贺知章的《回乡偶书》充分说明了绿叶终究要落地腐朽化为肥以养其根,鲑鱼悠游大海终其一生总要回到出生之地完成最神圣的使命。乌鸦有反哺之孝,羔羊有跪乳之恩,何况是万物之灵的人——必当敬笃思亲,思己所出,追寻根源,缅怀祖先。

年幼时,生活条件虽是困顿,但是逢年过节,长辈们对祭祖的祭品却不敢怠慢寒酸,祖堂的供桌上总是祭品满满,香烟袅绕。族人们聚满一堂,伯公伯婆、叔公婶婆、阿伯伯母、阿叔阿婶、阿哥阿姐……一声声亲切的称呼声此起彼落,族人间一片祥和温馨美满的景象。长辈带着晚辈向祖宗牌位奉香敬酒,行礼如仪。叙述着先祖如何从原乡渡过黑水沟落地生根,筚路蓝缕以启山林,辛苦一生为奉养父母、养儿育女努力打拼的故事。训勉晚辈要效法先祖的教诲,要让父母能安享晚年,儿女能得到良好的教养,出人头地,光宗耀祖。

天有不测风云,1959年8月15日傍晚,屏东县恒春地区发生了规模6.7级的大地震,笔者住家身处震中附近,当时与家母在田园除草,听到长长的山鸣声,想要跑回家都跑不动,家父刚从碾米厂离开,把在碾米厂前面玩耍的小朋友赶走,才没造成重大的伤害。此次地震还好是发生在白天,才没造成人员的伤亡。强烈的地震震毁房屋无数,祖堂亦不能幸免,族人失去了团聚祭祖的地方,祖先牌位也由各房子孙请回各自奉祀。亲族之间的感情也日渐淡薄。

农业社会为了耕田种地养家活口,总是儿女成群。住地为丘陵地带,耕地有限,产量无法承载众多人口之所需。适时正是台湾由农业社会转变为工业社会的时候，工厂提供了农村过剩劳动力的去处。族人也随着潮流，一个长大就一个前往都会区工作赚钱补贴家用。相聚时间愈来愈少，久而久之，叔伯不熟、兄弟不识，想想如因细故引起祸端，一家人不识得一家人，打得头破血流都不知道是自家兄弟，岂不是大水冲垮龙王庙，真是堪虑。

一、族谱编修

笔者在家乡接受教育至初中毕业，就到远离家乡近百公里的屏东念书，因时间及经济因素，只有在寒暑假时才能回到故乡。儿时的种种是人生最难忘的美好时光，无忧无虑，逢年过节是最高兴的时刻，有丰盛的祭品可享用，有新衣服可穿，童伴的嬉笑犹深植于脑海。每年的清明扫墓因远在他乡无法参加，总是暗自啜泣。高中毕业后服义务役三年，退伍后第五天就到北部找工作，远离家乡几十年，很少参与家乡和家族的事务。

因地震关系祖堂损毁，年节的祭祀只得由各房分别举行，亲族之间的感情也日渐淡薄，族人散居各地不相往来，如同陌路。经过几十年的变迁，家乡的景象也渐行模糊。或许祖先有灵，机缘已至，透过某种形式指示子孙——要重修祖堂、要编修族谱。迁台祖鼎伯公于清朝嘉庆末年移居台湾，迄今已200余年，并没有留下详细的资料。因此，寻找祖源，谈何容易！只有从耆老的口头相传中得知：1. 迁台开基祖的名讳（鼎伯公）。2. 由广东梅县渡海来台。3. 当时是梅县18世祖兄弟三人一同渡海来台，几度迁徙最后来到台湾最南端的偏乡定居，开基创业。之后二弟（来台祖鼎伯公之弟，元义）北上发展，失去联系，是否传有后裔，不得而知。编修家谱时也曾花了时间寻找，但是已无法寻得，只望往后能有机缘寻回失去联系的族人。三弟元彬，回到祖居地，传有四子，传至第20世（鼎伯公三兄弟为第18世）已迁移别居失去联系。据广东省蕉岭县2013年10月8日颁布之广东省蕉岭县续修《武城曾氏族谱》第156页（传彬房）记载四子为：长子纪进（进魁）、次子纪定（定勉）、三子纪双（双勉）、四子纪风（风勉）。

编修族谱的工作在20世纪90年代初始，由堂哥福来、堂弟永义、三弟明聪三人负责。因不熟悉族谱之编修，不会计算机操作，无法取得需用的资料，只凭记忆中的印象进行，在2006年初编成了《鲁国堂曾氏族谱》。在此之前笔者并不知有编修族谱之事。是年清明扫墓时，从三弟手中接过用九张 A4 纸印刷的《鲁国堂曾氏族谱》，内心有一股莫名的沉重感。难道说是老祖宗指定要笔者担负起寻找失散族人以及编修曾氏族谱的责任？当下就在《鲁国堂曾氏族谱》内页第一面写下四个愿望——1. 祖堂重修。2. 族谱编修。3. 寻根谒祖。4. 成立附属基金会。希望在有生之年能够完成祖先的交代，找回失散的族人，重修祖堂让祖灵有个安息之处，以慰先祖在天之灵，再续族人渐淡的情感。

开基祖移居台湾已有 200 多年的历史，传至笔者已是第六代，年岁久远又无留下记录，要续谱是何其困难？实在令人头痛。皇天不负苦心人，笔者在网络上寻得"曾氏宗亲网"，头痛的事情出现了转机，在"曾氏宗亲网"上浏览到宗长曾义雄的博客，告诉宗亲们要回蕉岭祖居地寻根的路线与接洽之人，真是让人雀跃万分，马上动笔写信给蕉岭祖居地的曾子华宗长（后来得知子华宗长是蕉岭续修《武城曾氏族谱》的副主编之一，比笔者小一辈），接着打电话给子华宗长，他告诉笔者已将信件交给另一位副主编，也是与笔者同为南山户的曾礼洋宗叔，又打电话给礼洋宗叔，他答应帮助笔者，抱着期待的心情，三个星期后笔者接到礼洋宗叔寄来用 8 张 A4 纸连接起来，长 202 厘米、宽 29.5 厘米的世系表，真是够幸运的，在短短的三年就能将迁台开基祖往上的世系接续上，不能不说是祖先保佑。

在台湾出生的世系就请各房子孙到户政事务所申请户籍誊本，加上之前所得到的资料，经过七年的编纂，几次的校正，在 2011 年初成稿。2011 年 11 月，礼洋叔到台湾来探视嫁到台湾彰化的女儿，笔者正好将已完成的稿件交一份给礼洋叔，与蕉岭续修《武城曾氏族谱》一起付印。这期间琐琐碎碎的事情加之个别族人不配合，不愿提供资料，如没有相当的毅力与耐心真是无法完成族谱的编修。也因个别族人不愿提供资料，族谱无法百分之百完整。奋斗了七年的"传伯公房系"五服图谱终于完成，其间心情，冷暖自知。编修完成的台湾省屏东县满州乡港口村桥头"传伯房系"以及《重修武城曾氏族谱》于 2013 年春节团拜祭祖时分发给族人，完成了笔者编修族谱的心愿，给后世子孙留下寻根的资料，也可告慰先祖在天之灵，对祖先有所交代。至于笔者的其他愿望能否完成，就待更加努力吧！

二、祖堂重修

重修祖堂需要有人力、财力的支援方能成事，当时在毫无经费的情况之下，建议福来哥召集六大房下子孙成立重建委员会，取得大家的共识协助，由福来哥担任主任委员，成立任务编组，订定每个人所负责的工作，第一步程序完成。

祖堂在地震时损毁，原址灾后重建时，已被第五房的堂哥盖了二层的楼房，无法在原址重建，得另寻找合适的地方。刚好笔者老家已不再居住，征求家父的意见，在笔者旧居屋顶已崩塌的老屋充当为祖堂重修之处可否？老人家未曾犹豫一口答应，最难解决的第二步程序完成。家父于2006年元月过世，在过世之前尚询问祖堂要何时整建，悬念之情盈挂于心。笔者劝慰家父不需挂念，一定不会辜负老人家的心愿。于2006年8月祖堂破土动工整修，又是一次严峻的考验，2006年12月25日晚恒春发生6级的大地震，还好整修中的祖堂结构未曾受损。在族人同心协力下，终于在2007年农历春节年初一举行安座大典。往昔祭品满堂，香烟袅绕，族人欢聚一堂的情景又呈现于眼前。于是开会决议，往后每年春节大年初一的上午10点举行春节团拜。

重修祖堂，完成了族人共同的心愿，告慰了先父在天之灵，祖灵也有了安息的地方。据福来哥说，失散多年的族人在祖堂修好后也陆续回到祖堂来祭祖，让人甚感欣慰。努力有了初步的成果。

三、寻根谒祖

200多年来，"传伯公"（迁台开基祖）后裔尚无一人回到祖居地——广东省蕉岭县新铺镇南山村，祭拜列祖列宗。寻根、编谱已成，祖堂也已建好，此时该是率领族人回祖居地祭祀祖先最好的时间点。2013年10月9日与族人一行10人由高雄小港机场出发，开启八天七夜的谒祖之旅，经金厦"小三通"到达厦门，再搭中巴前往蕉岭。一路颠簸，经过八小时的舟车劳顿，满怀期待的心情，终于抵达蕉岭地界，住进酒店休息。礼洋宗叔带南山户五位宗长（笔者为蕉岭曾氏六大户南山户之裔孙）到酒店相会，并携来2013年10月8日刚颁布的广东省蕉岭县续修《武城曾氏族谱》，笔者也回赠五盒台湾的凤梨酥给五位宗长。虽然是短暂的见面，分离了 200 多年的血缘宗亲，生活环境有异，表达方式有所不同，但是毕竟血浓于水，内心之澎湃无以言语。

给蕉岭曾氏一世祖"裕振公"祭祀并扫墓，是在每年农历九月六日于广东梅县白渡嵩山高思溪口大坪上举行。南宋末年元兵南下，裕振公长子天秩公肩挑父母遗骸，携妻带子与弟逃离居地福建宁化石壁。在至江南西路赣州会昌县羊角水途中，天秩公因病过世，葬于羊角水村石鼓坳背。天秩公夫人聂氏婆太，在办妥天秩公后事后，继续携幼子、小叔往南逃难至广东梅州程乡县石窟督徐溪乡（今广东梅州蕉岭新铺乡）落地生根。尊裕振公为蕉岭一世祖。裕振公考妣遗骸依国师刘江东之建议，葬于广南东路梅州程乡县高思溪口大坪上湖面坐北朝南，山形为卧猪暴兜，始葬于 1382 年，1992 年重修（2013 年，广东省蕉岭县续修《武城曾氏族谱》载）。

祭祖大典于是日上午举行，裕振公各地裔孙约 400 余人于墓地参与祭祀大典。祭品全猪、全羊、香花素果，尚有古曲伴奏。主祭者向裕振公考妣行三跪九叩首大礼，其余裔孙人手一支香轮流祭拜。典礼于 11 点钟结束，中午于白渡镇上聚餐。用餐完后由曾勉宗长带领到南山户开基祖上寿公坟前焚香祭拜，祈求平安顺利。上寿公墓碑被墓后倾倒大树挤压断裂，2014 年在礼洋叔带领下，裔孙合力协助重新竖碑整修完工，通往上寿公坟地的道路也一并整修完成。笔者也尽了一点小小的力量。晚上南山户的宗长设宴接风，闲话家常，有述说不尽浓浓的亲情，尽现于酒席之间。

风和日丽的早上（2013 年 10 月 11 日），一行人抵达传伯公的出生地——蕉岭县新铺镇金沙乡南山村，南潘公祖厝细上屋。南山村的族亲用响亮的鞭炮热烈欢迎从远地回到故居祭祖的我们，这让笔者既感动又激动，已过了 200 余年遥远的岁月，终于有传伯公后裔回到祖居地祭祖，祈望传伯公天上有知，福佑子孙，繁荣昌盛。接下来一行人在南潘公（蕉岭八世、南山户细上屋裔孙）的祖堂中，由笔者代表传伯公的裔孙向曾氏历代的列祖列宗行三跪九叩首最敬礼，从台湾带来的香灰倒入祖居地祖堂的香炉，掺和了祖居地香炉里的香灰再带回台湾，加入祖堂的香炉，以示传承与延续。

祭祀仪式完成，由回来祭祖的族人合资在祖堂席开五桌宴请祖居地的族亲，在杯酒交欢，感情交流，闲话家常中结束宴席，一行人在祖堂牌楼下合影留念。怀着依依不舍的心情，互道珍重，在期待再相会的告别声中离开了南山村传伯公的出生地。（宴席中笔者曾抽空看了细上屋四周，年代久远用土砖所建的建物，经不起风吹、日晒、雨淋，除了少部分尚有屋瓦覆盖，其余虽然轮廓尚在，但已破烂不堪使用，族人无力重修，令人不胜唏嘘。希望在居的族人有人带头发起，让祖厝能有翻新的一天）隔天因没有活动，我们以愉快的心情参观了梅州附近的几个景点，夜晚还欣赏了梅州河两岸灿烂的灯光美景。

聂氏婆太的扫墓祭祀日，是每年农历九月九日重阳节当天。聂氏婆太于南宋末年元兵南下时随夫婿天秩公逃离福建宁化石壁祖居地，行至江西会昌时天秩公因病过世。聂氏婆太在办妥夫君天秩公后事后，依国师刘江东之指示，复携四幼子与小叔往南逃难，翻山越岭、涉水行舟，历经千辛万苦，终定居于广东梅州程乡县石窟督徐溪乡（今蕉岭新铺镇），开启蕉岭曾氏基业。如今传有几十万后裔，聂氏婆太可誉为嘉应裕振公家族之母。其勤俭持家、坚忍不拔充分展现了客家妇女特有的刻苦耐劳之精神，值得后辈敬仰学习。卒葬徐溪乡高干上溪背平谱仰卧人形向东，1999年迁新铺镇长江村坪头狮形山下（2013年，广东省蕉岭县续修《武城曾氏族谱》载）。

聂氏婆太扫墓祭祀活动，于2013年10月12日（农历九月九日）上午开始。由居地上坪头出发，舞龙舞狮打头阵，带领族人肩挑祭品，300多人浩浩荡荡至坟地。笔者代表传伯公裔孙参与主祭，向聂氏婆太行三跪九叩首大礼。祭祀至中午完成。之后在聂氏婆太曾经居住过的大夫宅第邸举行亲族聚餐。

此次的祭祖部分至此可说已经全部完成，又是到了依依不舍与大家说再会的时刻了，期待能再有机会带领其他族人参与故乡的祭祖活动。是日下午是回头往厦门方向的行程，晚上夜宿永定，隔天参观了永定的土楼群。土楼的墙壁用夯土工艺建成，经千百年依然屹立不倒，至今犹能让人在里面居住生活，让人不得不佩服先人的智慧。土楼里的楹联尽是各个土楼先祖的祖训、族规，先人训示子孙要慎终追远、孝悌仁爱、和谐包容、为善积德、崇文重教、耕读传家、艰苦创业、勤俭持家、修齐治平等。祖先对后人谆谆教诲，期望子孙能出人头地、光宗耀祖。

一路上边走边参观，往厦门方向前进，当晚在厦门度过一宿。行程最后一天参观了鼓浪屿与南普陀山。下午搭乘"小三通"金厦渡轮到金门，再搭金门至高雄的班机回到温暖的家。

此次祭祖之行虽然疲累，但内心澎湃，思绪万千，终于圆满完成了缅怀祖先、寻根谒祖的任务，祈望祖灵护佑子孙平安顺利，也希望能一代一代传承下去不忘根本。此时此刻，今生终于有所交代。

结　语

人的出生需要父精母血怀胎孕育十个月，尤其是母亲在怀孕时生理和心理上都会有极大的变化，需要忍受十个月的不便，最后在极度痛苦的分娩中才将婴儿生下来。孩子呱呱坠地后，从小要把尿把屎，小心呵护。一有身体不适，不管刮风下雨，父母总要想方设法找医生给孩子治疗，不眠不休，日夜照顾，直到病好，方得安心。及长又要烦恼学业，担心孩子是否能有良好的工作？何时能够成家立业度过幸福美满的一生？这份心思也只有为人父母后方能体验得知，父母之恩岂是为人子女者能报万一？

随着西风东渐，在西方思想的影响下，人们对于五千年文化最重要之伦理道德与宗族观念日趋淡漠，在年轻一代的观念里，寻根问祖是过于久远的概念，但岂不知现今不积极寻根溯源，浪费一天就多一点断根的风险。寻根谒祖是中华文化重要的一环，不能让其消失于无形，这是我们这代人应尽的责任与义务。

（作者单位：台湾屏东县宗圣公祠古迹发展协会）

明理学家蔡清与《安平柯氏族谱》

● 柯朝硕 ●

族规、家范一般附载于家族谱牒之中，并通常以儒家的伦理观念为范本，参照该族实际情况酌情修订。一份好的族规、家范将会起着弘扬、传递中华民族传统美德的作用。居住在千年文化古镇——安海的柯氏族人，就因修订一份"尤为切实恳至"的家范，引起明朝理学家蔡清的青睐，经再三恳请而为安海柯氏撰写《安平柯氏族谱序》，①使安海柯氏谱牒增辉。对此《泉南摭闻》作者早就有言在先。②

安平柯氏为什么能修订一份让理学家蔡清好评的家范呢？笔者认为：安平柯氏植根于经济、文化积淀深厚的安海是前提；安平柯氏子孙后辈能够接受儒家思想教育，以儒学的传统伦理观念作为治家、处世之本是关键。

一、安平柯氏植根于"二朱过化"沃土是修订一份好家范的前提

福建省晋江市安海镇，古称安平。宋时有东西两市，东曰：旧市；西曰：新市。南宋建炎四年（1130年）建镇，称"石井镇"，是海上丝绸之路的泉州南港。

柯氏入闽于唐末僖宗光启元年（885年），初居永春县桃源和平里，继而世居泉州府晋江县元妙观西水沟头巷。入闽柯氏7世孙柯元曾，于南宋绍兴元年

---

① 蔡清（1453-1508年），字介夫，别号虚斋，晋江人。明成化二十年（1484年）进士，历官南京文选郎中，江西提学副使。着有《四书蒙引》《易蒙引》《虚斋文集》等。卒谥"文庄"，清雍正二年（1724年）配享孔庙，是著名理学家。蔡清行年五十时（1502年）为安平柯氏撰《安平柯氏族谱序》，现存《四库全书·虚斋文集·卷三》；另存《文庄公集·卷三》。

② 见《泉南摭闻·安海柯氏为何迁居北京》，第51页。

（1131年），因欣慕安平经济、文化之繁荣，毅然携子柯翰（字国材）肇基安平、西柯下坂坑。①父子"筑海垦田、柯西埭"（今西埭），继而以耕读为传家之本。时年15岁的柯国材就读于鳌头精舍（后为石井书院），翌年（1132年）朱熹之父朱松监镇安海近三年。朱松公务之余"进民之秀者，迪于义理之学"于鳌头精舍；②柯国材学业有成后撰《经解》而荐举"明经"（同进士出身）。③因感宋室"南渡不振，秦桧当权"，逐无意仕途，避隐同安庄江（今厦门市海沧区）。南宋绍兴二十四年（1154年），知遇夫子朱熹，④由于柯国材具有深厚的儒家造诣，朱熹聘任国材为同安县学"直学"⑤协助朱熹管理同安县学及教授县学、生员，被誉为当时最著名的教育人才⑥。朱熹与国材结为"匪同而和、肺腑以倾"的进道之友⑦；南宋绍兴二十三年至二十六年（1153—1156年），朱熹主簿同安兼管学事，因公往返泉州府城，"至镇探访朱松旧事挚友，与乡绅、贤达谈经论

---

① 《安平志·安平形胜》第22页："理学家儒柯国材居西柯下坂坑。"
② 见《安平志·石井书院》，第137页。
③ "同进士出身"。《朱熹集卷二十·申精·举柯翰状》第801页："窃见进士柯翰守道恬退"，墓碑："四世祖进士国材柯公墓"。而《安平鳌西柯氏存耕堂族谱》则载："理学名儒柯翰，字国材……举明经，因宋室南渡不振……"经查"明经"为古时另一种选拔人材的制度，举明经者的身份为"同进士出身"。清孙尔准《福建通志·卷七十三·经籍》："《经解》柯翰撰。"说明柯翰在安平以撰书《经解》，而"荐辟"为"明经"。所以朱熹称柯翰"进士"。
④ 《朱熹集·卷七十七·记·一经堂记》第4017页："昭兴二十三年秋七月，予来同安。明年，仍得柯君（指国材）与之游相乐也。"从"仍得柯君"可见朱熹访贤若渴。
⑤ 《朱熹集·卷二十·申请·举柯翰状》第801页："照对县学见缺直学一员，窃见进士柯翰……守道恬退、不随流俗、孜孜不倦，置之学校，必能率励生徒，与于义理之学，少变奔竞薄恶之风。欲乞备申使府、差补施行。"
⑥ 《泉州古代教育·南宋泉州的教育》第67页（作者：陈笃彬先生，系泉州师范学校院长）："如主管同安县学的柯翰，唐梦斧，均是进士出身，在当时有很好的声誉。柯翰最著名，他学问渊博。绍兴二十三年（1153）朱熹任同安主簿，柯翰应朱熹之请，到同安主持县学。他言教身传、要求严格、生员多敬畏，久而尽心悦服。他主讲《礼记》，朱熹又为之发挥；课余二人常反复讨论：仁体、忠恕、易卦、春秋等问题，两人相契甚深。柯翰取扬子所记'古之学者耕且养，三年通一经'之意为堂号，朱熹为之作《一经堂记》。柯翰死后，朱熹撰文悼曰：'俗弊道衰，士鲜知学。孰能如君，苦心励志。探讨之勤，白首不置。弗荣于禄，弗媚于时。自信之笃，生死莫移。对他的治学精神和为人很高的评价。'"
⑦ 《朱熹集·卷七十七·记》第4017页："属予治学事，因得引君以自助。"《朱熹集·卷八十七·祭文·祭柯国材文》第4470页："阔焉日章、反复讲评。匪同而和、肺腑以倾。"《朱熹集》：为"阔焉口口"尚缺二字，而"阔焉日章"，则摘自台湾返祖谱《金浦柯氏族谱》。

道，镇人益勤于学"。① 所以史称"安平为二朱先生过化之地"及"闽学开宗圣地"。② 古有"孟母三迁"，可见居住地民风、环境、经济、文化水平，对于人才的培养及家族的发展是非常重要。

二、安平柯氏后辈接受良好的儒家经典教育是修订一份好家范的关键

安平柯氏自宋理学名儒柯翰肇基"安平二朱先生过化之地"以来，以朱熹撰题《一经堂记》为荣。③ 南宋后期始修家谱称《安平柯氏一经堂族谱》，该谱在宋元交替之时毁于兵革，虽然各房份私谱尚存，但入闽二至四世，世系造成失佚。根据安平柯氏房份私残谱记载：柯氏子孙大部分肄业于安平石井书院，接受良好的儒家经典教育。举族遵循先贤"耕且养"遗训，以《朱子家训》为修身、齐家、处世准则。使家族的人口、经济、文化素质平稳发展。明朝以降，尉成大姓、望族，虽然未有杰出显耀之才，但自宋至明有理学名儒一人、奉政大夫一人、刑部郎中一人、进士二人、举人四人，而庠生、秀才、知书达理

图1 安平柯氏祖厝

---

① 见《安平志·石井书院》，第137页。
② "二朱过化""闽学开宗"，《朱熹新探·朱氏三代与闽学开宗》第298页。（作者：林振礼先生，泉州师范学院编辑部主任，泉州学研究副所长）："人民还是把泉州人文鼎盛、理学景观"与"二朱过化"以及石井书院的创建相联系，称誉安海为"温陵始学"和"闽学开宗"之地。
③ 朱熹于南宋绍兴二十六年（1156年）润十月为柯国材所创堂号"一经堂"撰题《一经堂记》，参见《朱熹集·记·一经堂记》，第4017-4018页。

者比比皆是。其佼佼者，安平柯氏族彦柯纲，字朝举，系晋江县学庠生，更是接受到良好的儒家经典教育。明孝宗弘治十五年间（1502年左右），由他主持重修安平柯氏族谱，柯纲多次恳请同学蔡清为其主修的族谱撰序。起初两次蔡清婉言拒绝。后来蔡清因观看该谱的家范二则，感到柯氏家范能够起着弘扬儒家理学伦理观念的作用，及向柯氏子孙后辈传递中华民族传统美德的功能，终于肯为安平柯氏族谱撰写序言。所以说有好的居住环境固然重要，但自觉接受良好的儒家教育更是修订一份好家范的关键。

三、安平柯氏族彦柯纲恳请同学蔡清撰写柯氏族谱序的经过

现恭录理学家蔡清《安平柯氏族谱序》有关章节，以飨读者视观。

1. 蔡清初次婉言谢绝为安平柯氏族谱撰序。"《安平柯氏族谱序》：吾晋江八都安平里有柯氏。清少时往往闻乡人道，柯富户名者，盖自洪武永乐间，柯氏以赀雄一县，有司举富户实京师，至今其子孙世丁富户役。[①] 清北游时尝主于其家且宿。[②] 与其族之彦曰纲、字朝举者同习举子业于县庠。朝举今以年过五十，弃举子业不事。清虽阶此得禄仕，然亦五十无闻矣。朝举兹以其族谱序为属，清愧无闻而义不克终辞也。[③]"（节录于《四库全书·虚斋集·卷三》）

本章节说明：安平（今安海）柯氏明时虽然有族人，以资产称雄晋江县，明洪武年间被迫迁居北京。蔡清进京赶考时，尝食宿在柯家府第，可以说柯氏对蔡清有恩情在先。（根据《安平鳌西柯氏存耕堂族谱》记载：柯氏被迫迁居北京的富户：讳荣、字淑荣、号谦斋。当时"富甲泉州南门外"，"勒助军饷百万"，"捐官奉政大夫百万"。淑荣承先祖"耕且养"之旨，按古人"但得方寸地留与子孙耕"之意，立堂号"存耕堂"。）安平柯氏重修族谱的主持人族彦柯纲，在晋江县学与蔡清同修举子之业，即是蔡清的同学。（根据《安平鳌西柯氏存耕堂族谱》记载：族彦柯纲、字淑纲，别字朝举、号懒翁。系国材8世孙，淑荣的堂

---

① "富户役"，明初的一种税役法，其目的是打击地方豪富。柯淑荣迁居北京后，其巨额费用由其子孙承担，往往富家因此而破产。

② "清北游时，尝主于其家且宿"，清为蔡清，进京赶考在温习功课准备考试之前，考后等发榜之时，有段时间食宿在柯淑荣家中。

③ 蔡清初次婉辞为安平柯氏族谱作序。

弟）在这种社会背景下，恳请蔡清为其族谱作序，蔡清以"五十无闻"，"而义不克终辞"而婉言谢绝为安平柯氏族谱撰序。说明蔡清为人清正，不以私人恩义而徇私情。

从原文蔡清"五十无闻"也可推算出蔡清撰谱序时间。按蔡清生于明景泰四年（1453年）而虚岁五十，即为弘治十五年（1502年）。从原文："清愧无闻而义不克终辞也"婉言谢绝撰序的礼貌说法，而实际50岁的蔡清已为官十几年；著有《四书蒙引》《易经蒙引》《虚斋集》等经典名著；结社论《易》阐发六经本旨的名仕李廷机、张岳、林希元、陈琛等28人，当时被誉为"清源治《易》二十八宿"；从学门人几十人，如陈琛、易时中、王宣、林同、蔡烈、李迟、张元玺、赵录等以后很多人成为名仕大儒。可以说蔡清是朝廷官员，著作等身、结社论《易》、桃李满门，而声名显赫。如此谦虚处世，体现蔡清"虚心、涵泳、切己、体察"的治学精神。

2. 蔡清直言"不敢"再次拒绝为安平柯氏族谱撰序。"《安平柯氏族谱序》：盖亦阅其谱故有乡耆序之曰：柯姓本吴仲雍八世孙柯庐之后。远孙述宋时居县之水沟头，登刘辉榜进士，历官龙图阁学士。卒祀于学宫。述之孙翰、字国材，绍兴间徙安平……惟柯氏实安平大姓而柯西埭之田至今尚有属柯氏者，则国材之为其远祖理为近之①……夫谱之不必名人华胄之援也，一有所援获罪、则罪不容诛矣。清是以不敢袭前序之文也。"②（节录于《四库全书·虚斋集·卷三》）

本章节说明：柯氏于明时在安海已属大姓，但蔡清对当时社会攀附大姓望族风气不以为然。而且蔡清对于民间谱牒动不动就刻意援引华胄、名宦作为该族先人的做派感到厌烦。这也是蔡清再次婉拒为安平柯氏族谱作序的原因之一。

从原文"清是以不敢袭前序之文也"。蔡清直言"不敢"直接拒绝为安平柯氏族谱撰序。说明蔡清不随俗流、正直不阿的个性。从原文"惟柯氏实安平大姓而柯西埭之田至今尚有属柯氏者，则国材之为其远祖理为近之"，可以聊补《安平志·西埭》对"围海垦田"的时间及西埭原名曰"柯西埭"的记载之不足。

---

① "惟柯氏实乃安平大姓，而柯西埭之田至今尚有属柯氏者，则国财为其远祖理为近之"。蔡清因明时安平有名曰：柯西埭的海埭，而柯西埭之田柯氏尚拥有。所以蔡清认为宋绍兴间（1131-1154年）柯国材与其父柯元曾肇基安平，"围海垦田柯西埭"的记载，合乎道理，而给肯定。

② 蔡清再次婉拒为安平柯氏族谱作序。

3. 蔡清因观看安平柯氏家范二则，修订"尤为切实恳至"，为弘扬儒家伦理观念、传递儒家理学思想，终于肯为安平柯氏撰写族谱序。"《安平柯氏族谱序》：传至朝举一行计存没凡若干人。朝举今且见孙矣，其孙行上距十郎为七世。① 寿殀不一，又得若干人，而皆未有显者。然要之亦皆不失为太平之良民也。且其图列明备昭穆秩系，亲亲之意具存已，为得谱之本指矣。况有祠堂图，有世系总图，有大宗图。有先茔图，有先世画像，前后本传各以类。又有凡例数条冠其端，家范二篇殿其末，其所以衍先泽而垂后规者，尤为切实恳至。② 家范最后引唐柳玭戒子孙之言曰：惟孝慈友悌、忠信笃敬，此乃食之醯酱不可以一日无者。③ 呜呼尽之矣，④ 使柯氏子孙信能是虽无龙图学士等名公为之远祖不为缺典，⑤ 抑又安知如学士等名公者，不自此而有作乎。⑥ 是朝举之所谱初无过于今人，而其所谱之意固自不后于古人也。⑦ 吾以是取之。"⑧（节录于《四库全书·虚斋集·卷三》）

本章节说明：安平柯氏自柯国材于宋绍兴初（1131年）肇基以来，传到族彦朝举时虽然未有显耀之人，但不失为社会之良民。这和安平柯氏所订"族规、家范"，弘扬中华传统美德，教育族人，切记安海为二朱过化之地，族人治家、处世

---

① "上距十郎为七世"。按《安平鳌西柯氏存耕堂族谱》记载：柯国材的4世孙柯谷英（女），于元初年间招赘蔡氏十郎承祀，十郎以五子分承柯蔡，是柯蔡同宗一次血浓于水的深刻维系。十郎传至朝举为5世，然朝举之孙为7世。

② "尤为切实恳至"。蔡清观看安平柯氏的"家范"切合当时家庭及社会的伦理要求，而且要求族人遵照执行的态度及方法恳切到位。

③ "惟孝慈友悌、忠信笃敬，此乃食之醯酱不可以一日无者"。语出自唐末名相柳公绰的孙子柳玭之《家训》。意为：子孝、父慈、兄友、弟恭为家庭伦理关系，将忠君、守职；言行必信；忠厚、果毅；敬事、敬人、敬业作为社会伦理关系，而且要遵循执行，像人每日必须吃饭、饮水一样不可缺少。

④ "呜呼尽之矣"，呜呼属感叹词；尽之为量词，解为"到位"；矣，助词，加重语气。

⑤ "使柯氏子孙信能是虽无龙图学士等名公为之远祖不为缺典"。应解为"蔡清告诫柯氏后辈要相信即使你们没有以龙图公为祖先，也不算缺乏典故"。

⑥ "抑又安知，如学士等名公者，不自此而作乎"。蔡清在勉励柯氏后辈，这些名公也是按照"族规、家范"为准则，学习上进而成为名士的。

⑦ "是朝举之所谱初无无过于今人，而其所谱之意固自不后于古人也"。朝举所修谱牒初看不如当时其他族谱修的华丽堂皇，但能按照古人所遵循儒家礼教而修订"族规、家范"，当然也不后于古人了。

⑧ "我以是取之"。蔡清观看《安平柯氏族谱》的"族规、家范"后，认为有可取之处，终于肯为安平柯氏撰谱序。

要接儒家规范为准则。以"孝慈友悌"为家庭伦理，以"忠信笃敬"为社会伦理。"笃保族，宜家之道"，的措施及态度，"切实恳至"。终于感动蔡清为安平柯氏撰《安平柯氏族谱序》。

蔡清常说："一身之利无谋也，而利天下者则谋之。"从蔡清初婉拒，继而直拒为安平柯氏族谱撰序，到最后发现安平柯氏家范两则有弘扬儒家伦理观念而利于百姓修身治家、促进社会和谐安定的内容，终于肯为安平柯氏族谱撰序的过程。说明：接受同学恳请而撰序，属于个人恩情行为，所以蔡清"无谋"也；既能够弘扬儒家传统美德，有利于社会安定，则属"利于天下者"，蔡清因而"谋之"，为安平柯氏族谱撰序。

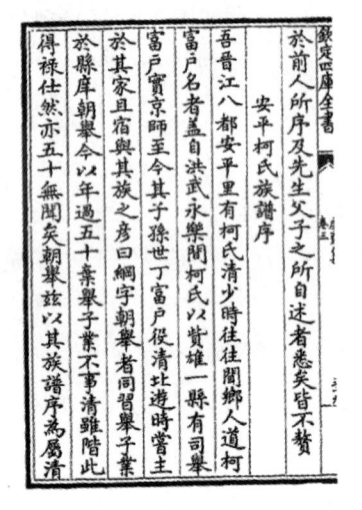

图2 蔡清《安平柯氏族谱序》

从原文"抑又安知如学士等名公者，不自此而有作乎"。蔡清鼓励、希望柯氏后人遵守族规家范，自觉接受儒家思想教育，也可以成为学士、名宦。

四、安平柯氏家范二则

《安平柯氏族谱》正本，因历史的因素毁于20世纪60年代。草本随族人迁居台湾，保管不善，流失民间。复得时，其中"序言"若干篇，"凡例""族规""家范"等已失佚。幸而蔡清名气大，其著作存载《四库全书》而《安平柯氏族谱序》得到保全。《安平柯氏族谱》中的"勤惩""礼叙"部分，虽遭虫蛀、水湿、风化之侵蚀，缺字及模糊有之，但文尚可达意。为传递中华民族传统美德，特恭录"勤惩""礼叙"原文存照。

勤　惩

父慈子孝、兄友弟恭，夫妇有恩、男女有别。修身慎行、诵诗读书，存尊祖敬宗之心，笃保族、宜家之道。亲贤远佞、恤患赒穷。① 仕则为国为民

---

① "亲贤远佞、恤患赒穷"。亲近有才能的贤人，疏远阿谀奉承的小人；抚恤、救助、周济患病的人及孤寡贫困的人。

竭忠守职；不仕则载耕载读，守素如常。① 和敬待人、谦卑自牧，如此之类互勉不怠。将见心逸日休，身安家肥。所谓作善降之百福，而名誉不朽矣。②

其或父子相夷、兄弟阋墙、姑妇勃磎、夫妻反目、③ 言伪行伪、色□视、经训若仇。□舍田园若□，苟博弈④、饮酒，罔知稼□之艰。□□□□，不顾父母之养，狼□□惰骚淫矜夸。居家则黩货以危身，□□□□□□□□。务告讦或作窃、攘若此之类，有一于身。明有人非，阴□□□谓作不善，降之百殃而遗臭无穷矣。⑤

呼呜人生天地间孰无□□，好德之良心，惟其蔽于物而失之。诚能体念、祖宗成立之艰，恐蹈于荒坠，先训之、省躬饬行、战战兢兢，庶可置身于无过之地。而自求多福、富寿康宁，自不期然而然矣。柳玭云：孝慈友悌，忠信笃敬此乃食之酰酱不可一日无者。后之子孙盍与勉之。⑥

礼叙

安平为二朱先生过化之地，⑦ 家诗书而人礼义。吾家自上世以来植德行善，御家严而有法。冠、婚、丧、祭悉遵朱文公家礼。冠用时、制衣巾；婚择门户相应，聘礼备具不丰不陋；治丧不用浮奢，祭礼丰约适宜，必诚必敬；忌日必哀、本分之内不加毫末。用是保族宜家，丕振家声。

今与族众长幼尊卑，申而重之，务宜相戒勉、以礼法自持。厚伦理、笃恩义，疾病相恤、有无相赒。勿感异端、勿为僧道、毋听妇言。则尊祖宗家

---

① "仕则为国为民竭忠守职；不仕则载耕载读，守素如常"。做官要为国为民忠心耿耿，做到敬业尽职；如果没能做官，也要安守本分，从事耕种、继续学习，像往常一样。

② "所谓作善降之百福，而名誉不朽矣"。如能按前文规定的标准行事，就像做善事一样，得到皇天的庇佑，降之百福，并得到社会的好评而名声很好。

③ "父子相夷，兄弟阋墙、姑妇勃磎、夫妻反目"。父子互相憎恨、仇视，兄弟之间互相争斗，婆媳争吵不和，夫妻吵架不和。

④ "苟博弈"，热衷于赌博及游戏。

⑤ "谓作不善，降之百殃而遗臭无穷矣"。如果犯有前文所说的行为者则为不善，天降灾祸而且受到社会的谴责而遗臭。

⑥ "惟孝慈友悌、忠信笃敬，此乃食之酰酱不可以一日无者"。见上页注解③。

⑦ "安平为二朱先生过化之地"。安平即今安海。宋绍兴二年至绍兴四年（1132—1134年）朱熹之父朱松监镇安海"公余讲学于鳌头精舍"；宋绍兴二十三年至绍兴二十六年（1153—1156年）朱熹主簿同安并兼管学事，经常到安海探访父执与乡绅、贤达，讲经、论道。史称"二朱过化"。

法，千载如一日。自无骄奢淫逸之事、傲惰非僻之为。同门子孙，秩秩于德教之道，① 则庶乎其可也。懒翁五世孙。

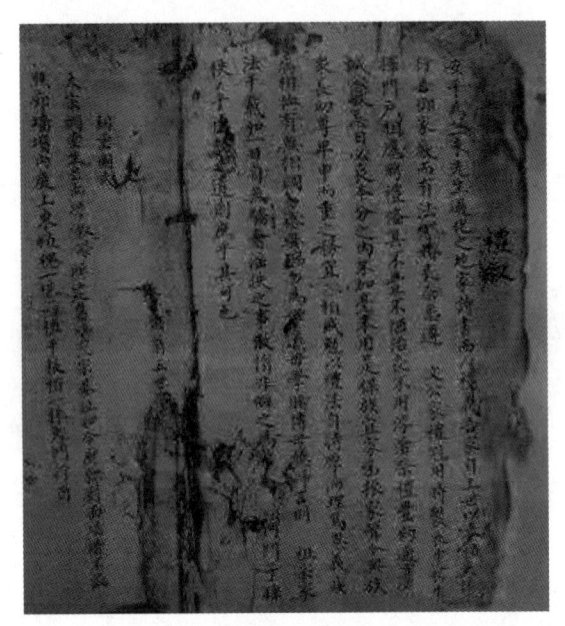

图3 《安平柯氏一经堂族谱·家训》

五、浅论安平柯氏家范

1. 安平柯氏族谱能以"族规、家范"中的"勤惩"篇，规范族人的家庭行为及社会行为；以"礼叙"篇，强调安平是"二朱过化之地"，家庭要重视对子女进行儒家的诗书教育，而达到"家有诗书"，族人在待人、接物时，要遵循儒家礼义，而达到"人讲礼义"。在处理家庭伦理及社会伦理时更应该按《朱子家训》为治家、处世的准则。如果做得好则"所谓作善、降之百福，而名誉不朽"；反之"谓作不善、降之百殃，而遗臭无穷矣"。

2. 安平柯氏也因"族规、家范"要求族人"秩秩于德教之道"，要像人每日必须吃饭、饮水一样不可缺少，而且要千载如一日的遵守祖宗家法。如此"切实恳至"终于感动蔡清为安平柯氏族谱作序。然而从明理学家蔡清在声名如日中天

---

① "秩秩于德教之道"：肃敬的、有秩序的弘扬道德品质之教育。

之时，肯为声名不显的平民作序，也说明"族规、家范"具有弘扬理学传统美德及传递中华民族传统美德的作用。

综上所述，《安平柯氏族谱》的"家范"起着弘扬中华民族传统文化的作用，彰显千年文化古镇安海崇尚《朱子家训》的民风、民俗，从而佐证安海"二朱过化"历史。

(作者单位：福建省姓氏源流研究会柯蔡委员会)

王梓后裔长泰寻根纪实

—— 王进忠口述、林瑞典代笔 ——

一、缘起

几年前为查找台湾高屏地区有"梅魁"门额的古厝,在梓官区旧聚落找到包括王姓的五家。也因而接触到新建的太原堂宗祠及族谱小册。由《王梓公族谱》中意外看到高雄市中小企业荣誉指导员的志工伙伴王进忠兄弟竟是王梓的后裔。恰逢中国闽台缘博物馆2017年9月要举办第三届海峡两岸民间谱牒文化论坛寄来邀请函,遂燃起邀王进忠一同参加并提交一篇《王梓公在高雄梓官传流、族谱编修及宗祠兴建始末》论文与会交流。既有福建行程,联想到何不一气呵成,会后顺道帮王兄规划一趟回漳州长泰寻根之旅。

图1 第三届海峡两岸民间谱牒文化论坛

图 2 拜会同安罗汉山莲花书院主人林志良宗长

二、行前安排

主意既定即着手寻求协助资源，先联系前在闽台缘结识的漳州市谱牒专家郑惠聪先生及政协文史馆江馆长焕明，探询有无漳州府王梓渡台的记载或族谱等史料。虽未获得参考信息，但后来从漳台王氏宗亲网新闻及两岸寻亲栏中挖出二条可贵意外信息：由台湾台南王俊儒回乡祭祖照片及其整理先祖对祖籍地资料中，笔者确认王君为我 1971 年大学毕业在新竹服空军预备军官役相处一年且失联多年的同梯次朋友，透过宗亲会副会长王官水协助彼此取得联系。接着热心的王副会长又接洽长泰县当地的王氏宗亲会王耀宗会长安排寻根事宜。

9 月 26 日闽台缘派车接驳到泉州金星大酒店报到后，下午即利用空档展开鲤城名胜古迹巡礼。开闽三王祠位在承天寺旁，泉州虽来过几趟但每次都没碰上开放，此次应是得王氏裔孙同行庇佑，能赶在黄昏未关门前入内参观，进忠兄并祈求寻根之行顺利。27 日论坛下午分组交流除发表自己的一篇，还跨组陪同王进忠报告《王梓公在高雄梓官传流、族谱编修及宗祠兴建始末》。29 日上午宾客回程，我俩在厦漳泉高速公路同安交流道先下车，再由官浔林有利宗长接送到莲花镇罗汉山拜会书院主人林志良宗长并参观其艺术书法收藏。下午转往同安工业集中区拜会厦门市林氏宗亲联谊会监事长林万权先生。经营金客兴汽车事业的林董事长上午才从长泰县城参加《长泰县林氏志谱》发表式回来，听闻我还要带王姓友人赶去长泰县预定次日寻根拜会。热心的宗长不辞劳累表示要专程陪同由秘书载我们到长泰县武安镇，真太令人感动。因此节省不少时间，在天黑前就顺利入住县政府的长泰宾馆稍作休息，还趁机勘查城镇地图了解隔天拜访地址并与王会长取得联系。

图3　泉州市开闽三王祠　　　图4　长泰武安王氏族谱（1992手写本）

三、寻根问祖

9月30日大清晨就先沿着人民大会场、人民政府园区绕走武安镇城关村、城隍庙、西门几条古巷一大圈，体会民居古建筑、民俗及市井生活点滴再回宾馆。

武安王氏祖庙（王惟恕进士故居）距宾馆仅十余分钟，上午8时30分准时到达，谒祖庙拜会宗亲会王耀宗会长。未谋面的漳台宗亲网管人王官水好人做到底也赶来会合，还邀长泰县前文化馆馆长张金福先生共同交流。经点香拜王氏祖先，行礼如仪，与宗亲在宗祠前合影且获赠《武安王氏族谱》（1992年修写），虽然一时无法确认王进忠渡台祖王梓的故里，但宗长们表示县辖各乡镇之村里王姓聚落几乎皆是由西门宗族分居衍出的，都以此为"开闽王"后裔的祖庙。此行也算是半完成王进忠寻根谒祖的心愿。

图5　寻根问祖与王氏宗亲于祖庙前合照

四、后记

两年前的机缘参加谱牒文化交流后又能回祖籍地寻根谒祖意义颇为重大。忆及2017年9月底当日王氏宗亲会热忱招待，下午又蒙王官水先生亲自驾车送我们回厦门五通走金厦"小三通"返台，顺利完成开会、参访、拜会、寻根之旅，受到闽台缘、林王二姓宗亲贴心关照，铭感五内，实为两岸一家亲，血脉相连的最佳写照。近年来协助两岸宗亲寻根对接已有几个成功案例，颇有成就感。身为闽台同宗同名村交流中心一分子将乐于继续投入这项有意义的工作。

（作者单位：台湾闽台同宗同名村交流中心）

跨海寻根二三事

————● 林桐平口述、林瑞典代笔 ●————

　　桐平兄为我屏东县南州乡同乡邻村之乡亲同庚旧识，住家离我老家农地不远，回乡整理农园时偶尔会碰面闲聊。2017年初本人自退休后，近年投入谱牒研究、编写家族世系、回福建同安祖籍地寻根谒祖，由祖地旧祖厅找到渡台二世回籍祖先神主牌名讳，实质对接成功等信息相告，也重燃起他老早就想回大陆寻根之夙愿。他曾参加宗亲会或查访祖籍下落，均摸索不出门路，所以本人期盼能协助他寻根。

　　由于寻根与对接有成果及累积了不少经验，协助台湾各姓氏人士寻根问祖及族谱对接，无形中成了一项乐意付出的工作。后来就请桐平兄提供神主牌内容、家族世系简表及新旧户籍数据，替他建立数字档案。据指称其世居地米仓村是一农村老聚落，居民以林姓家族为主，且大都是福建同安籍移民后代，唯独他们这一小支，从其祖父林山河（1881—1965年）口述仅知祖先来自漳州府漳浦县。

　　2017年4月下旬中国闽台缘博物馆寄来邀请函，拟于9月下旬在泉州举办第三届海峡两岸民间谱牒文化论坛。几年前本人因研究古厝门额疑似堂号"梅魁"在高雄梓官旧聚落发现一王氏古厝，遂接触王梓宗祠及其世系，因意外发现企业服务志工的伙伴王进忠兄弟正好是王梓后裔，于是邀同提交"王梓公在高雄梓官传流、族谱编修及宗祠兴建始末"一文与会，计划会后协助他去长泰寻根谒祖。在联系漳州市的谱牒专家之余，顺便为桐平兄安排同赴厦门，但其漳浦之行，奈于行程紧凑无法陪同，只好采事先规划，安排要拜访人士，由其自行前往。

　　两年前9月26日遂三人行经"小三通"到厦门，分手后林桐平先赴漳州拜会市政协文史馆江馆长焕明及谱牒专家郑惠聪。27日晨赴漳浦市恰赶赴上参加《漳浦林氏宗谱》首发式，林玉枝宗长接待特赠两部宗谱。下午到旧镇镇乌石林拜会寻根，虽参拜海云家庙，但因该地并非其祖籍地无法达成对接使命。28日折返漳州市下午返回金门，30日三人于金门再会合返回高雄。

图 1　2017新编《漳浦林氏宗谱》　　　　图 2　漳州与台湾族谱对接指南

桐平原声称其祖籍地为漳浦旧镇，2018年清明前发现宗谱上卷第617—619页源亮公仙都世系载有纯仁公派下世系图，与其家中神主牌太祖父名讳前的"纯仁"相符合，由此断定为漳浦纯仁公之后裔，其祖籍地应为福建省漳州府漳浦县仙都，即今漳州市漳浦县马坪镇的仙都村，但又被郑惠聪漳州旅游著书误导，以为仙都在华安县拟再度前往该地寻根。恰清明返乡扫墓，顺路到他家访视时始知上情，乃面责原所称旧镇祖籍地既非神主牌所记载，究是怎一回事？桐平兄始道出原委，指因多年前去台中林氏宗亲会欲查找漳浦祖籍地时，有热心宗亲指称漳浦县渡台移民大都由旧镇渔港出海居多而被误导，而自认为祖籍地为旧镇。所以初次代为引介及数据查寻都以漳浦县及旧镇镇乌石林作规划。虽然被摆了乌龙，幸好他带回来《漳浦林氏宗谱》，正确认马坪镇仙都村始为其祖籍地。

当即上网搜寻"仙都"地名，发觉福建省就有6处，广东、浙江各1处，且都与林姓迁徙足迹有关，而华安县仙都镇的林姓家族尚且是由漳浦仙都村族人移居者，以仙都镇名缅怀原乡。即指点他仍要回归漳浦县的马坪镇仙都村去寻根，否则会多跑一趟路程。此外另一插曲，由于阅览族谱不熟练，在仙都世系二房世系发现一"林忠信"，自以为是二房后裔。经查对仅是与其疑似渡台祖名讳恰好相同，但世系数、时间点出入太大，未能与大陆世系脉络吻合，仍然要以长房纯仁世系为其系统。

图3 世德堂祖源—源亮公仙都世系 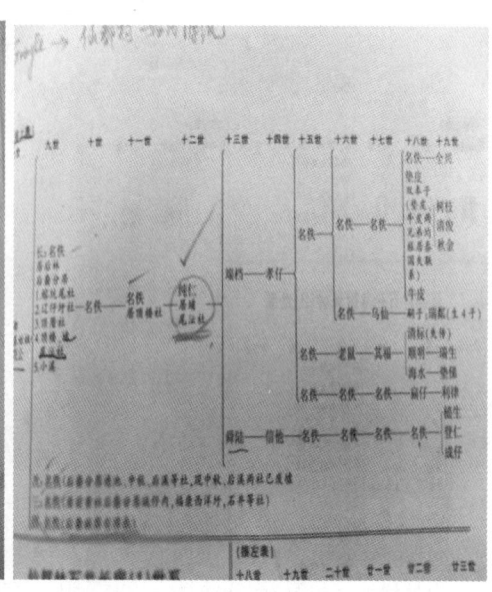　　　　图4 仙都石井总祖长房纯仁世系

图5 漳浦仙都林氏家庙

2018年清明后4月7日桐平再度只身带上为其修正祖籍地及祖源数据、由《漳浦林氏宗谱》抽印世德堂祖源—源亮公仙都世系与仙都石井总祖长房纯仁世系等对接的必要世系表渡海去漳浦二度寻根，邀郑惠聪同往，未遇玉枝宗长，由宗谱首发式曾见面的族亲林开封、林开成兄弟引导到仙都村，拜会退休校长林建成、村主任林文钦、中校退伍的林干金等仙都宗亲，参拜仙都林氏家庙，虽尚缺明确数据无法直接链接，但已可确认其纯仁世系的大陆祖源，实现其寻根谒祖心愿。7月12日趁前往武夷山旅游在厦门又会见建成宗亲联谊，谈及家庙整修事宜。

342

2019年5月下旬逢厦门市同安西河文化研究会第二届会员大会暨海峡两岸文化交流在同安区潘涂举行，笔者应会长林永春宗亲邀请为贵宾参与盛会亦邀桐平兄同行。27日下午由浦头胜凯宗亲陪赴莲花镇罗汉山莲花书院拜会书法大师林志良宗长获赠"仁义礼智信忠孝节德行"墨宝，为6月中旬将参加海峡论坛同名村联谊活动时回原乡诒翼堂宗祠之贺匾题词。28日主场活动后桐平兄又去厦门拜会其建成宗亲，再次转赴仙都原乡与宗亲加强联谊。

图6 林桐平与仙都宗亲于林氏家庙前合影 　　图7 与桐平兄于莲花书院照墙前合影

图8 莲花书院林志良赠题林氏宗祠贺词

（作者单位：台湾屏东林姓宗亲会）

族谱与宗亲对接成功要领之浅谈

———— ● 吕正钟 ● ————

一、前言

自从担任高雄市烈山五姓（吕、卢、高、许、纪）宗亲会青年联谊会会长兼副总干事至今已近40年，认识许多宗亲长官，甚至担任世界亚洲烈山五姓宗亲恳亲大会秘书长、主席团主席、顾问、执行主席，更扩展宗亲之视野，在各种场合都会接到宗亲们请求从福建迁至台湾之宗亲或从族谱中看到在福建迁至某些地点或笼统地述说一切特征之下奔波寻找，终至对接成功，其中寻找之方法，今分享大家，愿更多人解思亲之苦，以慰祖先与宗人。

二、要领

寻找宗族之人其经历，实在有苦有乐。正钟以近十个个案中成功的对接，有下列各点要领寻找之。举例：族谱记载明确有地点（乡镇）较易，如泉州水头朴里（朴兜）二甲吕姓族谱中有关"赞云派下祖相分派"元晏之子悠红、悠培、悠河子孙（迁至台湾屏东崁顶），因此很快在一个月内得知而对接，其要领为下列六点：

（一）透过户政机关寻之，首先从有认识的户籍员拜托协助再实地探访，终至正式申请户籍，但因个人资料须保密！如在日据时代以前则无法发挥（因为没有数据）。

（二）透过民意代表寻之，民意代表因选举关系认识人多，但有时会混沌而模棱两可，必须加入实地探访，再申请户籍数据。

（三）透过地方官员如区长、镇乡长、里长、资深里干事寻之，有的因其人脉广，基层人员之深入而了解，加于实地探访，再请相关人员申请户籍资料。

（四）透过祭祀公业或宗亲会、会务人员寻找之，从古至今有族谱或族人之记录可寻的较易。

（五）透过寺庙庙宇管理人、主委、庙公等寻之，首先要到寺庙拜拜神明说明来义，寻找某些人等，且看一下寺庙之捐助人名单，看看是否有同姓同名，或附近村庄人士之捐助，再寻求信徒、庙公是否认识这些人等。

（六）透过人民团体之理事长、理监事、总干事、干事等人士寻找会员名册是否有认识某些人等说明来意及提供环境、特征、故事……数据愈齐全愈容易寻找之！

三、结论

综合上述方法寻人：正钟寻找"福建泉州晋江内坑吕厝村蔡姓与屏东琉球乡蔡姓宗亲之对接"泉州晋江内坑吕厝村会长率三位宗长请求寻找高雄、屏东东港附近蔡姓人家，原为吕家的人（即宋朝末年名臣吕大奎不愿受降于元朝而由吕姓改蔡姓之故事），就透过宗亲会，因正钟担任高雄市烈山五姓宗亲会理事长、世界、亚洲烈山五姓及吕姓宗亲恳亲大会主席团主席兼顾问而受请求协助，也透过理、监事及寺庙"城隍爷庙"、地方信徒、民意代表等等之协助，共花费前后六年方才寻找到族谱、宗亲对接。寻亲过程是：先请求人写出故事以及记录重要人员（如知名先祖）事迹及讲述祖先故事之后体悟真实感觉与过滤辨识之，虽然有祖先名字有的字因书写差别如"泰"与"秦"，那是抄写时墨汁或污渍造成。又如"斗"与"赵"音是闽南乡音与普通话之差别，那是户政人员或讲述与记录人员之乡音不同记下（录）的不同，但都可辨别之，所以就各族谱来看，不伤大雅，以确认整体而观之才是重点，祖先迁台往往距今300年之余，可谓不易于全盘一字不差的微误。

至于公元1949年迁台的情况较易查得，只要户政机关、民意代表、宗亲会找一下，人去探望附近邻里、乡里人士，可能可以找到！

寻找宗亲对接虽然辛苦，出钱出力，但享受成果是甜美的：福建泉州晋江内坑吕厝村原为水头朴里吕姓宗亲迁至内坑吕厝村后，如前述原因而改蔡姓后之对接，因屏东琉球乡蔡姓宗亲也在寻祖，双方祖先似乎都有共同期盼，承蒙姓氏源流研究会、闽台缘博物馆、世界柯蔡宗亲会都在其相关书刊中刊载（如海峡百姓论坛论文集、大会手册）记录该对接故事。内坑吕厝村蔡家宗祠更在祠堂内提供一块颇大的墙壁镶刻石碑记载经过，感念正钟及大家协助的故事，感谢他们，也谢谢姓氏源流研究会、世界吕氏宗亲总会、水头朴里吕姓宗亲会、闽台缘博物馆、高雄市烈山五姓宗亲会等单位各级长官、各位相关人员及宗亲的协助，才能成功！

以上是经验分享盼望大家参考之，也祝福大家圆满成功。

四、建议

期望两岸和睦相处，两岸多多交流，大家利用各种渠道寻找族谱对接，户政机关如因查询族谱关系能于个资放宽，在不妨碍他人之下而放宽寻查，或是切结或双方取得某个单位证明下而放宽之！百姓是幸！国人是幸！中华民族是幸！

（作者单位：高雄市烈山五姓宗亲会）

第四届海峡两岸民间谱牒文化论坛系列活动情况报告

● 黄旭茹 ●

经福建省委宣传部、省台港澳办批准，第四届海峡两岸民间谱牒文化论坛系列活动于 2019 年 11 月 29 日在中国闽台缘博物馆举行。此次活动秉持"两岸一家亲"理念，旨在推广海峡两岸谱牒文化、共享谱牒研究的新发现和新资料，研讨两岸谱牒文化研究、姓氏繁衍播迁、宗亲寻根谒祖、族谱对接服务的新资讯，推动建立两岸融合为一体的谱牒文化传承体系。

一、成功举办活动开幕式

11 月 29 日上午，第四届海峡两岸民间谱牒文化论坛、"谱系两岸——馆藏谱牒展""两岸家风文化书法展"系列活动开幕式在中国闽台缘博物馆学术报告厅举行，福建省委宣传部、省文旅厅、省妇联、省政府发展研究中心、省文物局，泉州市政府、市政协、市委宣传部、市委改革办、市文旅局、市妇联、市社科联，泉台民间交流协会，台湾省姓氏研究学会，台湾文联台湾书法家协会，福建省书法家协会，泉州市书法家协会，台北市古董文物协会，世界沈氏宗亲总会，台北市中华书画艺术学会等单位代表，两岸谱牒研究专家学者、各姓氏宗亲以及新闻媒体记者约 200 人出席了开幕式。开幕式由中国闽台缘博物馆副馆长沈文锋主持。

开幕式上，中国闽台缘博物馆黄伞问书记介绍了中国闽台缘博物馆多年来在两岸谱牒文化交流方面所做的努力及成果，表示馆方将不忘初心，继续打造好这个承接历史、开启未来的谱牒文化平台，共同搭建好这个沟通情感、增强合作的谱牒文化桥梁，共同树立好这个彰显特色、充满魅力的谱牒文化品牌。希望我们的台湾同胞常回家看看、多回家走走，寻根谒祖、恳亲联谊，交流合作、共谋发展。

台湾省姓氏研究学会荣誉理事长林培圣对活动的举办表示热烈祝贺。台湾省姓氏研究学会与中国闽台缘博物馆多年来在以谱牒为媒介的两岸民众交流互动方面沟通密切，常有合作。今后亦将共同推动谱牒文化的发展与传承。

福建省委宣传部副部长叶燊在讲话中肯定了中国闽台缘博物馆长期以来为增进两岸基层民众交流与感情所做的有益探索、可喜成效及良好影响。他希望中国闽台缘博物馆积极发挥海峡两岸交流基地等平台作用，充分利用福建的独特区位优势和人文优势，进一步丰富展示内涵，挖掘整合谱牒文化资源，搭好闽台民间信仰、民间习俗、宗亲交流载体，厚植台湾同胞民族认同的精神纽带，积极探索海峡两岸融合发展新路，为推进乡亲往来、乡情延续，实现两岸一家亲，促进两岸同胞心灵契合发挥积极作用，努力把福建打造成为台胞台企登陆的第一家园。

二、举办谱牒文献捐赠仪式

开幕式结束后，紧接着举办了谱牒文献捐赠仪式。与会的两岸嘉宾向中国闽台缘博物馆捐赠谱牒文献资料32种43册，其中有《武安王氏族谱》《朱氏族谱》《殷田派王氏族谱》《郭氏族谱》《十五世来台祖邱永镐公派下祖谱》《颍川陈氏族谱》《宜兰张氏族谱》《中华沈氏宗谱》《彌估刘氏家谱》《螺洲阙下林氏族谱》《轩坑柯氏族谱》《海峡江氏大族谱（厦门分谱）》《仙游陂头彭氏支谱》《魏氏大宗谱》《汾阳龙山谱》等，为博物馆谱牒文献资源建设提供了有力支持。中国闽台缘博物馆党委书记黄籴问代表馆方接受捐赠。

三、举办《馆藏陈林姓族谱迁台信息采集汇编》赠书仪式

近年来，海峡两岸民众前来中国闽台缘博物馆查找有关谱牒文献资料的络绎不绝，为方便两岸民众通过谱牒寻根，博物馆特别组织力量对馆藏族谱有关迁台信息进行专门采集汇编，目前已经完成当今台湾前十大姓的迁台信息采集。此次先行出版的是在闽台地区素有"陈林半天下"美誉的陈姓和林姓族谱的迁台记录。全书汇集1949年以前的迁台信息，记录总量为6971条，涉及族谱287册，其中陈姓3460条，涉及族谱146册；林姓3511条，涉及族谱141册。在开幕式上，中国闽台缘博物馆党委副书记、原馆长林建春代表馆方将该书赠予博物馆、

图书馆、高等院校等机构及相关宗亲组织。

四、举办谱牒文化交流

论坛由福建省文化交流协会、福建省闽台交流协会和中国闽台缘博物馆共同主办，闽南师范大学闽南文化研究院、福建师范大学闽台区域研究中心协办。论坛采用文章34篇，到会嘉宾49人，其中台湾嘉宾18人。

在主旨演讲阶段，福建师范大学闽台区域研究中心方宝川教授、福建师范大学文学院郭丹教授、世界沈氏宗亲总会创会名誉主席沈俊升、厦门大学陈支平教授分别以《闽台宗亲"根"与"魂"的历史遗存及其启示》《家风、家训、家教与道德建设》《台湾医圣——沈佺期》《明清闽台粤庄氏状元与家族门楣标榜》为题作学术报告。论坛研讨分"谱牒文化"和"家风文化"两个子论坛，与会嘉宾主要围绕姓氏源流、家族文化、谱牒对接、谱牒中的祖先崇拜现象、宫庙祠堂文化、谱牒与民间文学、谱牒与闽台社会传统、家训与家风传承、新时代族谱编修等议题进行了讨论。

五、配套举办两个展览

论坛期间，中国闽台缘博物馆在三楼东侧展厅举办《谱系两岸——馆藏谱牒展》原创展览及《两岸家风文化书法展》，展期为2019年11月29日至12月22日。

《谱系两岸——馆藏谱牒展》选取馆藏族谱中记录的家族迁播情况及动人历史，述说两地民众难以割断的骨肉亲情。展览分闽台姓氏、家国荣耀、家风文化、谱牒交流四个部分，展出73件/套珍贵文物，包括《清康熙三十六年黄地飞鹤云纹锦敕封邱天胜及上三代诰命》（俗称"四世一品"诰命）、民国林氏族谱宗祠木雕版、清木雕漆金陈氏公妈龛、清代江夏黄氏群像祖宗像、《竹山林氏族谱》《石狮东埔邱氏族谱》《续修德化龙浔兰阳豹尾陈氏诗房族谱》等。

《两岸家风文化书法展》由福建省文学艺术界联合会、福建省妇女联合会、中国闽台缘博物馆、福建省书法家协会、台湾文联台湾书法家协会共同主办，以族谱中体现的中华传统家风文化为主题，邀请中国书法家协会顾问张飚、中国书法家协会理事、台湾文联台湾书法家协会会长沈荣槐等102名海峡两岸书法名家创作,中国书法家协会理事、福建省书法家协会主席陈奋武为展览题写展标。展览共展出书法精品102件,其中台湾书法家作品55件。作品名家荟萃,或隽永俊秀,或遒劲有力,或潇洒奔放,或朴拙雄浑,或气势磅礴,风格各异,集篆隶楷行草于一堂,将中国传统族规家训中的家风文化融入其中,表达海峡两岸中国人血脉中契合相融的深刻情感。

六、活动引发热烈反响

本次活动引起了海峡两岸社会各界和新闻媒体的高度关注。我馆主动因势利导,全方位、多层面、高密度营造浓厚宣传舆论氛围。活动前期,在泉州广播电视台904频道节目现场向广大听众推广谱牒文化、推介活动情况。在馆区户外宣传栏、LED滚动屏、会场入口处等处布置相关文宣品。同时,发挥我馆网站和微信公众号等载体作用,充分结合活动亮点持续推介,连续一周每天推出一个特色主题宣传,贯穿活动前、中、后三个时期。与泉州广播电视台904频道合作对开幕式进行视频直播。中国网、中新社、人民网等中央、省驻泉及本地主流媒体踊跃报道活动情况。中国网海丝泉州频道在开幕式现场实时发布《泉州隆重举办第四届海峡两岸民间谱牒文化论坛系列活动》;中新社先后推出《第四届海峡两岸民间谱牒文化论坛在福建泉州举行》《清康熙"四世一品"圣旨获复原并首次展出》《海峡两岸民间谱牒文化系列活动在福建泉州举行》同期声等系列报道;泉州晚报头版刊登《见证血脉相连 助力寻根觅亲——第四届海峡两岸民间谱牒文化论坛在泉开幕》;香港经济报以《谱牒知多少 一家之史 两岸连根》为题首次报道我馆活动;福建电视台东南卫视新闻播出《泉州:第四届海峡两岸民间谱牒文化论坛系列活动举办》;泉州广播电视台连续推出《第四届海峡两岸民间谱牒文化论坛开幕》《"谱系两岸——馆藏谱牒展"在中国闽台缘博物馆开展》《两岸书法名家墨宝话家风》等新闻。12月2日,"学习强国"平台首次宣传我馆活动,在"福建学习平台"上发布《闽台渊源|第四届海峡两岸民间谱牒文化论坛在泉开幕》。积极有力的宣传报道为活动的顺利举办营造了良好的社会氛围。

海峡两岸民间谱牒文化论坛自2013年创办以来,得益于上级的坚强领导、主协办单位的共同努力,迄今已成功举办四届。活动以谱牒为媒介发挥其特殊作用，促进两岸族谱和同宗同名村对接，带动姓氏宗亲寻根交流，引导民间谱牒文化良性发展。我们在前期筹备阶段精心细致谋划，举办期间严守纪律认真实施，充分发挥交流平台优势，宣传推介两岸谱牒文化，营造良好的社会氛围和舆论支持，活动取得了不错的效果。但通过对活动全程的回顾和总结，发现还存在明显的不足：一是受众所属地域比较局限，报名人员以福建、台湾为主，其他地区参与人数偏少，今后在活动筹备期应加强省外宣传，扩大活动参与面；二是活动形式还需丰富，以更具新时代气息的活动吸引青少年群体在内的广大群众，促进优秀传统文化的创造性转化及创新性发展。我们期望通过论坛的持续举办及后续影响，传承和弘扬优秀谱牒文化，唤起年轻一代对家乡、对根脉的认同，并密切海峡两岸的文化交流和情感联系。

（作者单位：中国闽台缘博物馆）